Routledge
Taylor & Francis Group

PUTIN:
RUSSIA'S CHOICE

普京传

[英]理查德·萨克瓦◎著
(Richard Sakwa)
卢东民 袁帅亚 张红玉◎译

国际文化出版公司
·北京·

图书在版编目（CIP）数据

普京传 /（英）理查德·萨克瓦著 ；卢东民，袁帅亚，张红玉译．-- 北京 ：国际文化出版公司，2020.2

ISBN 978-7-5125-1124-8

Ⅰ．①普… Ⅱ．①理… ②卢… ③袁… ④张… Ⅲ．①普京－传记 Ⅳ．① K835.127=6

中国版本图书馆 CIP 数据核字 (2019) 第 284363 号

北京市版权局著作权合同登记号 图字：01-2019-7439 号

Putin: Russia' s choice, Second edition / by Richard Sakwa / ISBN: 978-0-415-40766-3

普京传

作　　者	[英] 理查德 · 萨克瓦
译　　者	卢东民 袁帅亚 张红玉
总 策 划	鲁良洪
责任编辑	石　磊
统筹监制	兰　青
品质总监	张震宇
美术编辑	丁鉷煜
出版发行	国际文化出版公司
经　　销	国文润华文化传媒（北京）有限责任公司
印　　刷	文畅阁印刷有限公司
开　　本	710 毫米 ×1000 毫米　16 开
	33.5 印张　339 千字
版　　次	2020 年 2 月第 1 版
	2021 年 1 月第 2 次印刷
书　　号	ISBN 978-7-5125-1124-8
定　　价	69.00 元

国际文化出版公司
北京朝阳区东土城路乙 9 号　邮编：100013
总编室：（010）64271551　传真：（010）64271578
销售热线：（010）64271187
传真：（010）64271187-800
E-mail：icpc@95777.sina.net

出版说明

《普京传》作者理查德·萨克瓦是国际知名的俄罗斯问题专家，对俄罗斯历史和当代俄罗斯问题有着精深的研究和理解。与西方众多对普京一味指责的人士不同，萨克瓦更倾向于从俄罗斯历史文化的独特性和现实的条件约束出发来揭示俄罗斯发展道路的复杂性。

《普京传》深入探讨了普京的个性特点、普京个人选择与现实约束之间的互动、俄罗斯制度结构的变化、普京执政期间的各个政策领域以及普京治下俄罗斯政治的本质。作者认为，普京及其团队对复杂的挑战做出了回应，普京的选择具有战略目的和战术灵活性相结合的特点。尽管普京的治理并非尽善尽美，但俄罗斯独特的“没有现代性的现代化模式”仍取得了巨大的进步。

该书结构合理、材料扎实、写作风格引人入胜。但是，作者从西方思想体系价值观的视角对普京本人及共产主义、马克思主义、苏维埃历史的评价，存在与我国学术界表述不尽一致的地方，在翻译出版中我们尽量保留了原作者观点以维持原著的完整性，请读者在阅读中明鉴。毕竟，该书作为近年来国际上研究普京和俄罗斯的重要成果，对中国读者理解当代俄罗斯的发展是一部难得的参考著作。本书的引进和出版特别感谢复旦大学国际问题研究院副院长冯玉军教授的帮助。

编者

2019 年 11 月

前言

新千年伊始，弗拉基米尔·普京的掌权标志着又一个快速变革时期的到来。这并不是一个新世纪第一次成为俄罗斯发展的转折点。1703年，彼得大帝开始建造圣彼得堡，借此表明希望沿着西方路线“自上而下”实现国家现代化。正如列宁所说，他试图通过在涅瓦河上建立这座城市“以野蛮的手段驱逐野蛮”，从而建立一种加速现代化的模式，这种模式从那以后就一再出现。虽然自上而下的现代化提供了一个启动发展的机制，但它往往会促进官僚专制主义，抑制包容性政府和大众问责制的发展。普京是圣彼得堡人，俄罗斯的第一位皇帝在很多方面都是他的榜样。就像彼得一样，一种独特而又没有现代性的现代化模式再次出现。一种形式上的肤浅的西方化形式在没有批判精神、多元主义和政治多元化的情况下被创造了出来，这是最有别于西方现代性的地方。

19 世纪初，亚历山大一世把俄罗斯带到了欧洲列强的前列，他在 1812 年击败拿破仑的大军，以及 1815 年的维也纳大会之后，成为保守势力神圣同盟的一部分。1825 年，十二月党人起义的失败结束了各种宪政改革计划，以及关于如何最好地将该国欧洲化的辩论。此后的选择，除了例外，是试图在专制政府框架内实现现代化，而这种专制制度下现代化的结合方式在 20 世纪早期崩塌了。俄罗斯当时正在努力确定其发展道路，一方面是民粹主义、斯拉夫派和民族主义思想，另一方面是西方现代化理论。保守派、自由主义和激进运动都想争夺主导地位，其中最有激进倾向的布尔什维克最终获得了支配地位。弗拉基米尔·列宁在 1917 年 10 月的选择，有利于非市场化和反自由主义的社会主义现代化道路，这是后来约瑟夫·斯大林领导下代表了西方技术现代化的一种独有的组合，再次“从上而下”进行，与此同时拒绝了西方的现代性精神。

1985 年，苏联共产党最后一任总书记米哈伊尔·戈尔巴乔夫试图改革苏联体制。他的改革（重建）方案试图克服形式和内容之间的差距，但是在这种情况下，整个苏联制度伴随着 1991 年国家的解体而崩溃。以俄罗斯和苏联为假象而存在的帝国计划结束了，一个较小的俄罗斯联邦出现在世界上。鲍里斯·叶利钦总统在 20 世纪 90 年代的改革再次试图通过有力的手段使俄罗斯走上新道路。1993 年，简短的宪法空位期结束，旧议会被迫解散，并于当年 12 月通过了一部新宪法，即今天仍在运作的宪法。对资本主义民主的渴望伴随着强大的寡头商业团体和大规模贫困的出现时，叶利钦的领导层充满了某种“市场的布尔什维主义”精神。俄罗斯在和平时期却经历了最大的经济崩溃，其国民经济在不到十年的时间里几乎减半。国家能力遭到削弱，治理混乱，犯罪和腐败猖獗。尽管市场经济的基础已经确立，并且民主政体的基础已经建立，但20世纪90年代作为一个灾难和崩溃时期却已经在当代俄罗斯获得了几乎神话般的地位。

这正是普京被迫接受的混合现代化的遗产。普京认为，共产党试图通过革命手段使该国现代化，注定要失败，尽管他承认1917年至1991年间的苏维埃政权为该国带来了一些好处。他对叶利钦改革的看法恰恰相反；可能命中注定要成功，但代价沉重。普京政府试图适应过去所做出的各种发展选择。他面临着诸多严峻的选择，同时意识到每个选择带来的惩罚。现在的选择并没有偏离国家的前进方向，因为最终出现了广泛的共识，即俄罗斯应该与西方融合，成为资本主义民主国家。然而，对于为实现这些目标而采取的方法却没有那么一致。俄罗斯试图找到一条打破过去发展选择恶性循环的新道路。俄罗斯的精英们现在正面临着探索让俄罗斯实现主流现代性的方式，同时保持其独特的身份。

叶利钦于1999年12月31日辞职，普京担任代理总统时面临的挑战不仅是克服共产主义倒台后快速自由化十年的遗留问题，而且还想找到一种合适的方式，把俄罗斯特色与似乎已经成为普遍规范的民主和国际一体化结合在一起。俄罗斯面临的两难困境是各地的后期发展所面临的典型问题：是否只有一条主要的发展高速公路——我们可以称之为进化观点（在盎格鲁-撒克逊现代化理论和比较民主化理论中占主导地位）；还是世界上的文明各不相同，彼此之间没有可比性，每种文明都有各自的遗传模式和独特社会——我们可以称其为形态学视角（不仅受到抵制西方化的领导者的青睐，还受到一些亚国家层面文化群体的青睐）？

进化的和形态学的方法之间的张力在俄罗斯比在任何其他地方都更为尖锐。今天，这不仅表现在旧式辩论的重演中，例如19世纪的西欧派/斯拉夫派的争论，而且还表现在无休止的所谓矛盾的文明选择上：大西洋主义相对欧亚主义；自由主义相对新苏维埃主义；以及多元的、个人主义的和自主的公民社会相对以国家为中心的社团主义、要不然就是集体主义的社会思潮。普京的俄罗斯也面临着实际选择：自由如何与重建有效治理的需要相一致；当经济转向市场和国际经济一体化时，穷人和流浪者如何得到保护？强大的行政权力如何能够从上面再次推进现代化议程，与下面的民主、多元主义、联邦主义和公民社会的发展协调一致？

这个国家远非普京可以任意书写的白纸，但同时他的选择有可能决定未来几十年的格局。在这本书中我们将探讨的正是他这些选择和它们背后的困境。我们将在五个相互交织的分析链中做到这一点。其一，侧重普京的个人经历和聪明才智，包括简要讨论他的童年和职业生涯。普京的世界观来源于他不寻常的生平和独特的意识形态。其二，我们考察领导人普京，包括他担任总统期间精英结构的转变，以及叶利钦时代的连续性问题及其变化。个人选择和结构约束之间的相互作用影响和约束所有领导人。普京领导力的特点是试图建立一个权力基础，同时与公众保持一种近乎神秘的关系。其三，本书考察了制度结构的变化，包括党派法、选举政治、地区和联邦关系以及国家与社会之间的关系的变化。其四，研究各种政策领域，特别是经济和外交政策，以及国家认同发展中的问题。其五，本书思考了普京领导下的俄罗斯政治的本质，并尝试更广泛的理论化工作。

普京从叶利钦手中接手一个独立主权不到十年，且经历了市场迅速发展的创伤的国家。他还是一个由一党制共产主义体系统治70多年的社会的继承人，并且在大多数时间里，这个社会一直陷于与资本主义世界的冲突中。他同时也是政治权力集中的政治文化的继承人，其中，国家行政机构非常官僚化，多元化公民社会的发展受到抑制。本书考察了普京的选择背后的思想和困境，并着眼于普京试图重塑俄罗斯的政治制度和国家认同时，这些选择如何在实践中发挥作用。在每个领域都有基本的选择，而且就像一般的领导一样，限制是真实的，但决策因素有潜力实现转型。

这本书出版时，新冷战发生的警报声更加坚定。普京的俄罗斯被指责民主倒退，扭转了改革的成就。在能源意外之财的鼓舞下，俄罗斯被指责在国际舞台上强硬自己的角色，并威胁到地区和全球的能源安全。在我看来，这场新的冷战将是一次最特殊和不必要的冷战。正如本书的读者很快就会看到的那样，普京的俄罗斯有失败的民主化进程里一些无可置疑的要素，并且细节很快就会得到检验。但同时有很多证据支持这样一种观点，即民主进化主义仍有很大的潜力。俄罗斯民主的故事远未结束。普京也许不是作为历史上最伟大的民主派而退出政治舞台，但他也不是民主的谋杀者。他的领导层目睹了持续的经济增长和多元化的社会发展，尽管它的政治制度虽然可能存在缺陷，但却保留了重新取得民主进步的潜力。

普京的领导层回应了它所感到的挑战，虽然它提供的答案可能并不总是我们喜欢的，但至少它们是对真正问题的理性回应，并且对那些必须经过另一次俄罗斯转型的一代人来说是有意义的。从广义上讲，我们现在可以看到，这些只不过是临时性的解决方案，普京的领导又是一个过渡性的，因为他设计的治理模式从长远来看是不可持续的。由于对方法和政策的根本问题没有简单的答案，结果普京的选择具有战略目的和战术灵活性相结合的特点。过去的遗产当然是其行政管理中最重要的制约因素之一，但与此同时，创新和变革的强大理念也出现了。对普京领导层的各种矛盾、含糊和困境进行均衡分析是可能的，尽管在撰写本书时，有时候感觉好像任何冷静分析的努力都有把人带入“同路人”的凄凉状态之嫌。如果到最后，勤恳的读者会对俄罗斯面临的选择的本质有所了解，对普京领导的一些成就和失败有所理解，以及对决定他选择的因素有所认识，那么本书就实现了笔者创作它的初衷。普京的总统职位是俄罗斯民主之书中的一个重要篇章，但是这项工作还远未完成。

理查德·萨克瓦

英国肯特郡坎特伯雷

目录
Contents

第1章　通向权力之路 / 001

无论用什么标准衡量，普京的异军突起都相当惊人。他似乎是读书改变社会地位的生动体现。同时，他在克格勃的职业生涯反映了苏联后期既有危机也有机遇……普京的权力之路为他的领导蒙上了阴影，但这一点由于他在第一轮总统选举中得到的强有力支持而得到弥补。这个人就是俄罗斯人民选择的带领他们走向新千禧年的领导人。

不可能制造出来的领袖　004

物色继承人　030

第2章　观念和选择 / 063

在后共产主义革命高峰期持续了20年之后，在20世纪革命性的“非凡”措施之外，俄罗斯的正常毫无疑问地回来了，但也存在一些令人不安的副作用：非政治化破坏了有效民主所必需的政治多元化，并鼓励了官僚主义和腐败。

谁是普京先生？　066

正常和正常化　073

千禧年之交的俄罗斯　089

规划未来　095

“国情”演讲　100

第 3 章　普京道路 / 115

普京政治纲领的本质是试图构建一个充满活力和面向未来的中心政治……普京对正常状态政治的承诺是一种方式，它治愈了一个多世纪以来令俄罗斯政治生活伤痕累累的可怕分歧。普京以市场为导向的温和主义，将对民主的承诺与对强大领导力和“主权民主”的吸引力相结合，它可能是一种不稳定的混合组合，但至少为过去的失败提供了另一种选择。

建立普京“联盟” 118

普京和人民 138

领导力和风格 150

国家民主与俄罗斯的“第三条道路” 157

第 4 章　政党、选举和继承 / 165

普京的改革改变了俄罗斯的政治空间。政党制度进行了重组，以确保党派数量更少但更强大……虽然全国范围内的竞争性多党制度开始出现，但政党仍然没有充分嵌入到国家的社会结构之中，它们没有有效地代表社会利益，尤其是它们没有合法权利或直接组成政府。

政党制度的发展 168

选举和选举立法 179

议会重组 203

普京、政党和政府 209

普京接班人 213

第 5 章　政权、国家与社会 / 221

普京最大的成就是规范了政权与国家的关系，但政权与社会之间仍然存在鸿沟。公民社会组织，尤其是工会和媒体，在保持独立性的同时，还没有充分参与形成社会秩序。普京的国家建设战略在自由主义和专制主义之间存在根本的紧张关系。

国家和政权　224
“把寡头作为一个阶级进行清算”　235
言论自由和媒体　247
司法改革与人权　254

第 6 章　官僚主义、合并和反对派 / 265

正如杜金所坚持的那样，“普京基本上是独立的一党。与统一俄罗斯党相反，他代表了一个真正的政党，代表着社会和民族多数的历史利益”。用贝托尔特·布莱希特的话说，这个国家幸运的是有这样一个一人党派；不幸的是它需要这么一个。

官僚主义和腐败　268
公民社会和准宪法代表制　274
政权和反对派　288

第7章　普京的“新联邦主义”／303

在政治理论层面，普京的“新联邦主义”根植于雅各宾共和国的国家建设传统，公民身份被认为是个人的、普遍的和同质的。和其他领域一样，普京试图建立政治游戏规则，然后让“演员”参与其中——尽管“裁判”有时并不反感捡起球并跑起来！

分割的地方主义　306

“新联邦主义”的特点　315

国家重组和去联邦化　338

第8章　再造民族／345

对普京来说，国家建设的政治和情感层面是一致的，他对国家的这两个明确愿景是他持久声望的主要来源之一。普京能够让俄罗斯人感觉更好。这个过程是高度矛盾的，随着车臣战争的继续和北高加索地区的叛乱，危机的因素仍然存在。

民族形象与国家象征　348

民族认同的社会层面　361

车臣：俄罗斯权力的墓碑还是熔炉？　368

第9章 俄式资本主义 / 389

普京担任总统期间出现了一种新的社会经济模式。普京试图克服俄罗斯在进入市场经济时面临的根本矛盾：包括20世纪90年代创建的兼具排他性和掠夺性的控股公司在内的从苏联继承的巨大的垄断经济利益结构，以及国家资助的垄断企业的新型经济关系……普京在所有领域都为他的继任者奠定了坚实的基础。

进入市场 392
资本主义模式——国家统合主义? 405
政府、经济和社会 422

第10章 普京外交政策的新现实主义 / 433

新现实主义的外交政策模式在叶利钦执政期间就已经确立，但是我们可以看到，叶利钦的现实主义由于其实用主义保留了外交政策上的很多古典主义色彩而有所变形。只有在普京当选俄罗斯总统之后，与西方世界的关系才进入了一个更加稳定和合作的轨道，当然这样的合作关系还是继续受到政权问题——俄罗斯政治体制问题的侵扰。

迈向新现实主义 436
新现实主义的特征 448
新现实主义的实践 455

第11章　结论：矛盾的力量 / 471

在普京的手中，政权能够制定出享有民众支持的合理有效的政策。建立在自由爱国主义的意识形态的基础上，对民主价值观做出承诺，有着国家行动主义的混合经济，以及在保持自治和国家主权的同时实现国际一体化，普京的领导确实是相互矛盾的。虽然普京政权的巩固带来了一系列威胁，但失败的代价本来就同样危险。普京的制度只能暂时解决后共产主义俄罗斯发展的矛盾。

公共政治　474
超越转型　483
矛盾的力量　489

附录：千禧年之交的俄罗斯 / 500

第 1 章 通向权力之路

The path to power

一个国家，其富于潜质的统治者，不以狂热主义履行他们的职责，注定会有最优秀、最稳定的政府；而热衷于统治、控制和统治者管理的国家，则肯定有一个最糟糕的政府。

——柏拉图

近年来，普京上台执政是最不同寻常的政治传奇之一。他成长于列宁格勒（从 1991 年起再次更名为圣彼得堡）的一栋集体公寓，少年时非常热衷于城市街头孩童间的打架斗殴，他的领导品质因此得以逐渐显露出来。因为受到苏联的情报机关——当时被称为国家安全委员会（克格勃）的吸引，他继续赢得了在列宁格勒国立大学（1970 年—1975 年）学习法律的机会，毕业后在克格勃（1975 年—1990 年）开启了自己的事业。在克格勃的最后五年，他在德意志民主共和国——由共产党掌权的另一半德国工作，直至 1989 年柏林墙倒塌为止。翌年，他获得公职，成为前法学教授阿纳托利 · 索布恰克的工作人员。索布恰克成为列宁格勒市市长（1991 年 6 月）时，普京迅速成为其得力助手。1996 年，索布恰克竞选连任失败，普京不愿留任，因此失业，直到他又在克里姆林宫谋到一个职位。在莫斯科，普京的崛起速度可谓惊人：先从总统办公厅官员做起，接着被提拔为他曾经工作过的安全部门，现更名为俄罗斯联邦安全局的局长，并于 1999 年 8 月成为总理。1999 年 12 月 31 日，即 20 世纪的最后一天，总统鲍里斯 · 叶利钦突然宣布辞职，由普京出任代总统。2000 年 3 月 26 日，经过选举，他才被确认为四年一任的总统。2004 年 3 月，普京成功连任。普京是如何实现令人瞠目的晋升，成为世界上面积最大国家的总统的？在这一章，我们将审视他的背景和促使其成为总统的决定性时刻；在下一章，我们将讨论他面对的局势和塑造其政治观点的理念。在这两章的结尾，我们就能够回答由于他迅速成为俄罗斯领导人而引出的问题："普京先生是谁？"

不可能制造出来的领袖

弗拉基米尔 · 普京是一个迟来的孩子。1952 年 10 月 7 日，他出生在位于列宁格勒市中心的一个工人家庭，这里距离中心大道——涅夫斯基大街只有两站地，离格里博耶多夫运河也不远。直到成为总统，他一生中有一半时间都住在几家人共用基本设施的集体公寓里。普京家住的巴斯科夫巷 12 号的房子是 1859 年建成的高品质租赁公寓。十月革命之后，每个公寓都由几户人家共同占用。普京一家 1944 年搬到那里，他父亲工作的工厂就在附近。普京出生时，他的父母已届不惑之年，作为一个迟来且唯一存活下来的孩子，他被看作是“他们早期所有痛苦和损失的礼物”。

普京的根

普京的祖父斯皮里东·伊万诺维奇·普京曾在列宁乡下的别墅做过厨师。列宁 1924 年 1 月逝世后，他为列宁的夫人娜杰日达·克鲁普斯卡娅工作。后来，斯大林来到他在莫斯科郊外的一处别墅时，斯皮里东又为斯大林做过几次饭。斯皮里东后来在伊林斯科耶的莫斯科市苏共委员会休养所工作，在那里，年轻的弗拉基米尔拜访过他。他死于 1965 年，享年 86 岁。普京的父亲弗拉基米尔·斯皮里多诺维奇出生于 1911 年 2 月 23 日，他的童年在特维尔州的波米诺沃村（Pominovo）度过，而普京的母亲玛丽亚·伊万诺娃也在同一年出生（10 月 17 日），住在附近的扎雷什村（Zareche），这个村子在距离特维尔州府 60 公里的图尔吉诺夫斯基区（Turginovsky）。尽管生活在不同的村子，他们在青少年时代就已经相识，随后便没有分开过。他们于 1928 年年满 17 岁时结婚。他们的第一个儿子奥列格不满一岁就夭折了。集体化运动使他们背井离乡，1932 年，这对夫妇迁移到列宁格勒。普京的母亲在一家工厂上班，他的父亲则应征去潜艇舰队服役。伟大的卫国战争爆发前，普京一家得到位于列宁格勒彼得霍夫区的一间公寓，他们的第二个儿子维克托就出生在那里。遭受封锁（1942 年）的第一年，维克托死于白喉病，被埋葬在一处公墓里。1941 年 10 月 13 日，德国占领了特维尔地区，玛丽亚的母亲被一颗子弹击中身亡，她的父亲死于 1947 年，而她的几个哥哥却在前线音信全无。

1942 年初，在列宁格勒被德国人包围前，玛丽亚本来有机会离开，但她还是决定留下来，因为她的丈夫是一位城市捍卫者。他最初被分配在内务人民委员部（内务部）的拆弹部队，然后转战到所谓的涅瓦河小块地区（Nevskii pyatochok），这是位于左岸的前哨站，离拉多加湖不远。尽管德国人多次进攻也未能得逞，它就像是一个迷你型的斯大林格勒（1961 年改名为伏尔加格勒）。1942 年冬天，弗拉基米尔 · 斯皮里多诺维奇在这个地方被手榴弹炸伤。虽然他的妻子照顾他直到恢复健康，但他仍然因此留下了后遗症，走路一瘸一拐，直到去世。在身体恢复期间，他受雇于制造弹药的叶戈罗夫工程厂。在众所周知的封锁持续到 900 天时，玛丽亚 · 伊万诺娃身体极度虚弱，几乎不能动弹，靠着她丈夫当兵的口粮才得以幸存。到 1944 年底封锁结束时，这座城市的 300 万居民中只有 56 万人活了下来：150 多万人死于饥饿和疾病，20 万人死于炸弹和炮弹，56 万人被疏散。围困期间幸存下来的人极少，其中就有弗拉基米尔和玛丽亚。

1952 年，弗拉基米尔 · 普京出生，当时，他的父母已经历尽磨难。他的出生象征着过去困苦和战争灾难的结束。虽然家风严格，但是他们关系融洽，而他们的相濡以沫也为所有传记作家所称赞。普京的父亲曾在叶戈罗夫工程厂制造过精密工具，现在制造火车车厢，自 1968 年起又开始制造地铁车厢。他是位优秀的共产党员，笃信自己的理想并将其付诸自己一生的实践。1947 年，他成为车间党支部书记。1948 年，37 岁的他开始上夜校，随后加入工厂的党委会。相比而言，玛丽亚是位虔诚的信徒，鉴于公寓里没有圣像，她便经常溜去教堂——在无神论和迫害盛行的日子，去教堂意味着一个人具有深刻的信仰。她确保普京接受正统的信仰，虽然这是秘密进行的，而且她经常带他去做礼拜。普京的父亲是位虔诚的共产党人，虽然知道妻子经常去教堂，却视而不见。由于只有两个月的产假，为了能有更多的时间陪儿子，玛丽亚相继从事了一系列技术含量很低的工作：看门人、面包店接待员以及后来的实验室助理。上学前那些年，普京和他的母亲都是在乡村度过大部分的夏天。后来普京回忆道，在一次正式访问以色列前夕，他的母亲给了他一个受洗的十字架："我按照她说的做了，把十字架戴在脖子上。自那之后从未摘下。"

青少年时代

1960 年 9 月 1 日，普京开始在巴斯科夫巷第 193 小学上学，学校就在他家对面。革命前，这所学校曾经是女子学校，克鲁普斯卡娅曾在那里学习。他的班主任是塔玛拉 · 奇若娃，她的敬业精神受到多次好评。普京后来的德语老师是薇拉 · 古列维奇，她在回忆录里说年轻的普京是一个精力充沛、意志坚强的男孩。1964 年 4 月，普京在课外辅导班学习德语，古列维奇认为他在外语上很有天赋。1964 年 9 月，她开始教 5A 课程时，普京是这个超过 45 名学生的班级里少数没有成为少先队员的学生之一，这在很大程度上是因为他行事太过粗鲁。古列维奇后来成了普京一家的朋友。她回忆道，放学后，普京会在院子里玩上几个小时，那里被布洛茨基称为普京的“世界之窗”，他经常跟比他大的孩子玩。院子里的生活对塑造普京的性格起了重要作用，普京从未对音乐有过特殊兴趣，很快便放弃了音乐课。

1965 年 9 月，普京开始上六年级，他的学习成绩有了明显进步，因为他对历史和文学有了特殊兴趣。这一年，他开始重视运动，先是练习桑博（徒手格斗。——译者注），后来练习柔道。一次拳击比赛失败后，他的鼻子受了伤。普京在 1965 年秋天加入“特鲁德”运动俱乐部。在那里，他遇到了自己的教练阿纳托利 · 拉赫林，这对普京的成长影响很大。普京指出，“柔道不仅是一项运动，你知道，它也是一种哲学。它对年长者和对手都很尊重。它不是弱者的运动”。普京 1973 年成为桑博大师，1975 年成为柔道大师，1976 年成为市冠军。普京作为运动队成员游遍了全国各地。运动对普京来说是一条出路：“如果我没有从事体育运动，谁也不知道会发生什么。是运动带我离开了街头。”据他的一位同学回忆，普京“柔和而谦虚，甚至有些害羞，但却具有钢铁般的性格”。

六年级时，普京也加入了少先队。实际上，由于他的同伴们不久开始依靠他给予指导，他就成了班集体的领头人。普京迅速成为少先队的领头人，或许可以看作是他在苏联时代事业发展的早期迹象。当时，如果不是少先队员，就不可能加入共青团；如果不是共青团员，就无法选择大多数优秀的高等教育机构和职业。八年级伊始，普京在区委举行的仪式上加入了共青团。它们是极度意识形态的组织，但是，那个时候政治奉献被轻易滥用，使其很大程度上成为一种形式。1968 年秋天，八年级毕业后，学生们面临着一种选择：进入大学之前去哪里继续接下来的两年学习。令人吃惊的是，普京选择进入一所化学中学（第 281 中学）学习。布洛茨基指出，这是普京自己的决定："这已经成为他的性格特征：弗拉基米尔会宣布一项决定，但不会解释他选择的原因。"在那里，他继续学习德语。他的班主任是米娜 · 莫西乌纳 · 尤迪茨卡娅，她后来移民以色列。她指出，尽管普京有可能成为科学家，但他更倾向于学习人文学科，特别是俄罗斯历史。完成九年级和十年级的学习后，普京于 1970 年中学毕业。

普京一家和另外两家人一起共用五楼，包括一对年长的犹太夫妇和他们成年的女儿。水池和煤气灶位于走廊里，没有热水和浴室，当然也没有电梯。普京还记得，男孩子们会在装有金属扶手的楼梯间里捉老鼠。1967 年普京七年级毕业时，公寓里的那对老夫妇终于有了他们自己的公寓，他们的房间于是变成了厨房，这里成了普京的朋友们经常聚会的场所。普京的父母在列宁格勒州的金吉谢普区买了一处乡下小房子，那是普京的父亲在战争早期战斗过的地方，这样年轻的弗拉基米尔就可以出城避暑。由于离城区太远，1969 年，他们卖掉了这所乡下房子，就近在托斯诺买了一处乡下房子。在这处住所里，普京召集朋友们弹吉他、唱歌，听布拉特 · 奥库贾瓦、弗拉基米尔 · 维索茨基以及当时其他流行歌手的唱片。冬季来临时，这里则是他的滑雪基地。当所有人都在屋里劳作时，普京却特别喜欢劈柴和用固定在雪橇上的镳铲打水。后来又建了一间木制浴室，所有人都喜欢去做蒸汽浴。年轻的普京因为喜欢编造荒诞故事，却装作一本正经又暗自欢喜而著称。恰是这些苏联后期的日常生活塑造了普京的性格。正如普京在他的访谈录里提及的那样：“我是苏联爱国主义教育的一个纯粹而又完全成功的产物。”

人们的生活水平获得逐步改善是勃列日涅夫时期（1964 年—1982 年）的特点，虽然 20 世纪 70 年代末，随着物资日益短缺，排队领物资的队伍越来越长，这段时间被戈尔巴乔夫称为“停滞时期”。勃列日涅夫时期代表了一个“常态”时期，苏维埃制度从未像当时那样，国内相对和谐，在 1975 年实现了和美国这个超级大国平起平坐，尽管从 1979 年开始又陷入“第二次冷战”。普京父母的生活状况在 1977 年得到改善，他们离开了巴斯科夫巷的公寓，搬迁到斯塔什克大街的两室公寓里。小房间被普京占用，25 岁的他第一次有了自己的一隅之地。他当时已经为克格勃工作了两年，但是却毫无可能得到一套自己的公寓。为此，布洛茨基指出，“在为情报机构服务的那些年，他从未得到一平方米属于自己的住所”。

现在讲反苏笑话（普京似乎是讲笑话的高手，而且，所有的描述都表明他有很强的幽默感）和阅读地下传播的禁读文学作品都是被允许的。众所周知，普京早年就有强烈的政治意识，喜欢参与政治讨论，“为俄罗斯人民和俄罗斯辩护”。人们只有在不从事非官方的政治活动，不对政权提出政治要求时，生活在这个相对非市场化的繁荣时期才是美好的。生活很少关注工作和收入，它更关注社会关系和“获得利益”，而非购买。1972 年的一天，普京的妈妈在食堂买饭时，食堂师傅一时没法找零，就给了她一张 30 戈比（苏联的货币单位。——译者注）的彩票，结果她居然因此中了一辆“扎波罗热茨人 - 966”型小汽车。这事放到今天或许会被嘲笑，但在当时却是很大的奖项。她没有将奖品卖掉，反而给了她的儿子，年轻的弗拉基米尔于是成了家里的司机。从 20 世纪 60 年代晚期到 20 世纪 80 年代早期这十来年的平静，与接下来 15 年的动乱形成了鲜明对比，包括戈尔巴乔夫 1985 年推行改革，共产主义崩溃，1991 年苏联解体，叶利钦在 20 世纪 90 年代忽然转向市场经济和民主。毫不奇怪，直到今天，民意调查显示人们对勃列日涅夫黄金时期的稳定非常怀念。

个人传记往往塑造政治偏好，普京那一代人的性格代表了 20 世纪 70 年代的人们，跟 20 世纪 60 年代的人们形成鲜明对比。后者为尼基塔 · 赫鲁晓夫所塑造。赫鲁晓夫在 1956 年 2 月第二十届党员代表大会上发表了“秘密演讲”，谴责斯大林。他们为苏联有可能被改革成为更加民主的社会主义所鼓舞。苏联及其盟友在 1968 年 8 月入侵捷克斯洛伐克，扼杀了建立“人性化的社会主义”的努力，结束了人性化社会主义的大众信仰。然而，正是这种理念激励了戈尔巴乔夫，他在政治沉浮中保持着不同寻常的忠诚。叶利钦在20世纪80年代拒绝了共产主义改革，他参与了反制度化的“民主”运动，呼吁实施西方的市场民主。作为一名50年代出生的人，普京对共产主义改革没有意识形态上的同情，实际上，那个时代已经是后共产主义时代，这个制度在苏联已处在自己最后的时光。他强烈认同国家，但是不认同这一制度，反映出俄罗斯正走出衰退的苏联的甲壳，开始“重新创造”自己。

普京先是受当时流行的间谍惊险小说影响，特别是1965年出版，后来被拍成电影的《剑与盾》（列宁领导下的克格勃被称为革命的“剑与盾”），后来还为苏联特工机构的大胆行为以及之后的电视剧《春天的十七个瞬间》所影响——这部电视剧与苏联间谍施季里茨在纳粹政权中心的外交部工作有关。关于自己对间谍惊悚片着迷一事，普京说：“最让我惊讶的是，一个人是如何做到整个军队所不能做到的。”尽管这两部影视作品都是关于爱国主义的，但都不是特别意识形态化：这场斗争是为了保卫祖国苏联，反对它形形色色的敌人，而不是保卫共产主义政权，反对其意识形态上的对手。这种相对非意识形态的爱国主义塑造了普京的个性，后来被他带到了克格勃的职业生涯中。正如他指出的，“无论如何，我从来不是一个持不同政见的人”。

“莫斯科静悄悄的”

普京起初对在民航学院学习感兴趣，但是最终决定尝试进入列宁格勒国立大学法学院（LGU）学习。普京选择这条学习之路的原因很有趣。据普京回忆，1968 年九年级时（16 岁），他去了位于里特尼大街 4 号的列宁格勒克格勃接待处（以“大房子”而著称）。他被告知，他们不招收志愿者（initsiativniki）；而且，他们只招收那些服过兵役的人或者大学毕业生。在问及自己应该学什么专业时，克格勃官员很明确地告诉他，法学学位非常合适。也就是从那个时候，克格勃的新任负责人（1967 年 5 月被任命）尤里 · 安德罗波夫开始尝试通过吸引更多知识分子和有创造力的大学毕业生进入组织，来对这一专制机构进行现代化改革。克格勃现代化改革正好发生在共产主义自身的现代化在捷克斯洛伐克被粉碎的时候。正是这个安全机构工作的浪漫表象引导普京加入了克格勃。甚至连他的父母都对这件事毫不知情。

普京接受了建议，寻找机会进入列宁格勒国立大学学习。当时竞争相当激烈，每一个名额都有 40 个申请者，与其他享有特权的家庭相比，普京没有任何优势。然而，凭借坚定的决心，17 岁的普京在 1970 年成功入学。普京因此成为（继亚历山大 · 克伦斯基、列宁和戈尔巴乔夫之后）第四位接受律师教育的俄罗斯领导人，而且他是其中唯一一位在列宁格勒国立大学完成全日制法律学习的人：克伦斯基在转学法律之前学习的是历史和语言，而列宁曾是校外旁听生（戈尔巴乔夫毕业于莫斯科大学法律系。——译者注）。普京学习非常努力，很少参加运动以外的课外活动，在采访录里，他强调说，“我不是一名共青团组织的工作人员”。他继续自己的体育生活，并在夏天靠做建筑工人赚钱。他对民法的兴趣引导他选修了系里主讲教师索布恰克的课程。他最后一年的毕业论文题目是《论国际法中的最惠国原则》，这是一个很接近他后来内心的课题。大学期间，1973 年 3 月发生了一起悲剧，普京的密友弗拉基米尔 · 切列穆什金因在桑博比赛中摔坏脖子而死，而鼓励他参与此项活动的就是普京。

大学快毕业时，不知道出于什么原因，普京解除了他的第一次婚约，当时一切都安排好了，戒指买了，西装也租了：“取消婚约是我一生中最难做出的决定……但是我断定，即使分手也比两个人忍受痛苦要好得多。”这发生在普京真正结婚前四年。普京的妻子柳德米拉 1958 年 1 月 6 日出生于加里宁格勒，换了很多工作后，她在当地的航空公司做起了航空乘务员。他们在 1980 年 3 月相遇，当时她和一位朋友一起在列宁格勒玩，去列宁苏维埃剧院观看阿尔卡季 · 赖金的演出。1980 年晚些时候，她搬到列宁格勒，并在列宁格勒国立大学语言系注册学习。她之所以能获得这次学习机会，是因为工人组织（rabfak）提供了一个项目，该项目在其存在的最后一年，允许有工人背景的人接受高等教育。在校期间，她主修西班牙语和文学，辅修法语，住普通学生宿舍。经过三年半的接触，他们于 1983 年 7 月 28 日结婚。当时，普京已经 30 岁，在克格勃第一总局工作。他们和普京的父母一起住在斯塔什克大街。柳德米拉 1986

年毕业，她的毕业论文题目是《当代西班牙语分词》。此后她又学习德语，并在 20 世纪 90 年代早期达到了可以做德语教师的水准。1993 年 10 月 28 日，她出了一次近乎致命的交通事故，得到外科医生尤里·舍甫琴柯的及时救治，尤里·舍甫琴柯后来成为普京手下的卫生部部长。和她的丈夫一样，柳德米拉有着强烈的宗教感，尽管和很多“第一夫人”一样，她从没有发现自己很适合这一角色，她偶尔也会为占星术所吸引。“第一夫人”的角色并不是特别吸引她。普京有两个女儿，分别叫玛丽亚（1985 年 4 月 28 日生）和卡特琳娜（1986 年 8 月 31 日生），她们的名字都是以祖母的名字起的。她们就读于驻莫斯科的德国大使馆附属的德语学校，不仅学习德语和俄语，还学习英语。从 1999 年 9 月起，她们开始在家学习。两个人都会弹钢琴和拉小提琴，据说滑雪滑得比她们的父亲还要出色。就任总统后，普京小心翼翼地保护着她们的隐私。

在普京大四时，克格勃跟他联系并讨论他的“职业安排”，邀请他“为情报机关工作”。普京欣然同意，“我从小学生时代就梦想着这个时刻”。在被问及他当时是否会想到 1937 年肃反运动时，普京回答说：“说实话，我一点都没有想起。一点也没有……我对克格勃的看法来自浪漫的间谍故事。”当时，在“专门机构”工作被认为是件很荣耀的事，而且竞争非常激烈。1975 年夏天，他加入克格勃，在列宁格勒第 401 克格勃学校接受了一年培训，然后在第二局（反情报）工作，后来才被调到最久负盛名又满是精英的第一总局，监视在列宁格勒的外国人和领事官员。作为克格勃特工，他也必须加入共产党。对他的家人和朋友来说，他是刑事侦查队的警官。同时，他继续德语学习，这是只有“前途无量”的军官们才被允许做的事情。

这个部门的负责人注意到普京“善于分析”，便推荐他到莫斯科州巴拉希哈的著名红旗研究所（Krasnoznammenyi）。该研究所在安德罗波夫死后，于 1984 年 3 月以他的名字命名，现在是外国情报院，但当时却被伪装成国防部的一个研究机构。该机构只接收有很强语言才能的人，人才选拔过程相当严格。普京成功入选，把怀孕的妻子留在列宁格勒，于 1984 年 9 月开始在那里工作。在这家研究所里，普京接受了长达一年的相当艰苦的训练，包括体能和精神耐力测试。学员们获得了一个以他们的真实姓名开头的代号，但不能跟真实名字太过接近：普京的代号是普拉托夫，不是普提罗夫斯基或普季林。

1985 年 7 月毕业后，普京被派遣到德累斯顿的克格勃办公室工作。他 8 月份到那里，正好是戈尔巴乔夫对苏联改革开始的时候。就这样，32 岁的普京到了东德，普京自己称之为“专制集权国家，与 30 年前的苏联类似”。斯塔西（东德国家安全部，又译成史塔西。——译者注）控制着巨大的监控网络，拥有 600 万份人员档案，而该国人口总数却只有它的两倍。斯塔西前首脑马库斯·沃尔夫确认，普京虽不是超级间谍，但在这个国家逗留期间却得到了三次提拔。克格勃在德累斯顿的办公室位于安格利卡大街 4 号，就在斯塔西总部对面。斯塔西在这座城市的负责人是霍尔斯特·比约姆，他是最强硬的强硬分子之一，共产主义在东德落幕后他自杀身亡。普京在那里的工作充满“政治智慧”，他负责招募特工，对之进行“无线联络”培训，极可能是为了获取西方科技和监控那些参观巨型“机器人”电脑工厂的人。该工厂就位于这座城市，它为整个社会主义阵营提供产品。关于普京在东德的工作有无数神话，但是，普京坚持认为他的工作是政治性的，而非技术性的情报收集。据说，他有一个分布全世界各地的特工网络，但是，这种说法可能太过牵强。与此相反的是，没有证据表明他在莱比锡（柏林有一家这样的机构）经营过一家促进苏德友谊的机构，但却频繁造访波恩。闲暇时，普京热衷于垂钓，“就连德国人也对他对垂钓的情有独钟感到吃惊”。他也喜欢喝啤酒，尽管从未过量饮酒，但是他的体重却有明显增加。其间，他跟几个德国人成了密友，而且一直维持着他们之间的友谊。

随着戈尔巴乔夫改革的推进，以埃里希·昂纳克为首的强硬政权越来越被孤立。1989 年，戈尔巴乔夫为庆祝东德建国 40 周年而访问该国，警告说，“生活会惩罚迟到的人”。普京可能已经参与了苏联计划（“卢契行动”），用以戈尔巴乔夫为代表的改革派替换德意志共和国的强硬派。群众游行演变成抗议。1989 年 11 月 7 日到 8 日的晚上，柏林墙被推翻了。在德累斯顿，克格勃非常疯狂地焚烧与间谍行动相关的文件。普京描述当时的情景说，“熔炉都烧爆了”。不久，即 12 月 6 日晚，克格勃办公室为一群愤怒的人所包围。东德当时驻有一支 38 万人的西部集团军（Western Group of Forces），普京向当地苏联驻军求助，却被告知：“没有来自莫斯科的命令，我们不能采取任何行动。可是，莫斯科方面却静悄悄的。”此时此刻，普京突然意识到“国家已经不存在了，它已经消失了”。普京指出，“理智上，我明白靠墙和间隔物建立起来的阵地不能持久”。后来，他争辩说，让他惊讶的是，“这样一个死气沉沉的国家形态在欧洲仍然存在”。然而，像同时代的很多人一样，包括德累斯顿的最后一任共产党负责人汉斯·莫德罗，他在柏林墙倒塌后成了总理，并试图在东德建立戈尔巴乔夫所谓的“人道的民主的社会主义”。最让人失望的是，他们别无选择，苏联匆匆退出了：“他们丢掉了一切，然后离开了。”受到历练的普京从德国返回，面临着改变他人生道路的严峻选择。

第二个职业：城市官员

1990 年 2 月初，普京返回圣彼得堡，拒绝了去莫斯科市亚谢涅沃区对外情报局总部工作的机会，这在很大程度上是因为对方没有给他安排公寓。当时，对于那些从东欧和其他苏联军事基地返回的工作人员来说，住所比事业更为重要。相反，他计划去列宁格勒国立大学学习国际法，希望写篇博士论文，从而转向新的工作领域，尽管一位朋友告诉他说，“对一位做过特工的人来说，这是不可能的”。在列宁格勒国立大学，普京于 3 月份被任命为外事部门（Inotdel）负责人，从而成为负责国际事务的校长助理，同时还是克格勃的“现役储备人才”。普京与法学院的朋友们保持着联系，通过这种方式，从 1990 年 5 月起，他开始在列宁格勒市苏维埃的“民主”主席索布恰克的办公室工作。列宁格勒的民主运动派对索布恰克选择普京作为其助手感到震惊，尽管普京是职业克格勃官员的事实已经不是秘密。被问到这个问题时，索布恰克倾向于认为，“普京不是克格勃特工，而是我以前的学生”。据普京一位朋友的看法，普京从“那个时期的浪漫主义”进入了城市政治作为他的第二个职业。

俄罗斯总统竞选于 1991 年 6 月 12 日举行，叶利钦成为这个国家的第一任总统。同一天，还举行了第一次市长的选举，索布恰克当选。他把普京当作自己的顾问，两周之后，任命普京为新成立的市对外经济关系委员会主任，负责招商引资。尽管早期曾尝试辞去克格勃的工作，这显然是出于一时的迷失，但普京最终还是在 1991 年 8 月 20 日——在保守派发动对戈尔巴乔夫社会主义改革政变的第二天，以中校的军衔辞掉了克格勃的工作。普京的选择毫不含糊：“政变一开始，我立即决定要站在哪一边。”尽管他指出这种选择是多么困难，因为自己一生中最美好的时期都是在这个“机构”度过的。政变期间，普京同列宁格勒的克格勃谈判过，他们保证将保持中立，作为回报，索布恰克随后任命他为三位副市长之一。随着旧秩序解体，普京的共产党员身份也完全失效了。同整个时代的人一样，他没有离开党，而是党离开了他。

在显露出很强的管理才能和忠诚度后，普京很快成为索布恰克的“灰衣主教”（特指躲在幕后拥有极大权力的神秘人物。——译者注），从1994年3月到1996年5月，他担任监督执法机构和媒体的第一副市长。未经普京签字的文件，索布恰克拒绝签字。当普京活跃在这个城市时，圣彼得堡被称为俄罗斯的“犯罪之都”。在1992年推进国家私有化计划之前，阿纳托利·丘拜斯在1990年1月成为列宁格勒市苏维埃副主席，正是这个时候，他认识了普京。丘拜斯的国家私有化计划允许小部分人变得很富有，并催生了“寡头”（1997年由鲍里斯·涅姆佐夫提出并被广为使用的术语），普京之后和他们不断斗争。尽管涉及内部投资，但是并没有发现针对普京的严重腐败证据，虽然期间有大量针对他工作的指控。特别是，作为1992年计划的一部分，普京发放许可证给公司（收取高额佣金）出口自然资源以换取食物，与此事相关的丑闻经常被提起。计划发展莫斯科车站周围区域，以建立商业、购物和酒店中心的事情也被提及。作为一个官僚，普京以通过走捷径达到预期结果而为人们所知，并获得了“强大的谈判者”和“强大、有效和务实的领导”的美誉。

普京对索布恰克有着绝对的忠诚，即使后者被证明是非常有争议的人物，经常跟圣彼得堡市议会产生冲突。与他的老板不同，所有证据都表明，普京与市议会有着很好的关系。在他任职的最后一年半，索布恰克遭调查，除了其他事项以外，据说还因为他涉嫌挪用城市基金购买了一处公寓。此时，普京是总理维克托·切尔诺梅尔金“我们的家园——俄罗斯”（Nash Dom–Rossiya）党的成员，1995年末导致该党在这座城市议会选举中的失利，他还因此受到了切尔诺梅尔金的指责。除此之外，1996年4月，他（同阿列克谢·库德林一起）又被指控参与索布恰克竞选连任活动。投票从 6 月 16 日提前到 5 月 19 日，以缩小在职者参与的可能性，但即使这样也于事无补。在这次非常肮脏的竞选中，索布恰克受到他的另一副手弗拉基米尔·雅科夫列夫的成功挑战，有众多指控是指向普京个人的。普京并不是选举“黑公关”（在俄罗斯被称为老练的“选举技术”）的大师，很明显，他对自己选举经理的作用深感不安。在这时的一期电视节目中，普京称雅科夫列夫为“叛徒”，这个定性词他之后再也没有收回过。索布恰克之后因面临腐败指控而被迫流亡。普京在 1997 年 11 月 7 日组织了一次秘密行动，用医用飞机把他偷运到芬兰，然后从那里运到法国。显然，普京对导师的忠诚和对法律的傲慢态度是矛盾的。普京一当上总统就把索布恰克接了回来，不幸的是，索布恰克很快死于心脏病发作。在 2000 年 2 月 24 日的葬礼上，所有人都看到了普京对他的老师、赞助者和朋友之死的极度痛苦。

第三个职业：国家官员

继索布恰克遭遇失败之后，普京做出了另一个决定性的选择：他从市政府辞职，拒绝了雅科夫列夫提供给他的工作。他保留了对索布恰克的忠诚，即使这让他处于职业的边缘地带。他忠诚的性格使他在接下来的几年受益良多。普京现在无所事事，搬进了他的别墅，那可是他花费多年时间才建成的，但是却在六周之后的 1996 年

8月被全部烧毁。废墟中只留下他的东正教十字架，之后被普京的忏悔神父吉洪（Tikhno）当成故事来讲述，对普京来说这是一个迹象，这个世界上只有精神价值可以幸存下来。当时，他面临着更多的现实问题。普京再次考虑从事学术工作，进入圣彼得堡矿业学院完成他218页的博士候选人（Kandidat）论文，论文是关于激动人心的课题《市场经济形成中区域资源的战略规划》。这篇论文研究了市场关系发展过程中圣彼得堡和列宁格勒地区原料基地的战略规划和开发。其基本观点是，在不考虑所有权的情况下，国家有义务管理自然资源的开发。因此，这个主题使成为总统的普京专心于国家如何最好地利用自然资源，这已经是他的思想里最重要的事情。普京在1997年6月成功地进行了论文答辩，成为经济学博士候选人（介于硕士和博士之间）。此后两年，他发表了关于这一主题的后续论文，提出国家应该对能源和自然资源政策拥有最终发言权。实现这一目标要选择的工具不是直接的国家管理，而是纵向的一体化金融——工业集团。这将形成一个有管理的市场，作为后来被称为"可控民主"(在第2章将有更多论述）的对应物。此后几年，"战略规划"将成为普京总统任期内的流行语，他以此命名并成立了一家机构作为他的智囊团。他的结论是，通过建立包括整个产业的纵向一体化的公司，使整个产业参与世界市场竞争，让国家从中受益。在自然资源管理方面进行积极的国家干预成为他领导的标志。

事实证明，这段苦难时期为普京走向一条完全不同的道路提供了机会。总统办公厅主任尼古拉·叶戈罗夫计划为普京提供一份在克里姆林宫的工作，然而，在 1996 年 6 月至 7 月，随着叶利钦的连任，作为对强硬派清洗行动的一部分，叶戈罗夫遭到解雇，取代他的丘拜斯很快压下了这个岗位。最终，因为另一个圣彼得堡人库德林（当时克里姆林宫总统办公厅的监察局局长）的支持，丘拜斯为普京提供了公共关系部主管的职务。在普京接任这一职务前，1996 年 6 月，负责克里姆林宫总管的帕维尔·博罗金把普京带进总统办公厅。普京先是作为总务部的主管，然后担任他的副手。博罗金后来面临腐败指控，此事与恢复辉煌的克里姆林宫各个大厅，尤其是由瑞士马贝泰克斯公司负责的后来被命名为“圣安德烈”的那一处有关。普京有八个月时间负责管理庞大的海外资产组合（1995 年有 715 处，年收入为 1000 万美元），并保护克里姆林宫的所有权免受其他索求者——特别是外交部侵占。

后来，普京的事业经历了一系列幸运突破；尽管这种“幸运”既是由他的性格决定的，也有机缘巧合的成分。1997 年 3 月 26 日，他被任命为总统办公厅副主任和监察局局长，这可能是由总统办公厅前任主任库德林推荐的，而库德林则成了财政部副部长。监察局是旧有的苏联共产党中央监察委员会的继承者，多年来都由勃列日涅夫的手下阿尔维德·佩尔谢负责领导，办公室在老广场，普京现在成为继任者。普京在这里的工作是对国家机构进行审计，为此，普京成立了一个强大的数据分析办公室，大量收集政府机关和地方政府官员不当行为的信息。在对国家军备机构——俄罗斯国家武器装备技术进出口总局的审查中，他发现存在大量玩忽职守的证据，特别是在向亚美尼亚运送武器方面，引起了重大的国际丑闻。也就是在这个时候，普京多次说，国防部不会自己对自己进行改革。一年之后的 1998 年 5 月 25 日，他被任命为总统办公厅第一副主任，负责地区间的关系。其间，他认识了许多地区的领导人，并认识到“政府的垂直链已经被破坏，需要恢复”。从 7 月 15 日起，他领导总统委员会起草关于中心和区域间责任分工的条约。正是这段时间积累的经验促使普京将区域关系改革作为他总统任期的第一要务，特别是将“权力垂直”作为他的“新联邦主义”的支柱。

普京的行政才能和忠诚并没有被忽视，1998 年 7 月 25 日，他被任命为联邦安全局局长，这是他最不情愿接受的职务：“我不能说我欣喜若狂。我不想两次踏入同一条河流。”普京又一次受制于无尽的审查、秘密和封闭的生活。普京坚持说，他回到克格勃，不是作为一位预备役上校，而是作为一名“文官”，这是一个来自总统府的负责人的岗位，因此他是安全部门的文职领导人。而在这一点上，安德罗波夫也有类似的情况，他接手克格勃工作之前主要是一位党务工作者。在次年的 3 月 29 日，普京接受了另一个职务，代替尼古拉 · 博尔久扎成为联邦安全会议秘书，尼古拉 · 博尔久扎于 3 月 19 日被解雇，普京遂成为俄罗斯最有权势的人物之一。此时，联邦安全会议越来越为联邦安全局官员所控制，或许这是出于对总理叶夫根尼 · 普里马科夫不断把他的前任同事引荐到政府部门的一种平衡。普里马科夫在 1991 年接任对外情报局局长前，曾在国际公共政策领域，特别是处理与阿拉伯国家的关系中度过了漫长的职业生涯。他从 1996 年 1 月到 1998 年 9 月担任外交部部长，并于 1998 年 8 月出任“短命的”总理一职。

作为联邦安全局局长，普京是一位强硬的管理者，他进行了多年来对该部门的第八次重组，取消了两个主要部门（经济反情报部门和国防战略部门），解雇了大约 40 位中将和少将，以及三分之一的总部员工（从 6000 人减少到 4000 人）。人们批评说，减员行动太过教条，放走了那些接近或者超过退休年龄，同时也是最有经验的人，而这些人却正好是与旧苏联制度最有联系的人。他让安全局的职能不再仅仅局限于传统的国内反腐，还涉及打击有组织犯罪和区域内计算机安全及运行。普京也给他的同事留下了深刻印象。他宣称，仅靠强制措施不能为社会带来想要的秩序，而且赞同公民社会和多元化。普京与索布恰克的长期关系并没有为他在卢比扬卡广场（联邦安全局总部所在地——译者注）赢得朋友，因为索布恰克曾领导议会委员会调查 1989 年 4 月发生的“第比利斯”事件以及军队和安全部门在致死事件中的作用。作为补偿，普京从圣彼得堡的安全部门引入一些他的朋友，尤其是维克托·切尔克索夫。普京和他一起接受过训练（该城市和区域的安全部门负责人，他的克格勃职业生涯开始于迫害持不同政见者）；还有来自对外情报局的谢尔盖·伊万诺夫。他的另一位密友尼古拉·帕特鲁舍夫接替了普京的监察局局长一职，之后又接替他成为联邦安全局局长。帕特鲁舍夫是圣彼得堡人，他们一起学习法律，并于 1975 年同时加入克格勃。很明显，联邦安全局并不欢迎普京成为它的一员，因此他们后来对普京的评价是他仅仅是安全部门的一个工具，但这是非常离谱的行为。

在普京担任的所有职位中，有一个细节总是一致的：其下属的工资总能按时支付。对西方读者来说，这算不得什么，但是以俄罗斯当时的情况——在向资本主义的混乱过渡中，这已经是很大的成就了。到1999年8月被任命为总理时，普京已经获得了广泛的经验：作为运动队的成员，他曾游历全国各地；他在全国最好的大学获得了全日制高等教育学历；他作为安全部门官员工作了十余年；他在国外生活了五年；他已经成为俄罗斯第二大城市政治领域的二号人物；他成功地进行了博士论文答辩；作为莫斯科总统办公厅的高级官员，他熟知这个领域的各种问题，包括政府工作、总统机构和安全局工作。在被任命为总理时，他肯定已经不是某些人认为的“小人物”了。他看到了生活的方方面面，抓住了管理和现代化的真正问题。普京好运和厄运交替的经历无疑对他成为总统后的政策的形成起到了重要作用。他的个人经历和职业经验的各个层面互为基础，相得益彰；以否定过去而走向未来，绝不是普京的性格。

性格

普京是自列宁以来首个会说外语的俄罗斯领导人——他精通德语和英语。他是继克伦斯基和戈尔巴乔夫之后第三个完成了法学学位的领导人（列宁从未完成他的学业）。除了与德国联系密切外，成为总统前，普京作为索布恰克的助理曾两次访问美国。成为总统后，他保持着对美国的访问。普京在圣彼得堡多次赢得桑博锦标赛冠军和柔道黑腰带，而且有着在情报机构多年卓有成效的工作业绩，显然是一个非常自律的人。即使是在全职工作的情况下，普京也顺利完成了他的论文。他还表现出相当的灵活性和适应环境变化的能力。然而，这种实用主义总是会受到约束，是在一种严格规范——他认为是正确的行为——中被执行的。据穆欣说，普京的性格倾向于用协商方案解决冲突，但是在危机中，他倾向于采取强制措施。他有系统分析问题的方法，富有逻辑性，同时又很谨慎，会理智而非感性地处理问题。因此，他的名言（用于指那些在 1999 年犯下爆炸罪的人，见下）“把恐怖分子溺死在马桶里”（banditov i v sortire zamochim）不是他典型词汇的一部分，而且他实际上多次为使用这种准犯罪 (blatnoi) 语言而道歉。

1993 年至 2000 年任职美国副国务卿的斯特罗布 · 塔尔博特在其回忆录里提到了普京在 1999 年科索沃危机中的角色：尽管不是关键人物，普京“通过他自我控制的能力和低调而柔和的表达方式展现出的自信”给美国人留下了深刻印象。据塔尔博特所言，1999 年 6 月 11 日的会议上，俄罗斯跟西方的关系非常紧张，普京“显示出执行能力，即一种不慌不乱或者毫无摩擦就能把事情处理好的能力”，倾听时“高度集中，至少让人看起来审慎而彬彬有礼”。普京已经做好了功课：不仅深入了解塔尔博特，而且还通过引用塔尔博特在耶鲁和牛津研究过的俄国诗人作为例子，让塔尔博特知道自己了解他。这既让塔尔博特紧张不安又令人印象深刻。实质上，普京声称，向叶利钦提议让切尔诺梅尔金做前南斯拉夫的俄罗斯特使是他的主意，这有助于协调停火。作为联邦安全局局长和联邦安全会议秘书，普京帮助协调俄罗斯政策在该区域的实施。尽管我们不知道他对6月11日至12日一支200人的俄罗斯部队从波斯尼亚突袭普里什蒂纳机场这一事件的观点，然而我们知道，普京不顾其他人，其中还有大将列昂尼德·伊瓦绍夫——国防部负责国际军事合作的负责人，发出的不断升级的威胁，仍试图避免冲突升级。塔尔博特这样描述普京如何回应他的关切：

普京采用了一种经验丰富的医生对待病人的态度。俄罗斯方面并没有什么变化，他语气里充满了抚慰。“顺便说一句，这位伊瓦绍夫是谁？”他问道。这听起来不像是反问句，倒像是对这位三星将军身份质疑的真实表达。伊瓦绍夫在过去六周曾经担任切尔诺梅尔金代表团国防部成员的主要代表，不断出现在谴责切尔诺梅尔金以及协议的报纸和电视上。“不管伊瓦绍夫是谁，”普京继续说，“我发现这个声明非常危言耸听，它应该被看作是一种‘情绪宣泄’，而不是作为俄罗斯政策或意图的反应。”他承诺，这将是我们两国军队间“百分之百的合作和协作”，而我们的分歧正在解决中。没有什么“不当”会发生……

普京这种表面上对当时被看成常识的信息感到惊讶的姿态，是他作为总统重复使用的技巧，特别是他在访问西班牙时，被告知寡头弗拉基米尔·古辛斯基被捕的时候。这是一种保持距离的技术，虽然对他个人非常有效，但不是人们期待的总统应该有的姿态。塔尔博特描述的例子说明某种“不当”的事情确实发生了：俄罗斯部队占领了普里什蒂纳的斯拉蒂纳机场，战争可能仅仅因为英国将军麦克·杰克逊而避免——这位将军拒绝服从级别更高的美国将军韦斯利·克拉克的命令。普京对俄罗斯行动的背景知道多少，我们不得而知。

俄罗斯出版的很多传记都强调了普京个人的许多其他细节。例如，博尔佐夫指出，普京的星座是天秤座，它不仅是机械的星相代表，而且我们或许可以加上一点，这是一种表明平衡和公正的标志。同样，按中国日历计算，普京的属相是龙，龙在中国人的宇宙观里是最受欢迎的生物，而且是十二生肖里最为独特的神秘生物。普京独特的修辞手法被大量分析解读，特别是用一个问题来回答别人的问题。塔拉诺夫把普京描述成性格内向，同时是那种“批评”型的人——他努力避免让心理冲突达到一种情感高峰，而“艺术家”型的人则试图精确地把危机引向一种情绪高潮。阿夫拉姆琴科是书写普京如何拯救俄罗斯的详细计划的众多作家之一，他用“适度和谨慎”来描述普京，同时还警告，普京坚持一种独特的渐进方式和对激进改革的禁止，会阻止国家“离开毁灭之路，走上加速发展的道路”。

很多人都注意到了普京的幽默感。普京 1999 年秋天作为总理访问滨海边疆区时，行政长官叶夫根尼·纳兹德拉坚科对他大加赞扬，普京回复说："叶夫根尼·伊万诺维奇，你的褒奖让我以为自己一定死过了。"普京作为"圣彼得堡黑手党"一员的背景，为他之后提供了一群——虽然相对较少的扈从，以及亲近西方的并满足俄罗斯需求的世界定位。正是这个人现在被人们呼吁充当后叶利钦时代的俄罗斯领导人。

物色继承人

对熊彼特来说，人民在民主制度中的作用是"产生一个政府"。正是在这个意义上，他提供了他的经典定义："民主方法是为达成政治决定的一种体制安排，个人可以通过竞争性斗争获得决定人民选举的权力。"然而，在1999年至2000年的选举中，为争取人民投票而竞争的扭曲性质导致很多评论员暗示它不够民主。熊彼特接着强调说，人民不仅通过投票选举政府；他们还必须有能力驱逐它。正是从叶利钦到普京的过渡中缺乏交替，为整个过程投下了阴影。然而，接任并不像事后所看到的那么容易，普京的性格和选择对确保它成功起了很大的作用。

普京的总理职务

作为两年内的第五任总理，也是第三位来自安全部门的总理，普京很快从职业官僚转变成相对独立的政治人物。1999 年 8 月 9 日，普京被任命为总理时，叶利钦已经宣布他为继任者。经验表明，这是一个尚不确定的立场。叶利钦已经在不同情况下考虑过把谢尔盖·沙赫赖、弗拉基米尔·舒梅科、奥列格·索斯科维茨、亚历山大·列别德、鲍里斯·涅姆佐夫、谢尔盖·基里延科、尼古拉·博尔久扎、谢尔盖·斯捷帕申和尼古拉·阿克谢年科作为潜在接班人，但是，发现他们都存在不足而放弃了。自 1991 年开始，叶利钦一直在考虑接班人问题，即使当时他的健康状况良好。但 1996 年当他再次当选总统，并在当年秋天做了几次心脏搭桥手术后，这个问题变得更加紧迫了。他给办公厅指派了一个主要任务："通过 2000 年选举进行权力交接。"他们有四年时间确保 2000 年的新总统是"一位能够继续在俄罗斯实施民主改革的人，而不是重新回到极权制度，要确保俄罗斯继续前进成为一个文明社会"。1998 年 3 月 23 日，他解雇了长期担任自己总理的切尔诺梅尔金，因为此人难堪大任，而解雇后者正是他物色继承人行动的一部分。

继基里延科（1998 年 3 月至 8 月）、普里马科夫（1998 年 9 月至 1999 年 5 月）和斯捷帕申（1999 年 5 月至 8 月）之后，普京成为总理，这一顺序部分由交接的逻辑决定。对于博尔久扎来说，他在克格勃任职 20 年，之后又成了联邦边境服务局局长，1998 年 9 月

14日，他被任命为安全会议秘书，四个月后，也就是12月7日，他成了总统办公厅主任，这是权力高度集中的职务。博尔久扎被描述成“普京1号”，从某种意义上，对一位相对不怎么出名的安全部门官员来说，这算得上是迅速崛起了，但是，人们普遍认为，博尔久扎缺乏领导素质，被证实无法胜任此职。经济学家亚历山大·沃洛申于1999年3月19日接替他成为总统办公厅主任，而普京几天后则成了安全会议秘书。斯捷帕申的任命显然是为普京铺路的权宜之计。

叶利钦第一次注意到普京是在1997年，当时普京是监察局局长，后来又成为总统办公厅第一副主任，负责中央与地区之间的工作。叶利钦指出，“普京的报告是一个清晰易懂的典范”。他对普京处理事情公事公办的方式印象深刻：“普京试图从我们的接触中去除个人因素。正是因为这个原因，我想要跟他有更多的谈话。”叶利钦也对普京“闪电般的反应速度”印象深刻，对叶利钦的突然插话应付自如。因此，叶利钦在1998年夏天为安全局寻找新任局长时，选择了普京。不仅仅是因为他在安全部门工作多年，“我对普京了解越多，越确信他身上综合了对民主和市场改革的巨大奉献精神以及爱国主义精神”。叶利钦也很赞赏普京的正直：当他解雇联邦安全局官员时，总是确保他们“软着陆”——得到新的工作或丰厚的养老金（普京任总统后延续了这种作风）。叶利钦指出，普京“不允许自己操纵政治游戏。我甚至惊讶于他的道德准则……”对普京而言，唯一的标准便是一种特定行为的道德或一个特定人物的行为准则。当然，这也是为什么普京在索布恰克 1996 年竞选连任失利后放弃在市政府工作的原因。

1999 年 8 月 5 日，叶利钦召见普京，通知他自己决定任命他为总理，这在当时已经暗示着普京又向“最高职位”迈进了一步。普京意识到这将意味着艰难的政治斗争，特别是在即将到来的议会选举中。根据叶利钦的说法，普京断言“我不喜欢竞选活动……我真的不喜欢。我不知道如何操控，我不喜欢”。考虑到 1995 年“我们的家园——俄罗斯”党在议会竞选中失败以及 1996 年索布恰克连任竞选失败的痛苦经历，普京的评论不足为奇，这种态度一直延续到 2000 年 3 月的总统选举。谈话以普京的同意而结束，他以简洁的军事方式汇报说：“无论你何时指派我，我都服从命令。”叶利钦 8 月 9 日向全国引荐了普京，说他是“有前途的总理”，叶利钦谈到普京就像谈到一位“有能力巩固社会的人，有着广阔的政治背景，能确保俄罗斯改革的延续性”。

被提名为叶利钦的接班人对其他人来说无疑都是死亡之吻，就像俄罗斯国家杜马（议会下院）发言人根纳季·谢列兹尼奥夫所说，“如果叶利钦宣布某人做他的继承人，这意味着他的政治前途就终止了。这种情况已经发生过很多次了”。普京自己则认为任命是暂时的：“我想，‘我会工作一年，这很好。如果我能帮助挽救俄罗斯免于崩溃，那么，我将会引以为傲’。这是我人生的一个阶段。之后我会进入到下一阶段的事务中。”普京的自制力在当时显而易见；他的父亲死于 8 月 2 日（他的母亲于 1998 年死于癌症），葬礼在三天后举行。

8 月 16 日，杜马批准了普京的任命，233 票赞成，84 票反对，17 票弃权。

普京作为叶利钦的效忠者而被任命，起初，跟他的前任相比，在叶利钦的专横领导下，他并没有享有更多的自由。像叶利钦领导下的所有总理一样，普京没有被授予独自组建内阁的权力；相反，他的部长们都是总统办公厅代为任命的。最重要的是，第一副总理阿克谢年科和总统的“家族”竟然公开谋求自己的利益，而“家族”则是由信得过的寡头、了解内幕的政治家、政治顾问以及叶利钦的一些有血缘关系的家庭成员，尤其是他的女儿塔季扬娜·季亚琴科组成。在很多场合，就像在国家石油管道运输公司（Transneft）更换管理者时，普京似乎完全被忽略了。家族寡头联盟的势力越来越强大，他们中最臭名昭著的是鲍里斯·别列佐夫斯基和他的盟友罗曼·阿布拉莫维奇，他们被称为“叶利钦家族”的财政部部长。能源部部长维克托·卡柳日内和内务部部长弗拉基米尔·鲁沙伊洛于 1999 年 3 月 21 日受命履职，他们是这个集团的一部分。我们稍后将有更多关于这个“家族”的介绍。与此同时，叶利钦最后几年对有军事——安全背景的人员依赖越来越明显，这一趋势在普京的领导下得到强化。赫斯基甚至形容叶利钦领导下的发展为“总统的军事化”：“叶利钦为了获得行政支持，正转向那些有忠诚感和纪律感的一伙人。”

普京显然符合这种描述。然而，他很快超越了职位的局限性。不管从何种角度，他的蜕变都引人注目，普京很快成为总统选举的重要候选人。他的支持率从 8 月份的 2% 上升到 9 月底的 15%，10 月底为 25%，11 月底惊人地上升到 40%。至少有四个因素帮助普京迅速崛起。第一个因素是克里姆林宫把所有的筹码都押在了他身上。他的潜在总统竞争者，首先是莫斯科市长尤里 · 卢日科夫和普里马科夫，他们受到媒体，特别是克里姆林宫及其盟友——尤其是为别列佐夫斯基拥有的俄罗斯公共电视台（现第一频道。——译者注）——控制的各种报刊和电视媒体的尖刻攻击。普里马科夫神话——认为他可以变成一个聪明的政界元老，在恢复勃列日涅夫鼎盛时期的同时，保证经济和外交的成功，得到了系统清除；相反，他却被描述成一个生病的老人，象征着苏联制度的失败。尽管普京无疑喜欢公开和幕后的官方支持，也是在他任总理期间，由另一位垄断寡头弗拉基米尔 · 古辛斯基创立的俄罗斯独立电视台使普京遭受了一次离奇的个人攻击。由于赌注太高，1999 年底，总统预备竞选的各方力量都是各怀鬼胎的。

第二，不像 1994 年 6 月的第一次冲突，车臣境内重新燃起的战争起初深得人心。根据 1996 年 8 月 31 日由亚历山大 · 列别杰夫和阿斯兰 · 马斯哈多夫（游击队领导人）分别代表俄罗斯和游击队签署的《哈萨维尤尔特协议》，共和国获得了有效的独立，而对其最终地位的决定却被推迟了五年。1997 年 2 月，俄罗斯军队被撤回，在莫斯科的支持下，马斯哈多夫当选车臣总统。然而，面对日益严重的目无法纪现象，俄罗斯从 1999 年初就为新的冲突做好准备。根据斯捷帕申的说法，转折点是 1999 年 3 月 5 日俄罗斯内务部副部长根纳季·什皮贡（Gennady Shpigun）少将被绑架，他在格罗兹尼机场被车臣武装分子从飞机上拖下（他的尸体在2000年6月被发现）。很明显，马斯哈多夫失去了对共和国局势的控制。作为安全会议和联邦安全局的负责人，普京在1999年5月19日与叶利钦会晤，起草了《关于在俄罗斯北高加索地区打击恐怖主义的附加措施》的强制法令。

这个事件的第二次战争是由1999年8月2日车臣武装渗透到临近达吉斯坦的博特利赫和茨马迪（Tsumadin）地区挑起的（约1500名暴徒由车臣战地指挥官沙米利·巴萨耶夫和沙特出生的被称为哈塔卜的哈比卜·阿卜杜拉·拉赫曼领导），几周之后（9月5日），一支更大的武装力量再次入侵北部地区诺夫拉克斯科（Novolaksk）。萨勒曼·拉杜耶夫（Raduaev）1996年1月野蛮地袭击了基兹利亚尔医院，这段记忆使得达吉斯坦舆论转而反对这次新的车臣袭击。莫斯科派出相当多的武装部队，不仅挫败了此次入侵，还毁灭了达吉斯坦地区的宗教激进主义飞地。作为回应，根据官方版本，叛军武装（通常被认定是车臣分子，同时还涉及达吉斯坦人）决定打到莫斯科和全俄罗斯去。8月31日，一枚炸弹破坏了马奈兹地下购物中心，造成1人死亡，45人受伤。9月4日，达吉斯坦共和国布因纳克斯克发生公寓爆炸，造成62人死亡，174人受伤；9月9日，莫斯科古里亚诺夫街道爆炸，造成94人死亡，200多人受伤；9月13日，莫斯科凯舍斯科（Kashirskoe）高速公路发生爆炸，造成124人死亡；9月15日，一枚卡车炸弹袭击了伏尔加顿斯克的一个公寓区，造成 19 人死亡，342 人受伤；9 月 22 日至 23 日晚上，在梁赞发现另外一枚待发的炸弹，目标是要炸毁另一个公寓区，尽管联邦安全局称这是一起用“仿制”炸弹做的测试练习，但该事件仍需进一步的解释。这些可怕的事件制造出一种恐惧氛围，在某种程度上也营造了对车臣进行报复的氛围，虽然涉及这些暴行的车臣分子还不确定。压力之下需要做出某种反应，而且普京坚决的陈述和决定性的行动，包括愿意承担个人责任的意愿，为他赢得了相当大的知名度。这个时候，如果不采取行动，最终会使俄罗斯政府名誉扫地。

10 月 1 日，俄罗斯军队进入车臣。军事干预最初被设想为一次有限的军事行动，但是在相对轻易地占领北方低地之后，军队在 10 月下旬越过捷列克河，从而进入到车臣的中心地带（伊奇克里亚）。普京是俄罗斯十几年来第一个全力支持军队的领导人，因此开始抹去人们对“第比利斯综合征”的记忆。在此，政治家们没有承担起他们下达军事命令的责任：国防部部长伊戈尔·谢尔盖耶夫对车臣新战争并不热衷，一群由参谋部负责人阿纳托利·克瓦什宁领导的“车臣籍将军”——包括康斯坦丁·普利科夫斯基、根纳季·特罗舍夫、维克托·卡赞采夫和弗拉基米尔·沙马诺夫，渴望为第一次战争中的失败复仇。新集结的部队人数比第一次战争还要多，超过10万人（同 3 万至 4 万人比较）在行动的第二阶段被派去占领主要城市，对格罗兹尼的进攻从 12 月 25 日开始，直至 2000 年 2 月 8 日才结束。

在纽约世贸中心 2001 年 9 月 11 日被撞以及五角大楼受到攻击之前的两年，战争被列为“反恐战争”，为 9 月后俄罗斯与西方国家的联盟奠定了基础。普京后来争辩说，他愿意在这个时候为他的职业生涯冒险，但是却认为，“我的使命，我的历史使命——这听起来很高尚，但却是真实的——包括解决北高加索的局势”。普京作为“铁血宰相”的形象在他对车臣问题的强硬态度中形成并维持下来。他在 9 月 8 日的记者招待会上使用街头语言，正如之前提到的，他使用了“把恐怖分子溺死在马桶里”这样的黑社会行话。这起初听起来好像是一场公共关系灾难，但也强化了普京的亲民形象。更重要的是，在那次记者招待会上，普京坚持说：“俄罗斯正在进行自卫。我们遭到攻击。因此，我们必须抛弃我们所有的综合征，包括罪恶综合征。”叶利钦让普京放手去干：“我想让国人开始适应普京，把他当作国家领袖。”叶利钦用这种方式解释普京声望的飙升：“普京摆脱了俄罗斯的恐惧。俄罗斯以诚挚的感激回馈了他。”

第三个因素是，与他的前任不同，普京很快就享有了前所未有的政策制定权，而且，不仅仅限于车臣问题。他因这个时候开始的大量经济方面的好消息而受到好评，这种局面一直持续到他的总统任期：经济增长、生活水平提升和坚决处理拖欠工资的尝试。尽管在任何时候都有可能被叶利钦解雇，但在 1999 年的最后几个月里，普京表现得异常自信和独立。他甚至被允许监督权力部门，这是总统的特权，之前的总理从未被允许过。普京有能力把总理办公室变成一个准总统职位，这让叶利钦本人黯然失色。过去，如果有任何政客存在超越他的威胁，叶利钦都会立即降低潜在对手的威信。此时此刻，克里姆林宫显然串通好了，放手让普京主宰政局。随着叶利钦健康情况和精力的下降，这种趋势在过去几任总理那里一直都是如此走向。任命时，所有人都看到他们声望飙升，总理办公室（如法国的半总统制）是总统一职的天然跳板。

第四，普京看起来有能力恢复俄罗斯的民族尊严，对西方国家采取既不谄媚奉承也不盲目自信的态度。普京试图找到对俄罗斯真实需要和能力的慎重理解。正如报刊上一篇文章所言，“普京必须恢复被叶利钦摧毁的作为强国之一的骄傲。俄罗斯需要的是尊重，而不是同情”。国内外观察家很快清晰地看到普京代表了一种新的俄罗斯政治家的品质：诚实、智慧，而且在任何显而易见的腐败面前毫无污点。普京对俄罗斯的关心超过了个人利益。正如人权活动家和自由派代表谢尔盖·科瓦廖夫指出的，普京代表了“恢复共产主义和无能的‘民主党’之外的一种选择”。他很快成为俄罗斯的缩影，代表它的痛苦和愿望，因此他成为“有希望的总统”。

1999年12月19日议会选举和继任

选举前夕，尼古拉·彼得罗夫写道："与叶利钦有关的政治时代已经进入历史。政权被证明不能自我复制，领袖的改变将导致基于领导人的个人权力基础上的整个政治制度的改变。"这里至少涉及三个因素：政权（更确切地说，叶利钦创造的政治秩序），系统复制和领导人继承。在这个事件中，至少在政治上，制度可以通过保证领导人的改变不会导致政权的改变而自我复制。

俄罗斯政治从1995年开始，充满了无休止的政治危机、裁员、辞职以及戏剧性游行，在叶利钦的健康状况开始急剧恶化时，对继承权的竞争变得更加激烈。1998年10月访问乌兹别克斯坦时，叶利钦很清楚自己的时代已经结束了。叶利钦只能在伊斯兰·卡里莫夫的搀扶下勉强站立。柯尔亚姆金和舍夫佐娃指出，1999年选举代表着"一种前所未有的竞选"，杜马选举因此变成更大利益斗争的一部分。他们指出，在大多数转型国家，通常认为两轮选举周期就足够判断民主是否巩固，然而，在俄罗斯，这是第三次选举，如果有的话，只会对新出现的民主秩序的性质提出更多问题。整个20世纪90年代，选举都是对体制性质的公投，而不是政府间的一种选择；而当选举是介于政权之间时，人们实际上被剥夺了政府间的选举权。来自俄罗斯联邦共产党的威胁如今发挥了它的所有价值，或许会更多。尤其在 1996 年的总统选举中，人们极不情愿地给叶利钦投票，只因为他还“没那么糟糕”。亚历山大 · 科尔扎科夫早年作为叶利钦的保镖和有影响力的顾问时，就问过为什么要为了民主而不惜一切代价，甚至主张取消总统选举。如今叶利钦通过确保人们支持的候选人获胜解决了这个难题。

这绝对不是走过场的比赛，尤其是一个可靠的反对党已经出现，要取代共产主义在野党。1999 年 8 月，一个联盟得以建立起来，一方是卢日科夫的“祖国”（Otechestvo）运动，它建立于 1998 年 12 月，宣称开展反对寡头们影响力的运动，另一方是“全俄罗斯”（Vsya Rossiya）运动，它在一群强大的地方领导人领导下于 1999 年 4 月成立，其中包括鞑靼斯坦的总统明季梅尔 · 沙伊米耶夫以及普京的老对手圣彼得堡市长弗拉基米尔 · 雅科夫列夫。在“祖国—全俄罗斯”的最前头站着普里马科夫，他毫不掩饰自己的总统野心。8 月初，斯捷帕申被解雇，有一部分原因是他未能阻止这一对克里姆林宫发起的挑战。作为回应，1999 年 9 月，别列佐夫斯基精心策划了“团结”（Edinstvo）联盟，最初动员了 39 位地方领导人参加。一个强有力的赶浪头被发动起来，越来越多的地方和其他领导人跳出来，担心如果他们在竞选活动中属于失败的一方，他们的地位会因此而失去。普京本人在 11 月 24 日宣布，他将“作为一介平民以及谢尔盖 · 绍伊古的朋友”而支持“团结”联盟，谢尔盖 · 绍伊古作为有魅力的紧急事务部部长曾经是这个新党的党首。普京努力使自己展现出自信和稳定的象征，承诺要维持俄罗斯的权力和财产制度，同时，从根本上改造国家体制，开展政治和法律改革。普京致力于宪法的连续性，尽管他认为有些制度创新可以在不改变宪法本身的情况下进行。如前面所提到的，竞选以残酷地诋毁克里姆林宫的对手来进行，首先是卢日科夫和普里马科夫。媒体为党派所用，表明选举虽然相对自由，但远非公平。随着“团结”联盟的出现，这次选举最重要的地方在于一个新自由集团——右翼力量联盟（Soyuz Pravykh Sil）——的出现，它汇集了由涅姆佐夫、盖达尔、伊琳娜·哈卡马达和前总理基里延科集体领导的九个小自由党派和协会。右翼力量联盟将自己依附于普京的提携，支持对车臣的战争，作为回报，克里姆林宫也表示对他们的支持。

投票结果（见表 1.1）证明了人们对普京的信任，也为总统竞选提供了一个跳板。虽然共产党占据了多个席位，但是由“团结”联盟领导的亲普京政府集团占据了大多数。然而，它缺乏真正的区域性深度，这反映在它所争夺（13%）的单席位选区中，只得了 9 票。

表 1.1 1999 年 12 月 19 国家杜马选举

选举联盟或集团	政党比例制选举（%）	政党所获席位	单席位选区	合计
俄罗斯联邦共产党	24.3	67	47	114（25.9%）

续表

“团结”联盟	23.3	64	9	73（16.6%）
“全俄罗斯”运动	13.3	37	29	66（15.0%）
右翼力量联盟	8.5	24	5	29（6.6%）
俄罗斯自由民主党	6.1	17	0	17（3.9%）
雅布罗科党	5.9	16	4	22（4.5%）
其他和所有人都不选（3.3%）	18.7		26	24
无党派人士			105（23.8%）	105
合计	100	225	225	450

资料来源：Vestnik Tsentral'noi izbiratel'noi komissii Rossiiskoi Federatsii，2000 年，第 91 卷，第 1 期，第 231 页；Nezavisimaya gazeta, 1999 年 12 月 30 日，第 1 页；结果可以在中央选举委员会网站 www.fci.ru/gd99/ 找到。

备注：在大约 1.08 亿俄罗斯选民中，超过 6000 万人投了票，投票率为 61.7%，大大超过了最低 25% 的要求。另外，1.2% 的选民投票为无效票。

“团结”联盟并不像早期的“各方力量”，即20世纪90年代的“俄罗斯选择党”，由叶戈尔·盖达尔（叶利钦改革第一阶段的建筑师）领导，然后是“我们的家园——俄罗斯”，因为它成立时不是作为执政党，而是作为选举竞争的工具。矛盾的是，它在第三届杜马（2000年 3 月）中形成了一个议员们的忠诚集团基础，从而实质上成了执政党。正如曾经代表克里姆林宫管理“团结”联盟选举运动的伊戈尔·沙布杜拉苏洛夫所指出的，“新的国家杜马将有完全不同的特点。和平改革已经在俄罗斯发生了”。

叶利钦辞职及交替

匆忙集合亲克里姆林宫选举联盟“团结”联盟的成功，为未知继承人的运作——叶利钦在1999年12月31日辞职——开辟了道路。这个过程是精心策划的，正如叶利钦所承认的，“俄罗斯的国家元首从未有自愿辞职的先例”，他显然很喜欢让每个人（包括他最亲密的同事）都大吃一惊。两周前，他第一次向普京透露他的计划，当时是12月14日，在他的高尔基9号官邸。得知叶利钦打算让他当总统，普京的第一反应是，“我还没有做好准备，鲍里斯·尼古拉耶维奇”。叶利钦认为，普京的犹豫并不是软弱的表现，而是“强者的怀疑”。叶利钦坚持说：“新世纪必须以一个新的政治时代——普京的时代开始。”普京最终同意了。12月29日，他们再次会面，这次是在克里姆林宫为移交权力做出细节安排，包括核按钮手提箱的移交。叶利钦注意到普京似乎“是一个不同寻常的人。我认为他似乎更加果断了”，并注意到他谈话的方式是多么高兴：“我真的很喜欢普京。我喜欢他的反应，他如何纠正计划中的好几处要点——一切都很清楚、精准……严格依法，准确、干练，我们在落实涉及移交权力的俄罗斯宪法的有关条款。”直到规定的三个月内举行任期前的选举，普京才能担任总统。

12月31日，叶利钦首次在莫斯科时间午间播放讲话，而且之后每小时重复播放一次。他谈到，他希望在2000年6月总统选举后建立“文明自愿移交权力”的先例；但是，“无论如何，我已经做了另一个决定。我要辞职了”。现在，俄罗斯没有回到过去的危险，因此，叶利钦争辩说，“我已经完成了我此生的任务”，他不想阻碍新一代领导人的顺利过渡。“当一个国家有一个强大的人值得成为总统时，我就没有理由继续掌权了”，他还请求国人原谅：“我们并没有实现所有的梦想……我们认为，我们可以从灰色停滞极权的过去跳向光明、富强和文明的未来。我相信自己……但是我们需要不止一次的跳跃。”他强调自己不是由于健康原因而辞职。演讲结束后，他把核按钮手提箱交给普京，作为离开克里姆林宫的最后一个手势，他给了普京那杆他签过很多法令和法律的笔，说“请照顾好俄罗斯”。

叶利钦的辞职打破了苏联领导人先下台后辞职的传统，但至今仍是一个谜。从表面上看，叶利钦的演讲确实不无道理。杜马选举在议会创造了一个坚实的亲政府阵营，巩固了克里姆林宫指定的继任者普京的位置，同时削弱了所有主要竞争者的力量。叶利钦已经实现了他的目标，创造出一种政治局面，允许他不为自己和自己的政绩担忧地离开政治舞台。显而易见的是，叶利钦正在迅速丧失他的体能。他言之凿凿的自己不是基于健康状况而辞职，只不过表明了他的骄傲。然而，仍有一些人认为，叶利钦的辞职不完全是出于个人选择。他是不是受到克里姆林宫有权势人物的驱使，而后者一方面想利用普京的声望，一方面又在为叶利钦的身心恶化而担忧呢？同样让人震惊的，是围绕“叶利钦家族”的各种腐败指控的调查，特别是与马贝泰克斯建筑公司有关的指控，该公司花费了大约 5 亿美元翻新克里姆林宫的大厅。负责克里姆林宫资产管理部门的博罗金涉嫌侵吞资产，将非法所得装进自己和叶利钦家人的口袋里。是否是“穿灰色西装的人”向叶利钦建议，辞职和接受慷慨的条款将符合他和他家人的最大利益，否则，就将面临一种非常不确定的未来？实际上，作为代总统，普京的第一个举措就是在12月31日签署了一项法令，允许叶利钦和未来的俄罗斯总统免于刑事起诉、逮捕、搜查或审讯。这位前总统有权获得75%的月薪，享有国家对自己和家人的保护，以及在俄罗斯的机场、火车站、港口享受贵宾休息室服务。

虽然这个国家的利益可能会由于叶利钦的提前退出而得到维护，但是对民主而言，却非最佳时刻。恰如叶利钦自己在他的辞职演讲中承认的，他的提前退出意味着，俄罗斯看不到一个直接按照宪法规定进行的民主选举产生的领导人的权力交接。相反，有人试图通过将权力移交给政权的候选人而抢占选民的选举权，最有利的政治环境已经为候选人准备好了。由于担心普京的声望有可能会因为选举中规定的6月举行而开始衰落，他们将选举提前到了3月。对于哲学家和作家亚历山大·季诺维耶夫来说，整个过程只不过是“政治阴谋”，他坚称“叶利钦没有理由在正式选举前几个月离开总统职位”。在对生活模仿艺术的一种悲哀提醒下，人民想起了流行轶事中的一句话：

问：“俄罗斯的民主是什么？”

答："叶利钦有权提名他的继任者。"

即便这不是最糟糕的结果。正如记者尤利娅·拉特尼娜所说：

确保克里姆林宫胜利的继承制度是一种非常积极的发展。因为，在当局和反对派同样腐败的情况下，建立在继承上的腐败政权总好于一个革命性的腐败政权，因为后者登临总统宝座时会伴随着猪群冲向猪槽的呼噜声——而且，在"受贿者入狱"的呼喊中，他们会再次做出同样的事情。

按照科瓦廖夫的说法，克里姆林宫只需要选举普京做俄罗斯的领导人，然后操纵政治过程，保证选民正式选举他："普京是一个封闭的、不透明的政治体制产物。选举的程序只是橡皮章的问题，幕后策划者已经决定了一切。这就是一切。"车臣战争被用来团结指定继承人的团体，尽管这是一个高风险的策略，因为它有显而易见的风险，有可能反噬克里姆林宫"代表选举团"自身。第一次车臣战争已经非常不得人心，对普京来说，将他的政治财富分割给新的战争，有着更大的危险，挑衅意味也更加浓厚。事实上，普京的胜利所代表的远远超过克里姆林宫的操纵，或者从这场不可避免的悲剧战争追求的暂时优势。不论好坏，它反映了俄罗斯人民的本性和欲望：从普京身上，他们看到了自己。

2000年3月26日总统选举

然而，仍然需要进行选举才能将选择合法化。普京和叶利钦之间的身体素质比较再强烈不过了：一个正处于壮年，身体状况极佳，富有逻辑性，做事谨慎；另一个虽然看起来身材挺拔，但是体力却在衰退，更多的是凭借直觉和本能做出判断。这种选择是为了一个时代的改变，当时的背景是，所有强硬的角色都因为遮掩了叶利钦的光芒而被边缘化了。这意味着，权力交接当时成了紧迫的事情，只有少数占重要地位的政治家有威信成为总统候选人。此外，这个问题不仅仅是个人问题，而且涉及体制的性质。尽管叶利钦在领导期间与其总体战略目标保持着一贯的一致性，但是，日常事务的管理却反复无常，受到议会政客之间拜占庭式的斗争所影响。这两个因素——在改革阵营中缺乏可信的候选人以及叶利钦精英一族对战术的不负责任——加快了普京的权力之路。从第一天被任命为总理开始，很清楚的是，一个领导已经出现，如果不是不愿意，他已经做好准备为国家的命运承担起责任。普京远远超过了“公共关系专家创造的政治神话”。梅德韦杰夫引用了格奥尔基·普列汉诺夫关于人格在历史上作用的知名观点：当没有英雄出现来满足社会需要和民族利益时，通常会出现这样的英雄，他看得比别人远，是时代需求的结晶。普京当时的情况是，需要“结束困难重重（smuty）的时代和已经持续了十年的过渡阶段”。

然而，1996年竞争还是围绕叶利钦和他的老对手根纳季·久加诺夫两极分化地展开了。根纳季·久加诺夫是主要反对派俄罗斯联邦共产党的领导人，主张继续推进改革，而到了 2000 年总统选举时，这样一种原始的（即使在政治上非常有效）两极化已经成为历史。叶利钦辞职前签署的总统选举法规定，候选人需要收集 50 万个签名（一般情况下需要 100 万个），这一要求一定程度上缩小了数量。候选人还必须提供关于他们自己、配偶和子女的详细财务信息。11 名候选人披荆斩棘进入比赛，但是，如果没有人在第一轮中赢得 50% 的选票，那么，两名得票最多的候选人将在三周后进行第二次选举。鉴于普京在政治上获得的大力支持，高投票率对他而言无疑是很有利的。他所担心的最糟糕的情况是，对胜利的自鸣得意会使选民待在家里，或者投票率低于 50%（在这种情况下，选举将被宣布无效，四个月后重新举行选举）。缺乏激情的竞选正好是对这种结局的威胁。

普京的竞选活动由总统办公厅副主任德米特里·梅德韦杰夫（休假）打理，他在索布恰克任职期间曾任普京助理。其他办公厅工作人员也出了力：亚历山大·阿布拉莫夫负责处理与地区的关系；弗拉季斯拉夫·苏尔科夫负责处理与议会的关系；其中，还有来自叶利钦老团队的伊戈尔·沙布杜拉苏洛夫等人。大量政治咨询公司得到雇佣，特别是格列布·帕夫洛夫斯基的“有效政治基金会”。

一些著名政治家甚至在竞选开始之前就退出了。这方面，最值得注意的是普里马科夫，这位苏联时代的资深政治家，任总理期间已经把自己定义为远离围绕总统腐败的政客，因此是一位受欢迎的候选人。同样还有魅力十足的莫斯科市长卢日科夫，他认为挑战克里姆林宫的权力是不明智的。如此一来，剩下的候选人就屈指可数了。没有弗拉基米尔·日里诺夫斯基的俄罗斯选举是不完整的，他是名不副实的俄罗斯自由民主党派领导人，虽然最初被中央选举委员会认为不符合要求，但之后还是被最高法院恢复了竞选权。然而，尽管一些共产党的投票明显倾向于普京，他的主要竞争对手却是久加诺夫。甚至连候选人阿曼·图列耶夫——这位克麦罗沃地区的州长曾经在1996年选举中支持过久加诺夫——也表示，在选举中，他愿意在第二轮竞选中全力支持比久加诺夫“素质更高的”普京，特别是在“职业水准、国家情怀、权力和人格方面”。另一位严肃的候选人是格里戈里·亚夫林斯基，他是自由派雅布罗科党的领导人。这个组织在1999年12月议会选举投票中超过了5%的代表门槛，但是，因为投票的减少，现在，亚夫林斯基的永久反对党形象和越来越神秘的抽象化对他在竞选中获胜一点好处也没有。

其他竞选者大多是这样或那样“自命不凡的”候选人。前总检察长尤里·斯库拉托夫曾在1999年因过度参与腐败调查而被叶利钦（虽然遭到了联邦议会上院的三次拒绝）解雇，他想要引起人们对腐败和对他不公平的注意。爱国电影导演斯坦尼斯拉夫·戈沃鲁欣试图召集人们，支持“伟大的俄罗斯”这一思想。萨马拉州长康斯坦丁·季托夫代表了俄罗斯政治的自由色彩。尽管在过去一年里，各地都在通过各选举集团攻击克里姆林宫，季托夫最终在其名誉没有受到任何伤害的情况下，成为承受住议会选举猛烈批判的唯一一位重要地区的领导人。然而，他也是唯一一位真正代表地区领导人角色的候选人。但是，他甚至无法获得自己党派的全力支持，因为右翼力量联盟中的一些团体已经宣布支持普京。其他候选人还有车臣商人奥马尔·贾布赖洛夫（雷迪森斯拉夫酒店的部分所有人，牵涉到围绕谋杀美国商人保罗·塔特姆的辩论中，之后成为大罗西亚酒店的所有者），精神遗产组织的负责人和前久加诺夫宗教老师阿列克谢·波德贝雷兹金，以及社会事务部前部长和“公民尊严运动”负责人埃拉·帕姆菲洛娃。总统办公厅前任副主任叶夫根尼·萨沃斯季亚诺夫在最后关头退出了。

选举最引人注意的可能是谁没有参选。我们注意到，六个月前还势不可挡的普里马科夫见证了自己人气的迅速下滑，而卢日科夫在 1999 年夏天还曾暗示自己会退出总统竞选。曾经被权威改革者们寄予厚望的列别德逃往克拉斯诺亚尔斯克边疆区，他从 1998 年做那里的行政长官，现面临着一些问题，使他不能成为合格的总统候选人。2002 年 4 月 28 日，他乘坐直升机坠落而亡，这意味着我们永远不知道他是否能成为戴高乐——一位曾被边缘化却重新取得政治权力中心的胜利的领导人。就这样，普京少了一个可能的未来挑战者。随着普京步伐的加快，卢日科夫为新任领导人提供了最为重要的支持——2000 年 3 月 15 日，卢日科夫把“祖国”运动的官方祝福送给了普京阵营。虽然“祖国”运动设置了很多条件，最重要的有保留民主自由、结束寡头的政治和经济优势、增强国家实力、致力于提高社会生活以及科学和文化水平等，但是，这些并不是真正意义上的“条件”，由于支持优于接受协议，因此，这种设计只是为了顾全面子。所以，总统选举最重要的潜在竞争对手之一是向“普京效应”屈服。

对于大多数竞选者来说，最困难的事情是普京自己的方案，只要他有一个方案，就会几乎涵盖每一个可以想象的观点，因此不允许其他有连贯性的选择。正如卢日科夫在2月底“团结”联盟大会上所说的那样，普京当时的讲话包含了出自“祖国”运动文献的“几乎原封不动的引文”。此外，普京享有的在职优势不是一个，而是两个，作为代理总统和总理，他因此远远超越了其他普通的候选人。这些竞选中的“不对称性”为大家所议，引起了人们对普京有独裁野心的担忧。此外，普京似乎不愿意提供其方案的细节。2000年2月8日与学生见面时，他说自己不急于宣布竞选纲领，以免它“受到攻击”。他指出，“一旦公开，他们就会开始撕咬它，把它撕成碎片”。在民主选举中，这无疑是一种有趣的竞选方式。

普京的《弗拉基米尔·普京致俄罗斯选民的公开信》发表于2000年2月25日，近乎是他的竞选宣言。他指出，“我们第一个也是最重要的问题是意志力的削弱。在完成已开启之事的过程中国家意志和毅力的丧失。优柔寡断，犹豫不决，把最苦难的任务拖延到最后时刻的习惯”。这封信虽然包含了“关于改善经济和人民生活水平的需求是重要的”这一一般原则，但却缺乏具体的政策。普京来自圣彼得堡的同事格尔曼·格列夫掌管的智库“战略研究中心”应普京要求，虽然为俄罗斯的发展制定了一个长期规划，但仍然无法制订出一份具体的计划。重要的是，普京享有一种难以企及的卓越地位，而其他所有候选人却显得相对较弱，如此一来，就会存在一种过度自信和对其他人观点听而不闻的危险。这个问题并非俄罗斯独有，但是，在此可能会出现特别病态的形式，因为对滥用权力的制衡是如此之弱。

普京获胜的一个因素应该被强调：普京作为形象塑造者的能力。在第 2 章中，我们将讨论普京的《千禧年之交的俄罗斯》，它发表于 1999 年的最后几天，其中概述了他对苏联过去的看法和对俄罗斯未来的希望。这本书在 2000 年初以一系列采访的形式成书出版，是由记者纳塔莉娅 · 格沃尔基扬和她的同事们在普京的一栋别墅里经过几天采访写成的。它们展示了普京人性的一面，提供从小木屋到白宫的俄罗斯版本，尽管这个故事只是从集体公寓到克里姆林宫。通过个人努力实现快速上升的社会地位辅以公认的好运气，特别是近期的官方赞助，在俄罗斯长期遭受苦难的人中引起了共鸣。这本书介绍普京和妻子柳德米拉及两个女儿组成了充满爱的家庭，他在德累斯顿担任克格勃官员时，经历了苏联帝国解体过程中的所有考验和磨难。显然，有些章节被删除了或者经过克里姆林宫助手的修改，而普京的形象却被精心塑造了起来。普京是当时最新兴的政治家之一，和美国的比尔 · 克林顿、英国的托尼 · 布莱尔一样，新闻管理常常充当政策的替代品，对他们来说，结果会为倾向性报道和假象的浓雾所覆盖。通过焦点小组、民意调研、“推论法”和信息操纵的方式，这些后现代政治人物的受欢迎程度就像一株精致的植物一样受到培养和关注。

虽然总体结果（见表 1.2）可能已成定局，但至少有三个有趣的附带的结果。

表 1.2 2000 年 3 月 26 日总统选举

候选人	选票数	所占百分比（%）
1. 弗拉基米尔 · 普京	39,740,434	52.94
2. 根纳季 · 久加诺夫	21,928,471	29.21
3. 格里戈里 · 亚夫林斯基	4,351,452	5.80
4. 阿曼 · 图列耶夫	2,217,361	2.95
5. 弗拉基米尔 · 日里诺夫斯基	2,026,513	2.70
6. 康斯坦丁 · 季托夫	1,107,269	1.47
7. 埃拉 · 帕姆菲洛娃	758,966	1.01
8. 斯坦尼斯拉夫 · 戈沃鲁欣	328,723	0.44
9. 尤里 · 斯库拉托夫	319,263	0.42
10. 阿列克谢 · 波德贝雷兹金	98,175	0.13
11. 奥马尔 · 贾布赖洛夫	78,498	0.10
所有人都不选	1,414,648	1.88

资料来源：Vestnik Tsentral' noi izbiratel' noi kommissii Rossiiskoi Federatsii, 2000 年，第 103 卷第 13 期，第 63 至 65 页；Rossiiskaya gazeta, 2000 年 4 月 7 日，第 3 页；完整的结果请见 Vestnik Tsentral' noi izbiratel' noi kommissii Rossiiskoi

Federatsii, 2000 年，第 106 卷第 16 期。

备注：百分比是从总票数那里统计计算出来的。投票人数：75,181,071（68.74 %）；登记选民：109,372,046：总有效票数：75,070,776。

第一个结果是普京优势占比的规模，最重要的是，他能否在第一轮竞选中获胜。大多数民意调查显示，这是可能的，而且结果确实实现了，尽管只是略高于 50%。一场大获全胜赋予普京的总统职位一定程度的合法性，该合法性是叶利钦在他 1991 年 6 月赢得首轮胜利后才享有的，但是，小幅度的胜利却在某种程度上抑制了他的胜利。第二个方面是这次选举的“干净”程度。在某些区域，如萨拉托夫，一些人指控，有选票被从其他竞选者转给了普京：在达吉斯坦共和国，超过 50 万张的选票已经被加入了普京的总票数；而在很多地方，“所有人都不选”的这部分选票可能已偷偷地加在普京的优势上。奇怪的是，没有人能充分解释选民人数是如何在三个月内，从 1999 年 12 月杜马选举合法选民的 108,072,000 人增长到宣布总统选举时的 109,372,046 人的，而这个时候正处于人口急剧下降的时期，18 年前并没有婴儿潮的记录（1981 年 12 月到 1982 年 3 月）。

关于结果的第三个有趣问题是，主要挑战者久加诺夫和亚夫林斯基是否能够保住他们的选民和领导地位。彻底失败将会逐步削弱久加诺夫宣称的对左翼的领导。正如我们看到的，图列耶夫在竞选期间公然蔑视久加诺夫的领导。结果，久加诺夫的强劲表现（29.2%）提高了其政党在 1999 年 12 月杜马选举中的表现（24.3%），增强了他对反对党共产党的领导。然而，他的选票根本无法与他在 1996 年首轮选举中得到的 32% 相比，更别提他在决胜选举中赢得的 40% 的选票了。这意味着，共产党选票的长期下滑使他排在了永远第二的位次上。1999 年 12 月，投票给俄罗斯联邦共产党的选民只有三分之二在 3 月投票给了久加诺夫，而有五分之一投给了普京。特别是，他在传统共产党的势力强大的地区失败。1996 年第二轮选举中，久加诺夫在 89 个区中的 32 个区排在第一名，然而，2000 年时，普京除了 5 个区外，都是排在第一名。在克麦罗沃，图列耶夫赢得很漂亮，仅仅给久加诺夫留下 4 个区 [阿迪格共和国、车臣共和国、阿尔泰共和国以及布良斯克州]。至于亚夫林斯基，他对自由派的领导受到季托夫的挑战，后者要求他退出竞选。而斯捷帕申虽然只是雅布罗科党的一名成员，却公开宣布支持普京。尽管截至当时他的竞选活动是做得最好的，但与 1996 年相比，亚夫林斯基的选票也减少了（5.8%，而不是 7.3%），而且他作为民主派阵营的领导地位也大大削弱了。季托夫在他家乡的选区萨马拉位居第三，以仅仅 20% 的地区选票落后于普京和久加诺夫。季托夫在选举后不久很快辞去了州长职务，但当时受到民众的大力支持，又心悦诚服地重新站出来参加州长选举。

显然，普京确实有着坚实的政治基础。杜马选举期间的调查显示，大部分右翼力量联盟的选民支持普京做总统；“右派支持者把普京看作他们的天然盟友”，因此右翼力量联盟的领导和普京的联盟不仅仅是一种慎重计划，还反映了右翼力量联盟选民自身的意愿。

右翼力量联盟领导人（特别是丘拜斯）更多的是把普京看作可以巩固他们地位的强大盟友。右翼力量联盟支持普京的战略，包括他在车臣的有争议的政策，这反映了自由主义者在整个俄罗斯后共产主义时期的困境：他们缺少自己的霸权社会和选举基础，试图利用总统作为实现目标的工具。虽然不像在 1996 年那么突出，丘拜斯仍为普京的总统竞选提供了关键性的支持。

尽管普京在第一轮竞选中赢得的支持力度相当于叶利钦在 1996 年第二轮竞选中达到的水平（53.8%），但是，他们的选票来自不同的选区。普京赢得了农村地区人民的广泛支持，这里是以前共产党投票的基础，但他在莫斯科市得票较差，只赢得了投票的 46%，而叶利钦在 1996 年第一轮竞选中赢得了 61% 的投票，第二轮竞选则赢得了 74% 的投票。不过，在自己的家乡圣彼得堡，普京轻而易举地赢得了 62.4% 的选票。而“红色地带”（俄罗斯中部和南部地带，传统上投票支持共产党）与其余地区之间的差额都保持了 1996 年的水平，而到了 2000 年，选票已经被侵蚀到了一定程度，普京已经有能力赢得克拉斯诺达尔边疆区传统中心“红色地带”的支持。在 1996 年选举中，60% 的军方投票在首轮选举中投给了亚历山大 · 列别德，在第二轮选举中半数投给了久加诺夫，而在 2000 年选举中，70% 都投给了普京。他还获得了有投票权的海外俄罗斯公民的支持。在乌克兰，有 36,000 名登记的俄罗斯选民，其中很大一部分人住在克里米亚。这里有 20,631 位选民投票，17,820 选民把票投给了普京，只有 1321 人（6.3%）把票投给了久加诺夫，而在只有黑海舰队人员登记的地区,普京的选票略高于88.8%,与之相比,久加诺夫只有4.9%的选票。整个俄罗斯对普京相对统一的支持反映了他代表所有阶层、社会力量和政治派别诉求策略的成功。很显然,普京的选区非常广泛。

令人惊讶的是，在车臣战争的背景下，普京在很大程度上得到了自由派选民的支持：那些年轻人、受过教育的人以及经济上成功的人。普京的选举和政治基础很广泛，当然不仅仅取决于车臣战争的命运。战争固然会为普京和他的竞选经理们用来展示普京坚定、忠诚的领导人品质，但普京获得的支持远远超过了仅仅因为战争产生的支持。正如亨利 · E. 黑尔所指出的，“俄罗斯显然想要一个强有力的领导人，能够给他们悲惨而不可预知的生活带来秩序”。俄罗斯显然需要一个坚强但不腐败的领导人，然而，他们也需要一个民主的领导人。关于人民是否倾向于“秩序”——即使需要对民主做出一些侵犯——的民意调查从 1992 年就开始实施了，大概有 70%—80% 的人把秩序放在优先位置。然而，当对问题提出不同意见时，绝大多数人也更倾向于保留民主自由。在这种情况下，必须谨慎对待“强国”的理念：前进的唯一有效途径是使它既有序又民主。

至少普京的一些声望来自他所从事的职业，而不是他所信奉的政策。它还建立在叶利钦支持的基础上，有相当一致和稳定的选民致力于叶利钦的市场改革方案和自由国际主义，或许他们对叶利钦本人的热情并没有那么高。令叶利钦获胜的联盟多年来一直保持着相当的一致性。在 1991 年 6 月的总统选举中，他获得了 4550 万张选票，在 1993 年 4 月的全民公决中，他的政策得到 3650 万张选票的支持，在 1996 年第二轮总统竞选中，他获得了 4020 万张选票。正如布鲁德尼指出的，“俄罗斯选民中坚实而稳定的大多数拒绝了共产主义，而致命的民主主义者呼吁结束叶利钦时代制定的经济和政治改革，全然不顾经济混乱、犯罪率增长以及伴随它们的明目张胆的腐败”。

普京拒绝在竞选期间公布详细的方案，他把自己超脱于竞选之外，表现得好像自己不是候选人。在竞选当晚的记者招待会上（第一次竞选活动），普京宣称，他认为竞选是“绝对不诚实的生意”，因为“你总是要比你的对手承诺更多，这样才能显得更成功。我无法想象自己承诺了什么，因为我知道这些承诺是无法实现的”。他坚持说，他漠不关心，是因为“它把我从误导广大人民群众的必要性中解放了出来”，他很自豪于自己的人品没有降低到对手的水平。因此，整个选举过程被认为配不上一个诚实的领导人；可能是正确的，但在民主政体中却相当幼稚。然而，普京表扬了反对派政治家们，他认为，他们在他的车臣政策上采取了建设性的立场，或者在选举中支持了他。他特别指出，久加诺夫、卢日科夫和普里马科夫三人是总统职位值得信任的竞争者。这就是典型的普京，反映了柔道的荣誉守则，在柔道比赛里，友谊之手会伸向被击败的对手。

其他人则不那么引人注意。雅布罗科党代理人谢尔盖·米特罗欣对选举持怀疑态度：“无论采取什么方式，我们 3 月份的选举都只不过是对已经指定的接班人的公投而已。”正如我们所看到的，叶利钦在他的辞职演讲中已经做了同样的暗示。然而，普京获胜的原因不仅仅简单地源于操纵和通过投票箱创造最有益的环境进行投票。他代表了一个被社会解体和衰落重创的社会对稳定的向往。在这种情况下，普京发起的“非运动”的“反政治”选举方式是有意义的。然而，一个更大的危险隐藏在该方式背后，作为裁定社会利益和关系的模式，政治本身是自我否定的。一种反政治的方式很容易滑向平民主义，在那里，社会的单一意志是由有魅力的领导人所代表的，并不需要斡旋政治体制。去政治化也允许行政的合理性颠覆观点的冲突和政治多元化。在俄罗斯，1993 年宪法实际上使总统呈现为一个“民选沙皇”，这显然是危险的。

结　论

无论用什么标准衡量，普京的异军突起都相当惊人。他似乎是读书改变社会地位的生动体现。同时，他在克格勃的职业生涯反映了苏联后期既有危机也有机遇。这是一个对共产主义思想日益觉醒的时代，腐败的公共行政，正如趋炎附势者（迎合权威者）一样，在国内控制、支配着苏联，其国际形象也因（苏维埃）在外国的冒险行动而受到损害，而且由于苏联 1979 年 12 月入侵阿富汗而达到极点。对于普京这样有野心的人，在克格勃这个为数不多能够保留干净声誉的机构的职业生涯，为他提供了出路。普京在多大程度上考虑到克格勃的前身对苏联人造成的伤害，目前还不清楚。普京在参加总统竞选前还从事过另外两个职业。普京的权力之路为他的领导蒙上了阴影，但这一点由于他在第一轮总统选举中得到的强有力支持而得到弥补。这个人就是俄罗斯人民选择的带领他们走向新千禧年的领导人。

第2章 观念和选择

Ideas and choices

我们的国家很富有，但是人民很贫穷。这是一种令人无法忍受的情况。

——弗拉基米尔・普京

在前言中我们注意到，在世纪之初的头几年做出的选择已经被证明是决定性的。然而，这种模式随着 20 世纪后期戈尔巴乔夫启动改革而被修改。改革伴随着对选择的激烈辩论，包括诸如计划和市场、自由多元主义和社会主义价值观、党的方向和民主之间的平衡等根本问题，这在当时的大量作品中得到了反映。与此同时，有一股奇异的力量确确实实地坚决主张，俄罗斯除了在共享民主和市场价值观的基础上重新加入西方之外，别无选择。进化方法和形态学方法之间的张力关系是明显的。1991 年 12 月，俄罗斯作为一个独立的国家出现，加剧了那些接受相对缺乏选择的人和坚持认为俄罗斯必须找到自己的道路的民族主义者、左派甚至一些自由主义者（各种类型的自由国家主权论者和自由爱国主义者）之间的争论。叶利钦在 20 世纪 90 年代为俄罗斯选择的自由民主主义、新自由资本主义和国际一体化道路也引起了人们的争论。国家的社会组织形式和它在世界上的角色产生分歧，正是在这种背景下，普京掌权了。像之前很多次一样，21 世纪初是俄罗斯的另一个阈限期，当时，很多选择似乎是开放的，国家领导层很清楚，他们所面对的是划时代的选择。在本章中，我们将考察普京上台后的想法和争论，首先从普京代表的不同观点开始，并简要讨论他所继承的制度的性质。

谁是普京先生？

《费城问询报》的特鲁迪 · 鲁宾在 2000 年 1 月下旬召开的达沃斯经济论坛上提出的这个问题，引起媒体的积极关注。这个问题至少包含三个要素。第一个要素是宣言性的——这个敢当总统的人是谁？一个无名小卒。他的批评者很快强调，他在安全部门的地位不高于中校，而且他的过去显然是隐蔽的。一些知识分子，特别是来自莫斯科的知识分子们，有一种伴随着典型都市优越感的阶级对立的成分：这样一个出身圣彼得堡集体公寓的小子怎么敢领导这个国家？第二个要素是令人疑惑的和方法论的——有着各种不同背景的普京如何能确定他会做什么呢？而且他在克格勃的工作是不可能被公开审查的。作为一位不值得信任的总统候选人，他现在上台了，他过于依赖内部官员和寡头们组成的小圈子，而且他并没有对自己的观点做出纲领性的演讲。第三个要素是实用的——既然普京现在已经一跃掌权，他会做什么呢？他将在多大程度上受制于策划他成为总统的特殊环境？还是说他有能力推行自己的政策？尽管关于他生活的大量演讲和材料很快出现了，但关于他的性格和领导意图人们仍然不得而知。正是这个原因，本节开头提出的问题才会这么引人注目。

对于普京究竟代表什么，存在着截然不同的观点。对季诺维耶夫来说，普京上台代表着“俄罗斯第一次认真尝试抵制美国化和全球化，这是国家的内部需求”。季诺维耶夫也把自己的希望寄托在普京身上，但和许多同胞一样，他认识到普京有着与众不同的特质：“我有一种感觉，无论是西方国家，还是任命普京的前任，都没有认识到普京的潜力。”他警告说，如果这件事被搁置了，西方国家有可能会设法阻止普京就职。对季诺维耶夫来说，普京面临的主要任务是：

> 强化戈尔巴乔夫—叶利钦时期反共产主义政变的基本成果，完成后苏联社会有机体的形成，修复叶利钦政权的明显缺陷，在新的社会有机体框架下恢复俄罗斯人民的生活状况，恢复后苏联时代俄罗斯的国际地位。

亚历山大·索尔仁尼琴采取了一种谨慎的态度来区分普京的纲领和他的个性。据他说，“普京的纲领来自叶利钦及其跟随者、腐败官僚和金融巨头。他们被一种巨大的恐惧团结在一起：那就是害怕人民会夺走他们已经盗取的一切，害怕他们的罪行遭到调查，而他们也会被送进监狱”。索尔仁尼琴严厉指责普京作为过渡时期总统所采取的第一个行动，也就是授权叶利钦和他的家人免于被起诉。至于普京的个性，索尔仁尼琴认为，“他在很多方面是个谜。我们不知道他作为总统会做什么。他站在十字路口，要么向他的赞助者让步，把国家带入不可避免的毁灭——他自己也将一起毁灭，要么打破对宗派的忠诚，推行自己的政策”。普京要么自成一格，拒绝叶利钦和他的遗产，要么为腐败及“叶利钦家族”追逐私利的贪婪所吞噬。结果，普京都没有做。他没有公开拒绝把他带到权力位置的团体，但他也没有成为他们的工具。相反，他开辟了一条艰难的道路，在这条道路上，他自己的政策在他所继承的体制框架内逐渐形成。

普京的人格和领导的双重性备受评论。《卫报》的社论指出：“我们选举前的问题——‘谁是弗拉基米尔·普京？’，现在或许可以肯定地回答了。据透露，他是由两个完全不同的人包装成的一个人。”据说，一张脸会和西方国家一起创造商业友好的民主，承诺开放的市场，而另一张脸却转向内部，展现丑陋的一面，试图通过独裁手段把纪律和秩序强加在人们身上。这个描述里有一些真实的因素，但是其界限并不足以形成民主和外交政策的对比，而是同时贯穿于普京所有的政策里。这种对比不仅仅是普京人格的一个方面，而且还反映了他所继承的体制本质。普京想要建立的秩序不是反民主的，而是想要在保留政权自治性的同时呼吁宪法对法律和惯例的尊重。

俄罗斯政治高度集中的本质，意味着许多事情都取决于普京的个人选择。为了描述这些选择，我们可以确定其政治身份里的两种元素，它们共同存在，却令人不安。第一个是他的“新苏联”的一面，他在苏联后期接受的培养使他吸取了当时的价值观，连同它们所有的矛盾，然后他在苏联情报机构服务了 15 年。这种新苏维埃主义与他的后苏联时代的身份不合，不仅标志着他与共产主义意识形态的明确决裂（即使在他的新苏联特征方面，似乎也没有那么多），而且也有对权力、财产和俄罗斯在世界上的地位的不同态度。像哲学家尼古拉·别尔嘉耶夫一样，普京认为，1917 年的“十月革命”是“在这些情况下”保全国家的唯一出路，尽管他也谴责布尔什维克过度意识形态化和狂热集中化。普京的后苏维埃主义不只是承认苏联是一个失败的乌托邦实验（这甚至在他的新苏维埃主义框架中被接受了），而且，接受这样的失败不仅源于社会主义意识形态的缺陷，还因为俄罗斯过度夸大了它的能力、容量和重要性。

普京的新苏维埃面孔试图恢复过去的尊严，倾向于行政手段，而非完全赞同政治多元主义和观点冲突。这一点为普京的后苏联立场所平衡，它在 20 世纪 70 年代为学生时的普京所吸收，很可能在德国工作时又得到了强化——在那里，他看到了旧体制的解体，之后为他在圣彼得堡做索布恰克副手的职业生涯所巩固。普京在推动国际经济一体化的同时，也帮助城市走向资本主义。城市居民的背景促使他倾向于西方化。这两张面孔允许普京在短短几周之内就在卢比扬卡树立了纪念安德罗波夫的匾额。安德罗波夫是 1967 年至 1982 年间克格勃的负责人，然后他又为安德烈·萨哈罗夫的坟墓献花，后者是最杰出的自由主义异见人士之一，也是1979年至1982年间安德罗波夫“第二次冷战”中的受害者。莫姆森在标题为“克里姆林宫的狮身人面像”的文章里反思了这些矛盾，像俄罗斯的国家象征一样，双头鹰既看着东方，也看着西方，而普京则既往后看，又向前看。

普京思想的二元特征体现在“法律的独裁”（参见第5章）观念上，这是他在2000年2月选举中所使用的概念：

在一个不受法律约束的（也就是弱的）国家，个人不但无助，而且不自由。**国家越强大，个人越自由**。在民主政体里，你和我的权利只受到其他人享受的同等权利的限制。法律正是建立在对这一简单真理的认识上，人人都要遵守法律——从有权威的人到普通公民，莫不如此。但是，民主是法律——而不是那些置身于官方立场去维护该法律的人——的专政。

依法治理和**法治**之间的矛盾也可以看作是权威主义与自由主义，或者国家主义与多元主义的矛盾。从框架上讲，两种尝试之间是有冲突的，尝试不从根本上改变个人的、占优势的和经常随心所欲的传统领导模式而使体制理性化，或者尝试重新安排执政，使它真正做到更加包容、法治和民主。二分法介于两种尝试之间：一方面，尝试将国家权力再集中；另一方面，尝试在法治和宪法的基础上重新建构国家。

普京的改革计划和领导的确因这些趋势而陷于两难境地，但这种做法最终却暗示着一种误导性对立，就像任何尝试都暗示着他的专制和爱国本能，以及他的民主和西方化思想之间的鲜明对比一样。稍后我们将看到他政治身份的多面性如何在某些时候发生冲突，但是我们坚决主张，一个新综合体最终出现了，超越了这些老套的立场。普京先生不仅仅是他过去和环境的产物，而且是一个充满活力的政治行动者，他有能力应对新的挑战，并从经验中学习。

他也是一位强有力的领袖，从某种意义上说，一位有魅力的领袖。他的出现，就像叶连娜·舍斯托帕尔所说，“不是作为活生生的人，而是某种神圣的形象，一种符号，一个神话”。她注意到普京是“一个有趣的政治类型的人物。他真诚地信奉欧洲理想，而且倾向于欧洲的文化、政治和民主模式。但是，他同时也是典型的俄罗斯人”。在克里姆林宫赞助的一部著作里，阿列克谢·恰达耶夫分析了普京的思想学说，他认为，普京的公共政策有三个主要元素：民主，是发展自由个人的方式；主权，是发展一个自由的国家；物质福利，是试图将改善社会和经济福利作为其他两个原则的基础。这本书反映了苏尔科夫的观点，他认为，“民主社会要经得起蜕变，维持团结和功能绝对需要教科书，教科书可以统治和团结人民。如果你喜欢，就需要一本民主圣典”。对恰达耶夫来说，这部“圣经”落实在俄罗斯的情况就是主权、民主和生活质量。亚历山大·齐普科（Alexander Tsipko）主张，“在普京身上，俄罗斯不仅有一个理性、负责、有效、能干以及聪明又睿智的经理来管理俄罗斯这家大公司；它也有一位国家领导人，他有着真诚的承诺，全心全意地推进民族历史的进步”。对他的对手来说，正是普京试图把俄罗斯当作公司来运作而侵蚀了政治多元化、企业化和社会行动主义。

这在普京20世纪90年代末期的学术著作中有所体现。正如我们所看到的，普京为他1997年6月在圣彼得堡矿业学院所做的博士论文（候选人）做了答辩。1998年，他写了一篇文章并于次年发表，文中总结和拓展了他对俄罗斯经济发展的观点。他认为，俄罗斯必须以西方两倍的速度成长才能减少“俄罗斯的人均国内生产总值远远落后于发达国家的差距”。这种增长的基础将会是“对矿物原材料资源的提取、加工和开采”，其中最为重要的是石油和天然气，俄罗斯国内拥有丰富的这类资源。要做到这一点，俄罗斯必须创立纵向一体化的金融工业公司，“有能力同西方跨国公司在同等条件下竞争”。苏联遗产意味着，俄罗斯不可能在没有国家支持的情况下创造有竞争力的公司。国家还必须捍卫“整个社会的利益”，对经济利益进行仲裁和阻止占支配地位和“阻碍创新”的“垄断行为”。根据普京的观点，留给他们自己的是，私营企业不会创新。这种观点虽然有悖于众多古典微观经济学理论，但是，却为之后的反尤科斯石油公司攻击提供了一些理论基础。市场机制被启用，但是它们将受到国家战略指导的制约。正如普京所言，“国家必须规范采掘业来完全行使市场方法，在这方面，国家必须支持以采掘业为基础的加工工业的发展”。

虽然国家支配能源部门可能有一定的理由，特别是在高需求和高价格的情况下，但该模式在制造业和服务业几乎不可能有效。这篇文章反映了普京对私营企业的不信任，但他也同时明确指出，俄罗斯需要发展自由市场资本主义。在政治领域，这是自上而下的一种现代化的典范。普京的政治人格和他的政策一样充满了矛盾，但是他最终的行动有一个共同的主线——试图实现俄罗斯的现代化，但却是用俄罗斯的方式实现。首要的任务是主权和安全，俄罗斯像一辆富丽堂皇的大篷车在向前移动，忽略了那些“幸灾乐祸的人”或者像“狗一样乱叫的人”的观点。我们可以把他的方案描述成国家民主制度的一种，民主的必要性为政府对国家发展和安全认识的观念所缓和。普京的思想可以贴上战略性折中主义的标签，对经济领域采用自由原则，对国内政策采取民族主义，对外交政策采取大国主义(Derzhavnost')。稍后，我们将更多地谈论普京版的国家民主。

正常和正常化

正常总是相对的，当我们使用这个术语时，并不是要暗示某处(除了神学领域）有完全正常的状态。我们对正常的标准来自俄罗斯自己的传统意识（彼得大帝表达得最为强而有力），它的发展在某种程度上偏离了西欧的标准，而且近来在“西方”更加广泛。我们也清楚地意识到，西方国家制定的正常标准存在严重的问题；埃米尔·涂尔干认为，毕竟，在过去半个世纪，如果不是病理的，西欧的发展模式已经深深地陷入了病态。同时，一系列自由权利、民主方法、法的治理和经济自我肯定（包括财产权）的人权发展，正如编入《欧洲人权公约》及随后的协议一样，定义了一种正常，虽然没有达到中世纪或马克思的社会主义、政治和宗教生活的统一，也确实提供了一种可行的文明模式。这种“正常”文明正是普京领导下的俄罗斯所渴望的。恰如马利所说，“对今天大多数俄罗斯人而言，‘正常’的概念是从西方借来的”。然而，正如伏尔泰指出的，“在已经建立的政权是错误的基础上保持正确是危险的”；因此，在当代世界，对正常的测量是由霸权体制确立的，这种事先排除了多样性和论争的可能性，也就是非“正常”的可能性，因此有着矛盾性的危险。在普京治下，以一种独特的“俄罗斯方式”把俄罗斯特点和普遍规范，以及进化的和形态学的方法结合起来，且在他领导的后几年被赋予了“主权民主”的特点，这种尝试被再次贴上非正常的标签。他的管理在另一次自19世纪早期以来就具有西方特征的根深蒂固的恐俄症爆发时，受到西方分析家和大部分新闻媒体的诋毁。

回归正常

普京领导下的改革从体制的变化走向体制管理。政治最终变得“正常化”了，这是从政体形态这一更大的宪法问题让位于政府对世俗政策问题的管理角度说的。达伦多夫预测，宪政时期会持续“至少六个月”，但在俄罗斯有效地持续了大约十来年后，现在却让位于“正常政治”的艰难任务。政体类型的问题，至少是暂时性的，已经得到解决，而且政府机构之间的基本选择也已经决定了。熊彼特认为，当“反常不再是政治生活的中心特征，也就是说，当演员们已经选定，并且遵守一套或多或少明确的规则”时，成功的转型就会发生。对于关注民主化里程碑的研究人员而言，“换句话说，在那些政治活跃者彼此期待按照规则来行动——而这些规则的集合也就是我们所说的政权时，正常就变成了政治生活的一个主要特点”。如卡斯佩所说，“俄罗斯在普京的领导下，终于有机会摆脱‘后某时代’或者其他的永久性状况”。当与政权更迭相关联的不确定性的初始阶段结束时，过渡就结束了，而在俄罗斯，我们看到似乎已经到达了这个点。

安德烈·施莱费尔和丹尼尔·特瑞斯曼为当代俄罗斯的常态提供了一种国际政治经济学比较语境。与先前称俄罗斯经济是价值减少的，而且在很多方面是“虚拟的”之类的争论相反，他们认为，俄罗斯经济和政治发展是典型的中等收入国家，而不像流氓或者犯罪国家那样，因此类似于巴西或墨西哥，而不是哥伦比亚。对普京政治的理解不能脱离他所处的时代来进行。在他对世界的理解中，大量叙事是结合在一起的，在一定程度上它们又存在竞争，其中有四个核心。

1. 灾难性的 20 世纪 90 年代——但是我们必须承担其后果

第一个叙事为普京回归正常提供了基础，人们担心普京在 20 世纪 90 年代差点为了罪犯和寡头利益而牺牲国家。20 世纪 90 年代，俄罗斯的民主是与衰退、混乱和“军阀主义”的出现，与强势挑战国家的特权联系在一起的。民主自由与国家衰落、混乱和世界地位的下降破坏了民主本身的普遍合法性。就像普京在 2006 年 1 月 31 日的采访中所强调的，20 世纪 90 年代虽然给了国家自由，但它是以“失败”为特征的。这个神话——在此，神话被定义为国家告诉它自己要搞清楚自己的过去和在世界上的地位——是强有力的，它能抓住整个国家的想象力。在这方面，普京反映了俄罗斯人的共同观点。当 2006 年 2 月 7 日被西班牙记者问到，增强国家权力和垂直权力是否会打开腐败的大门时，普京反驳说，这取决于你如何定义增强国家权力，弱国同样是腐败的沃土：

而什么是国家弱化？它是国家没有能力控制所采取法律的实施，没有能力用合法的方式采取需要的法律。回顾 20 世纪 90 年代中期的情况，寡头群体取代了国家，控制议会，提倡对社会不好但金融—工业集团却特别需要的法律，进而通过他们在政府机构的代表们来影响法律的实施……因此，当我们谈到加强国家权力的时候，我不是说要加强镇压机器。我的意思是，国家有能力采取社会和人民所需要的法律，并有能力实施这些法律。

尽管谴责 20 世纪 90 年代，普京并没有采取下一个逻辑步骤，没有认为民主对俄罗斯有害，尽管这是俄罗斯一部分知识分子精英提出的论点。在实践中，普京的领导建立在 20 世纪 90 年代的成就之上，尽管他同时提出了一种补救的观点，认为他的政府必须采取措施，战胜苏联和后苏联早期产生的问题。

拒绝重新探讨 20 世纪 90 年代私有化的合法性问题最初被解读为一种象征，即面对既得利益“家族”，我们看到的是财大气粗的商人、政客、总统府成员和叶利钦跟随者至亲的结合体，普京表现软弱的象征。当逆转确实发生的时候，如“尤科斯事件”，它没有过多地补救之前的不公平，而是尝试通过重新分配早期战利品建立国家支配的能源部门。从更广泛的意义上说，普京的管理拒绝进行另一种社会革命。普京承认，叶利钦“自上而下的革命”为市场经济奠定了基础，为促进民主扎根的资产阶级社会建立了基础。普京也认为，对伴随早期私有化产生的腐败进行大规模审查，会对社会造成分裂和破坏。他坚称，只有被证实的刑事案件才会被调查。普京因有选择性和有政治偏见的方式起诉那些在资本最为疯狂的时代发财的人，即所谓的寡头而遭到指控。

2. 西方也是我们的

普京自始至终都保持着“西方主义者”的身份。他在 1999 年的《千禧年宣言》中很清楚地谴责：“最重要的是苏联政权并没有使国家繁荣，没有使社会充满活力，也没有使人民自由。我们用 70 多年的时间从文明的主道走到死亡的尽头。”他在 2005 年联邦议会的演讲中，毫不含糊地说："我们是一个重要的欧洲国家，我们一直是欧洲不可分割的一部分，并分享着欧洲所有的价值观和自由民主的理想。但是，考虑到我们自身所具有的特色，我们将走我们自己的道路，我们不打算把我们取得的进步向任何人汇报。"因此，普京对俄罗斯政治的旨在补救的观点，不仅致力于战胜早期苏联和叶利钦发展时期的"不正常"模式，而且重申了俄罗斯特色的新形式——该进化观为一种关于分离的有特色的形态学的极力主张所缓和。普京所不能，抑或甚至不愿意去做的是赞助一种民族成功的叙事的创造性改造，这不仅包括民主的进程而且还包括其精神。

3. 正统主义、超立宪主义和国家权力再次合法化

正统主义观念反映了从制度转换到制度管理的转变，以及普京对现有秩序的信仰和拒绝改变宪法。这一点在他的第一份政策声明中得到了强调，尽管此后重复的次数较少。相反，我们将看到，随着七个联邦区、国务院和公共会议厅的成立，制度发展已经采取了宪法形式。虽然《宪法》所概述的联邦制，由于设立选区而被修改，但这种变化被描述为只是影响行政权力机构，因此不需要宪法修正。另一个超宪法改变的例子是采用融合联邦综合问题和整合新课题的法律。尽管所有民主社会中的宪政秩序都是由于立法活动和政治实践的变化而发生的，但是在使用马克思主义术语进行量化变革时，需要对宪法学说进行定性调整。对总统任期的改变，或使政府和总理直接向议会多数派负责，很可能属于这一类。

以上情况引发了普京对国家权力的再次合法化。我们已经注意到，他认为 20 世纪 90 年代是国家特权崩溃和衰弱的时期，他现在不仅重申了国家特权，特别是在与地区领导人和大企业的关系上，还试图赋予国家权力神秘感并使它成为国家命运的载体。正如我们将看到的那样，在经济领域，出现了一种国家社团资本主义，而“国家社会主义的诱惑”则开始扼杀社会活动和政党生活，伴随的则是安全部门的荣耀。国家崇拜作为某种国家本质的神秘主义国家观念的载体，在俄罗斯有着悠久的传统，但在一个民主制度仍然薄弱的国家，作为社会利益和规则的裁定者之间的一个独立主宰者，国家从工具性到目的性的转变会逐渐削弱其发展。

4. 作为“反革命者”的普京——走向资产阶级正常

普京一再否认革命是实现积极政治变革的有效形式。普京的领导是“反革命”的，他明确放弃革命和特殊政治，因此，可以看作是对 1989 年承诺的延迟履行，反革命结束了由启蒙时期的普遍激进主义开创的解放革命的整个周期。共产主义在苏联的崩溃意味着不仅要反对一种具体的革命思想，而且要反对整体的革命方法（连带暴力、两极分化和破坏性）。这是 1989 年在东欧的承诺，它在俄罗斯也有反映。叶利钦坚决主张，“俄罗斯不仅厌倦了革命，还厌倦了这个词，这暗示着一种无形力量引发的叛乱或社会灾难，意味着破坏和饥荒”，因此，该国反对将“阶级战争”或“社会斗争”作为他所谓的“激进改革”的一部分。通过避免革命性转变，叶利钦和普京都与现有社会秩序维持了和平，从而结束了俄罗斯漫长周期的革命。

普京在很多场合的讲话最终都落到了这一点，并且成了他思想的主旋律。这里很可能涉及自我保护的因素，因为作为前政权安全部门的工作人员，他可能是有罪的，但他的论点远比这要意义深远。他在《千禧年宣言》中指出，共产主义革命发展模式不仅没有履行承诺，而且也不能这样做。他在2001年4月3日的年度演说中试图打破革命和反革命、改革和反改革的恶性循环：

我们不怕变化，也无法避免它。然而，无论是在政治层面还是在行政层面，改变都必须根据具体情况来证明。毫无疑问，公众的担忧和恐惧不会毫无理由地出现。它们源自历史悠久的逻辑，那就是，革命之后通常是反革命，改革之后是反改革，然后会寻找那些犯了革命暴行和惩罚的人，有着丰富历史经验的俄罗斯更是如此。正如我看到的那样，现在是时候坚定地说，这个周期已经结束了。适可而止！不会再有革命或反革命了。

他接着坚持道，“俄罗斯及其人民需要坚实和经济上可行的国家稳定，我们早就应该学会按照这种正常的人类逻辑生活”。在2001年12月与俄罗斯人民的问答环节中，普京再次回到了这一主题：“正如我的一位熟人所说，‘上个世纪的俄罗斯过度实现了革命计划’。我希望在21世纪不会有革命，事情只会是积极、向好的。”在2002年10月7日即普京50岁生日接受俄罗斯电视台的一次采访中，他说：“我想提醒你，我是一名律师，我认为一个人的行为应该建立在法律基础之上，而不是革命性的权宜之计。”2006 年 2 月 7 日，在接受西班牙媒体采访时，他又回到了反革命主题，指出西班牙和俄罗斯在 20 世纪遭受了“自相残杀的内战”，因此两国都知道这会影响一个民族的命运，或具体的个人、家庭的命运。

把否定战争和革命作为一种方法，代表了戈尔巴乔夫和普京之间在认识论上存在巨大不同，也反映了他们各自所代表的时代存在鸿沟。如果说手握大权的戈尔巴乔夫反映了“二十大”的冷落、解冻、赫鲁晓夫的去斯大林化及其对共产主义改革的相关愿望，那么，正如我们所指出的那样，普京就是半个观察者，是 20 世纪 70 年代勃列日涅夫时期停滞的产物。在勃列日涅夫领导下，“资产阶级”思想扎根于苏联生活之中，并非主要集中于所有制和积累，而是集中在国内和个人关注的问题上，这种对家庭事务的重视渗透着普京的思想。

回归“正常状态”：非常政治的结束

“回归正常”是第一次世界大战后美国流行的口号，它反映了一个厌倦了军事行动的国家对和平的渴望。这个想法也适用于卫国战争胜利后处在休养期的苏联。在今天的俄罗斯环境下，正常状态的政治反映出一个经历了一个多世纪革命、军事和秘密警察掠夺的国家，试图与过去联系起来，恢复被撕裂的社会结构，汲取过去的知识传统和文化价值观等，无不反映了经历创伤后，追求过去的有用之处作为现在的基础。普京的实用主义方法根植于他明确地尝试将俄罗斯21世纪的政治建立在对20世纪“革命”和“休克疗法”政治的否定之上。他实际上对俄罗斯人民说：“紧急时期已经结束。让我们继续过正常的生活。”普京对政治正常性的认同是他长时间受欢迎的最有力的资源之一。

在20世纪，通过前述可知，俄罗斯经历了两次现代化的实验：苏联试图通过计划经济加速发展，以及20世纪90年代新自由主义者回归自由市场。虽然性质上截然不同，但对于那些接受方的人来说都是创伤性的。普京试图将俄罗斯政治从这些“特殊”时代转移到一种常规政治上，这种政治可以包含变革，但却受到对制度稳定担忧的制约。

然而，在改革开始以及一些人称之为1917—1991年的74年紧急时期之后，不可能简单地恢复到“正常状态”。例如，外交部部长安德烈·科济列夫认为，不可能出现“恢复正常经济”，因为，俄罗斯除了极权主义的资源分配以外，从未知道过任何其他经济形式。在共产主义倒台、社会期待根本性变化的时刻，叶利钦领导下的俄罗斯政府试图利用1989年以来对波兰经济采取的“休克疗法”，财政部部长和设计者莱谢克·巴尔采罗维奇明确地称之为“非常政治”。

在波兰，这种根本改革的高度合法性持续了大约三年，而在俄罗斯，它几乎没有存在几个月。盖达尔的激进政府在1992年头几天发起的新自由主义改革不久，就遭到了激烈反对，到了年中，这一改革已经被大量地修改。苏联时期的特殊性由后共产主义领导层以新形式延续下来。

尽管巴尔采罗维奇之类的非常政治即将结束，但叶利钦时代的政治只是“正常的”。继 1993 年 9 月至 10 月第一批后共产主义俄罗斯政治机构崩溃后，当时叶利钦强行将立法机构分散到克里姆林宫。1993 年 12 月通过了一部新宪法，该宪法奠定了普京所继承制度的基础。然而，对许多人来说，1993 年以后发生的联合并不是独立的民主机构，而是过于强大的总统府。经济领域出现了一种独特的混合制度，似乎借用的是计划制度和市场制度的异常状态。尽管叶利钦对市场改革的承诺有些浮夸，但在许多方面却是真实的，20 世纪 90 年代的特点是出现了混合经济制度。在政治上，“民主派”与折中的“共产主义—民族主义”这一反西方集团之间的尖锐分化意味着选举在本质上不是关于改变政府，而是关于公民投票。政治仍然是价值论的，从这种意义上说，意识形态问题仍然处于两极化政治共同体的最前沿。

叶利钦的总统职位仍然是一个“过渡政权”，致力于社会的制度性转变和把对手边缘化。尽管叶利钦改革的目标是建立资本主义民主制，但他的方法是分裂的，偶尔还会藐视基本的民主准则，似乎是他想要克服的专制秩序的倒置形式。例如，这一特点被雷德韦和格林斯基突出了出来，他们给自己对叶利钦时代的分析加上了“反民主的布尔什维主义”的副标题。他们强调继续采取蔑视合法性的非常措施，使政府能够将自己置于其对社会其他部门施加的法律之上。尽管普京拒绝了非常政治的意识形态和对20世纪90年代的谴责，但他的政府行为延续了前者的某些特征。

普京的正常化政治还有许多其他特征可以确定，不过有一种可能是所有其他特征的最重要来源：普京试图接受俄罗斯历史的各个阶段，尤其是20世纪。特列季亚科夫谈到“试图恢复被叶利钦打断的时间环节”，但这个问题的深远影响远不止于此。在2000年12月31日给俄罗斯人民的新年贺词中，普京指出，这是充满愉快和悲惨事件的一年，其中，最重要的是出现了“独特的稳定因素”。在前一天的克里姆林宫招待会上，他指出，国歌的确定（参见第8章）是一个重要标志，代表“我们终于设法弥合过去与现在的差距”。他补充说，“一个人不能与自己的历史和本国的命运发生永久性矛盾”。普京试图结束这种“永久性矛盾”。一些人认为，它体现为彼得大帝试图通过非现代手段强加现代性，从而在现代的黎明时刻将其强加给俄罗斯。从那以后，可以说，俄罗斯一直生活在一种“永久性转变”之中（这里的转变被定义为试图强加其他地方设计的现代化模式）。普京表示，这一漫长的过渡现在已经结束。普京否认了俄罗斯作为另一种现代性的观点，以及俄罗斯历史上未实现的替代方案的神话。就普京而言，革命已经结束，现在是俄罗斯开始生活的时候了。这意味着对历史时间和发展路径非常不同的肯定。

规范化：稳定与秩序之间

然而，普京的正常政治和“恢复正常”伴随着令人不安的“正常化”引起色彩，这个术语过去用来形容1968年苏联入侵之后的捷克斯洛伐克的和平。普京想要“正常化”，不过采用的方法却产生了“正常化”的要素。“被管理”和“接受引导”的民主概念由普京的一些顾问公开宣布，这比20世纪90年代的不可预测性和崩溃性趋势更为可取。有无数的术语被用来描述像俄罗斯一样的国家状况。在俄罗斯，正式的民主制度却因非正式的实践而受到损害。吉列尔莫·奥唐奈的“委任式民主”概念，法里德·扎卡里亚的“不自由民主”概念以及拉里·戴蒙德的“选举民主”理念都是众所周知的。这种后共产主义正常化与古斯塔夫·胡萨克在苏联入侵捷克斯洛伐克之后对其实行的正常化有着很大的不同，然而，在某些方面，企图颠覆政治的自由运作以及随之而来的晚期共产主义强制、同意和消费主义的辩证法在今天找到了一些回声。

正常化的出现源于俄罗斯“自上而下革命”的社会性质。在对1985年开始的俄罗斯长达15年革命的最详细的分析后，戈登·哈恩认为，革命的结果不是获得民主，而是形成了一个不自由的体系。俄罗斯不是自下而上进行“革命”（尽管他注意到存在着大众动员的因素），而是经历了一次“由上层官僚主导的革命”：

俄罗斯自上而下进行的革命涉及把苏联党和国家机构及其官僚

大规模纳入新政权。这些机构和官僚通过将他们独裁的政治文化和国家统治经济文化带入新政权和国家，迫使民主和市场合并，迄今为止产生了一种非自由主义的、由行政主导的盗窃主义和寡头政治经济。

根据哈恩的说法，俄罗斯国家机构被叶利钦领导的一群激进分子接管，后者随后“对中央苏维埃国家机器进行了一场渐进的官僚革命”，它可能会进一步反对戈尔巴乔夫人道的、社会主义的、改革了的苏维埃国家的愿景。虽然他们正在进行现代化改革，不过自上而下的革新可能导致半独裁或者至多是半民主的制度。根据哈恩的观点，他们“创造了一个国家，这个国家对前统治阶级的自治权很小，而且从旧政权遗留下来的最强大的经济利益，产生了非自由的寡头‘国家资本主义’经济体，其中，经济精英与政府、寻租有着密切联系，因而孕育了腐败”。

精英的传承延续了旧政权的制度性特征。稳定与秩序之间的紧张关系是勃列日涅夫统治的一个特征，并最终让位于停滞。稳定性可以定义为在不解决困扰社会的根本问题和矛盾的情况下实现政治和社会稳定的短期尝试。于是，勃列日涅夫拒绝做出威胁政权岌岌可危的政治稳定的艰难选择，就这样，他的稳定让位于停滞。稳定政治的特点是在政治过程中进行“人工”干预，在这一过程中，行政体制害怕社会和政治诉求的自然表现。在这种背景下，秩序是在社会、经济和政治体系处于某种平衡状态时出现的。一个有序的社会以自发过程为主，而在基于稳定政治的体系中，行政措施往往占主导地位。正如塞缪尔·亨廷顿所指出的那样，变化的社会中，政治秩序有时需要军队的强硬手段或其他不属于民主政治的力量。试图将政权与社会力量隔离促进了“可控民主”。

普京对这种行政家长制的态度非常矛盾。他在很多场合都明确地试图将自己与这种保护政治区分开来。例如，2002 年 12 月 19 日，他在与俄罗斯人民的问答环节中回应了一个关于如何遏制媒体过度行为的质疑，他坚持认为，“解决这个问题是不可能的，要有效地解决这个问题，换句话说，只有采取某种严格的行政措施”。这与他认为的一个事实有关，即社会成熟后，把整个人民当婴幼儿的旧有的苏联式政治已不再可行：“……我们整个社会变得越来越成熟。”普京似乎并没有把政治视为将单一真理强加给民众的文化斗争，而是接受了一种更多元化的社会多元化观点。在个人层面，普京并没有否认共产主义落幕后人民获得的个人自由。然而，事实证明，给予这种多样性一个适当的政治形式的表述相当困难。他的政权频繁干预多个领域，包括干涉选举事务，而在真正民主的社会中，这些领域是交给多元力量的相互交替来解决的。因此，在普京的俄罗斯，“正常化”的元素之一就是“稳定政治”的人工控制典型。

总而言之，普京做法的特点是追求正常的政治，但却陷于正常、正常化之间的矛盾的两难境界。这种根本紧张关系存在于以下两者之间：一方面试图实现一套真正有序的制度，民主制度很大程度上不受政治约束，对人民负责；另一方面，这种制度试图通过管理政治进程，从而阻碍政治制度自上而下的自由操作以强加稳定。秩序与稳定之间的矛盾是深深扎根于俄罗斯的矛盾。一个真正的政治秩序（Ordnungspolitik）经常被贬为强制实行稳定。勃列日涅夫的停滞是一种特殊类型的苏联晚期稳定和正常的政治，事实证明，它远未达到稳定，而且“正常”的结果是不可持续的，因此显然是异常的。普京的政治在欲望和恐惧之间徘徊，他想要建立一个不需要“人工控制”的自我维持制度，又害怕这种自治制度会失去控制。尚不清楚俄罗斯的“热月”（Thermidor）——后革命时代——尝试达到“正常化”的行动，是否能够在正常（有序）和正常化（稳定）之间找到足够的平衡点。俄罗斯民主饱受创伤诞生，虽然伴随着自上而下的革命，但不应减损在非常短的时间内取得的非常真实的民主成果。毕竟，不仅仅是俄罗斯承受了“过渡的伤痕”。法国在 1958 年承受了戴高乐的政变，直到 1968 年，拉尔夫 · 达伦多夫还深深地怀疑民主是否融入了德国的民众意识中。普京的中心目标之一是将民主资本主义进程从紧急状态转变为俄罗斯正常的日常部分。民主将被“自然化”，即成为俄罗斯自然秩序的一部分。然而，正如他发现的那样，非政治化不是实现这一目标的最佳途径。

千禧年之交的俄罗斯

俄罗斯前进之前，必需消化过去。这反映在我们之前提到的普京的《千禧年宣言》中。该文件于 1999 年 12 月 29 日发布在互联网上，非常系统地阐述了他在总统任期内的想法。虽然这份文件是由格列夫战略研究中心的成员编写的，但我们知道，普京仔细审阅了草稿并添加了自己的修正意见。因此，该文件是人们洞察普京真实想法的绝好途径。两天后，叶利钦宣布了一个令人惊讶的消息，他将放弃权力，将总统职责转交给总理。普京已经知道计划中的变化，因此知道他的这些信息将成为他担任总统职位的一种宣言。

这份文件的正式名称是《千禧年之交的俄罗斯》，这个名称不仅对其内容而言，而且对其呈现的形式也很重要。在媒体发表之前将其发布在政府网站上，普京似乎是在发表关于技术创新的声明，并表明他承认与人民沟通的重要性。然而，这是一种新型的运动，不是基于临时演讲台和选举中的巡回演讲，而是基于个人启示和向人们传播的阐释。这种准宗教的新闻管理方式将成为普京之后与媒体关系的特点，也是普京对待政治的方法。在这种情况下，与其说媒介即信息，不如说信息反映了个人和时代的相互关系。

普京不仅概述了俄罗斯面临的挑战，而且还试图描述当时正在发生的全球变革的本质，尤其是向后工业发展模式的转变。普京认为，在 20 世纪的共产主义统治下，俄罗斯远远落在了后面，而且随着 20 世纪 90 年代的激烈改革，情况变得更糟了，在叶利钦的领导下，这个国家已经从苏联式的社会经济发展中解脱出来，陷入资本主义的深渊。在那十年中占主导地位的新自由主义否定了国家的任何重要管理角色；俄罗斯已经从一个极端走向了另一个极端。在1991年共产主义体系垮台后，俄罗斯从国家主导的制度转向与之相反的制度，其国内生产总值降低42%，正如普京指出的，使得该国经济比美国经济小了十倍，比中国经济小了五倍。经济特点是投资低，劳动生产率和工资低，外国直接投资数量少得可怜。俄罗斯一方面因为扭曲的苏联发展模式，尤其是过度关注原材料和国防工业，忽视信息技术和服务业；另一方面还因为它自己在转型中的“错误、误判和缺乏经验”而付出了代价。不过，普京坚称，俄罗斯现在“已经走上了全人类前进的高速公路”。换句话说，俄罗斯已经摆脱了共产主义幻觉，即认为它已经找到了一种可行的现代性用来替代西方所实行的现代性。对于普京来说，除了市场经济和民主之外别无选择。因此整个时代已经结束，俄罗斯像德国早期一样在寻求独特的道路。这代表了一种具有根本意义的选择。“普京之路”的本质在于，俄罗斯没有特殊的道路，因为1945年的废墟已经向德国证明了这一点，俄罗斯只能适应全球发展的主流。

至于普京对俄罗斯共产主义时代的理解，他认为，“不承认那些时代无可置疑的成就将是一个错误”，但他坚持认为，“意识不到我们的国家和人民不得不为这场社会实验付出代价将是一个更大的错误”。为回应索尔仁尼琴的共产主义代表着“疯狂冲进一条死胡同”的观点，普京接着说：

更重要的是，不理解历史无用论是一个错误。共产主义和苏联的权力并没有使俄罗斯成为一个极具活力发展的社会和人民自由的繁荣国家。共产主义明显地表现出它无法促进健全的自我发展，注定我国要落后于经济发达国家。这是一个死胡同，它远离了世界文明的主流。

这是从过去学到的第一条教训，反映了一位 20 世纪 70 年代的人的真实声音。它与关于应该如何实现改变的第二条教训密切相关。在本章以及后面的普京思想中，最强烈的主题之一是拒绝革命，认为它作为一种政治行为模式，是有利于“渐进的、审慎的方法”：

俄罗斯已经达到了政治和社会经济动荡、灾难和激进改革的极限。只有对俄罗斯及其人民绝对漠不关心的狂热分子或政治力量才会呼唤新的革命。无论是共产主义的、民族爱国的，还是激进的自由主义口号，我们的国家和我们的人民都无法承受新的激进分裂。国家的耐力和生存能力以及建设性工作能力已经达到极限。社会在经济上、政治上、心理上和道德上都会轻易崩溃。

正如我们将有机会注意到的那样，普京会不断重复这个主题，这反映了他对正常政治的承诺。

由前两条教训引出了第三条教训：俄罗斯应该找到自己的道路，拒绝“试用从外国教科书中提取的抽象模式和方案”。因此，20 世纪 90 年代的改革与他们试图克服的共产主义实验属于同一类别：根据普京的观点，这两种改革都被描述为“机械复制其他国家的经验……”该观点明显改变了早期对特殊国家道路的否定。存在于这种明显矛盾之中的权力源于尝试摆脱过度借鉴外国模式，同时试图避免陷入否定国际经验价值的另一个极端。

寻找独特的普京式（Putinite）“第三条道路”，使他的领导力独具特色（参见第 3 章）。我们还可以补充说，试图超越俄罗斯历史的矛盾，特别是与马克思主义相关的国际乌托邦主义和转变为斯大林思想的国家救世主义之间的矛盾，是普京权力的主要源泉。两者的因素仍然存在于许多后共产主义的俄罗斯政治运动内，尤其存在于久加诺夫的俄罗斯联邦共产党中。普京的政策基于巨大的超越冲突的想法，正是这些冲突在现代社会中曾经既塑造又撕裂俄罗斯。我们可以在此注意到一个出自他传记的非常特别的事例。1721 年，彼得大帝把首都从莫斯科搬到了他新创建的城市圣彼得堡，从而开启了与莫斯科长达数百年的竞争。列宁在 1918 年将首都迁回莫斯科，此后圣彼得堡这座在 1924 年至 1991 年期间被更名为列宁格勒的北部城市变得黯然失色。普京在圣彼得堡进行了大量的外交工作，其中包括 2006 年 7 月召开的八国集团工业化国家首脑会议，并确保它成为许多个州际组织的所在地，宪法法院也于 2008 年迁往那里。普京无法克服两个首都之间的竞争，但他肯定能够更客观地认识两者的政治意义。在 2003 年庆祝圣彼得堡建城 300 周年之际——当时这是一座拥有 500 万居民的城市（与莫斯科 800 万人口相差不远），不仅在两座城市之间，而且在圣彼得堡的俄罗斯和莫斯科的俄罗斯之间也出现了和解的时刻。

《千禧年宣言》中出现了一些其他主题，后来成为普京领导的特点。其中之一是试图达成全国共识，以避免再次在基本的价值观和方向上将国家分裂，就像 1917 年之后和 20 世纪 90 年代一样。普京明确支持反对“以任何形式恢复官方国家意识形态”的宪法原则，并坚持认为“民主的俄罗斯不应该有强制性的民事协议”，尽管他强调“在这些基本问题上达成社会和谐的重要性作为发展的目标、价值和方向”。这些可以通过传统的俄罗斯价值观来实现，他在这里列举了很多：**爱国主义**，它应该没有“民族主义的自负”，而是作为使俄罗斯“更好、更丰富、更强大和更快乐”的灵感；**伟大的俄罗斯**，在这里普京坚持认为“俄罗斯过去有伟大的力量，今后也将继续保持下去”；**国家主义**，普京最有争议的论点之一（我们将在后面讨论）；**社会团结**，“共同努力的集体形式的活动总是胜过个人主义。家长式情结深深地扎根于俄罗斯社会”。虽然普京的方案代表了对历史矛盾的超越，但我们在这里显然发现了一个他自己的思想：在自由个人主义和国家集体主义的价值观之间，如何解决这个问题。如果解决了的话，我们将在稍后看到。

恢复国家是普京总统职责的中心。在《千禧年宣言》中，他坚持认为：

俄罗斯不会成为美国或英国的翻版，在这两个国家，其自由主义价值观具有深厚的历史传统。我们的国家及其体制和结构在国家和人民的生活中一直扮演着非常重要的角色。俄罗斯人对国家威力的明显削弱感到震惊。公众期望恢复国家的指导和调节作用，从俄罗斯的传统以及国家的现状向前发展。

这不是拒绝自由主义价值观，像一些评论者所主张的那样，而是建议这些价值观必须适应俄罗斯的情况。在文章后面的部分中，普京将强大的国家置于其方案的中心位置，但坚持认为这与过去的极权主义毫无共同之处："俄罗斯的强大国家力量是民主的、以法律为基础的、可行的联邦制国家。"这是经济和其他政策的基础。普京并没有寻求在一方面向西方价值观投降和另一方面在极权主义之间的中间道路，因为他明确地选择了西方市场民主。问题不在于缺乏对结局的定义，而在于手段。

从以上内容可以清楚地看出，普京追求的不是变革有多么激进，因为在许多方面，它们只是延续了其前任的工作，只是它们被实施的方式。普京为自己设定了任务，拒绝俄罗斯历史上许多特征性的急剧转变和革命性突破。取而代之的是，他试图实现一种正常的政治。这确实是普京领导力最矛盾的特征之一：其平凡性代表了与过去的彻底分歧；然而，试图用未来导向的战略接受过去的历史，意味着普京的政治充满了后苏联的精神，同时又常常呈现着新苏联的一面。正是这一矛盾的力量，成为普京权力的源泉。

规划未来

普京用自己的想法掌握了如何处理该国面临的问题。同时，他试图利用学术专长来制定适当的策略。为此，他于 1999 年 12 月成立了以格列夫为首的战略发展中心。这是一项雄心勃勃的任务：为未来 10—15 年的俄罗斯发展制定战略。其咨询委员会成员包括经济学家叶夫根尼·亚辛、弗拉基米尔·马乌和安德烈·伊拉里奥诺夫（他在 20 世纪 90 年代末对叶利钦的宏观经济政策持批评态度，后来在辞职前又成为普京的主要经济顾问之一）。格列夫在接受采访时表示，该中心的战略是基于为俄罗斯制定一种“特殊的”发展道路的想法之上，如若不是第三条道路制定。总统选举后不久，格列夫指出，“普京的立场非常激进，我们必须考虑如何完成我们面前的任务”。名气不大的普京很快就表明自己是一个自由改革者。格列夫提出的改革总统办公厅结构的建议，生动地反映了从一个相对自我调节的政治制度转向更有针对性制度的必要性：

目前，俄罗斯的社会和政治形势可以表现为自主和自治。假设他确实希望在其统治期间确保该国的秩序和稳定，俄罗斯联邦新总统并不需要一个自主的政治制度。他需要一个政府内部的政治架构（机构），这个架构不仅能够预测和制造令俄罗斯满意的政治局势，而且还能够为俄罗斯联邦和近邻国家的政治和社会进程提供运营管理。

这种被称为“管理型民主”的新型的、更有针对性的制度的核心是总统。格列夫后来成为贸易和经济发展部部长，有意识地以更加温和的方式复制日本经验，就像著名的通产省充当了日本从战后废墟中崛起成为第二大经济强国的发动机一样。在这种情况下，格列夫中心的报告在详细政策制定中只扮演了一个边缘角色，该倡议确实被递交给了直到 2003 年 2 月为止都由米哈伊尔 · 卡西亚诺夫领导的政府。普京试图扩大有关政策选择和智库使用的争论，表明他至少承认需要有各种信息来源和政策选择。

在戈尔巴乔夫和叶利钦的领导下，一个蓬勃的公共领域已经出现，普京现在试图利用现有的人才资源。俄罗斯顶尖的智库之一是外交和防务政策委员会。该机构成立于 20 世纪 90 年代初期，为总统提供战略指导和建议，由谢尔盖 · 卡拉加诺夫领导，汇集了一大批杰出的学者和前政客。由于预期领导层会发生变化，从 1998 年底开始，该委员会就俄罗斯面临的问题进行了一项重要研究，并明确它是为新总统设计的计划。这份报告于 2000 年发表，正好赶上被新领导人使用。它不仅与俄罗斯“要做什么”的永恒问题（用它自己的话说）相关，而且最重要的是集中在“如何做到这一点”上。卡拉加诺夫坚称，外交和防务政策委员会是一个公民社会协会，300 多位公民参加了各种讨论，这些讨论形成了报告。力求帮助国家和社会制定国家发展战略构想。报告涵盖了俄罗斯政策的各个方面，下面我们将详细说明其主要观点。普京明确地将主要经验放在心上，他的政策解决了这篇报告中所表达的担忧。

在他的介绍中，卡拉加诺夫列举了困扰俄罗斯进入新千年的弊病：1992 年开始的改革失败，国家弱势，国家与社会之间、地区与中心之间的鸿沟，以及俄罗斯退化的外交政策立场。他认为，所有这些问题都要求该国的发展模式发生重大变化。专家们一致认为，这个国家陷入了死胡同："如果统治阶级在其结构自身没有发现引领社会转向发展方向和发展模式变革的力量，那么俄罗斯注定要衰败和破坏。"他强调，俄罗斯应该停止"为过去的幻影而奋斗"，因此没有必要专门研究"俄罗斯思想"，也就是说，不必对俄罗斯意义进行无休止的形而上学研究，而是应该着手"统治阶级、整个社会必须进行自我限制"，并需要放弃宏大和不可持续的野心，关注国家面临的实际问题。

这种相当悲观的态度反映在对俄罗斯民主状况的讨论中。人们普遍认为俄罗斯至多是"未成熟（或不成熟）的民主"，缺乏实现更加成熟民主的一些关键要素，并且具有太多"不必要的"特征，其中许多特征是从晚期的极权主义时期继承下来的。例如，20 世纪 90 年代早期国家已经联邦化，它建立在苏联伪联邦地区分裂的基础上。地方分权与国家的封建化紧密相关。一次又一次，尤其是与军方有关的新机构的建立伴随着旧机构的幸存。在改革机构的背后，"存在着隐藏的苏联式的——假如不是斯大林主义的行政惯例"。"法治面临着非正式关系的世界，这样的灰色地带无处不在，那里的法律也是沉默的。""权威没有得到巩固，因此权力无法真正成为国家力量。"政治发展中的这些问题引发了三大问题：缺乏持续的经济发展和资源的合理利用；未能捍卫该国在世界上的地位；以及难以让社会相信，民主“最大程度上反映了所有人的利益，从而获得了公众对民主变革的支持，以确保其在俄罗斯的实践中不可逆转”。

关于外交政策，报告对俄罗斯在20世纪90年代的行为持批评态度：

最主要的是国家的政治阶层不理解，也不想理解显而易见的真理。俄罗斯没有输掉“冷战”，它很荣幸地从中脱颖而出。但是由于错误的政策、不稳定性、对奇迹的一贯期待、国家几乎蓄意的弱化和有力的决策的无休止推迟，我们失去了**后冷战世界**（原文中强调），功败垂成。

报告中的诸多解决方案中，本章坚称，俄罗斯应该与“八国集团”的关系正常化。2000年7月在日本举行的八国集团会议上，这是普京议程的首要议题。2002年7月在加拿大的卡那那斯基斯举行的八国集团会议上，俄罗斯被正式接纳为会员，并被邀请主办2006年峰会。

随着公共行政改革的不断深入，腐败被认为是俄罗斯面临的主要挑战之一。“透明国际”认为，俄罗斯是世界上最腐败的国家之一；在1999年和2000年的99个国家里排名第82位，但2001年在91个国家里排名第79位，2002年上升到102个国家里（参见第6章）的第71位。尽管存在大量的腐败行为（贿赂等），但是，由于私人机构和公共事务机构的相互渗透，“国家机器与私人资本的合并（srashchivanie）”也引发了制度性腐败。在斯大林统治之下，一个强大的犯罪团伙网络出现了，并依附于国家，但在后斯大林时代，它们成为虚拟的“国中之国”，利用戈尔巴乔夫的改革从而获得了巨大的经济实力。在叶利钦的领导下，随着商业和国家有效地合为一体，经济和政治事务实际上融合在一起。臭名昭著的例子就是别列佐夫斯基，此人被克列布尼科夫称为“俄罗斯的洛克菲勒”。到普京掌权时，据估计，高达 40%的企业处于“影子经济”之中，雇用人数超过 800 万。所有地区似乎都落入了有组织犯罪团伙的手中，臭名昭著的普里莫尔斯克（滨海）边疆区、阿斯特拉罕州的港口及其基础设施，以及秋明州的石油和天然气工业。卡拉加诺夫的报告承认国家已经被高度分化，需要在部门、行业和区域层面采取差异化的反腐败战略。

关于宪法改革的关键问题，报告指出了两种对立观念之间的“辩证统一”：“既需要确保基本法的稳定性，也需要引入变化，因为改变由生活本身所决定。”这份报告反映了反对修改宪法的所有基本论点，但最终还是进行了一些温和的更正：

有两个结论：要么尽一切可能确保当局履行宪法规范，并提高其政治和法律文化，要么使宪法不那么“依赖”、更严格，消除一些最明显的缺点。很显然，实现文化变革可能需要数十年。这是对宪法进行某些修改的一个论据。

报告的作者们并不建议将俄罗斯从行之有效的总统制共和国转变为议会制，并且真的坚持认为，这样的呼吁是非常危险的："议会制共和国是一个独轮车，总统制共和国是两轮的自行车，而总统—议会制是三轮车，是最稳定的。"

"国情"演讲

《千禧年宣言》和《俄罗斯战略》这些文件为分析普京就任时面临的挑战提供了两个基本出发点。在本节中，我们将利用他在联邦议会（议会的两院——联邦委员会和国家杜马放在一起看待）的年度演讲，因为该演讲反映了普京在优先事务和关注点上的一些变化。普京的年度演说一时间起到了评估优先事项，充当纲领性文件的作用，同时也向公众表明了政策的正确性。在审视它们时，我们应该意识到它们不仅仅是宣言，而且还实实在在地反映了普京思想的演变。普京认为这些演讲是重要的记录，所以往往将它们发回重新修改，直到他们抓住让他满意的符合他偏好的语气和内容为止。

2000 年 7 月 8 日

2000 年 7 月 8 日，普京第一次演讲时集中表达了他最喜欢的主题，即在实行自由主义经济改革的同时，需要“强化国家”，建立“单一垂直的行政权力”。他驳斥了“关于专政和专制主义的猜测”，并强调他的目的是要建立一个“有效和民主的国家……能够保护公民、政治和经济自由”。他谴责“不合理的税收水平”，承认由于规则含糊不清，国家纵容了腐败、资本外逃和影子经济的发展。尽管经济有所增长，俄罗斯在经济上依旧缺乏动力，有可能成为第三世界国家。更重要的是，如果政策没有改变，俄罗斯民族就会面临灭绝的威胁。尽管民主国家的雏形已经建立，但他坚持认为，“法律与现实生活的距离常常还是太大了”。到目前为止只有公民社会的轮廓发展了，现在还需要耐心地工作，才能使社会成为政府的平等伙伴。普京坚持认为，“俄罗斯无法将爱国的责任与彼得 · 斯托雷平（1906 年担任总理，1911 年在任上被暗杀）所描述的公民自由”结合起来。普京通过支持政党发展为“人民与当局之间的永久联系”，力图重建政治空间。具体任务包括税制改革、制定政党法、市场经济立法框架、现实社会政策和行政改革。演讲阐述了他开始实施的俄罗斯改革战略。

2001年4月3日

这是普京最激进的演讲之一。他首先回顾了他早先完成的重组联邦关系的计划，并坚称“国家权力侵蚀的时代已经过去了”。现在他谈到了司法改革的发展和立法质量的提高。他认为，除了影子经济以外，对那些对官方体系失去信心的人来说，又出现了一种“影子正义”，所以法官的地位需要改进。在经济上，资本外逃仍在继续(每年约200亿美元)，国家仍主要依靠“以租赁为基础的经济”而非“生产型经济”。在不活跃的经济基础上实现了“平衡点”，这不仅是因为“官僚主义改革的阻力”，也是由于这个体系本身是基于普京所称的“地位”租金（贿赂和补偿）之上的。最为急迫的行政改革的重点在缩减官僚机构。他指出，联邦和地区公务员人数从88.2万增加到了100多万。普京再次重申他的观点：“一个国家的效率不是由其控制的财产数量决定，而是由监督关系国家公共利益的政治、法律和行政机制的有效性决定的。”这点恐怕米哈伊尔·霍多尔科夫斯基很有兴趣听到——他的尤科斯石油公司在2003年被有效征用了。在外交政策上，普京没有提到美国，而是优先考虑与欧盟的关系。他强调经济因素在外交政策中的重要性。因此，中央与地区之间的关系、法律改革、经济体制改革和行政改革是重点。

2002 年 4 月 18 日

他的这一演讲是在 2001 年“9 · 11”事件之后举行的。在演讲中，普京获得了充分的认可，因为他使“持久反恐联盟”成为可能，俄罗斯正在“与世界各国建立建设性的正常关系”。司法改革已经取得进展，大部分必要的法案和法律已经通过，但整个制度需要更加人性化。然而，演讲的重点是经济问题。普京坚持强调要改善人们的生活水平，这反映了他因在这方面做得很少而产生的挫败感，尽管他确实强调了政府的一些成就。他指出，2001 年经济持续增长，实际收入增长了 6%，失业人数减少了 70 万。这意味着俄罗斯的经济刚刚回到 1998 年 8 月份金融危机前的增长水平，那年的金融危机几乎让人民的实际收入减半。要达到共产主义落幕和苏联解体之前的 1990 年的水平还有很长的路要走。普京对政府经济增长率在 3.5%—4.6%的预测表示不满，尽管这个数字可能是现实的，并且他没有提出任何关于如何实现更高目标的新想法。

这一部分演讲反映了普京的一贯面孔，计划要起到劝勉和鼓励的作用。然而，在讲话中其他部分，普京后苏联的面孔表现得更为明显，特别是在他强调需要限制国家在经济中的作用以及对政府官僚作风的批评方面。他警告说，“指挥系统的习惯仍在持续”，并且力促严肃进行行政改革。这是对他呼吁的自然垄断改革、支持科研需求所需要的一种平衡，同时也为了国家更有效地管理资产。让俄罗斯融入全球经济仍然是普京经济议程的核心内容。总的来说，普京的经济发展战略和他认定的国家角色观点仍然存在许多灰色地带。因此，反恐斗争加入了行政和法律改革这个一般性主题中，同时也为改革制定了一些具体任务，如住房和公用事业改革，武装部队的现代化以及国有财产管理的改善。

2003 年 5 月 16 日

由于伊拉克战争，普京在 2003 年的讲话被推迟了，而且似乎由于他不喜欢先前演讲草稿中表达出来的一些自满情绪。作为行政首脑，总统必须对政府的行为（或不作为）负责。早期的演讲强调了制度的稳定性和规则的引入，并结合具体的措施（支付工资、养老金指数化、鼓励小企业等），这与叶利钦的建设市场和民主的抽象概念相反。经过十年或更长时间的剧变后，社会希望“不再有革命，而是冷静并考虑进步”。普京在发言中谴责自满情绪，并警告存在停滞的危险。他警告说，尽管取得了一定的成就，但经济的根本依然“非常疲软”，国家依然背负着缺乏竞争力的产业，过度依赖暂时有利的国际经济环境，行政效率低下以及人口减少的沉重负担。他将经济成就归类为“非常非常温和”，并设定了十年 GDP 翻番的目标。只要经济没有好转，俄罗斯就无法再次成为一个富强国家。他警告说，恐怖主义“威胁到我们国民的安宁与安全”，并且坚持俄罗斯应该有专业而且装备精良的军队来捍卫国家。他赞扬那些在

2003 年 3 月的公投中投票支持俄罗斯联邦“不可分割”的车臣人民，并坚持认为车臣人民应该有机会获得“正常的人生”。他警告在即将举行的杜马选举中的议会民粹主义，同时欢迎选举成为俄罗斯多党制发展的一个新阶段。最值得注意的是，他期待在选举后形成一个“依靠议会多数的专业和高效的政府”。因此，俄罗斯想要转变为强国，需要实现国内生产总值翻一番，减少贫困，并像往年一样使军队现代化。

2004 年 5 月 26 日

普京此次的讲话揭示了言行之间的鸿沟，并非领导层和人民之间的对话，讨论已开始采取了独白的形式。经济部分不再强调结构性改革，而是为在社会领域走向市场找到理由。这次演讲呼吁抵押贷款市场的发展、医疗改革（强制性和自愿性医疗保险）以及教育改革。原材料出口部门将会继续改革，而在军队改革方面，总统将话题放在了一般性问题上。至于政治制度，普京坚持认为，“我们必须对我们的民主状况进行必要的评估”。他再次承诺自己将继续维持一个“自由的政治路线”而不会退缩，但显然普京会保留自己的权利，将自己作为判断适合俄罗斯的民主权利水平的仲裁者。他谴责那些“刻意将加强国家建设解释为专制主义”的人，指出他们试图削弱俄罗斯。他谴责党内预算缺乏透明度以及党的腐败似乎只适用于反对派集团。他对“被外国人喂养”的非政府组织的评价回到了苏联时代。这场演讲充满了对社会管理问题的家长式和官僚主义态度，而没有反映出一个充满平等公民的自信的多元化的民主社会的样子。俄罗斯在世界上的地位将得到加强，还有人们熟悉的那些目标：国内生产总值增加一倍，扶贫，解决住房短缺矛盾，医疗保健的现代化和一如既往的军事改革。

2005 年 4 月 25 日

普京在联邦大会上的第六次发言透露出了一种相当沉重的情绪。演讲是在一系列事件之后进行的：审判尤科斯对俄罗斯形象和投资环境造成巨大的损害；2004 年 9 月 1 日至 3 日的别斯兰学校人质危机的创伤（参见第 3 章）；在别斯兰大屠杀之后，包括任命地方首脑在内，9 月 13 日宣布的一系列措施被视为民主的倒退；2004 年秋季乌克兰总统大选遭遇挫折，当时普京支持失败者维克托 · 亚努科维奇，他试图窃取其竞争对手维克托 · 尤先科的选票，后者在“橙色革命”之后上台执政；以及 2005 年初针对社会收益货币化的大规模抗议。人们普遍认为，普京领导下的俄罗斯正在倒退到混乱和专制主义之中。

普京利用这个机会强调了三项主要任务：加强法制、人权和政治制度，以避免当局与人民之间出现隔阂；联邦的巩固；以及经济领域的自由化。他坚持认为，巩固民主是俄罗斯的当务之急：“主要的政治思想任务是俄罗斯作为一个自由民主国家的发展。”他坚称，政治自由“不仅仅是必要的，而且在经济上是有益的”。他对政治文化方法提出质疑，认为俄罗斯人不太适合民主政府、法治和公民社会的基本价值观：“我想让那些认为那样的人回到政治现实中来……没有自由和民主就没有秩序，没有稳定，没有可持续的经济政策。”为了回应西方的批评，普京强调，俄罗斯民主的“特色”是它将以自己的方式进行，而不是以牺牲法律秩序和社会稳定的代价来换取：“俄罗斯……将自主决定走向民主的步伐和条件。所有这些都将以合法的方式完成。”普京警告说：“任何为了非法的斗争……为了民族、宗教和其他利益都与民主原则相抵触。国家将会（对这种企图）以合法但强硬的手段做出回应。”这实际上是“主权民主”的宣言。

普京将 1991 年苏联解体描述为“20 世纪最大的地缘政治灾难”和“俄罗斯人民的悲剧”，并警告说“崩溃疫情”现在正在威胁俄罗斯本身。不过，他强调说，苏联已成为过去，今天俄罗斯联邦的统一不是退出民主，而是加强整个社会的民主体制和原则。他强调了恐怖威胁对俄罗斯的严重性：“过去几年来，我们在与恐怖主义的斗争中已经做了大量工作，但威胁仍然严重，我们还将继续受到沉重的打击。”在经济领域，他放弃了两年前提出的在十年内使 GDP 增加一倍的承诺。相反，他强调俄罗斯需要更多的外国投资，但也指出了一些阻碍，他坚持认为这些阻碍是国家安全所必须要求的。他呼吁进一步明确划定国家有合法利益和对外资开放的区域：

“现在是确定经济领域的时候了，加强俄罗斯主权和安全，要求国家和国有资本必须在特别的控制之下。”对于20世纪90年代有争议的私有化限制规定从十年减至三年的问题，他多次强调重新审查所需的法律时效，对未申报的资本实行新的统一的13%的税率以鼓励“外逃资本”的回归，并将部分黑色经济带出阴影。他警告了腐败的官僚权力，指出“政治和企业官僚主义行为并不比政府官僚主义行为好多少。我必须警告他们，对腐败的官僚主义放弃行使权力并不是我们计划的一部分”。与此同时，他没有提到有争议的社会改革问题，这个措施在2005年早些时候实施，引发了对他担任总统职位的最大抗议。

2006年5月10日

人们普遍预计，普京在联邦大会上的第七次演讲将把重点放在外交政策上，在冷战的回声听起来更加强烈的情况下，尤其是美国副总统迪克·切尼，更是如此。结果，演讲的焦点却集中在国内事务上，对美国的行为以轻蔑的沉默置之不理。由于7月份俄罗斯在圣彼得堡举办八国集团首脑会议，普京显然不希望扰乱该会议的议程。他确实让自己注意到：“不是世界上所有人都能摆脱集体思维和偏见的刻板印象，这是全球对抗时代的结果，尽管世界已经发生了根本性的变化。”他委婉地警告不要在伊朗使用武力，“武力方法很少能达到预期的结果，而且其后果往往比最初的威胁更可怕”，并指出“狼知道吃谁……而不会听从任何人”，这是暗指美国咄咄逼人的态度。很明显，普京对演讲稿的初稿并不满意，所有证据都表明他积极参与了演讲稿的起草工作，这证实了我们的观点，即这些演讲不仅仅是公开言论的行为，也反映了他对行政管理最深的关注。

随着经济继续连续第七年实现增长，能源收入快速增长——2005 年俄罗斯石油收入达到 1130 亿美元，另外 300 亿美元来自天然气出口——这次演讲描绘了一个独立俄罗斯的强大形象，并且有一支高效的军队准备好捍卫自己的愿景。他说：“我们应该随时准备击退潜在的外来侵略者和国际恐怖主义袭击，并且应该能够回应任何向俄罗斯施加外交政策压力的企图。”他强调了战略核力量在这一努力中的作用，并宣布未来五年将大幅加强核三角的力量，其中包括 2006 年投入使用两艘战略核潜艇。普京表示，“我们的军队应该有足够的机会对当前的威胁做出适当的反应，军队应该包括能够同时在全球、地区和必要时进行的若干局部冲突中战斗的武装部队”。普京坚称，俄罗斯的国防开支应该与其他核国家的国防开支相当，尽管 2005 年俄罗斯大约有 200 亿美元用于国防开支，而五角大楼的预算为 4470 亿美元。现役军人的住房和其他福利问题也将得到解决。然而，他警告说，对军方的支持应该由他一贯坚持的主题——国内现代化来平衡。“我们决不能重复苏联和冷战的错误。我们决不能为了发展我们的军事力量而牺牲社会经济发展的利益。这是一个死胡同……我们的军事和外交政策理论应该回答最热门的问题：我们怎样才能不仅仅是反对恐怖，而是反对核、生物和化学大规模杀伤性武器？”

第二个主题占了讲话的大部分内容，涉及人口问题和支持家庭提高出生率的必要性。2002 年 10 月 9 日的人口普查显示，俄罗斯人口为 1.452 亿，低于 1991 年的 1.486 亿，每年自然减少 70 万人，2006 年已下降到 1.425 亿人，下降趋势并没有被每年从苏联加盟国移民的 10 万人所抵消。普京宣布了一项 2007 年预算的特别计划，该计划将为每个家庭的第一个孩子每月支付 1500 卢布（40 欧元）的费用，并为第二个孩子支付这笔费用的两倍，还宣布政府应该在第二个孩子出生后向妇女提供至少 250,000 卢布（6755 欧元）的经济资助。不过，他知道，金钱奖励本身并不能阻止人口下跌。他说，如果不改变社会对家庭和家庭价值观念的态度，就不能解决低出生率问题。长期以来，人口下降问题一直困扰着普京，但他从未如此高度关注过要阻止生育率下降。在 2007 年 8 月的选举周期中，养老金也继续增加（平均每月 2764 卢布——75 欧元）20%，这是一件额外令人高兴的事情。

这两个主题都反映了俄罗斯公民的关注点，因此在俄罗斯的国家需求被优先考虑的情况下是“民族主义”的。这些问题涉及，“民族”发展，优先于“国家”的发展，在这一指导思想下解决的其他问题包括使卢布在 2006 年 7 月 1 日之前完全可兑换，比 2003 年向议会提交的目标提前六个月。他还概述了政府的产业政策，旨在“鼓励投资于生产基础设施和创新，同时保持金融稳定”，包括重点发展高科技产业和知识经济，并命令政府加快创建飞机和造船控股公司以提高其竞争力。普京证实了他对俄罗斯加入世界贸易组织（世贸组织）的承诺，但警告说，“关于俄罗斯加入世贸组织的谈判，不应成为与这个组织的活动无关的事务讨价还价的主题”。他重申他对民主的承诺：“我确信，在无法确保人权和自由、缺乏有效的国家组织和民主和公民社会的国家，不能实现任何重要的目标。”他的基本立场概述如下：

近年来，我们一直致力于平衡国家和社会领域结构中出现的不平等现象。同时，当我们计划进一步发展我们的国家和政治制度时，当然应该考虑到我们社会的现状。在这方面，我会注意到我们家庭生活的一个重要特征——对一些国家机构和大企业缺乏公共信心。为什么会这样，再明显不过了。数百万人民的厚望被 20 世纪 90 年代初期的改革压制下来。但是政府和企业都没有为这些希望做出合理解释。更重要的是，这两个领域的一些成员无视法律和最起码的行为准则，开始了我国历史上前所未有的个人致富——以牺牲大多数公民的利益为代价。在我们制定旨在确保为群众提供主要利益的伟大国家计划时，我们已经得罪了一些人。

普京认为，商业阶层和官僚机构都不可信任，但只留下政治体制作为人们愿望的储存库，这是一个非常适当的表述，证明了行政机构与国家所有其他社会力量来源相比处于支配地位。

2007 年 4 月 26 日

普京的最后讲话集中在国内问题上，但他对国际社会不接受俄罗斯作为“正常”国家的挫败感是显而易见的。在国内问题上，基调是积极的，与之前的一些演讲相比，对俄罗斯存在威胁的意识有所减弱。他指出，俄罗斯在成为世界十大经济体之一的同时，贫穷人数减半。他为实际的变化辩护的理由是，向完全的比例代表制转变将促进政党的发展（参见第 4 章），而地方首脑的中央任命（参见第 7 章）将减少地方部族的权力。他指出，俄罗斯的崛起引发了消极的反应：

坦率地说，我们的稳定和逐步发展的政策并不符合每个人的口味。有些人娴熟地运用伪民主的言论，想把我们带回到最近的过去；一些人为了再次掠夺国家的资源、抢劫人民和国家而逍遥法外；还有其他人为了剥夺我国的经济和政治独立性。越来越多的国外的资金涌入，被用来直接干预我们的内政。回顾更遥远的过去，我们回想起关于殖民时期之于殖民大国的文明角色言论。今天，“文明”已经为民主化所取代，但其目标是一样的——确保单方面获益和自己的优势，并追求自己的利益。

他谈到了发展卫生、教育、农业、住房和基础设施的“国家项目”，计划投资高科技以便创造更具竞争力的经济，大规模的房屋建设（部分由出售尤科斯石油公司资产资助），到 2020 年发电能力将增加三分之二，其中包括建造 20 座新核电站，建设连接里海和黑海的新运河以及增加国防开支。

在简短的关于外交政策的部分中，普京宣布俄罗斯暂停履行《欧洲常规武装力量条约》。该条约于 1990 年首次在北约的 22 个成员国与现已不存在的华沙条约组织签署，考虑到冷战后的现实，该条约于 1999 年被修改。普京指出，只有四个国家——俄罗斯、白俄罗斯、乌克兰和哈萨克斯坦——批准了修改后的条约，“诸北约新成员，例如斯洛伐克（他的意思是斯洛文尼亚）和波罗的海共和国，尚未加入《欧洲常规武装力量条约》”。他拒绝西方列强将正式批准条约与俄罗斯在伊斯坦布尔峰会上承诺俄罗斯军队撤出格鲁吉亚和德涅斯特联系在一起。他还谴责西方计划在波兰和捷克共和国建立导弹防御系统。很明显，普京对俄罗斯多年来单方面的让步没有得到西方的回应感到不满。演讲概述了对俄罗斯需求的现实评价，但也包含了强烈的自豪感。目前还不清楚，如果能源价格下跌，俄罗斯的经济复苏将会如何可持续发展，公共管理的弱点以及普遍的腐败现象还没有得到解决（虽然先前的演讲谈到已经解决了这个问题）。俄罗斯现在有过高评估其实力的危险，并且采取将国家与邻国和世界隔离的政策。

他指出，这将是他最后一次发言，并提出以下观点：

我想在这方面指出，对联邦议会的八个发言中，每一个都不仅评估了俄罗斯的情况及其在世界上的地位，而且还确定了长期优先事项，包括社会领域、经济、国内外政策以及国防和安全方面的优先事项。虽然也许不完整，但这实际上构成了一个相当具体和实质性的俄罗斯发展的可持续性概念方案。其实施需要社会各阶层的建设性工作，并需要巨大的努力和巨大的财政资源。

他指出，许多人预计他的演讲“主要集中于总结和评估自2000年以来我们共同完成的工作”，但他坚持认为“对我们来说，评价我们自己的工作是不合适的，现在还不是让我罗列政治遗嘱的时候”。虽然普京可能避免评价他的总统任期，但本书的任务是对他领导的成就和失败进行一次中期评估。

结 论

所有这些表明，政治现在已经变得“正常”了，因为政治形态的更大宪政问题现在已经让位于政府管理和基于私有财产和国际经济一体化的有效市场经济的管理。然而，在后共产主义革命高峰期持续了20年之后，在20世纪革命性的“非凡”措施之外，俄罗斯的正常毫无疑问地回来了，但也存在一些令人不安的副作用：非政治化破坏了有效民主所必需的政治多元化，并鼓励了官僚主义和腐败。俄罗斯不可能简单地“恢复正常”，因为俄罗斯的正常状态一直伴随着紧急和临时元素。我们将在下面的章节中看到他希望得到实现的程度。

第3章　普京道路

Putin's path

政府的形式是通过艰难实践，而非空洞的理论而建立起来的。它们是为了适应国家的特点和现实……但是，当苏维埃政权步入正轨，或者当其个性和精神开始改变（因为，最终的结果可能是其中之一）时，让我们不要紧张地盯着追随的人们，每天在他们的政治肤色上涂抹石蕊试纸，试图发现他们是否能符合我们的“民主”概念。请给予他们时间，让他们成为俄罗斯人，让他们以自己的方式解决其内部问题。各民族在政府中获取尊严和启迪的方式就是构成了国家生活中最深层和最直接过程的事情。对外国人来说，没有什么不可理解，外国干涉没有什么好处。

——乔治・F. 凯南

在第 2 章中，我们探讨了俄罗斯在普京就职时面临的问题以及他面临的选择。这里，我们将密切地审视作为总统的普京，分析他将面临的机遇与风险。虽然受到过去遗产和他继承的政治和社会秩序的制约，但作为一名积极的政治代理人，他能够制定议程并建立自己的政治机构。普京权力基础的发展反映了他更广泛的政治议程。虽然叶利钦的统治可以被理解为一段“持久的革命”时期，但普京现在承担了整合者的角色，从拿破仑（不一定在马背上）到叶利钦的罗伯斯庇尔，那个政治关系中“热月政变”的领袖。早在 2000 年总统竞选期间，久加诺夫就已经把普京称为“小拿破仑”，正如帕夫洛夫斯基所强调的那样，拿破仑并不是从随便哪里冒出来的，也不是每个人都可以成为拿破仑。像拿破仑一样，普京试图重新构建国家，并在新社会中纳入社会发展所必需的革命时代的先进元素，同时抛弃了过度行为和革命的泡沫。普京采纳了起到巩固作用的关键性实验，即所谓的“零选择”：禁止财产再分配和禁止对过去参与过度私有化行为者的法律迫害。普京也赞成更大的“零选择”：为了社会和谐，苏联时期的罪行和镇压将被放在一边。苏联和叶利钦的革命时期现在已经让位于革命后的巩固。

建立普京“联盟”

普京的职业生涯反映了1985年以来俄罗斯社会发生的巨大变化。正如梅德韦杰夫指出的那样，叶利钦只能挑战戈尔巴乔夫，因为他20年来一直都属于党内精英，而普京却是局外人。虽然为叶利钦的精英集团所接纳，但他仍然是一个独立且孤立的政治家。普京曾拒绝对过去进行全面调查，这可以被理解为对政治弱点的务实回应，但也表明了他寻求和解和建立共识的规范性战略。普京不仅认识到叶利钦时期是封闭的，而且整个苏联时期也是如此。普京的选择对俄罗斯来说很少见，他赞成社会和政治和解；但是这种选择受到他掌权时的情况和他注定要统治的国家的现实限制。叶利钦已经实现了政治革命，并在传统的社会基础上已经建立起新的制度。用亨廷顿的术语来说，由于这项制度被改变而不是被取代，所以大部分以前的精英依然继续留任。普京的政策偏好与他所继承的社会和官僚权力结构所施加的限制之间存在着永久性矛盾。

作为一位令人意想不到的总统，普京并没有一个影子政府等着他去接管。他面临的关键问题是缺乏一支由自己人组成的可靠队伍，因此，按雷德韦的说法，普京被迫成了精英派系之间的平衡者。普京曾多次说过“我们没有人员”（U nas net kadrov）。根据哈恩的说法，“自上而下的命题主导的革命逻辑，倾向于使新政权转向旧政权稳定派，以期重新获得国家在名义资本主义下丧失的自主权”。1998 年 7 月，这种推动变化的力量，在基里延科政府的最后几周内已经开始发挥积极作用，试图任命戈尔巴乔夫政府的前成员，现在仍是俄罗斯联邦共产党成员的尤里 · 马斯柳科夫做经济部部长，以此表明自己是自由政府。这个过程早已显示出来了。最重要的是，1996 年 1 月政府任命普里马科夫为外交部部长，之后又在 1998 年 9 月任命他为总理。正是在普里马科夫任职总理期间，他针对最有名的寡头别列佐夫斯基发起攻击，首先是对他在俄罗斯航空公司任职期间的洗钱行为进行调查，但是这个事件的结果却使普里马科夫在 1999 年 5 月被解雇。

普京的精英圈子由许多群体组成，他们之间的平衡随着时间而改变。其中包括叶利钦的官员（其中一些官员与“家族”有关）；

军事和安全部门——“西罗维基”（武装特工人员）；民主的中央集权论者；新一代具有改革头脑的圣彼得堡官员（他们中的很多人和普京有私人关系）。这些群体可以简要描述如下。

叶利钦一派——“家族”、寡头和莫斯科人

对普京领导力的关键考验之一，是他将如何协调叶利钦精英的关系：哈尔王子是否会反对福斯塔夫？许多人坚持认为，“普京不过是寡头资本的工具，同时后者希望看到权贵资本主义的强化”。卡内基莫斯科中心分析师安德烈·里亚博夫认为，“叶利钦的风格虽然封建，但是却发挥过作用。现在普京试图彻底改变国家与精英之间的这种关系，没有人知道这种新关系会是什么样子”。推动普京执政的克里姆林宫精英当然试图实现叶利钦式政治的永久化，即“没有叶利钦的叶利钦主义”，但是普京最终重塑了精英结构，而不是从根本上否定旧制度。

普京早期政权的主要制约因素之一是对寡头的依赖，他们是旧叶利钦政权的支柱和莫斯科的权力基础。这些精英集中在所谓的“家族”中，即克里姆林宫内部人士，包括总统办公厅主任沃洛申，他的副手苏尔科夫，寡头别列佐夫斯基和罗曼·阿布拉莫维奇，莫斯科银行家亚历山大·马穆特，前叶利钦总统演讲作家和前总参谋长尤马舍夫、鲍里斯·叶利钦的女儿塔季扬娜·季亚琴科，以及前克

里姆林宫“总务部门”前负责人博罗金（普京曾为他短暂工作过），他 2000 年初在普京的建议下担任“俄白联盟”秘书长。沃洛申曾经是别列佐夫斯基的商业伙伴，随后成为叶利钦总统的参谋长，在普京领导下他继续担任这一职务。尽管关于沃洛申的离职有诸多传闻，但他能成为普京早期团队的核心人物，部分原因是他具有拼命工作的非凡耐力和能力。1999 年底和 2000 年初，普京似乎受到了寡头们的制约，别列佐夫斯基和阿布拉莫维奇利用总统竞选的优势大量夺取俄罗斯利润丰厚的铝业控制权。石油和铝业寡头阿布拉莫维奇与“家族”关系密切，似乎是动不得的，马穆特也是如此，尽管后来别列佐夫斯基的政治影响力被摧毁了。

在众多采访中，是帕夫洛夫斯基发明了“西罗维基”（见下文）和“家族”之间的斗争理念，用来解释实施普京政策的困难和障碍。根据彼得·科兹马（Petr Kozma）的说法，这个“家族”是一群准备自己继续掌权的机会主义者。情况就是这样，但这个团体，无论是如何无组织性，确实对人事变动施加了限制。2000 年 5 月普京就任总统后，传统上与叶利钦内部人士接近的代总理卡西亚诺夫被确认为总理。据说，是沃洛申驳回了普京试图任命圣彼得堡同事德米特里·科扎克为检察长的指令。相反，代理检察长弗拉基米尔·乌斯季诺夫的职位得到确认，因此，暴露叶利钦时代过度行为的一条途径被封杀了。正如一位评论员所说，乌斯季诺夫的任命，使得任何认为“普京不愿意成为家族俘虏”的疑虑都被消除了。乌斯季诺夫强力阻碍司法改革，并且对攻击尤科斯表示热烈支持。然而，在某些任命中，普京一早就露出了自己的实力，特别是他解雇了家族成员维克托·卡柳日内这位燃料和能源部部长，并用不为人知的亚历山大·加夫林替代了他。这意味着普京至少意识到在组建政府方面需要表现出他的独立性。这种独立性在普京的领导期间逐渐增强，最终，很少有人认为普京不是他自己的主宰者。叶利钦下台了，叶利钦主义也随之而去。

尽管如此，普京也不会与过去彻底决裂。正如普京在2002年6月24日的新闻发布会上所说的那样，“在以俄罗斯第一位总统鲍里斯·尼古拉耶维奇·叶利钦为首的政治领导层建立的基础上，我们正在发展这个国家”。在与叶利钦的个人关系上，由于后者一直坚持与白俄罗斯迅速结盟，普京回答说：“他对这个问题有他的看法，我有我的意见。”普京虽然远离“家族”派系，但仍受其影响力的制约。毕竟，帕夫洛夫斯基认为，普京是被“家族”选中的，“他不仅依据忠诚原则行事，而且还依赖于它……”这种“依赖”的确切性质还不清楚：是否有某种协议约定普京在其成为领导的第一年保证不做任何重大人事变动？有传言说，普京向叶利钦承诺在一定时间内不会进行大量人员或政策变更，并且有一些间接证据支持了这一点。普京在任职一年后，在第一次重大的政府改组中就解雇了叶利钦时代的国防部部长和内务部部长。有传言说，叶利钦精英阶层持有某种对普京的极为不利的证据，就像保险一样，以避免使他们的利益遭到侵犯。这有助于解释为什么普京有些时候显得那么踌躇不前。正如叶夫根尼娅·阿尔巴特所说的那样，“普京似乎到目前为止一直软弱和不稳定，他被自己继承的两种忠诚折磨：首先是克格勃，它是集团，也是兄弟会，造就了他；其次是“家族”，“使他成为总统”。也许普京在其早期统治时期面临的最严重危险就是这两个因素的相互冲突。

普京似乎对“老莫斯科人”、叶利钦“家族”的成员以及政府中的工商业代理人表示怀疑。在他的领导人生涯中，普京与莫斯科精英阶层，特别是与该市颇受欢迎的市长卢日科夫之间有着他无法去除的不安关系。随着时间的推移，普京坚持维护自己的权威，但总是小心谨慎的。2002 年 1 月，他解雇了铁道部部长尼古拉·阿克谢年科，随后对他的商业事务进行调查。叶利钦精英的核心代表们很快就变得黯然失色，特别是沃洛申在 2003 年 10 月 30 日辞职，以抗议霍多尔科夫斯基五天前被捕，以及总理卡西亚诺夫于 2004 年 2 月被解雇。卡西亚诺夫显然赞成加快经济自由化，限制国家干预经济事务。

“西罗维基”

如果“家族”及其密切相关的寡头集团是一股限制普京行动自由的势力，那么另一股发挥限制作用的势力则是我们可以称之为的国家安全机构。我们在第 1 章中指出，叶利钦在执政晚期加强了总统办公厅对安全部门官员的依赖，普京就是其中一员。叶利钦和普京都对“去苏联化”没有兴趣，因此，旧时代机构文化和信仰体系的整个广泛联系永久性地存在于共产主义与后共产主义俄罗斯之间的正式分界线间。对于俄罗斯前两位后共产主义领导人的批评者来说，这条线实际上已经消失。普京当然从不否认他的安全部门背景，他反而在各种场合重申安全部门的贡献，特别是在各种纪念费利克斯·捷尔任斯基1917年12月20日创建“契卡”的活动上。例如，2003年12月20日举行的特勤人员日仪式上，普京坚持说：

对一代又一代安全专业人士来说，这一天已经成为勇气的象征，象征他们对事业承担风险和对祖国全心全意服务……政治观点虽然发生了变化，但祖国的安全、主权利益的保护以及公民的安全始终是你们工作的主要目标。你们的工作是复杂的，你们承担的责任要求你们具有最高的专业能力、个人的正直品质以及勇气。

前克格勃工作人员以契卡人（苏联早期的秘密警察组织。——译者注）而著称，联邦安全局的当代安全官员自豪地使用着这个标签。当与军队的其他元素和国家的安全部分一起考虑时，他们被称为“西罗维基”。这个团体是普京的主要人员来源之一，特别是他在列宁格勒时期所认识的那些人。普京一直被视为安德罗波夫传统的继承人，他试图通过上层的强势手段，将已处于病态中的系统进行现代化改造，即专制的现代化模式，尽管我们认为将两者并行使用是很有限的。

尽管如此，许多人还是谈到了任命中——即使不是在整个系统的“安全人员化”问题。普京确实吸收了安全部门和他在圣彼得堡的旧人，并且在很多情况下这两个群体是重合的。有人估计，早期几乎有40%的最高任命来自联邦安全局，此后这种趋势仍然延续着。根据克雷施塔诺夫斯卡娅和怀特的说法，他们在安全、军事或其他执法机构担任领导职务的比例从戈尔巴乔夫领导下的4%上升到叶利钦领导下的11%，然后在2006年底普京的第一任总统届满之前上升到25%，这甚至比国民政府中的比例还高。到2005年初，“西罗维基”就占全国最高领导人职位的四分之一，占全国政府部门的三分之一以上，占联邦议会每个议院的五分之一左右。

普京在列宁格勒担任克格勃官员时认识很多同时代人，都与他有着密切的个人联系，这些人对他有影响作用。其中，关键人物是谢尔盖·伊万诺夫，他是普京的长期合作伙伴，在情报部门有着20年的工作经历，他接替普京成为国家安全会议秘书，并在2001年3月28日被任命为国防部部长；尼古拉·帕特鲁舍夫，他接替普京担任俄罗斯联邦安全局局长；维克托·切尔克索夫（全权公使），他是普京在俄罗斯东北部的特使。伊万诺夫拒绝了那些认为来自安全局的人已经掌权的观点，同时他否认国家安全会议以任何方式成为影子内阁或政治局，他坚持认为它曾经是并将继续成为一个咨询机构，只是为总统提供如何增强国家安全的建议。尽管国家安全会议在紧急状态期间被赋予了非常大的权力，但与旧的政治局相比还是相当遥远的。它的影响力往往取决于其秘书的地位。伊万诺夫被任命为国防部部长时，国家安全委员会的重要性再次大幅下降。

“西罗维基”所谓的突出作用受到了一些研究的挑战。里韦拉称，尽管在政府部门任职的“西罗维基”的人数确实有所增加，但这一增长并没有克雷施塔诺夫斯卡娅和怀特所说的那么大——自1998年以来增加了三倍，而不是报道中说的七倍。他们得出的结论是，关于“新兴‘军事主义’的说法是真实的，但过于夸大”。伦兹质疑，“西罗维基”的增长是否是普京的战略，他是否有意识地想要增强其影响力，并且她认为在他们之间并没有共同的“军事心态”倡导相对更专制的政策。她认为，在决策过程中他们远非主导地位。里韦拉指出，“很少有分析家表示希望‘西罗维基’主导的克里姆林宫在国际舞台上表现得更加积极，他们也不希望看到任何莫斯科使用武力的实际增加”。最重要的是，他们认为，这与俄罗斯公共生活各领域商业代表人数的增加是平衡的，这是一个新兴的资产阶级，从长远来看，其影响可能远远超过临时突出的“西罗维基”权力的影响。

契卡人的影响力不仅仅取决于他们在权力中心的实际存在，还有他们强烈的自信——他们认为自己的命运是拯救俄罗斯。在这个民族叙事版本中，俄罗斯为敌对的外部势力和他们的国内盟友所困扰，以至于这个国家成了西方的一个附庸国。普京的长期助理切尔克索夫表达了其中的一些观点，他曾在苏联时代的列宁格勒领导过迫害持不同政见者。在1992年至1998年期间，他领导了联邦安全局的圣彼得堡和列宁格勒地区分部，并于2000年至2003年被任命为西北联邦区的总统代表，之后担任新成立的俄罗斯联邦药物管制局负责人。在2004年底的一篇广为流传的文章中，他谴责了那些袭击俄罗斯安全部门的人，称这是一场与20世纪80年代后期反共运动相似的“反动派”战争。他坚持认为，俄罗斯安全机构有着历史性作用：

> 如果我是正确的，如果契卡人和我们当代的俄罗斯在历史上是有联系的，那么这种联系对我们来说是一项巨大的责任……历史将俄罗斯国家地位的主要责任放在了我们的肩上。

不止切尔克索夫一个人认为“西罗维基”被赋予了捍卫祖国的神圣职责，而民主等细节不应该阻碍他们的任务。普京竭力想远离后一种观点，但很明显，把“西罗维基”广泛叙述为国家救世主，而他自己又是“西罗维基”的首领，这会影响到他在处理寡头问题时的政策，特别是在尤科斯事件中。不过，作为一名国家主义者，普京不允许“西罗维基”完全按自己的意愿行事，尽管他可能对他们的观点表示同情。毕竟，他们只是另一个集团，普京最终唯一感兴趣的只有国家。

军事和安全

在1999年9月开始的第二次车臣战争中，军方被授予相当的行动自由（参见第1章）。然而，普京却试图限制军事强硬派在外交政策中的作用。2000年2月，他有效地排挤了鹰派人物，如国防部外交事务部门负责人列昂尼德·伊瓦绍夫和总参谋长阿纳托利·克瓦什宁将军，并且准允与北约领导人乔治·罗伯逊勋爵会晤。不久之后，在2000年3月5日接受英国广播公司采访时，普京甚至还认为，有一天俄罗斯可能加入北约，尽量在“平等条款”的基础上（参见第10章）。与叶利钦早些时候不同，普京将对军队的口头支持转化为具体的政策，并致力于实现军事的再次改革。在普京的领导下，军队作为一个机构，其地位和连贯性得到大大提高，但不允许它侵犯文职领导人的特权。军人数量大幅削减，同时继续放弃征招职业军人。

尽管俄罗斯法律规定军费至少占国内生产总值的3.5%，但在普京的领导下，军费开支稳定在2.6%左右，从绝对意义上说，预算的显著增加反映了经济的增长。在普京领导的前七年里，军费开支增加了五倍。2006年的国防支出占预算支出的15%，低于1994年的24%，但绝对数额要高得多。根据普京提供的说法，2000年到2006年间，军队的资金增加了三倍半，占GDP的2.6%，绝对值为300亿美元，是美国军费的二十五分之一，也只是中国花费的一半。采购计划得到了显著改善，分阶段购入了新的军舰、飞机和装甲车辆。

训练得到了改善，更多的部队做好了战斗准备。其目的是创建一支更加机动化、专业化和技术先进的军队，更加重视核武器以应对外部战略威胁。普京在 2006 年 5 月 10 日发表了国情咨文，强调军事问题，警告军备竞赛中日益增加的新威胁，美国计划在洲际弹道导弹助推器上放置常规武器，以及恐怖主义和西方对俄罗斯民主问题的敌对态度。然而，普京的回应并不是典型的冷战形式，他不是增加军费开支，而是采取了斯蒂芬 · 布兰克称之为“不对称的智力反应”形式。这证实了俄罗斯政治的持续非军事化，尽管在人员方面，军事和安全官员人数持续增加。这与其说反映了国内政治的军事化，不如说反映了军方的平民化。该变化反映在 2001 年谢尔盖 · 伊万诺夫被任命为国防部部长上，他是自勃列日涅夫时期以来第一位成为国防部部长的文职官员（尽管有安全部门背景）。2006 年到 2007 年，对一项新安全理论内容的激烈讨论，反映了俄罗斯政治的灵魂之争及其对世界的看法。

关于安全和军事人员执政是否意味着整体政治军事化或“安全化”的辩论仍在继续。对埃德温 · 培根及其合著者来说，普京面临着来自恐怖主义、媒体和宗教自由、移民和经济全球化等方面的挑战，这赋予了它们一个“安全”的层面，但是“安全化”话语的重要性并不意味着安全机构的胜利。他们认为，普京的规则复杂得多，而不仅仅是克格勃统治的恢复。普京集团的安全部分本身很不一致，它对普京的支持是有条件的。对前克格勃将军兼安全部队退伍军人协会“尊严和荣誉”负责人瓦连京 · 韦利奇科的采访揭露了这一点。

他指出："是的，我们在竞选期间的第一阶段帮助了他（普京）。但现在是时候等待了。普京可以走一条路，继续为'家族'工作……或者他可以为国家工作，或者他可以为自己工作。目前他还没有任何表现。"韦利奇科是安德罗波夫变革方针的支持者，他希望能像中国这样，既发展市场经济，同时又维护共产主义政权。没有证据表明普京分享了这种方法。安德罗波夫的方式不是普京的方式。

尽管他们可能无法主宰政治议程，但普京确实允许大规模扩大安全机构。除了武装部队的120万人之外，内务部还有大约200万人，联邦安全局（包括普京带回卢比扬卡的现在的边防卫队部门）和一些联盟机构（包括联邦安全局的一个分支，通讯拦截机构）的人员达50万。另外一些机构，包括绍伊古的紧急事务部和国家禁毒处，如果还包括私营安保机构的话，总共雇用了额外约100万人。正如反对派政治家弗拉基米尔·雷日科夫指出的那样：

> 在俄罗斯人口形势严峻和劳动力不断萎缩的背景下，这使得近500万人，其中大部分是处于工作年龄的男性，受雇于各种军队或军事组织。维持安全和执法机构（西罗维基）以及维持官僚体制的费用现在占了联邦预算支出的大部分。

这个庞然大物的发展并非起源于独裁主义，而是充当了一种压抑经济表现的沉重压力，它鼓励僵化，并且抑制政治多元化和竞争力。这个群体代表了普京政权的核心社会基础。

“皮特里”

莫斯科和圣彼得堡在争夺优势地位上一直存在竞争，普京的到来恢复了第二大城市的一些突出地位。圣彼得堡新人“皮特里”分为经济自由主义者（其中许多人曾在城市管理部门与普京共事）和契卡（从他职业生涯的第一阶段开始）。“皮特里”的关键人物包括总统办公厅秘书长伊戈尔·谢钦和律师德米特里·科扎克，后者也是总统办公厅副主任，后来担任南部联邦区总统特使。总统办公厅的另一位副主任是负责人事事务的维克托·伊万诺夫，他在 20 世纪 70 年代中期担任克格勃官员时招募普京进入该机构，这个人必须特别注意，因为正是他在 20 世纪 70 年代中期将普京招募进入克格勃，他们从那以后一直都是朋友。曾任圣彼得堡议会代表的谢尔盖·米罗诺夫于 2001 年 12 月 5 日当选为联邦委员会主席。在克里姆林宫之外，“皮特里”还包括国际产业银行负责人谢尔盖·普加乔夫，他在圣彼得堡工作时与普京有着密切的关系。普加乔夫为皮特里提供财政支持，而他与东正教教会的联系为他赢得了“基督教寡头”的称号。“皮特里”为普京政府提供了许多自由派人士。普京曾在圣彼得堡与德米特里·梅德韦杰夫一起工作，作为索布恰克政府的一部分，2000 年他成为普京竞选团队负责人，并成为普京在克里姆林宫的主要顾问之一。他于 2003 年 10 月取代沃洛申担任办公厅主任，并于 2005 年 11 月 14 日接替普京成为第一副总理兼主要候选人。2004 年 2 月解雇卡西亚诺夫的部分原因在于他重申“皮特里”反对“莫斯科人”。尽管“皮特里”对普京有着共同的忠诚，但他们在其他事情上却存在分歧，因此不能认为它是普京政府的一个有凝聚力的派别。

经济自由主义者

虽然普京将旧苏联统治阶级的成员，尤其是安全局的成员，拉进他的政府，但是这些人都被安置在远离经济管理的岗位。在普京担任总统职务期间，核心经济部门仍然掌握在一批经济自由主义者手中。普京的圣彼得堡老友格尔曼·格列夫继续留在经济发展和贸易部，阿列克谢·库德林紧紧把持着财政部。我们将在第 9 章中讨论大企业日益增长的作用，但在这里我们可以看到，21 世纪初的大宗商品繁荣与“西罗维基”（syroviki）、能源和其他原材料巨头形成了平衡。

民主的中央经济统治论者

普京的行政管理以功能分割为特征，其统治集团的每一部分都集中在他们特定的范围内，虽然在某些事务上存在震惊的始料未及的结果（特别是在尤科斯事件中）。民主的中央统治论者专心于公共政治的管理。他们的主要代表是另一位总统办公厅副主任弗拉季斯拉夫 · 苏尔科夫。他是与“可控民主”实践最密切相关的人物，尽管前总统办公厅主任沃洛申是该系统的设计师。苏尔科夫后来提出了“主权民主”的概念。一些最活跃的“政治技术专家”与这个想法有关，特别是格列布 · 帕夫洛夫斯基和谢尔盖 · 马尔科夫。对于马尔科夫来说，自由主义者和“西罗维基”之间并没有根本的分歧。正如他所说的，“西罗维基负责维护国家主权和恢复国家机构，而自由主义者则负责处理经济改革和政治制度的运作，观察员称之为管理民主。这是一个明确的责任分工”。这个群体对民主应该如何在俄罗斯的国情下运作有着独特的想法，该观点贬低了自由多元化的自由流动。

区域集团

在普京集团之外还有一些“派系”，尤其是卢日科夫在莫斯科的权力基地，雅科夫列夫在圣彼得堡的团队（直到 2003 年他被瓦莲京娜 · 马特维延科取代）以及其他一些地区性权贵，特别是鞑靼斯坦的明季梅尔 · 沙伊米耶夫和斯维尔德洛夫斯克的爱德华 · 罗塞尔。普京竭尽全力表明他愿意与地区精英开展对话，尽管他重申了中央政权（参见第 7 章），叶利钦集团的某些人愿意接纳地区领导人（但没有任何理论基础可以使这种权力合法化），这也为普京所运用。

2002年初，“团结”联盟与卢日科夫的“祖国运动”合并成立统一俄罗斯党（Edinaya Rossiya），这代表了对克里姆林宫权力有组织的区域挑战的合作，但它并没有影响俄罗斯部分地区的结构性自治。与此同时，联邦权力在俄罗斯的一些地方显得很微弱。俄罗斯国家政权在北高加索各个共和国被弱化，并且在很多情况下，其脆弱性在车臣发生的激烈袭击中显露出来。正如我们所看到的那样，普京的权力基础仍然是圣彼得堡，他曾多次提出将联邦政府和中央机构的一部分迁往该市。有关迁移联邦委员会的讨论很多，但最终只有宪法法院计划搬迁到这个北方首都。

中产阶级

不一定要成为新马克思主义者才会发现普京政权的阶级基础问题是一个有趣的问题。三位主要候选人直接说明问题——安全军事机构、官僚机构和中产阶级立即现身。前两者从任何可识别的马克思主义意义上说都不是合适的构成类别，而第三种则是社会学力量。根据马列娃的资料，约有20%的俄罗斯家庭可以被视为中产阶级。在对2004年支持普京的选民进行调查的基础上，最近的一项研究认为，普京的基础根植于“新中产阶级”。这是真正的“新阶级”，而不是由米洛万·吉拉斯确定为苏维埃制度的真正受益者的官僚阶层。这个阶级已经克服和拒绝了社会主义过去的价值观，但对未来还不清楚。根据作者的观点，普京反映了其专业间谍团体的价值观所蕴含的个人特征。新兴中产阶级的愿望和不确定性之间存在一个鸿沟，它最起码有利于建立法治社会和发展一个真正的现代化国家，也有利于发展普京所代表的思想价值观。普京可以提供最低程度的安全和国力恢复，但新中产阶级和安全官僚机构之间的联盟只是暂时的，如果后者不能真正满足俄罗斯民主现代化的愿望，那么政权与社会之间将形成鸿沟，预示着新革命剧变的到来。

普京集团：派系不是宗族

围绕普京而产生的各派别政策观点尽管存在明显差异，但重要的是不要夸大其分歧。将这些明显差异看作是稳定的宗族形态是错误的。所有派别都分享了国家（中央经济统治论者）的意识形态，捍卫了俄罗斯的主权并在世界上维护其影响力。我们经过考虑选用了“派系”而不用“宗族”这个词。20 世纪 90 年代中期，托马斯 · 格雷厄姆认为，宗族式结构已经成为俄罗斯政治的塑造力量，但即便如此，这也许是一种夸张。在叶利钦执政的最后几年，“家族”的主导地位总是不稳定，他们仅仅是基于眼前利益的流动性团体，尽管在广义上他们对一系列政策偏好都做出了承诺（最重要的是使共产党员及其盟友失去了权力）。其实质性和持久性都远远低于宗族。

俄罗斯的宗族现象远不及乌克兰和其他一些国家。在乌克兰，宗族式结构代表了社会、地区、经济甚至意识形态差异的组合。在俄罗斯，政治体制更加有主导权，利益却更不明确，因此，两国间存在着差异。该差异性是决定两个国家不同演化轨迹的重要因素。在一些中亚国家，宗族结构（基于亲属关系和地区认同）和政治行政当局必须将所有意图和目的合并起来，这反过来又产生了另一种政治制度。在乌克兰，相对稳定的群体在公共政策问题上有明确的区域和部门基础，可以对稳定的“宗族”体系出现的程度提出质疑。同样，将族群模式应用于哈萨克斯坦的政治尝试也因缺乏经验支持而受到质疑。该模型是否适用于俄罗斯更加成了问题，因为这里的情况更具有情境性、可渗透性和可塑性。中央和各地区的行政当局通过个人喜好的任命模式建立自己的派系，这在普京的圣彼得堡“扈从”中表现得最为生动，很难将它们称为“宗族”。

建立联盟与达成共识之间存在着巨大的差别：建立联盟，西方民主通常采取稳定联盟形式，是基于可识别的政治势力的相互自我利益之上的；而达成共识是试图将人们引入一个共同的项目或围绕着同一个共同政策。后共产主义时代的俄罗斯建立联合阵线的唯一一次尝试是在1992年，当时叶利钦寻求获得党内领导人对其改革以及同议会展开斗争的支持。1993年10月旧议会失败后，新的政治制度被载入1993年12月的宪法，它将所有基本政治进程都集中于总统身上。在弱党制和霸权主义的背景下，联合阵线建设最大的可能是被边缘化。相反，在普京的领导下，总统试图将个别政治领袖、社会和政治集团、利益集团以及广大公众凝聚到其事业中。普京的权力不是建立在政治集团的正式联盟上，而是建立在将各个派系聚拢在他的总统霸权之下的个人能力之上。只要他仍然是一位受欢迎的有效领导者，这种做法就行得通，但随着普京任期即将结束，普京集团开始分解成各个组成的派别。

在短期内，普京共识政策的直接后果之一，是他坚持认为不会再有一次重大的财产再分配。相反，普京在叶利钦自己可能犯下的不法行为以及那些从他的统治中获益的阶级下划出了一条严格的界线。普京作为临时总统的第一次正式行动是给予叶利钦及其家人免于被起诉的权利。普京采用“零选择”是一种有意的社会和解行为。我们认为，他之所以这样做是出于对实际情况的考虑，但它也有一个规范性的基础：结束俄罗斯无休止的革命和反革命循环。根据一项民意调查，60%的人赞成行政当局没收新俄罗斯人的财富，这个问题尤其重要。普京没有像许多人想的，或者与叶利钦家庭决裂，做出惩恶扬善的决定（指上面的没收新俄罗斯人的财富），或者继续保持做一名独立的政客，而是巧妙地避开了这个问题。他仍然忠于对叶利钦的承诺并继续他的政策，但政治风格却发生了巨大变化。

普京集团仍然是一个广泛的类似教会的团体，它反映了普京的过去，但是，在某些政策等领域，它的不同性质却通过一致性的缺失反映了出来。总的来说，虽然在普京周围出现了尖锐的政策分歧，不过，这些辩论很难直接反映到派系斗争中去，比如莫斯科反对“皮特里”，反对自由主义。我们将会看到，普京确实转向了一些政治上更有雄心的寡头，他与其他集团一起工作也很愉快。他并没有成为任何特定集团的俘虏，如安全局或圣彼得堡自由派，但却提供了回旋的空间。至于民众支持，很明显，普京培育公众就像农民推销自己的股票，他从不过深或太快地推动政策（如市政服务改革），因为害怕这会威胁到他的知名度。然而，普京不是一个民粹主义者，因而拒绝迎合公众舆论的荒唐想法，以及公众经常性的报复、仇外和愤怒的情绪，因为公众是受到了“投其所好”的媒体（用厄休拉·吉恩的话说）欺骗而被煽动起来的。更重要的是，在俄罗斯，中产阶级的雏形已经发展起来，为普京的正常政治提供了基石。

普京和人民

“过渡获胜者”的巩固以及他们重申抵制国家利益是对普京权力的重要制约，因而，为了克服这种障碍，普京表现为“过渡失败者”利益的支持者，支持那些看到自己的生活水平受到侵蚀、工作没有报酬、养老金拖欠、储蓄损失的人。虽然普京的政策确实很受欢迎，但普京本人远非民粹主义者。他也不是“虚拟政治”的产物，而是各种强大利益操纵政治意识、过程和制度的受益者。这些“政治技术”的确在俄罗斯高度发达，整个行业已经发展起来，把学者、民意调查专家和政治有志之士聚集在一起，尽管他们认为自己已经使整个政治过程“虚拟化”。这些技术在 1999 年至 2000 年的选举周期表现得特别活跃，但普京的政治魅力和按部就班的认同不能如此一概而论。如果没有坚定的个性和对俄罗斯未来的远见，任何操纵都不能保证胜利。此外，普京在很大程度上履行了他的承诺，按时支付工资和养老金，这是不小的成就。

流行观点

普京领导的国家显然对新秩序和事业单位缺乏信心。大约 80% 的人口对民主表示不满，这个数字高于独联体国家（独联体）的平均水平（75%）或欧盟（50%）的一般水准。2001 年春天，只有 2% 的人认为俄罗斯是民主国家，21%认为该国正朝着这个方向发展，27%认为俄罗斯比苏联时代更民主（尽管 17%采取了相反的观点）。对机构信任程度的调查结果表明，教会排名第一，其中 19%表示完全信任，28%表示信任。其次是武装部队，分别达到 14%和 36%，而政府分别为 7%和 24%，议会分别为 2%和 14%，政党分别为 2%和 9%。尽管民意调查显示民众对新民主政治明显不信任，但参与选举的人数却显著增加。1993 年 12 月出现的合格选民为 54%，1995 年为 64%，1999 年为 62%，2003 年为 55.7%，这表明怀疑主义因某种承诺被冲淡了。在总统选举中，投票率更高：1991 年，75%；1996 年（第一轮）70%，（第二轮）69%；2000 年，69%；2004

年达到64.4%。公众对民主核心价值观、宽容、多元化、西方等诸如此类的态度仍然存在分歧。

关于掌权的中心问题是，普京和他的盟友是否会挑战叶利钦的社会政治解决方案，尤其是20世纪90年代出现的官僚主义新政权制度，这种制度使陷于计划经济和市场经济之间的国家受益。普京在多大程度上拥有独立的政治基础？这个问题的答案对于理解普京担任总统的回旋余地至关重要。正如我们在前一节看到的那样，普京的同盟是分散的，缺乏一个统一的方案。帕夫洛夫斯基提出了一个基本问题："我们正试图确定谁的胜利是普京的胜利。他现在应该依靠谁？"他否认统一是一个充分的政治基础，并提出了意想不到的答案："1991年3月之后不被允许在政治舞台上出现的群众今天已经崛起。普京就是他们的领导者。"他接着说：

> 人们会争论他在什么意义上是领导者——执政党领袖或反对派领袖。我相信那些选择普京的人认为他是俄罗斯夺取政权的反对派领导人。对普京的多数支持者来说，普京是反对旧政权的党的领导人。

换句话说，普京的崛起可以被看作是自下而上的反叛主题的一个独特变体，反映了人们对叶利钦时代腐败的反感，同时又不排斥叶利钦的领导所支持的基本原则。普京的受欢迎程度至少部分基于他与前任的有利比较，但也取决于民众更积极的预测，即不完全缺乏理性的希望。特别是，普京集团主要立足于年轻一代的支持，他们更有可能支持市场改革、民主，以及与西方国家的融合，而同时又充满爱国情绪和俄罗斯民族自我价值的意识。

总有一天会出现一种危险现象，即，公众对媒体对普京个人/个性连篇累牍的报道会产生厌倦。随着时间推移，很明显，如果有的话，这种情况会出现得晚一些。根据民意测验结果，普京的知名度保持稳定。在他任职的第一个 100 天后，区域政治研究机构透露，大约 54%的人仍然对他评价积极，这引发了早期阶段就已经出现的对"特氟纶式"总统（指总是诿过于人而自己推卸掉责任的总统。——译者注）的谈论。普京受欢迎的一个原因当然是因为他不是叶利钦。在 1994 年至 2001 年间，认为叶利钦应该对 20 世纪 90 年代的麻烦负责的人数比例增加了近一倍，从 18.1%上升到 34%。自普京成为总统后，俄罗斯已成为一个更加快乐的地方，这种基本感觉依然存在。在他担任领导职务两年之后，越来越多的人对他领导的政府体系持积极态度，尽管这一比例为 47%，仍然是少数。当时有 72%的人对旧共产主义制度的评价是积极的，迄今为止在所有非独联体后共产主义国家中排名是最高的。一半的俄罗斯人会赞成关闭议会，这个数字令人吃惊，而只有超过五分之一的人认为这可能会发生，这反映了新秩序的基础并不稳定。虽然整个地区对民主政治制度的信任程度较低，但在整个俄罗斯更低，只有 7%的人相信议会和相同比例的人相信政党。毫不奇怪，叶利钦和普京都是独立人士。

普京在整个领导期间的支持率一直保持在一个非常高的水平，65%—73%的人持积极态度。相对于叶利钦经常缺席"处理文件工作”，普京在其担任总统的头三年内没有休过病假，而且之后也很少（如果有的话）。民意调查发现，37%—50%的受访者表示普京的表现堪称优秀，另外有36%—48%的受访者认为，他的表现令人满意。2003年3月，在他当选总统的三周年之际，39%认为他表现出色，或者说他的表现很好，另有46%认为他的表现令人满意，只有11%认为他的表现糟糕。同时进行的一项民意调查显示，38%的人对普京的评价比他们在选举时更积极，52%的人对普京持相同看法，只有10%的人认为更差。这是因为有强烈意识（61%）的人认为，普京在他担任总统期间已经实现了许多计划，而只有10%的人认为他没有完成任何计划。至于他作为决策者的独立性，61%的人认为他受到其他人的影响，而37%的人认为他是我行我素的人。一个相关的问题是，他现在是否比三年前更独立，66%的人认为他更独立，26%的人认为他像以前一样独立。对于普京是把自己知名度放在第一位，还是把国家利益放在第一位，我们首先看到，接近60%的人赞同他把国家利益放在首位，而28%的人则认为他更关心自己的知名度。

俄罗斯独立民调机构列瓦达中心2005年12月的一项民意调查显示，75%的受访者仍然认可他的工作。同一次民意调查显示，人们普遍认为，普京多年来表现出非同寻常的一致性，尽管当时越来越多的人认为，他是一位经验丰富的政治家和富有同情心的人，但相信他有能力确保国家秩序和稳定的人数比例在降低。这项调查的显著特点是，普京从总体上反映了人们的政策偏好，其中一半以下民众支持继续改革，但国家要起更大的作用，并确保民众福利，而只有 10%的人要求继续改革，减少国家的作用，另有 11%的人支持迅速果断地实施改革。只有 22%的人赞成恢复苏维埃制度。接受调查的多数人（41%）认为，普京首先代表的是安全和军事部门的利益。对普京 2000 年选民的详细分析表明，大多数人继续以惯性而不是以坚定的承诺支持他，尽管有一个强大的核心强烈地认同他和统一俄罗斯党的政策。支持他的这一代人的特征已经发生了变化，首先是变得更年轻了。

2005 年进行的研究证实了这一点。自普京 2000 年当选以来，人口已经增加了 7%，而普京的老龄支持者在很大程度上仍然忠于他，他在年轻人（30 岁以下）中的支持基础已经增长，这反映出他对俄罗斯愿景的积极承诺。普京的支持结构发生了变化，71%的年轻人认为他正在切实地履行职责。他的专家中约有 40%不到 35 岁，平均分布在城市和农村选区以及俄罗斯各地区。年轻人比老一代对当局表现出更高的忠诚度。他们是后苏联时代的第一代，结果是最保守的社会群体，同时也是最自信、最乐观的，让俄罗斯充满了新鲜事物——“积极的、有意识的爱国主义”。对普京的支持与其说是对他本人的支持，不如说是对他的延续和一种感觉，即他所创造的体制是无可替代的。接近三分之二的民众支持统一俄罗斯党，认为它是唯一的“真正的”党。平均而言，对政府、国家杜马和州长的工作进行评估的年轻支持者比其他人口高出约 5%。

我们如何解读普京长期享有知名度？很显然，他的政策结构不仅反映了精英的偏好，而且有群众基础。但是，支持他的政策是否表明民众也支持他相对有限制性的自由国家主义？是否可能反映了一种对反民主实践的政治文化宽容？斯蒂芬·怀特菲尔德考察了普京受欢迎这一难题：如果普京确实对拆除俄罗斯的民主负有责任，那我们怎么解释他的持续受欢迎呢？怀特菲尔德提出了很多假设来解释这种现象：普京的受欢迎程度反映了俄罗斯人不自由和不民主的状态；普京的领导改变了其支持者的观点，因为不自由的结果，而他的反对者则持更负面的观点；这导致了支持和反对普京的对立系统的形成。怀特菲尔德认为，“系统性能”分析更具有说服力，普京的知名度是基于人们感知到的政治和经济表现的改善。他的调查数据打破了日益增长的非自由主义假说，认为普京被持有反民主价值观的人支持的观点也没有得到支持。数据表明，俄罗斯人总体上并不认为已经出现了显著的民主倒退，而民众对民主准则和价值观的支持则基本保持不变。反对民主者并不总是支持普京，而那些寻求加强政府联合的人并不一定持有不民主的观点。最后，怀特菲尔德指出，“普京的受欢迎程度似乎并不依赖于‘专制的’大众政治文化”。

理查德·罗斯和他的同事们认为，总统在选举日的人气可以证明是短暂的，并且分析普京的受欢迎程度可能有多深。普京的受欢迎程度被证明是相当持久的，但这种方法的确吸引了人们关注他的表现以及他的政府在一些政策问题上的表现。仅在 2000 年 6 月，对其内阁工作的支持率就从 57% 下降到 39%，这显然是由于未能结束车臣战争，并因为担心通胀再次上涨。2002 年 12 月，只有 33%的人认为卡西亚诺夫很好地处理了他的工作，而有 27%的人则认为没有。他的政府表现得到了相似的评价，只有 24%的人认为他的表现不错，而有 37% 的人认为其表现糟糕。总的来说，如前所述，对俄罗斯政治机构的信任度非常低，凸显了对总统的信任与对他主持的政治制度的信任之间的鸿沟。民意调查显示，认为俄罗斯已建成民主制度的人相对较少。

普京在外交政策和民主领域取得的成就得到的评价往往比负面评价更为积极，但在普京能否恢复国家秩序、限制腐败、改善经济或解决车臣危机等问题上，负面评价占主导地位。对于试图依靠小额养老金和微薄工资生存的大多数人来说，宏观经济政策、司法改革等重大问题显得非常遥远，特别是因为他们与法院和其他权威机构的互动往往令人沮丧，如果不是彻头彻尾的腐败的话。当被问及如果有机会他们会要求普京做什么，47%的人想要“提高生活水平”，21%想要“建立一个有效的管理制度”，12%想“刺激经济发展和就业”，而只有 2%的人想要“结束车臣战争”，而同样的数字则集中在“外交政策”上。

“普京现象”近乎神话般的地位引起了人们很大的不满，但如果认为这是通过故意压制其他可替代人选来实现的，则有失公允。普京的受欢迎程度部分得益于没有任何人在信任评级中离他很近。尽管普京的普遍支持率仍然居高不下，但正如叶连娜 · 舍斯托帕尔所说的那样，这并不是“催眠失明”，而是由于人们认识到甚至批评他的缺点，还认识到他不吸引人的特质。2004 年总统大选的胜利得到保证，不仅是因为该政权控制了中央媒体，而且还因为真的缺乏可替代的候选人。

紧急情况

尽管普京确实学会了用高超的技巧来应对危机，诸多灾难使他的总统任期带有污点，不过普京的知名度一直维持不变。2000 年 8 月 12 日库尔斯克核潜艇在巴伦支海沉没是对普京早期领导的最大考验。这艘潜艇在 1995 年才投入使用，是潜艇舰队中最现代和最可靠的。当天上午 7 点 28 分，这起爆炸造成 118 名潜艇人员失踪，爆炸是由于高度不稳定的过氧化氢鱼雷燃料泄漏造成的。第一次爆炸后，在潜艇的前端引发了一次更为剧烈的爆炸，导致潜艇沉没。两年之后，伊利亚 · 克列巴诺夫领导的政府委员会才承认这一点。早些时候，人们提出了各种解释，其中包括库尔斯克遭到美国或英国潜艇袭击，或者来自参加同一军事演习的附近俄罗斯战列舰的火箭可能需要对此次事故负责。普京因没有及时取消黑海度假而立即引起了很多批评，同时还耽搁了接受外国援助的提议。更糟糕的是，在记者招待会上，当被问及“库尔斯克发生了什么？”时，他无情地回答：“它沉没了。”普京后来履行了他的承诺，把潜艇打捞上岸，给予船员应得的葬礼。

到 2002 年 10 月 23 日至 25 日的“杜布罗夫卡剧院人质事件”发生的时候，普京已经能够展示出他的决断和忏悔。当时有超过 800 人在观看流行音乐剧《东北风》（*Nord–Ost*），被 41 名以年轻军阀莫沃萨·巴拉耶夫为首的车臣武装分子（其中 19 名是女性）劫为人质。围困三天之后，安全部队在 10 月 26 日早上强行进入，用毒气使恐怖分子丧失战斗能力，所有恐怖分子都被消灭。官方数据显示，129 名人质死亡，但受害者的代表律师卡琳娜·莫斯卡连科表示，至少有 174 人死亡，除 2 人外，所有人都受到了毒气的影响。记者安娜·波利特科夫斯卡娅估计，死亡总数超过 200 人。紧急援助不足导致很多意外死亡，四天后医生才被告知该气体是芬太尼衍生物。普京在对人民的讲话中指出：

> 我们成功地做到了几乎不可能做到的事——拯救了数百人的生命。我们已经表明，俄罗斯决不能被迫屈膝。但现在，我首先想向那些死者的亲友致歉。我们无法拯救所有人。请原谅我们。

一群车臣武装可以攻占莫斯科的一栋建筑物，这一事实表明了国家的无能和其机构的腐败，因此增强了普京加强国家权力的决心。

2004 年 9 月 1 日，沙米利·巴萨耶夫指挥的武装分子在北奥塞梯的别斯兰劫持了第一中学。别斯兰袭击是在暴行升级几个月之后发生的。6 月 21 日，来自车臣的 200 名武装分子占领了印古什首府纳兹兰的局部地区，并开始杀害警察。大约有 100 名执法官员死亡，同样令人震惊的是，国家的领土会如此轻松地被占领。8 月 21 日，武装分子占领格罗兹尼中心长达 3 个小时，造成数十人死亡。8 月 24 日，莫斯科卡什尔卡街发生炸弹爆炸事件，同一天晚上，两架飞机被恐怖主义分子的炮弹击落，造成 90 多人伤亡。8 月 31 日，莫斯科里加地铁站发生炸弹爆炸，造成 10 人死亡，30 人受伤。别斯兰的这些事件已被定性为俄罗斯的“9 · 11”事件，但对这些事件不同方面仍然存在争议。当地政府称有 1347 人被劫为人质，而检察长弗拉基米尔 · 乌斯季诺夫则表示，1156 名人质中有 329 人死亡。32 名恐怖分子的身份，甚至他们的数量，也存在不确定性。一个是北奥塞梯人，有一些是印古什人，另外 6 个人被认定为车臣人。9 月 3 日星期五，最后一次暴乱的混乱情况反映出当局对全局缺乏连贯一致的应对措施，最终导致 334 名人质（包括 186 名学童）死亡。几年后，几个调查委员会提出了相互矛盾的说法，而这一点与悲剧本身一样引起了该地区人民的愤怒。

冲突从整个北高加索的车臣蔓延开来，随着武装分子杀死警察、袭击各种民用设施，达吉斯坦变得越来越不稳定。正如弗拉基米尔·雷日科夫所说的那样，普京和人民之间的社会契约不再得到履行。在“别斯兰事件”发生之后，普京对国家总出现暴乱事件的缺陷发出了警告。他跟进了一系列措施（我们将在后面讨论），这些措施可以被称为“宪法政变”（constitutional coup détat），有点让人联想到戴高乐在 1958 年建立的第五共和国。然而，与法国不同的是，普京的措施不能确保从实质上改善俄罗斯的治理体系。强化政权与发展现代国家的基础结构力量显然是不一样的。

普京起伏的声望反映出俄罗斯政治状况的遗憾，因为有这么多人将希望寄托在他一个人身上。正如阿夫坦季尔·楚拉泽（Avtandil Tsuladze）所说的那样，“普京似乎是维护社会稳定的最后希望”。普京可以被视为俄罗斯历史上具有深厚渊源的代表，他是在危急时刻巩固国家的决定性领导人。这通常产生在有外来威胁的时候，有时也因为内部瓦解而发生。就普京而言，其主要威胁来自国内。普京的崛起可以被看作是一种对叶利钦时代贪婪的“群体反抗”。在这种情况下，普京把联邦制度的改革作为首要的优先事项之一是完全合乎逻辑的。用安德烈·里亚博夫的话说，这是一种尝试，“为社会带来更多的秩序和正义，因为地区寡头的霸道所有人都能看得到”。同样，为了“社会正义”而进行的斗争，意味着许多人会攻击寡头的超民主特权。普京尚没有稳定的权力联盟，一些自由经济改革会带来严峻的社会后果，因此，普京在执行这些政策时非常谨慎。这反过来又意味着改革的推动力逐步减弱，有引发再次停滞的危险。

领导力和风格

领导力是任何民主制度都必不可少的，却往往被忽视。正如熊彼特所论述的，“(民主的)经典理论并没有这样做(‘正确地认识到领导的重要事实’)，而是……归因于完全不现实的选民的主动性程度，实际上等于忽略了领导力。集体行动几乎完全是通过接受领导实现的——实际上，这是所有集体行动的主要机制，不仅仅是一种反射”。普京的总统职位是一个典型的例子，个体领导能够在一段时间内留下自己偏好的印记，尽管当然会受到当时条件的制约。除了领导在所有民主社会中的重要作用之外，还有俄罗斯所特有的因素。人们通常认为，俄罗斯具有强有力个性化领导的文化倾向。在后共产主义时期的俄罗斯，政治文化的这一方面受到薄弱的标准政治制度和社会代表性缺乏的影响，尤其是政党制度的相对早期性质的影响。此外，影响国家的众多危机增加了人们对坚毅领导力的支持。

就韦伯对合法化、传统、法律理性和魅力模式的三重划分而言，后者具有特别的意义。罗杰·伊特韦尔划分了三种魅力型领导：小圈子魅力，指一个领导人在相对较小的内在核心追随者中激发出奉献精神；大众魅力，指领导人能够激发广泛的民众情绪；而体制魅力现象则表明，诸如政党之类的机构之间，或者作为权力的抽象象征的总统及其追随者之间可能会形成魅力纽带。此外，魅力纽带可以是情感的，也可以是基于理性的分析。普京的个人魅力很明显，而且显然是群众性的。他是一位强有力的领导人，对国家未来的展望使他成为“有希望的总统”。

阿奇·布朗比较了“变革型”领导人，他们不仅改变了政策，而且改变了制度，他们很可能在现有秩序的范围之内实现重大的政策变革。他认识到，任何特定领导人的特征都取决于所选择的变革类别，就我们而言，这一点尤其重要。普京否定了革命性的政治变革方法，最终成了典型的事务型领袖。尽管改变了运作方式，他仍然在从叶利钦继承下来的制度范围内工作。追求正常状态给社会提供了一个喘息的空间，但普京政治一体化的独特方法未能克服领导人与俄罗斯典型的政治共同体之间的鸿沟。

普京执政的第一阶段以一系列活动为特征，如在很多方面同时发起了反对地方权贵、寡头和媒体的活动。重要的宪法问题似乎通过强力手段和行政手段得到了解决。即使得到了民众的支持，但在面对强大的反对派时，普京也会进行适当的让步。例如，2000 年初圣彼得堡市长选举中，当明确知道选民将拒绝他所支持的候选人（马特维延科）时，普京就退缩了，而马特维延科是反对现任雅科夫列夫的。在此后几年中，普京在启动政策之前都会小心翼翼。也许由于过于谨慎，导致他领导的“戈尔巴乔夫化”被指控为一种风格，即用修辞替代行动，关键决策受到了耽搁。

明显的政策变化使得《生意人报》所属的商业周刊杂志以“坚定之手的弱点”为题发表社论。可以相信，普京的领导风格反映了软弱手腕坚定起来。显然，没有制度基础支持的专制主义是短暂的。

俄罗斯专制主义的潜在社会和制度基础包括安全机构和军队以及一些边缘的知识分子，但没有证据表明普京试图建立这样的联盟。普京并没有试图建立一个替代制度来代表20世纪90年代在俄罗斯出现的代议民主制；但同样地，他对民主价值的承诺只能通过媒体自由的繁荣、法治和最大的挑战——自由选举中最高政治职位的民主轮换来证明。20世纪90年代民主的合法性遭到破坏，因为它与世界范围内的经济失败、社会困难、犯罪和声望降低相关，但民意调查仍显示出对基本民主原则的坚定支持。事实上，如果对普京领导的早期政府的主要批评是说它不够强大，那么到他第一任期结束时，主要指责则是俄罗斯国家缺乏民主。谈论主题发生了巨变。

普京的回旋余地受到现有社会政治和社会经济结构的限制。叶利钦建立的财产、特权和权力模式是否允许激进的政治干预和变革？很快就可以清楚地看到，用维护俄罗斯荣誉和尊严的名义，维权人士可以动员民众和国家支持者反对叶利钦政权的缺陷。普京发现许多人支持国家、法律和秩序的重组。然而，尽管普京以总统地位作为变革的手段，其权力仍受到制约，因为普京缺乏有组织的大规模的政治基础。尽管统一俄罗斯党可能是一种潜在力量，普京还是担心当这个党成为真正的大规模运动（参见第4章），自己会被其困住。

普京认真对待和处理他与新闻界以及人民的关系。除了他在联邦议会的年度演说外，普京每年通常还会举行一次重要的新闻发布会，还会与民众进行“开放式”的问答环节，我们将经常引用它们。在2001年7月18日的新闻发布会上，约有500名国内外记者出席了会议，普京认为他的主要任务是维持“稳定并在社会上达成一定共识”，这将有助于该国的政治和经济现代化。当被问及车臣的扫荡行动（zachistki）时，他变得很生气，但却通过幽默地询问“鲍里斯 · 别列佐夫斯基是谁呀”来质问寡头别列佐夫斯基的身份。别列佐夫斯基指责普京有隐藏权威主义倾向，指责普京计划建立一个反对党（后来称为自由俄罗斯党）。普京称别列佐夫斯基是“不可压抑的、不知疲倦的人”，总是“任命某人或推翻某人”。一年后在 2002 年 6 月 24 日举行的类似新闻发布会上，普京对车臣的评论更加严谨，显然，他已经学会在这个问题上控制自己的情绪。有人就他与叶利钦的关系问了他几个问题，正如我们所看到的，他不愿意批评他的前任，不过，他注意到人们对白俄罗斯问题的看法有所不同。2007 年 2 月，普京举行了第六次例行新闻发布会，这可能是他作为总统的最后一次新闻发布会。

某些个人崇拜的熟悉元素开始出现，普京的肖像出现在总统办公厅的所有办公室、政府部门和军队大院的围墙上。而在俄罗斯艺术家或历史上的领导人（通常是彼得大帝）肖像下面，叶利钦的画像占据了列宁原来的位置，现在普京的肖像也被挂在了官僚机构的墙壁上。曾经，凯末尔 · 阿塔图尔克不得不进行艰苦卓绝的努力，进而成了土耳其“国父”，而普京似乎依照职权采用了这种姿态。在有关阿塔图尔克的大量书籍中反映了这种比较。普京的强硬风格招致一些人指责他在治国理政上犯有新权威风格的错误。他甚至被称作“软弱的独裁者”。他关于需要“法律裁决”的说法可能比他打算的还要多。正面攻击旧联邦制关系，意味着发展中的宪政秩序不太能够接纳来自地区领导人自身的必要纠正措施。1993 年的宪法建立了一个强有力的执行机构，并且有人认为，它只是把俄罗斯的传统集权和个性化治理模式形式化了。叶利钦的政府风格高度个性化，普京的激进主义风格则强化了这一点。

普京的领导陷于传统的世俗化和人格化的两难境地之间，他企图实现更加理性、非个人化和有序的管理。一些人强调了普京思想的源泉体现在安德罗波夫的实现国家权威主义现代化的计划中，认为，在普京周围的新精英中，安全和军事官员的作用越来越大，用马克·拉伊夫的话来说，“是有序的警察国家”。这种说法忽略了他领导本质上的新颖性。普京不仅仅为了自己的利益寻求权力的合理化，而是对行政进行重新排序，以实现他对现代化目标的定义。除非我们接受可能是站不住脚的立场，即普京的所有演讲、宣言和劝告都不过是旨在让人们不再关注他真正野心的宣传，否则我们必须多多少少重视他的想法，即政府关系必须置于更加正式和制度化的基础上并按照宪法的规定运作，并且这种重组的管理应该被用来实现国家的发展任务。实施这一方案伴随而来的是众多的矛盾，但我们需要明确的是，这是普京试图占领国家的战略方向。在对这一点的认识上，俄罗斯人民的智慧经常比许多专业评论家更高。

普京是软弱还是强大？尽管他的演说活力四射，但其立场有时显得软弱而且不一致，他为各派别之间，特别是安全机构和成就他的“家族”之间的矛盾所困扰。很明显，他是在“家族”的支持下上台的，尽管他没有成为他们的囚徒，但他却受到它所代表的利益的制约。同时，普京原则上避免疏远他所驳斥或不信任的人。他邀请普里马科夫和卢日科夫一道出国旅行，总的来说，他试图在广泛的共识集团中实现他的领导。集团内部的关系是个人化的，主要基于忠诚。普京缓和了可能爆发的冲突。当从一个职位上解雇某人时，他会在其他闲职和可以软着陆的领域给他们谋求一个闲职。滨海边疆区行政长官纳兹德拉坚科就是这种情况，更特殊的是根纳季·特罗舍夫将军的情况。2002 年底，在拒绝了接掌西伯利亚的司令部后，特罗舍夫被解除了在北高加索军区指挥官的职务，几个月后，他又成为总统办公厅哥萨克事务部门的负责人。即使是普京长期最厌恶的人弗拉基米尔·雅科夫列夫也在失去圣彼得堡市长职位后，担任了一系列部长级职位。

这是一种与之前表现的行为模式相一致的模式。普京很可能是苏维埃制度最稳定和最衰败的产物，他身上出现了一套关于个人和制度行为的标准，超越了勃列日涅夫年代的典型特征和协同性。一个典型的例子就是前总理普里马科夫叙述的一件事。1999 年 5 月，当他从总理职位上被解雇，他的大部分前同事很快就试图与他撇清关系，而普京则携联邦安全局执行管理委员会到来对他表示同情。正如普里马科夫所说的那样，这表明“普京是一个正派的人”。尽管他未能竞选总统，但普里马科夫却没有批评普京本人。他被任命为俄罗斯工商会主席，这是一个试图鼓励中小企业的机构，因此普里马科夫成为少数当权派。在普京担任总统期间，很少有人成为长期被排斥的人。

普京的领导风格无疑是有缺陷的，他过分强调自己的偏好并提高已经拥有的总统权力。然而，很明显他是一位有信心的政治家。普京仍然忠于一套关于他希望建立的国家和社会类型的核心信念。然而，绝大多数情况下他的信念往往胜过他的政治判断，如果灌输秩序，有可能引发混乱。为了避免这种情况，普京有时被迫弱化他的信念，这使得人们指责他前后不一致和软弱。虽然看起来普京会受到成为“人民之父”的宏大愿景的诱惑，但事实证明，他是一位头脑冷静的政治家，不是为了个人的扩张，而是为了国家的发展。他的目的是显而易见的，尽管所采用的方法模糊不清，并鼓励克里姆林宫的派别斗争，隐藏的利益集团为掌握政策议程而斗争，并在适当的时候持续进行。他的演讲和声明并不是为了掩盖个人权力膨胀、捍卫寡头统治者或“叶利钦家族”残余势力而精心制作的屏障，而是真正想实现国家现代化并解决过去的问题。对此，他不是采用过去的方法，而是通过实施一项具有前瞻性的社会、政治和经济解放纲领。他的目标，就像他的伟大英雄偶像路德维希·艾哈德的目标一样，是具有人性的资本主义，但是在俄罗斯建立“莱茵兰资本主义”模式被证明超越了他的能力。

国家民主与俄罗斯的“第三条道路”

“普京”（Putin）这个名词来源于“put”这个词，意思是道路，许多评论家在谈论“普京道路”（put' putina）时都喜欢玩这个文字游戏。在本节中，我们将讨论到普京确实想要为俄罗斯的发展找到一条独特路线，但他拒绝被限定在唯一的一种方式来作为未来的最佳途径。正如普京的助手在他担任总统期间所说的那样，“有很多途径（tropinok）可以选择，我们的任务是继续朝着正确的方向前进”。同时，这本书所讲的重点是，尽管这些选择不是在真空中进行的，但仍有选择的余地。早在20世纪90年代初期，成立于1990年的建立在广泛的民主俄罗斯联盟基础上的最主要的自由组织，就是由俄罗斯新自由主义经济改革的设计者盖达尔所领导的“俄罗斯选择党”（Vybor Rossii）。1993年，这个机构已经转变为俄罗斯的民主选择党。第一个名字似乎是强调俄罗斯面临的替代方案，第二个则是强调，随着共产主义的衰落，唯一可能的选择就是民主。

国家与大众民主之间：重塑中心

被类似苏尔科夫这样的民主国家主义者称为“主权民主”的国家民主核心理念，就是试图通过强调国家主权和俄罗斯民主传统的自主性来重新激发政治中心的活力。20世纪90年代后期，很明显地可以看到，民主革新的改革浪潮已经精疲力竭，对这一传统的最后一击是传统的自由党派（雅布罗科党和右翼力量联盟，参见第 4 章）的失败——他们在 2003 年 12 月仅获得 5% 的得票率，刚刚到达能够进入国家杜马的下线。对于许多评论家来说，这意味着俄罗斯民主已全部结束，但事实并非如此。一方面，民主制度由普京政权“自上而下”重新发起；另一方面，“自下而上”的民主则以社会生活回归传统的形式得以发展。随着文明社会和社团生活的发展，其中很多假定为“不文明”的形式同宽容和多元主义的价值观是对立的。普京本人持久的声望来自下面这种民主，我们称之为“大众民主”，但又为这种政权驱动的国家民主纲领所抵消。陷入大众民主和国家民主之间，改革时代的自由民主变得越来越边缘化。

虽然普京被提拔为克里姆林宫的代表，但他很快就将自己与叶利钦的遗产隔离开来。普京的政治纲领创新尽管基本符合叶利钦改革的总体方向，但却大大打破了原有的方法和规则。在《千禧年宣言》中，普京坦率地谈到了俄罗斯的经济衰退问题，不仅谴责了苏联体制的缺陷，而且还挑战了它作为现代化体制的地位。他强调，俄罗斯必须付出巨大的努力才能使自身重新回到发达国家的前列，但他坚持认为俄罗斯必须走自己的道路来做到这一点。他没有明确说明国家在经济发展中逐渐增加的角色性质，但强调需要制定新的政策来发展关键的经济领域以及杜绝腐败。至于政治，“宣言”强调了国家在俄罗斯生活中的传统角色，但也坚持认为这是对民主和人权发展的补充。

在《千禧年宣言》和后来的演讲中，普京试图超越传统中间派的模糊定义，走向更加激进的面向未来的模式。在 1999 年杜马选举中，普京试图展现自己为自信和稳定的象征，承诺在维持俄罗斯权力和财产制度的同时，从根本上修复国家制度，在现有的宪法框架内推动政治和法律改革。普京承诺维持现有宪法不变，尽管他允许政府的地位可以得到加强，但这不仅应该得到议会或总统的支持，而且应该得到整个国家中“最广泛力量”的支持。

维克托·舍伊尼斯认为，1999 年 12 月杜马选举的胜利进入了“准中心”。他认为这个“准中心”的基本政策在自身范围内表现为右翼经济学和左翼政治：即经济自由主义伴随着中央集权政治。私有化和其他经济改革将继续，但官僚机构对市场的牢固控制也将继续下去。根据他的观点，2000 年的总统选举揭示了“实现一个自给自足的公民社会的最小进步”和“政治阶层与社会底层的分离”。许多评论家指出权力体系与社会之间的鸿沟。这就是为何舍伊尼斯的“准中心”概念如此具有启发性。它不是来自政策中心的历史趋同演化，而是来自政治家和政治思想的契机结合，以确保政权的生存。我们认为，在普京的领导下，出现了一种具有积极动态的新型的温和主义，但也引发了中间派的一些通病，特别是“准温和主义”。因此，在研究温和政治的发展时，我们必须评估它们在多大程度上代表了主流中心政治，也许它们不过是“准温和主义”的最低标准，即传统政治，这一点我们将在第 6 章予以讨论。

叶利钦统治下的两极分化逐渐让位于达成一致的握手言和以及

"中间派"策略。普京的温和主义不仅避免了左右两极分化，也调和了保守的传统忠诚主义者和民族主义者，或者是西化的现代主义者。尽管普京的中间路线是为俄罗斯的现状量身制定的，但这种温和主义也试图产生一种像吉登斯这样被称为"第三条道路"思想家所拥护的激进中间主义。该纲领的核心是试图增加国家对社会经济和官僚利益的自主权。对于卡斯佩而言，普京的温和主义本质是，它从政党政治领域中被剥离出来，并将总统职位的地位提高到了政治领域之上。这种去政治化为巩固专制提供了肥沃的土壤；但增强政府的团结和提高国家能力是所有民主的根本。政治权利必须伴随着足够的个人和社会保障，以便人们能够享有这些权利。民主与秩序的对立在某种程度上是不可能的，因为缺少任何一个因素都会使另一方变得不可能。然而，政治权利的人格化以及超越民主价值使其合法化，都会破坏责任制的根基。

乔伊特认为，在东欧强大的"列宁主义遗产"背景影响下，试图在经济发展和民主参与之间取得平衡的传统努力很可能是无效的。自由专制主义可能是一种更理想的选择，是一种比在东欧立即实行大规模民主的乌托邦愿望更实际的反应。普京在试图做的，正是平复加强专制的稳定性和民主无政府主义二者之间的紧张。在"引导民主"和"操纵民主"（谢尔盖·马尔科夫的术语）的讨论背后，亨廷顿在其经典著作中提到了一个经典问题：如何在变化的社会中维护政治秩序。普京为传统的高压稳定体系与后共产主义俄国早期无政府状态的社会关系之间的制度化秩序问题提供了新方法。普京寻求权力的内在化，权力将从专制和专断转变为基本结构和合法权利，但是，他取得的成绩没有达到这一点。他的领导层没有完成权力到能力的转化。他未能找到激进的自由主义和保守的专制主义之间的路。

俄罗斯“第三条道路”的政治思想是从传统的“中间派”立场出发的，但它无法实现更进一步的发展。普京主义反映了准中心政治的无形性，但同时也有可能超越它。很显然，对普京的支持是基于对他政策的真正赞赏，但同时也伴随着对他所代表的神话化概念的支持：普京的青春和活力与叶利钦的衰老形成对比；对俄罗斯国家目标的非个人追求，而不是像叶利钦及其随从那样利己的不负责任的充实财富和扩张个人权力；经济改革的同时打击腐败、违法及土匪行为；与西方建立真正的伙伴关系而不是向华盛顿叩首。这些叙述中有些是准确的，但也许更重要的是，他持续的声望反映出普京的希望不仅仅是脱离叶利钦时代的缺陷，也要从俄罗斯历史轨迹的死胡同中摆脱出来。

自由保守主义

普京的温和主义是反映了俄罗斯“第三条路”的独特方式，还是只不过是被操纵的机会主义的准中心？吉登斯认为，一种真正的“第三条路”不是对传统阶级政治中理想化的左和右观念的否定，而是来源于创造一种真正激进的中心政治。这不是一个简单的政治计划，尽管有关这个问题的绝大多数文章和评论都是老一套。这里的论点可以归结为：尽管西方的第三条路是指在传统的社会民主明显衰败的情况下，试图在全球化时代重新实现，而俄罗斯的第三条路，或者说真正的中心政治，是从较为古老的传统自由保守主义中吸取的。像彼得·司徒卢威和谢苗·弗兰克这样的作家在维持俄罗斯第三条路上的共识方面取得了进展，这种共识基于支持重建国家权威和爱国主义的同时，继续进行市场改革和国际经济一体化。

尽管冯·米塞斯一直认为，苏联和美国的社会组织形式之间没有"第三条路"或"第三种制度"，但随着冷战的结束和东西方意识形态的对抗，测试各种路径的可能性比以往任何时候都更加重要。当然，我们不需要仅仅考虑"第三条路"，因为没有理由不用第四条、第五条和更多的思路来思考。然而，在我们的概念中，第三条路的概念主要用于克服西欧和俄罗斯政治传统上两极分化的性质：社会主义与资本主义之间，市场与非市场之间，个人主义与集体主义实现社会发展的途径之间；以及普遍主义和特殊主义之间。从这个意义上讲，第三条路不是一个抽象概念，而是对俄罗斯自我认知以及当今发展问题的特定回应。进化论方法和形态学习之于文明发展两者之间的张力也许是我们这个时代的根本问题，虽然"9·11"之后的"文明冲突"集中在基督教与伊斯兰世界之间的认知斗争上，但俄罗斯仍在努力寻找它自身用于和解的方式。

亚历山大·亚诺夫已经识别出两个俄罗斯之间的论争：第一个

是自由主义俄罗斯，作为欧洲不可分割的一部分，他称之为“十二月党人俄罗斯”；另一个是将地缘政治作为至高无上标准，无视社会文明发展的俄罗斯，这个俄罗斯旨在实现对像克里米亚和塞瓦斯托波尔这样领土的恢复，实施与西方的对抗和独裁的经济政策。这是亚诺夫称为“斯拉夫派”的俄罗斯。同样，在这个领域，和其他人一样，普京想要克服枯燥对立的陈旧刻板印象，以塑造一种新的前瞻性身份。而且，普京的第三条道路与那些自我限制改革倡导者没什么共同之处，他们试图在欧洲自由民主与勃列日涅夫时代的新斯大林主义惯性之间找到第三条道路。普京的标准化思维促进了后革命时代的保守主义，最终无法形成能在本土长期发展的道路，尽管它能够提供暂时的稳定。

普京的领导伴随着一系列尝试寻找解决老问题的新方法。例如，20 世纪的俄罗斯在革命与停滞之间徘徊，这一现象是叶利钦统治时代不断重复的缩影。从 20 世纪 90 年代头几年革命性的突破开始，在叶利钦统治的最后阶段出现了明显的停滞，这一现象在普京的第二个任期开始时又出现了。目前还不清楚普京能否找到改革和停滞之外的新途径，让国家走上一条平衡和可持续的发展道路。普京的第三条道路伴随着政治的非政治化，试图将艰难的政策选择转化为不具有挑战性的常识问题。

结 论

普京的总统任期体现了个人领导在历史中所发挥的作用。普京的出现是因为叶利钦需要继承人；但他的领导力是由他的个人偏好和性格塑造的。他吸引了不同的选民，并力求通过协商一致来维持统治，但除了领导本身之外，他无法对自己的领导保持一个统一连贯的思路。普京的权力建立在平衡各派别偏好的基础之上，尽管也没有形成一个统一的派别。

我们认为，已经表现出来的政治不确定性，事实上反映了对类似于独特的俄罗斯之路的规范承诺。第三条道路可以被看作是避免艰难选择的一种方式——通过让某一特定时代的常识变为主流意识形态，政治过程的去政治化被加强了。普京政治纲领的本质是试图构建一个充满活力和面向未来的中心政治。按照这个定义，这样的程序面临着无意义的危险，但它也有可能超越传统的分裂，并带领国家走上符合本土传统的平衡发展道路，同时鼓励其融入国际社会。普京的温和主义不仅仅是尝试避免左右两端的极端情况，而是为了产生一种适应俄罗斯国情的激进温和主义。普京对正常状态政治的承诺是一种方式，它治愈了一个多世纪以来令俄罗斯政治生活伤痕累累的可怕分歧。普京以市场为导向的温和主义，将对民主的承诺与对强大领导力和“主权民主”的吸引力相结合，它可能是一种不稳定的混合组合，但至少为过去的失败提供了另一种选择。我们将在下面的章节中看到这个承诺实现的程度。

第4章 政党、选举和继承

Parties, elections and the succession

历史证明了所有独裁统治、所有专制政府都是短暂的。只有民主制度才能持久。

——弗拉基米尔·普京

1999 年至 2000 年间，克里姆林宫已经有能力击败各种政党的挑战，例如卢日科夫和普里马科夫等人领导的政党，并建立了自己的组织——“团结”联盟。这个组织不仅能够应对各种威胁，还成了第三届杜马（2000 年—2003 年）亲总统集团的核心。当时许多观察家指出，公民和政治社会太薄弱了，它们无法约束政治当局的行动，也无法确保问责。正如一份俄罗斯研究报告所指出的那样：“公民社会仍处于萌芽状态，只能非常有限地制约国家的国内政策或外交政策……精英和大众对很多问题的观点有很大的鸿沟。”随着普京领导的推进，统治精英与更广泛的政治共同体之间的分歧变得更加尖锐，尽管他与人民的联系依然很密切。俄罗斯的政治认同已经分裂，政治表现形式也被扭曲了，而莫斯科的权威在全国大部分区域都无人理会。普京国家建设项目的核心是试图使政治空间同质化，并将克里姆林宫的权威印在各地的政治进程之中。关于他如何做到这一点，以及在多大程度上取得了成功，我们将在下文进行研究。

政党制度的发展

俄罗斯的政党制度是以特殊的方式发展的，虽然有很多政党，但它们很少得到广泛和一贯的支持。俄罗斯的政党不承认政府的权威，而区域和联邦各级行政机构则试图独立于政党。出现在俄罗斯的“政党”的性质也很独特。广义来说，它们可以被确定为三种类型。第一种类型可以被描述为计划党派，它们有明确的平台，为某种内部民主进程所采纳，它们是领导层所追求的，并一直向公众呈现。第二种类型是以这种或那种方式存在的项目政党，它们通常在选举前不久被创建，是竞争精英团体别有用心的战略的一部分。在2003年选举中，一个典型的项目政党是祖国党（Rodina），它的目的是从共产党中抽出选票。第三种类型包括政府赞助的各种组织，它们代表了制度本身。这种类型可以被描述为政权党，当时它们是由统治集团赞助的，为了操纵和塑造政治空间而在某些情况下扮演所谓的“权力党”角色。“权力党”可以被定义为在行政机构协助下参与选举和立法进程的政治组织。

1999 年选举中产生的“团结”联盟是一个典型的政权党。然而，从 2003 年开始，“团结”联盟的更广泛形式——统一俄罗斯党——的更广泛表现在与卢日科夫的祖国党（Fatherland）、区域性的“全俄罗斯”运动及其他一些政党合并，开始具有混合的属性，因为它试图扩大其政治基础并提高其大众合法性。随着它变成更加混合的项目政党，它需要获得更多的持久力，才能在普京离职后继续生存下来。2006 年成立的公正俄罗斯党（Spravedlivaya Rossiya）是为了从偏左翼方面平衡统一俄罗斯党，从而直接进入到项目政党发展阶段。公正俄罗斯党的创建将统一俄罗斯党的发展限制在一个支配党的位置上。

政党系统的变化

俄罗斯在多大程度上出现了巩固的政党制度，还是说它的主要特征仍然是“分散”，是缺乏有效的基于利益和社会根基的组织？从广义上讲，并没有任何基于“意识形态”（或价值观）的政党制度向以利益为基础的政党制度的重大转变，尽管一些政党（特别是右翼力量联盟）试图将自己根植于一个明确的选区，在这种情况下，出现了转型后的“胜利者”——新生的中产阶级。此外，“赢家”和“失败者”的类别并不总是区分得那么明确：一个领域的收益，例如经济自由，可能是以失去以前免费的特权为代价的（例如，最高质量的大学教育）。直至2004年，全国政党制度的发展因区域的执行机构有能力控制赞助和影响选举结果而遭到破坏。中央和地方当局使用所谓的“行政资源”，首先是操纵媒体和公共关系的“虚拟”世界，往往倾向于建立绕过政党的平行政治圈子。

在各地都出现了一种新兴的党派联盟模式，其中有相当一致的选民支持共产党，大约四分之一支持各种自由派组织，核心是群体具备相当高的政党认可度。2003年选举破坏了这种新生的稳定局面，共产党和自由派的选票急剧下降，中间派统一俄罗斯党和民族主义祖国党取得了压倒性的胜利。这种不稳定，被称为“浮动性政党系统”。在普京改革之前，几乎没有制度性障碍限制新党派进入，俄罗斯从苏联时期的一党制国家转变为拥有数百个政党的国家。在1993年12月的杜马选举中，这个比例部分受到13个协会的挑战，其中8个协会越过了5%的门槛；1995年，有43个组织进入了竞选，但只有4个进入了议会；1999年登记了26个政党名单，有6个政党越过了5%的门槛；而在2003年，尽管普京试图缩小这一领域，但仍有23个团体竞争，有4个赢得了席位。议会代表没有太多的连续性，1993年当选的8个政党当中，只有3个参加了1995年的议会，1999年有3个新的政党加入，而在2003年参加杜马选举的4个政党中，只有2个是自1993年以来一直存在的（俄罗斯联邦共产党和俄罗斯自由民主党），有一个自1999年以来一直存在（统一俄罗斯党），还有一个是新党祖国党。

到2001年7月，俄罗斯共有199个正式登记的政党和运动团体。

斯科特·梅因沃林观察到，尽管它们面临诸多挑战，但各政党“仍然是主要代表机构，并且实际上是在民主政治中获得民选职位的唯一参与者”，但这种描述在俄罗斯国情下，最多只是部分正确。普京对政党制度进行改革，正是为了巩固政党的这一特权，同时通过减少其数量并将其变为真正的国家组织。他是否也可以使它们成为真正的代表机构，成为回应党员意见的党派精英，并对他们声称所代表的社会利益负责，这是另一个问题。在众多民意调查中，政党成为最不被信任的机构之一，同时也是最腐败的机构之一。一项研究表明，在 2000 年，只有 0.7%的受访者是某个政治党派或组织的成员，而只有 0.3%是积极分子。所有俄罗斯众多党派和组织的成员总数不超过 100 万，约占成年人口的 1%。因此政党生活确实只是精英们的事情。

正如我们所看到的，普京喜欢自己作为党员和官员的平凡职业生涯。1991 年，他退出了共产党，后来加入了新兴的“权力党”俄罗斯选择党（Russia's Choice），然后他又进入了新的权力党，“我们的家园——俄罗斯”党。1995 年 5 月，他当选为国家发展委员会圣彼得堡分会主席，并进入党的政治委员会任职，1997 年 6 月遭到解职。尽管如此，普京始终坚持倡导加强政党在俄罗斯政治中的作用。普京在 2000 年 7 月 8 日的联邦大会发言中提出：“也许公众和政治协会才有权提名候选人担任国家元首职位。”20 世纪 90 年代，人们曾经多次尝试通过一项关于政党的法律，特别是在 1995 年 7 月国家杜马要采用这一法律时，却遭到了联邦委员会的否决。普京现在又回到了这个问题上，试图激发一种对政治过程影响更大的政党制度，尤其是对领导人的选拔。然而别列佐夫斯基却认为，如果这样的计划得以实施，“俄罗斯的民主将会萎缩”。

普京早期执政的主要变化之一是改革支配政党生活的规范框架。2000 年 12 月，主要由中央选举委员会起草关于政党的总统法，并于 2001 年 2 月发布，接受第一次议会审读。该法案虽然进行了一千多项修正，但有关总统的条款基本保持不变。2001 年 7 月 11 日的《政党法》取代了 1990 年出台的经过大量修正的《民间社团法》，并试图建立一个由较少党派组成的体系，但所有这些党派都具有全国性影响。该法律规定，政党必须拥有不少于 10,000 名会员，其中 45 个区域每区至少 100 名会员，另外 44 个区每区至少 50 名会员。这取代了旧的最低要有 5000 名成员登记为“选举协会”的要求。“国家”概念不仅包括地理覆盖面，还包括它们所具有的代表性。国家不允许政党诉诸部门利益，并且禁止那些促进宗教、种族、民族和职业的政党。虽然没有明确禁止，但区域党派被会员规则有效地排除在外，因此亲州政党从国家政治舞台上被撤销了。俄罗斯党派被禁止借鉴导致分裂势力的西方政党制度，虽然为广泛的社会福利问题而斗争是可能的，但却不允许单一职业人员形成党派。集体会员资格也被禁止。对资金的规定也有很多，其中包括为获得 3% 比例投票的政党提供国家支持，那些在议会选举中赢得 12 个单一议席席位，或在总统选举中获得 3% 选票的政党。未能获得 2% 选票的政党需要把它们在竞选期间收到的国家广播电台的免费广播时间以资金归还。

未归还资金将意味着被取消参加下次选举资格。

2002 年 7 月出台的一项联邦法律加强了有关政党的法律，该法律规定在俄罗斯所有区域实施混合成员议会选举制度。这项法律于 2003 年 7 月 15 日生效，它规定区域议会将按照党的原则组成，其中一半由比例代表制选举产生。累积效应将破坏“区域活动范围”，并确保各政党在全国范围内发挥更大的代表性和政治作用（参见第 7 章）。2004 年 10 月，有关政党的法律被修改，以进一步限制小政党的范围。从 2006 年 1 月 1 日起，政党至少需要 5 万名成员，在俄罗斯 89 个人口超过 50 万的区域中，超过一半的区域分支机构每个机构成员不少于 500 人，其他区域的分支机构成员不少于 250 人。财务规则变得更加烦琐，包括要求提供季度财务报告。为了保持登记记录，政党必须至少每五年参加一次联邦、区域或地方选举，以证明其活跃性。

监管注册过程的复杂规则由新的联邦地籍与测量登记局管理，该局于 2005 年由司法部成立。即使是已经成立的政党，也必须经过注册程序，首先由代表大会通过党章，并重新注册区域分支机构，以确保该党在至少一半区域都有自己的分支机构。拥有至少来自 45 个区域的 150 位代表的创始代表大会选出党的领导机构，并通过一项方案。然后，该党要在全国注册，随后是其区域分支机构与司法部地方分支的注册，最后由中央部验证完成该过程。注册完成后，中央部会继续监测其遵守情况，有权暂停违规方的活动。但在选举期间不得暂停，而在政党名单上进入杜马的政党不能在当选的五年内暂停。政党有权向法院上诉终止暂停，最终由最高法院裁决是否让其解散。政党有权竞选，但必须在国家一级（议会和总统层面）以及区域（州长和立法）和市级参与竞选。同时，政党是唯一可以参与竞选的组织。公民协会可以同政党一起加入选举集团，但不能推出自己的候选人。

法律通过之后的登记程序及其2004年修正案，促使各党进行了重组。不符合新条件的政党失去了其地位，要么转变为社会组织，要么解散了。重新登记的截止日期是2006年1月1日。许多较小的政党从人们的视野中消失了，而另一些政党却努力争取在新制度中重新组建。此外，还出现了很多异常现象。例如，亚历山大·丘耶夫的基督教民主联盟被拒绝登记，理由是他们是宗派主义，尽管基督教民主是许多西欧国家的主要政治趋势之一。别列佐夫斯基的自由俄罗斯党最初也被拒绝登记，理由是它的规则缺乏精确性，而且它后来也没能存活下来。到2006年10月，司法部已经登记了35个政党，大约有20个组织已经半途而废。人们对一些政党的失败感到惊讶，其中包括维克托·秋利金领导的非常活跃的俄罗斯共产主义工人党和米哈伊尔·卡西亚诺夫领导的人民民主联盟，这意味着按照严格的新规则进行登记是消除该政权某些刺激因素的有效方法。2007年1月，联邦地籍与测量登记局宣布只有17个政党被授权参加2007年12月的议会选举，其余35个政党不符合关于党员或区域分支机构数量的规定。他们要么成为非政府组织，要么自我解散。立法确实没有建立两党制，但它至少澄清了什么是党，什么不是党，哪些党会被允许参与竞选。

“权力党”：统一俄罗斯党及其他

普京试图使权力中心激进化，提升传统的“权力党”地位，使其有可能成为典型的执政党。在 21 世纪初，这意味着统一俄罗斯党结合了国家的行政资源和自由爱国主义思想，占据了政治领域中中间偏右的位置。统一俄罗斯党（团结联盟）最初的基础是地方官僚们，当该机构（统一俄罗斯党）的成功已非常明显时，39 名地方领导人作为创始人（绝大多数不是第一把手）于 1999 年秋天以新的支持群体方式使该机构迅速壮大起来。2001 年 12 月,“团结”联盟与“祖国—全俄罗斯”党（Fatherland–All Russia）和其他团体合并成统一俄罗斯党，到 2006 年 3 月，该党已经注册了第 100 万名成员。相比之下，俄罗斯最大党派俄罗斯联邦共产党当时的会员人数不超过 18 万人。统一俄罗斯党吹嘘说，截至 2007 年 12 月的议会选举，它已经招募了第 200 万个成员，并且有雄心想实现 1000 万至 1500 万苏维埃风格的成员。这个目标反映了统一俄罗斯党的战略存在一个根本性歧义：根据定义，“党”是指其他事物的一部分；而“统一俄罗斯”这个名字呼吁俄罗斯人民形成某种超越的统一，这在多党制体制中是自相矛盾的。

在俄罗斯，议会多数并不构成政府，所以认为统一俄罗斯党是执政党是错误的。它是权力的政党，但不是执政党。然而，正如我们将在下面看到的那样，统一俄罗斯党统治了议会，并通过政权的立法议程与后者进行了磨合。这个党也有比较广泛的霸权野心，首先是在区域。在2005年12月和2006年3月举行的17次区域选举中，该党都在政党名单投票中以第一名获胜，例如2006年3月12日举行的八次区域选举，在359名候选人中就以197个席位获胜，占55%。3月份的这次区域选举是第一次使用普通投票日，这次进行的是区域和地方选举。大约有20位地方领导人在2004年5月独自加入该党，其中一些曾是前共产主义者和独立人士，他们带来了地方商业、政治和官僚精英的关键成员。该党享有强大的财政支持和广泛的区域网络，到2006年底，在俄罗斯88个区域立法机构中的65个中获得了多数，有65位地方领导人是其成员。尽管如此，区域选举的经验表明，该党在全国选举中难以获得超过40%的选票。该党虽然有自己的知名度，但并不占主导地位，而且缺少有效的反对派。

统一俄罗斯党占统治地位，意味着成员制不仅对政治事业必不可少，而且对官僚来说不可或缺。权力党也在成为赞助方。它似乎正在走向成为支配地位政权党的老路，就像1929年至2000年的墨西哥革命制度党（Party of the Institutionalised Revolution），或者1955年以后的日本，或是像直到1992年基督教民主仍占优势的意大利。然而，只有普京的政权继续掌权，这一点才适用，甚至对于是否允许统一俄罗斯党成为霸权党，他也很矛盾。根据20世纪90年代早期“权力党”的经验，人们似乎对统一俄罗斯党的长期存在并不乐观。它的前身，特别是民主选择党（尽管它不是“权力党”，至多算是计划党，因为它有明确的意识形态和独立地位）和“我们的家园——俄罗斯”党，一旦它们的赞助者失去了政治职位，它们就迅速消失了。诺夫哥罗德的州长米哈伊尔·普鲁萨克长期具有独立思想，他的案例在这方面具有启发意义，因为经过长时间抵制后，他终于“为了该区域的居民加入了统一俄罗斯党”；不难看出，他一有机会就会尽早抽身离开。由于担心统一俄罗斯党会在 2008 年普京下台之后重蹈早先统治党的命运，苏尔科夫在 2006 年 2 月 7 日警告其党派活动分子说，“统一俄罗斯党的任务不仅仅是在 2007 年获胜，而是要考虑如何实现党在未来 10 年至 15 年的统治地位”。苏尔科夫警告说，党必须“减少对行政资源的依赖”，并且必须“掌握思想斗争的习惯”。该党将不得不寻找新的方法来保证党对其党员具有意义，除了忠于普京之外，还要对俄罗斯的选民具有吸引力。如果通向支配地位政权党地位的大门被关闭了，那么它就必须转变成一个全面的项目党。

对于克里姆林宫的一些人来说，一个过于强大的统一俄罗斯党令人可怕，正如对其他人来说，一个虚弱的统一俄罗斯党令人可怕一样，而这也正是另一个政权党创立背后的因素之一，这次旨在代表政治领域的中左翼部分。如果苏尔科夫支持统一俄罗斯党的发展，那么新的团体显然是由“西罗维基”赞助的。2006 年 10 月 28 日举行的一次大会上，祖国党与生活党和退休人员党正式合并，以创建新的公正俄罗斯党。有资格参加 2007 年选举的政党数量被减少到 17

个。该党由联邦委员会的发言人以及生活党的前负责人谢尔盖·米罗诺夫领导，而祖国党的前任主席亚历山大·巴巴科夫则成了该党的中央委员会主席团的秘书长。米罗诺夫谈到，在2007年选举前，这个党将赢得50万成员，尽管他领导党的经验并不足以让人们相信他能实现这一目标。和2003年的祖国党一样，其目标是从共产党和日里诺夫斯基的自由民主党手中夺走一部分成员和选民，并且针对新组织会有一个项目党。公正俄罗斯党宣布支持普京，但它推出了一个比统一俄罗斯党更加民主的社会纲领，因此，它试图更多地将自己认定为"人民党"，而不是权力党。是否有这样一个等待动员的左翼选区，这在选举中才会变得清晰起来，因为许多抗议投票可能更多的是反官僚主义而不是积极的社会民主主义。统一俄罗斯党现在失去了作为唯一克里姆林宫党派和相关的"行政资源"垄断地位。新党派的成立可能会创造一个更具竞争力的议会，或由两个巨大的政党支配的议会。因此，典型的两党制要素已经到位，尽管是从上面建立起来的。但它们是否能够继续在后普京社会中发挥作用是一个悬而未决的问题。

普京派系（The Putinite）试图建立一种全国范围的党派制度，从而代表可以提交给选民的具体利益、价值观和方案，这可能会被理解为对政治分裂和非党派发展的合理回应。同样，将国家党体系作为整个国家的一种综合力量的尝试也很有意义，特别是在20世纪90年代面临大规模区域分割的情况下（参见第7章）。然而，这个计划及其实施方式存在许多问题。首先，消除区域性政党使政治舞台失去了多样性和色彩。尽管许多区域性政党不过是本地执政者的工具，但它们仍然是供地方辩论的公共场所。没有区域性党派的联邦制很不正常。其次，目前还不清楚国家的最佳党派数量。2006 年 4 月的意大利选举有不少于 174 个党派和集团参加，其中 35 个党派代表西尔维奥·贝卢斯科尼的联盟，33 个代表支持罗马诺·普罗迪。进化主义在意大利依然存在，无休止的联盟和改组层出不穷，导致了政治体系的僵化。普京很可能被施压，以避免俄罗斯走上这样的道路。然而，对政党立法的不断修改——2001 年法律至少进行了八次实质性修改，使人们更加怀疑法律正在变成工具。再次，作为组织，政党的一致性可能已经提高，但是它们在政治体系中的作用仍不明确。尽管苏尔科夫赞同统一俄罗斯党的阿迪格分支提名其候选人成为共和国下一任总统，但他坚持认为，在国家层面尝试这个实验还为时过早。最后，项目党和政权党辅助性产物必然会削弱人们对整个党派体系的信任。独立的政党被排挤出来，取而代之的是亲政府的党。此外，操纵政治空间的尝试扩展到了对选举进程的“人工控制”，这就是我们现在的方向。

选举和选举立法

自竞争性选举开始以来，俄罗斯的选举制度一直在不停地修改。

经历多个选举周期之后，选举立法已经彻底改变。选举规则被频繁变动，这抑制了选举行为的惯性和选民的期望。政治交易条款处于不断变化的状态，而追逐公民选票的政党在各选举周期之间也发生了很大变化，这是政党浮动制度的特征。

选举改革：第一阶段，2000 年—2003 年

2000 年 8 月 26 日，通过总统令，中央选举委员会成立了一个工作组，旨在审查《选举法》的修改情况，这些工作考虑到了对有关政党法律的计划性改变。2002 年 6 月 12 日通过了一项关于选举议会和总统的新框架法，普京分别于 2002 年 12 月和 2003 年 1 月签署其成为法律，整套方案于 2003 年 7 月 14 日生效。普京还签署了使用自动计票系统“选举”的法律。因此，2003 年 12 月 7 日举行的议会选举和 2004 年 3 月 14 日举行的总统选举的规范性框架在选举之前就出现了，可谓不同寻常。

为了提高政党地位，目前只有全国性党派有权提名候选人参加联邦和区域选举。2001 年的法律仍允许建立政治集团，但现在这些集团被限制至多有三名成员，而且其中至少有一名成员必须成为政党党员。2004 年修订的《政党法》禁止设立选举集团，目的是强迫政党合并，建立更加永久可行的选举组织。公民个人仍然可以提名自己担任职务，但选民团体现在被剥夺了这一权利，尽管在地方选

举中，非政治团体仍然可以提名候选人。因此（从 2007 年议会选举开始），选民团体不能再提名候选人，相反，只有政党和个人提出的候选人才被允许。其他人必须收集 200 万个签名，任何一个区域的签名不得超过 5 万人，这对任何一个政党来说都是一项艰巨的任务。此外还有更严格的规定，即要求全面披露候选人的财政支持来源，这一措施将阻止独立候选人参选（不属于政党的独立候选人），同时阻止由犯罪或其他黑幕网络资助的候选人。

从 2003 年开始，进入议会的政党享有若干新的好处。根据它们获得的选票数量，它们将从国家预算得到资助，而且在以后的选举中，它们的候选人不需要收集签名或提供押金便可参加选举。法律规定，至少有三个党派必须进入 2003 年的杜马（早些时候至少有两个）。新的 7%的门槛是为 2007 年选举设立的，无论它们获得多少票数，至少有四个党派必须进入议会。当选杜马的政党必须获得超过 60% 的选票。在区域选举中，自 2003 年 12 月以来，区域立法机构中至少有一半席位必须通过党派名单选举，此举也意在帮助构建公共组织。

跨越门槛进入杜马的政党有权直接提名总统候选人。除了所有候选人之外，提名总统候选人的政党和集团也被授予获得额外的免费报纸空间和广播时间。其中一半用于候选人，一半用于提名党，从而给党派提名的候选人带来优势。其目标显然是把政治竞争集中在大概不超过五个主要政党上。如果这些政党能够在区域立法机构中建立起强大的影响力，那么这些政党就对区域行政人员起到一种平衡的作用，并且将在国家层面抵消寡头政治势力的影响。它们中的一个迟早可能成为总统党。

更广泛地说，选举委员会和法院通过拒绝登记或取消候选人资格来干预选举过程的能力受到了限制。在过去的选举中，特别是在区域级别的选举中有一些恶劣事件——主要候选人在最后时刻会被法院从投票中删除。最著名的案例是，库尔斯克州州长亚历山大·鲁茨科伊在 2000 年 10 月大选前一天被从名单中删除。现在可能引发这种行为的情况已经减少，只有专门的法院才有权力取消那些违反选举法登记的候选人资格。这项特权本身是有限的，它必须在选举前至少五天由下级法院执行。依照试图限制区域一级政治专横的总趋势，选举委员会的组成规则也发生了变化。区域和地方政府当局不再组建委员会，而是由高级别选举委员会组成区、选区和选区选举委员会，并提名主席（过去委员会选举自己的主席）。区域和地方政府行政部门与过去一样建立了各自的区域和地方委员会，但这些委员会现在有两名成员由高级委员会任命，这些委员会的主席根据高级委员会的建议选定。其目的是为了减少区域和地方政府对选举委员会的影响。与其他领域一样，集权是为了促进民主而不是破坏民主，尽管结果形成了更高的集权以及更少的民主。

2003 年 12 月 7 日国家杜马选举

共有 18 个政党和 5 个集团参加了选举。投票率为 54.7%，回到了 1993 年 12 月的较低水平（54.8%）。“都不选”选项的投票为 4.7%，差一点就可以成为自己的独立代表（见表 4.1），这表明选民对提供的选择不满意。在单一选区平均反对票为 12.9%，大约有 770 万票，这迫使在这一类别获得最多选票的 3 个选区重新投票。毫无疑问，选举中最大的赢家是统一俄罗斯党，占公民投票的 37.4%和约 120 个单一选区席位，不久之后又有另外 60 名独立人士加入，在杜马中拥有三分之二多数，席位超过 300 个。

表 4.1 国家杜马选举 2003 年 12 月 7 日

政党	投票（比例代表制）	投票率	席位		
			来自比例代表制名单	来自单席位选区	总数
统一俄罗斯党	22,779,279	37.57	120	103	223
俄罗斯联邦共产党	7,647,820	12.61	40	12	52
俄罗斯自由民主党	6,943,885	11.45	36	0	36
祖国党	5,469,556	9.02	29	8	37
代表门槛（5%）					
雅布罗科党	2,609,823	4.30	0	4	4

续表

右翼力量联盟	2,408,356	3.97	0	3	3
农民党	2,205,704	3.64	0	2	2
其他党派(16)	6,768,530	11.17	0	23	23
都不选	2,851,600	4.70	-	-	-
独立候选人	-	-	-	67	67
总人数	59,684,768	-	225	222 a	450

资料来源：中央选举委员会2003年俄罗斯联邦议会国家杜马代表选举：选举统计（莫斯科，Ves' Mir，2004），第29、141、192页；www.izbirkom.ru/way/1269570/viboryrefer_obj。2004年1月13日访问。

备注：

在乌里扬诺夫斯克、斯维尔德洛夫斯克和圣彼得堡的所有"单一选区"在12月7日获得了大部分选票。在重复的国家杜马选举中，统一俄罗斯党、俄罗斯自由民主党和祖国党各赢得一个席位。

在108,906,250名俄罗斯选民中，投了60,712,300票（55.75%），其中有效投票数为59,297,970（54.73%），轻松超过了最低25%的要求。另有948,409（1.56%）投无效票。需要超过5%的门槛的投票为：3,031,659。投票数超过了代表性门槛，共投了42,388,865票（70.65%）。

统一俄罗斯党取得了重大成功，其中区域领导人有一部分属于统一俄罗斯党理事会，特别是在鞑靼斯坦、莫尔多瓦和莫斯科市，统一俄罗斯党获得了15个席位中的12个席位。无论如何，统一俄罗斯党倾向于支持有可能获胜的候选人。统一俄罗斯党竞选是利用了区域领导人的“行政资源”与媒体的特殊关系。29 个区域领导人甚至在统一俄罗斯党名单上登记为候选人，尽管他们无意占据席位，这一做法后来为“欧洲安全与合作组织”关于选举的报告所谴责。在 2003 年 11 月 27 日对所有主要电视频道的采访中，普京指出：“关于统一俄罗斯党，我可以告诉你，我不是这个党的成员，但是这是一支我过去四年一直依靠的政治力量，而且它一直支持我……统一俄罗斯党已经显示出它有可能超越一定程度的民粹主义，而不会让自己陷入民粹主义模式，并且它已经证明自己有能力做出负责任的决定并承担责任。”他坚持认为，他有权在 9 月 20 日的统一俄罗斯党大会上发表讲话，这被久加诺夫和其他反对派领导人看作是他滥用职权以及对他保持独立性说法的否认。

2003 年 9 月 20 日，统一俄罗斯党在第三次代表大会上通过了《统一俄罗斯党宣言》，宣言声称，国家不仅面临下一届杜马议员的选择，而且面临着发展道路的选择，认为“俄罗斯公民现在有一个真正的机会为他们自己和国家选择一个成功的未来”。它承认党“认为自己是支持总统的基础”，认为自己既不是左翼党派，也不是右翼党派，而是一种“现实主义”政党，认为党所倡导的“温和主义”不是“通常意义上的意识形态”，而是“实用的、能够为人民解决真正问题”的。它的关键原则是“秩序和合法性”。这份文件认为，俄罗斯已经找到足够的储备来克服 20 世纪 90 年代的危机，并呼吁政府对议会多数负责。这份文件坚称俄罗斯是一个有着“自给自足文明”的国家，它应该在国际社会中找到一个“有价值的”位置，包括加入世贸组织和与欧盟免签证旅行。这个计划实际上体现了普京执政第二任期的计划。

自由派政党被有效地排挤出了杜马。追求社会民主的雅布罗科党只赢得了4.3%的选票，因此未能跨越5%的代表门槛。新自由主义的右翼力量联盟更为糟糕，仅仅赢得了4%选票。它们一起只赢得了七个选区的席位，比前届杜马的49席低得多。在叶利钦时代，总统表现出了自由主义观念，但现在两党制证明它无法自主维持自由，并赋予它有效的制度认同。在早期，右翼力量联盟坚持认为普京实际上在执行它们的政策，这些政策是普京任总理时，谢尔盖·基里延科送给普京礼物的象征，其中大量内容涉及右翼力量联盟的社会经济计划。涅姆佐夫多次强调“普京正在履行我们的计划”。丘拜斯被一篇论文赋予了“俄罗斯民主的首席危机管理者”的称号，他代表着重新振兴右翼力量联盟运动的尝试，尽管他试图通过在“自由帝国主义”里浑水摸鱼来吸引一些爱国主义选票，认为俄罗斯可以在苏联的废墟上建立一个经济上的“自由帝国”的想法，但他不会是选票赢家。9月20日，普京告诉外国媒体，他希望在新一届杜马政府看到右翼力量联盟和雅布罗科党，因为它们已经“做了积极的工作”。普京似乎决心让右翼力量联盟靠它自己发展，相信有丘拜斯在，它们就有了跨越门槛的财务和组织资源。对雅布罗科党却是另一回事，普京竭尽全力帮助它们。尽管克里姆林宫上周尝试通过广泛的电视报道来增加对雅布罗科党的支持，但这还不足以使其跨过规定的门槛。这次失败显然让普京感到吃惊，因为他在选举之夜还打电话给亚夫林斯基，祝贺他的党进入新杜马。

选举之后，右翼力量联盟在各种观点之间陷入矛盾，有人认为这个党应该更加一致地批评政权，而另外一些人则争辩说，有原则的自由民主立场就足够了。雅布罗科党则用幻想自我安慰，幻想自己的失败源自选举舞弊，因此它的领导层无视自己拒绝与右翼力量联盟结盟带来的后果。亚夫林斯基在西方巡回演讲时，阐述了他最喜欢的俄罗斯民主过渡失败的主题，但他没有注意到自己在所谓的失败中所扮演的角色。他对普京政府的疯狂谴责似乎是一个典型的无用功行为，他拒绝面对自己的失败。霍多尔科夫斯基在一封信中批评了这种态度，这封信的抬头是“俄罗斯自由主义危机”，于2004 年 3 月 29 日在监狱中完成。

祖国党是四个月前才成立的一个项目党，其目的很明显，就是为了窃取共产党人的选票。这个党汇集了经济学家、前共产党代表谢尔盖 · 格拉兹耶夫以及建立于 20 世纪 90 年代初的俄罗斯公社代表大会的创始人德米特里 · 罗戈津。罗戈津接任第三届杜马国际事务委员会主席，并担任加里宁格勒问题的总统代表，就扩大欧盟的过渡政权问题进行谈判。罗戈津是“国外俄罗斯人”权利的有力捍卫者，尤其是在苏联国家。格拉兹耶夫在这项运动中的主要创新是为反寡头民粹主义创建了独特品牌，其中最特别的是提出了对能源生产者征收“自然租金”税的想法，这与 1997 年新工党的“暴利税”有关。克里姆林宫的分治政策比预期有效得多，祖国党夺取了共产党选民的重要部分，赢得了9.1%的选票。作为“爱国左派”党，祖国党强调共产主义立场的两大核心要素：左派主义和民族主义。祖国党的计划是基于“社会正义和经济增长”。

俄罗斯联邦共产党经历了一场混乱而平淡的竞选。保守的传统主义者从俄罗斯联邦共产党蜂拥而至统一俄罗斯党和祖国党，留在俄罗斯联邦共产党的只有被边缘化的选民群体。俄罗斯联邦共产党的投票结果崩溃了，只获得不到一半的议会席位，即只有52席而不是125席，得票率仅为12.7%，而1999年，这一数字则为24.3%。当局试图将共产党人与寡头联系起来。由于霍多尔科夫斯基（尤科斯的一些高层管理人员在俄罗斯联邦共产党名单上，值得注意的是尤科斯董事会主席谢尔盖·穆拉夫连科和尤科斯分析部门的负责人阿列克谢·孔道罗夫）的贡献，这个任务变得简单了很多：通过它与别列佐夫斯基（流亡伦敦）的不明智联系，和从俄罗斯农工建设公司（Rosagropromstroi）总裁维克托·维德马诺夫那里收到的竞选资金。9月6日第九届大会上选出的俄罗斯联邦共产党国家名单中，前18个职位中只有7个是俄罗斯联邦共产党成员。更重要的是，共产主义的亚文化被克里姆林宫的各项战略破坏，包括攻击退休人员党和祖国党，以及支持前杜马议长谢列兹尼奥夫的分裂活动。在普京统治下，共产主义统治区域的传统“红色地带”消失了，这些选举表明，俄罗斯联邦共产党像它的早一代法国前辈一样，正在逐渐走向消亡。

来自48个国家的1100多名观察员出席了选举。欧洲安全与合作组织（欧安组织）认为这次选举“自由但不公平”。他们的报告谴责选举未能达到国际法律标准，并指责媒体被国家控制，倾向于亲总统党派，尤其是统一俄罗斯党。结果，“对其他党派和候选人造成了不公平的环境”。尤其是统一俄罗斯党因其领导人的行为而受到批评，因为他们利用部长职位来达到党派目标。报告的结论是明确的：“俄罗斯民主化进程给人的主要印象是倒退的。”该报告赞扬立法法院 10 月 30 日对竞选媒体采取最严格的条款（选举法第 48 条）的决定，但在统一俄罗斯党列表中列入了 29 个联邦主要负责人，夸大了在职人员的优势。被列入的国家高级官员中很少有人打算接受他们的席位，这被认为是“直接和公然欺骗选民”。除其他事项外，最终报告建议对 2001 年 7 月的《政党法》进行审查，以取消歧视代表区域、地方或少数群体利益的团体建立起来的政党的条款（第 XV.B.11 条），鼓励当局迅速推进计划，将国家广播转变为独立的公共服务媒体，在选举期间向公众提供公正的信息（第 XV.B.22 条）。舞弊的程度虽然很难估计，但毫无疑问的是，舞弊首先发生在一些国内共和国，特别是巴什科尔托斯坦共和国、鞑靼斯坦共和国和达吉斯坦共和国。然而，这不大可能改变选民的整体偏好。独立民调机构列瓦达中心负责人尤里·列瓦达表示，右翼力量联盟和雅布罗科党取得的实际成果与他的民意测验员预测的结果相差不远。

2004年3月14日总统选举

普京重新当选总统，这肯定了他受欢迎的持久度。但是，他的胜利受到了一些因素的影响，其中包括一些主要候选人的退出和抵制选举的尝试。在杜马选举与2004年3月总统选举的间隔期间，一批激进的普京政府批评者创建了“2008委员会”，由国际象棋特级大师加里·卡斯帕罗夫领导，成员包括记者叶夫根尼·基谢廖夫（当时编辑霍多尔科夫斯基的《莫斯科新闻》）、谢尔盖·帕尔霍缅科和维克托·申杰罗维奇。用涅姆佐夫的话来说，这个想法是为了确保俄罗斯的下一任总统是“普通人，而不是普京任命的接班人”。当时，涅姆佐夫已经完全站在了普京的对立面，认为普京第一个任期的最后两年被浪费了，变成了“停滞和恢复”。一种新的治理体系出现了，他把这种体系称为“普京主义”：“一党制、集权制、傀儡议会、温和的司法制度、强大的权力和财政集权，以及秘密机场和官僚的作用被夸大。”现在的战略显然是要建立一个民主的可供选择的机构来代替普京政权。用舍夫佐娃的话来说，总的目标是为了“社会把权力交还给社会控制”。

“2008委员会”和其他自由派呼吁抵制选举，因为低于50%的投票率将使选举结果无效。根据亚夫林斯基的说法，“自由、平等、政治竞争的选举是不可能的”，因为这个国家缺乏自由选举的三个基本要素：独立法庭、自由的大众媒体和免受克里姆林宫影响的金融资源。其他人则认为，党无论如何都没有足够的资源来收集所需的 200 万个签名。普京为抵制的想法所激怒，称其倡导者是“懦夫”，并认为这个想法是“愚蠢和有害的”，是“失败者”才会提出的。自由派阵营的分裂以及右翼力量联盟自身内部的分裂阻碍了两者同意由一个共同的候选人竞选总统。在 1 月下旬的会议上，右翼力量联盟拒绝认可伊琳娜·哈卡马达的候选人资格。尽管涅姆佐夫支持她，但丘拜斯认为，他无法原谅她指责政权是 2002 年 10 月“杜布罗夫卡剧院人质事件”的幕后指使人。哈卡马达的总统候选人资格得到了霍多尔科夫斯基的前副手列昂尼德·涅夫兹林的支持，但她关于人质事件的夸大陈述大大削弱了她的吸引力。抵制的想法加强了自由派阵营内的分裂，并且使哈卡马达被免职，哈卡马达坚决并勇敢地为这场竞选奋斗到底，为其做出了至关重要的支持。2000 年，自由派一直处于同样的混乱状态，当时有些人支持普京，其他人则支持萨马拉州州长康斯坦丁·季托夫。

唯一靠谱的候选人只有格拉兹耶夫，他和罗戈津为祖国党前任联合领导人，但是在议会选举之后，两人都退出了大选。由于在杜马选举中取得成功，格拉兹耶夫试图表明自己是一位独立政治家，他会在 2008 年成为普京总统的可靠接班人。正如祖国党所研究的那样，“格拉兹耶夫已经从一个盟友变成了一个对手”，因此克里姆林宫的支持枯竭了。在克里姆林宫的鼓励下，罗戈津已经成为祖国党的唯一领导人，代替格拉兹耶夫担任杜马的负责人。格拉兹耶夫的前同事拒绝支持他的总统抱负，改为支持普京。格拉兹耶夫小心翼翼地不与俄罗斯联邦共产党完全断绝联系，但参加总统竞选表明他不可能回到共产党了。格拉兹耶夫因为激烈的竞选活动而实力大减，尽管他的选票有 4%。久加诺夫拒绝参加选举，相反，共产党人由二号人物尼古拉·哈里托诺夫代表，他表现得非常出色，已经获得了大量的媒体报道，因而得以没有退出竞选（见表 4.2）。杜马前议长伊万·雷布金得到了来自伦敦的别列佐夫斯基的支持，但结果却令人悲伤。在基辅失踪五天后，他蹊跷地退出了竞选，使反对派成为了“雷布金式的人物（rybkinisation）”：有始无终，不胜其任和徒有其名。

表 4.2 2004 年 3 月 14 日总统选举

候选人	投票人数	百分比（%）
1. 弗拉基米尔·普京	49,565,238	71.31
2. 尼古拉·哈里托诺夫（俄罗斯联邦共产党）	9,513,313	13.69
3. 谢尔盖·格拉兹耶夫	2,850,063	4.10
4. 伊琳娜·哈卡马达	2,671,313	3.84
5. 奥列格·马雷什金（俄罗斯自由民主党）	1,405,315	2.02
6. 谢尔盖·米罗诺夫	524,324	0.75
都不选	2,396,219	3.45

资料来源：中央选举委员会 2004 年俄罗斯联邦总统选举：选举统计（莫斯科，Ves' Mir，2004），第 106 页；中央选举委员会：www.pr2004.cikrf.ru/index.html。2004 年 3 月 25 日访问。

备注：

在 107,727,274 俄罗斯选民中，69,292,875（64.32%）参加了投票，轻松超过了最低 50% 的要求。578,824（0.53%）投无效票。

和 2000 年一样，普京展开了一场非竞争性的竞选，这是他典型的非政治手段，虽然他的战略非常有效。他通过不与对手进行辩论，从而使他们更边缘化，使他们的候选人和政策建议变得无关紧要。因为随着有经验的候选人的撤出，如亚夫林斯基和久加诺夫，主要的反对派已经被削弱了，而日里诺夫斯基任命他的保镖、前拳击手奥列格 · 马雷什金取代他的位置。普京依靠自己的努力竞选，也是为了维护国家利益和延续经济改革而竞选。大量积极的经济指标无疑有所帮助，但普京注意到不能忽视仍然处于贫困线以下的大部分人口。他通过承诺加强社会保障体系，抓住了社会民主主义选民；通过宣布需要增强军队，抓住了爱国选票；通过坚持进一步经济现代化，抓住了经济自由主义者。在选举前，他解雇了总理卡西亚诺夫，任命技术专家米哈伊尔 · 弗拉德科夫在一个羸弱的内阁中担任负责人，这个内阁只有 17 位部长，拥有压倒性的自由主义和现代化倾向，这不仅明确表明了普京想要出任第二任总统的意图，还表明他最终完全摆脱了“叶利钦家族”的残余势力。在投票支持普京时，选民不仅支持普京个人，还支持他对制度的整合和计划的执行。正如舍夫佐娃指出的那样，“与其说是一场选举，不如说是对弗拉基米尔 · 普京总统的信任投票”。

尽管普京竞选成功在意料之内，但他的胜利程度不应该被低估，与 2000 年 53%相比，他的得胜率有显著的提高（见表 4.2）。在鞑靼斯坦和其他地方都有可靠的支持票成绩单，而且一些区域的投票率非常高，这无疑表明“行政资源”被积极地使用了。然而，普京获得了俄罗斯选民压倒性的认可，这个普遍结论是不可否认的，他赢得了每一个区域。他仍然是民族团结和追求更美好生活愿望的象征，在为他投票时，人们并没有被克里姆林宫的宣传洗脑，也没有被“行政资源”淹没，而是自由而理性地投票支持普京，支持他有计划的、面向全国的、温和进步的领导形式。正如一篇期刊文章所指出的，亚夫林斯基声称投票是“闹剧”，这是对绝大多数投票支持弗拉基米尔 · 普京的俄罗斯选民的侮辱，是对他们的自由意志和清醒意识的侮辱。就格列布 · 帕夫洛夫斯基而言，中产阶级给予了普京压倒性的支持，而更多的中产阶级支持普京则说明他的表现有所改善。他认为，“城市中产阶级的民主是必须取代前共产主义机器和后共产主义官僚机构，是政治参与者的关键政治机制”。尽管 1993 年的宪法禁止两届连任，但是，普京当选第二届总统后，就有人猜测他是否会竞选第三届总统。

选举改革：第二阶段，2004 年—2007 年

在 2004 年 9 月 1 日至 3 日的别斯兰事件之后，选举制度发生了转变。旧制度里，杜马的 450 名成员中有一半是在单席位选区选出

的，另一半是从进入杜马的政党按比例选出的。与此不同，普京提议所有代表都应当根据政党在选举中的投票比例选出，从而取消了225 个单席位选区的代表。之所以提出这项措施，是因为它有助于统一国家，并使人民参与反恐斗争，尽管如何做到这一点目前尚不清楚。9 月 13 日，普京在政府、地方首脑和官员扩大会议的发言中指出，“执政党应该成为确保社会和国家在反恐战争中真正对话和合作的机制之一”。他认为纯粹的国家杜马选举制度也会实现这一目标。这也有助于实现他的想要减少小党派人员的长期目标。它还将移除由单席位选区选出的独立代表团队，这些代表往往依赖于地方首脑。2003 年当选的 67 名“独立”代表中绝大多数都加入了统一俄罗斯党。混合的选举制度，尤其是单席位选区的存在，为个人和小党派提供了进入议会的机会，从而削弱了党派合并的动力。

因为它已经是中央选举委员会提案的一部分，而且已经在 2004 年 8 月 31 日以草案形式被提出，所以这项措施不仅仅是对别斯兰事件的回应。当时，中央选举委员会负责人亚历山大 · 维什尼亚科夫就已经建议对俄罗斯的选举制度进行大幅修改，其中不仅包括完全按比例的制度，而且还应同时举行选举，而党派名单中应包含最低 30%的女性配额。即使这是关于选举改革无休止辩论的一部分。叶利钦在 1995 年就已经提议，只有三分之一的议员应该从党派名单中选出，这是他想要减少共产党代表权的一种尝试。他在 1997 年提议杜马应该在两轮选举中完全由单席位选区产生，这一动议被俄罗斯联邦共产党、俄罗斯自由民主党、“我们的家园——俄罗斯”和雅布罗科党集体否决。1999年5月，切尔诺梅尔金提出杜马应该解散，下一届杜马应该单独由选举产生。统一俄罗斯党在2003年12月选举中取得了决定性胜利，正好可以建立相反的选举制度。

中央选举委员会的计划是在同一天进行所有选举，在3月份的第三个星期日举行行政当局选举，并在10月份的第一个星期日举行立法机构选举。在维什尼亚科夫看来，固定日期只会损害公关顾问的收入。他坚持认为，从单席位选区选出的所谓独立代表很快会被党派集团吸收；截至2004年8月31日，仅有15个党在中央选举委员会注册。维什尼亚科夫坚持说，“在目前条件下，比例制度更加民主，在一定程度上保证了俄罗斯的多党制度”。2003年12月大选之后，他拒绝了欧安组织提出的“异乎寻常的”建议，即在选举期间应设立一个特别监督机构来监督媒体。选举观察员的权力和权利将延长，选举委员会仍然不需要提供选举结果议定书的证明副本，因此仍然存在伪造的情况。没有打算改变区域立法机构自己被选举的方式，只是最近才转向了以前的国家杜马1:1的模式。

总统于2004年12月向杜马提交了法律草案，但代表们对一些条款不以为然，在经过大量修订之后才在2005年5月通过第二版和第三版。特别是，当那些处于前三位的国家或区域候选人放弃时，杜马拒绝对其所在政党施加惩罚。针对欧安组织对2003年选举的批评，维什尼亚科夫最初的计划是，无意占据席位的候选人不仅会失去他们的委托，而且该党也将失去席位，但这一想法被推翻了。代表们，尤其是统一俄罗斯党的代表，显然从2003年军械库事件保留的一些选举伎俩中获益了。新的法律将影响到一系列选举立法，大约有 13 条，这些法律是从 2005 年的新选举法中总结出来的。如果 1994 年的第一部选举法已经长达 29 页，那么 2005 年的法律现在则长达 325 页。

在旧的比例代表制中，一个政党会提出两个名单，一个是包含 18 人的联邦名单和一个至少含有 7 个区域的名单。联邦名单现在缩减为三人，他们将代表党的利益，同时包含一个至少有 100 个区域的名单，且所有区域按照优先顺序排列。这对于大多数小党派来说都是一个挑战，只有统一俄罗斯党、俄罗斯联邦共产党能做到，而公正俄罗斯党可能能做到。预计约有 10 个党派将参加 2007 年选举。选举名单列出了各党的名字和其三位联邦候选人的姓名。区域选票也将有代表该区域党的人名。以这种方式选出的人如果后来退出，却不会受任何处罚，维什尼亚科夫曾希望阻止这种情况。这些提案将提名表格中弃权签名的许可份额从原来的 25%减少到 5%，因此名单被拒绝的可能性更大。一年两次的普通投票日的想法被采纳了。

各党至少在全国一半区域拥有至少 5 万名成员的规定被确认。现在禁止建立党派集团，因此单个党派都必须达到进入议会的 7%的门槛。反对集团的论点是，它们是对自己不利的选举策略：一旦在联邦和区域层面当选，集团就有解散的趋势，尽管以该集团名义选出的代表保留了其席位。集团创建的目的是为了吸引尽可能多的选民，但并未在立法议会中成为一个有凝聚力的实体。现在，联合政党将被迫向选民提供一个具有全国号召力的定义明确的政治纲领。较高的代表门槛旨在强制合并，但按照制定的新法，这一进程通常应该在选举前的两到三个月完成。现在的额外成本是要建立持久的政党，即使它是由初期的各种原始政党组成的。现在不得不为了更大的利益而遏制领导人的野心——这尤其影响了政治派别中处于支离破碎状态的自由派。在 2006 年 10 月 8 日举行的区域立法选举中，14 个参选政党中有 10 个赢得席位，正是这 10 个政党参加了 2007 年国家议会选举。

7% 的门槛被辅以一个浮动的阈值，以确保在任何特定选举中 60% 的投票权能够被代表；确保至少有两个政党可以进入杜马。所有赢得 7%以上票数的政党将自动进入议会，而紧跟在后的最大党派也将被允许进入杜马，直到达到 60%的法定线。对于那些符合条件的政党来说，将按照以下方式分配席位：联邦名单上有三名成员，然后是区域名单上的人员，人数与该区域的投票成正比。因此，区域名单上的人有很强的意愿与该区域的选民合作。不仅党派之间会有激烈的竞争，而且党派内部也面临同样的情形，最重要的是确保在挑选过程中选择有吸引力的候选人，以确保他们在特定区域表现良好。新的选举制度将削弱统一俄罗斯党的优势，也将剥夺更多新增独立代表的资格。2005 年 12 月的莫斯科杜马选举证明了这一进程。由比例代表制选出的 20 名代表由三方共享，而统一俄罗斯党则拥有全部 15 个单人席位。

杜马的席位根据每个区域党派投票的规模大小分配。大城市的席位减少，而较小区域的席位则增加了。按照人们可以无限制地参加选举的宪法原则，独立候选人将能够参加选举，但他们将不得不独立组建反对党。如果他们赢得的选票多于各方提出的区域名单，他们将被选上。不过这是不太可能的，即使他们赢了，也不清楚他们自己在党派主导的议会中能够取得什么成就。实际上，将不再有独立的代表，而只有来自特定党派名单的代表，他们将对该党派的工作负责。如果代理人离开令他们当选的党派，加入竞争对手或成为独立人士，那么该任命即告终止。如果他们换了党派，代理人就会失去他们的席位，但是如果他们被赶出派系，他们的席位会继续下去。如果有人自愿离开，那么党会将席位移交给名单上的下一个人。新“授权”制度的逻辑是允许获胜党派在俄罗斯各区域组建联邦政府和行政机构，普京是支持这个根本改变的，但在落实上却始终犹豫不决。尽管普京在2003年年中倾向于这个想法，但他之后坚决反对建立党派政府（参见下文）。其他方面包括只允许参加选举的各党观察员审议投票，从而消除了独立观察员的作用。媒体对选举和公民投票的报道再次受到限制。如果媒体在竞选活动期间播发或印刷虚假或错误的报道，将可能受到起诉。

在选举过程的每个阶段，从候选人选举到成为杜马成员，绝大多数议员都完全依赖党派结构。从积极方面来说，中央选举委员会认为，依赖区域领导人行政资源的情况将减少，并强调即使在旧体制下，独立候选人也会被迫加入议会党派，从而失去独立性。新制度不太可能减少对行政资源的使用。与此同时，2002年9月27日全民公决的新法案禁止议会任期或总统任期的最后一年使用这种手段，而2004年6月28日的另一项全民投票的法案严格限制了这方面的独立参选范围，在议会选举前一年加强宪法问题全民公决的禁令，并要求200万签名和广泛的支持（半数区域不少于100—4500人，其签名必须由公证人见证）。格奥尔基·萨塔罗夫等观察家认为，新制度代表了“选举反革命”。为什么会被认为是这种情况还不清楚。转成完全比例的制度，即作为2004年12月8日“橙色革命”时期被乌克兰最高议会采纳的国家宪法修正案的结果被引入了乌克兰制度里，并被看作是民主的进步。在2006年3月26日乌克兰议会选举中，有超过40个政党和集团参加。

对选举制度的修补并没有止步于此，2006年，杜马通过了一项由统一俄罗斯党支持的法案，取消了选举中“都不选”的选项。尽管立法法院于2005年11月做出决定，不仅承认“都不选”的合法性，还承认有利于此选项的选举煽动权。自从1993年（以取代旧苏联制度的名称）在选票上引入这个选项以来，约有5%的选民在全国选举中使用这一选项来表达他们的不满，而在一些区域性选举中，总数已经上升到大约15%。如上所述，在2003年选举中，“都不选”选项几乎以独立集团的身份进入议会，在三个单席位选区中，“都不选”类别的投票是最大的，并且导致选举被迫重新进行。这个选项鼓励大家参与投票，但保证了抗议投票是无组织的行为。1993年的最初想法是保证一些反对票投给俄罗斯联邦共产党或者其他党派，显然到2006年，政府觉得有足够的信心撤销这个安全措施。所有反对党都谴责取消“都不选”这一选项，认为它进一步限制了选民的选择。

2006 年 11 月取消最低投票率门槛，也就是全国选举的 50%、区域的 25%、市政选举的 20%，这进一步破坏了选举过程的合法性。维什尼亚科夫认为，这一举动是“不成熟”的，他指出全国选举中的选民投票率没有问题，而且这一措施缺乏普遍的合法性，人们认为此举只会使当局受益。这一变化伴随着对拉票的一系列限制，其中包括禁止在电视和煽动材料上批评竞争对手的候选人，尽管禁令并不适用于印刷出版物或广播。然而，当局现在有更多的理由，包括禁止随意定义的“极端主义”在内，来拒绝注册或移除候选人。2002 年 6 月关于对政治极端主义的法律（参见第 5 章）在 2006 年被修订，规定如果政党有一名或多名成员被判极端主义罪，该党将被禁止参与竞选。这些变化于 2006 年 12 月 7 日生效，它们的累积效应使投票率下降，因为公民对日益受到操纵的选举程序置之不理。

在普京治理下，俄罗斯选举制度变得更加规范，整个过程的竞争性变得越来越有限。如果在 1995 年的杜马选举中有 285 个政党和运动组织有资格参与 5%的代表门槛竞争，而在 2003 年，运动组织则被排除在外，只有符合严格注册要求并且拥有 1 万名成员的党派才能参加，其数量减少到 64 个。到 2007 年选举时，最少会员人数被提高到 5 万人；门槛被提高到 7%；单独指派的席位被废除，因此禁止了个人提名自己为独立人士；选举集团被禁止，阻止政党们聚集成更强大的选举集团；不再有“都不选”选项；最低投票率门槛被取消了。有资格参加 2007 年选举的政党数目缩减到 17 个。总而言之，对区域行政人员的选举被废除了（参见第7章）。这似乎还不够，“管理型民主”的设计师不仅试图对制度进行微观管理，而且还试图通过法院禁止候选人和明智地使用“行政资源”来管理制度结果。正如格尔曼所指出的，“俄罗斯选举市场的超级碎片化和高度竞争性为统治精英垄断的趋势所取代”。

事实上的确如此，但与往常一样，在俄罗斯，并非所有事情都是绝对可预测的，特别是随着与普京过渡有关的不确定时期的临近。例如，2006年10月8日在萨马拉举行的市长选举中，统一俄罗斯党在职人员格奥尔基·里曼斯基被党外候选人维克托·塔尔霍夫击败，这表明公共政治在普京时代末期并未完全消亡，而即便在新的条件下，竞争党派政治也是可能的。塔尔霍夫得到生活党的支持，该党被合并成为公正俄罗斯党的一员，意味着这个新成立的党虽然和曾经的统一俄罗斯党一样是一个政权党，但它的出现会确保俄罗斯的选举是有意义的。实际上，萨马拉的自由选举让人联想起20世纪90年代的情况，其中包括将犯罪分子重新纳入选举领域。然而，这个时候，有计划要取消区域首府的直接选举，此举将结束这种生动的政治竞争。

议会重组

俄罗斯政体倾向于“超级总统制”，结果就是行政机构享有政治生活的统治地位。尽管俄罗斯总统拥有极大的权力，但它当然不是独立统治的，它需要与部长和总理内阁联合执政。俄罗斯的立法机构并没有边缘化，实际上这是普京 1999 年 12 月以后的主要工作，他的改革不是通过法令，而是通过大量的立法活动进行的。然而，俄罗斯联邦议会下院（国家杜马）和上院（联邦委员会）在多大程度上可以对总统权力施加限制并有效地追责，这是另一回事。根据奥斯特罗的观点，杜马制的结构以其无关联的双通道设计以及党派和委员会制度之间的不协调，降低了其作为行政权力有效监督和平衡的能力。托马斯 · 雷明顿认为，立法机构能够成为行政机关的有效合作伙伴，因此总统的法令权力并未被用于颠覆立法程序。他指出，“革命时代结束的标志是克里姆林宫通过立法而不是通过法令推动政策议程”。

与许多其他国家一样，由于公众对立法者的能力和诚实缺乏信心，议会在舆论中的地位相当低。人们普遍认为，许多罪犯已进入政治生活，并使用议会豁免权保护自己免受起诉。尽管俄罗斯确实发生过一些臭名昭著的案件，但还远远不是一种普遍现象。2002 年 7 月新的《刑事诉讼法》（参见第 6 章）引入的一项变化是议会代表丧失了对刑事起诉的一揽子豁免权。现在可以在无须事先获得议会许可的情况下对代表提起诉讼。尽管形象不佳，但自 1994 年以来首次召开的杜马会议制定了一系列令人印象深刻的律法，例如在第二届杜马（1996 年—1999 年）期间，总统通过并签署了 500 多项法案，其中大部分（大约 122 项法律）是重要的立法。第三届杜马（2000 年—2003 年）和第四届（2004 年—2007 年）的工作效率更高，为普京的改革提供了立法基础。

尽管 1999 年选举产生了一大批支持总统的立法者，但没有任何一方或团体享有绝对多数（450 席以上的一半），更不用说占三分之二的宪法多数了。前两届杜马也是如此，这就解释了当时杜马内部组织的无多数派特征。制定立法议程的杜马议会由所有具有平等投票权的党派领导人组成，无论党派的规模如何。杜马 20 多个委员会中的职位按比例分配给各方，主席的职位受到高度重视。然而，在 2000 年 1 月 18 日俄罗斯联邦共产党和统一俄罗斯党就分配委员会主席和副主席职位而达成的协议中废弃了旧的比例原则，引起了其他党派团体的罢工和抗议。后来，俄罗斯联邦共产党首先开始对卡西亚诺夫政府提出反对，而不是针对总统本人，并于 2001 年 3 月在政府中提出了不信任动议。俄罗斯联邦共产党认为，“下院已成为政府的一个分支”。2002 年 4 月 4 日，在一场政治洗牌（可能是克里姆林宫引发）中，共产党人失去了其七个委员会的领导地位，并在公然反对总统时辞去其他委员会的职务。这反过来激发了俄罗斯联邦共产党的分裂。因为发言人谢列兹尼奥夫拒绝辞职，于是在 5 月 25 日被驱逐出俄罗斯联邦共产党后，他加倍努力，在“俄罗斯”运动基础上发展出自己的党派俄罗斯复兴党。同时，议会和各委员会都受到基层选票的支持，因此普通代表能够继续影响立法进程。

在第四届杜马中，议会的多数性质愈演愈烈。亚夫林斯基认为在 2003 年大选后，“一党杜马”已经建立。以下是一些事实。与传统的委员会主席分配比例不同，尽管那时已经提前以不公平的方式进行了分配，但现在一个多数派“赢家获得全部”的体系正在运行，统一俄罗斯党获得了 29 个议会席位的领导权。早先采用计划配额的原则，允许其他党派获得两到三个席位，但是据统一俄罗斯党表示，反对派的各种声明表明它们并未准备好承担足够的责任。这是政治协会的负责人第一次可以同时担任委员会的主席，减少了配备领导职务的数量。统一俄罗斯党在杜马议会的 11 个席位中占据 8 席，主要负责管理杜马议程，同时也在 10 名副议长职位中占有 7 席。副议长在立法过程中的作用有所增加，而党派头目的角色则有所减弱。从 2004 年 1 月起，组建一个杜马正式派系的最低人数从 35 人增加到 55 人，进一步使独立代表的作用边缘化。

第四届杜马中缺少强有力的自由主义阵营，这意味着普京的倒退。新杜马中没有了雅布罗科党和右翼力量联盟，而是由一支 300 人的统一俄罗斯党人派系领导。2003 年选举中杜马成员变化很大，其中 54% 的人丢失了席位。事实上，政治上的一代一代人正在发生变化。那些在改革时代晚期占据主导地位及在议会时代初期活跃的人物消失了，取而代之的是一批新的“议会职员”。这种情况在统一俄罗斯党最为显著。除了工作人员之外，在新议会中，将近 30% 的代表席位被一大批民族主义者占据，其中很多人是在祖国党迅速高涨中涌现出来的。

在体制方面，杜马的权力日益集中于党派而不是议会委员会。在2006年引入的强制性职务授权中，代表们不允许脱离选举他们的党派，这大大加强了派别领导人的力量。少数大集团的优势加强了核心领导人的力量，特别是统一俄罗斯党的领导实力。对于普京政府的基层党派来说，毫无疑问，它们充当了克里姆林宫关注立法进程的“传送带”。与此同时，统一俄罗斯党内部意见的多样性，意味着它常常作为议会或者对总统关注的发声板，有时甚至会引入在克里姆林宫里没有得到明确支持的立法。

俄罗斯联邦共产党成为“独立反对派”的主要代表，但是几乎没有任何盟友有自由权利来帮助它们有效地发挥作用。与克里姆林宫支持者的期望相反，祖国党派系成了民族主义的反对派。尽管祖国党在杜马有一个强大阵营，即使俄罗斯人民爱国力量联盟中的29位代表和谢尔盖·巴布林的“人民意志”的12位代表出现了分歧，但统一俄罗斯党的主导地位意味着普京不必依赖杜马的投票来推动自己的立法议程。祖国党的领导层分裂了，因为其意识形态仍然是民族主义和社会民主主义的不稳定组合。罗戈津成为克里姆林宫的一个令人不舒服的盟友，他比格拉兹耶夫更不愿意以任何形式与反对派结盟。在2005年12月莫斯科杜马选举中，祖国党刊登了贬损种族主义的广告，导致他们被禁止参加投票。该党极具攻击性的民族主义并不符合克里姆林宫的口味，2006年3月，他们策划了罗戈津下台，将温和派的亚历山大·巴巴科夫选为该党领袖。后者后来又合并成为公正俄罗斯党的一部分。

由于拥有坚定的统一俄罗斯党和盟友的支持，加上中间派现在享有所有重要委员会的主席职位，还支配了杜马的行政机构，所以可以公平地说普京驯服了议会，联邦委员会的改变加强了其统治地位，这一点我们将在第 7 章中讨论。尽管日里诺夫斯基的自由民主党和祖国党名义上仍然是独立的，还有残余的右翼力量联盟和雅布罗科党，但反对这一主导联盟的是衰败的共产党人。克里姆林宫在管理杜马派系方面发挥了积极作用，特别是 2002 年 11 月，统一俄罗斯党集团的领导层被改变，当时无权的亚历山大 · 别斯帕洛夫被内务部部长鲍里斯 · 格雷兹洛夫取代，领导整个统一俄罗斯党。

在支持总统政策的多数派的努力下，国家杜马在 2000 年早期的立法活动进入了高速发展状态。普京总统在任职早期的立法主要由行政部门发起，例如在 2000 年春季，72%的法案都是这种情况。在 2001 年 7 月结束的会议中，重点是联邦制改革。大约有 200 项立法被投票表决，其中包括一系列由克里姆林宫发起的旨在改革俄罗斯政治和经济制度的法案。这些措施包括对土地和税法的修订，以及一些“去官僚化”措施，包括将需要执照的活动数量从 500 个减少到 104 个，以及通过关于政党的法律。在接下来的一年中，重点是司法体系的改革以及扩大产权，尤其是土地产权，还通过了几个主要法规：《土地法》《劳动法》《刑事诉讼法》和《行政法》。所有这些都是为了履行普京的承诺，在他作为国家元首的第一次新闻发布会上，他的目标是俄罗斯的“现代化”。一年后，在 2001 年 7

月 18 日的新闻发布会上他再次讨论了这个主题，认为这一立法活动是迈向“国家经济现代化”的重要一步，也代表了对推进国家政治体系的实质性贡献。总统对立法的否决权现在很少使用。总统签署法案的比例从第一届杜马（1994 年—1995 年）的 61%上升到第二届（1996 年—1999 年）的 74%，第三届（2000 年—2003 年）上升到 95%，第四届仍然保持在这个水平上。当然，随着时间推移，里程碑式的立法条款会减少。有一些正义的批评声音认为，大部分立法活动缺乏足够的时间通过议会辩论而加以改善，事实上，杜马已经不仅仅是克里姆林宫的延伸，一个加盖图章的“传送带”，也证实了一些人认为俄罗斯已经成为“可控民主”的观点。

对于普京来说，杜马现在是一个有效的盟友，可以推动他想要的改革。2003 年年中的诸多预测发现，普京在第三届杜马联盟中的 57%是由选区议员组成的，根据黑尔和奥尔顿的观点，他们是“普京第一任期立法巨头”的关键。这在第四届杜马中得到了加强，并且由于统一俄罗斯党的强劲表现而得到强化。尽管普京现在在杜马享有宪法多数，但他拒绝考虑修订宪法。同时，普京想这样做的能力也受到限制。正如他在 2006 年 2 月 7 日接受西班牙媒体的采访时指出的那样：“我对杜马的影响力自然很大，但有些过于夸张了，因为议员们对某些问题有自己的看法。”他以废除死刑为例，他个人希望如此但却没有获得议会多数。他在一篇典型的保守风格的政治评论中表示，“我不会提出引起消极反应或遭到拒绝的议题”，2006 年 12 月，只有 27 名代表投票批准了一项旨在简化欧洲人权法院工作的议定书，尽管普京对该措施表示出强烈的支持。当时法院审理的案件中有五分之一来自俄罗斯，表明俄罗斯法院系统明显缺乏效力。在大众观点中议会的地位从未很高，但这一点没有得到改善，同时由那些顺从的大多数来推动政权议程时，通过法律质量是下降的。更糟的是，统一俄罗斯党的绝大多数构成了政治舞台的规则以达到其目的。

普京、政党和政府

没有理由怀疑普京一再承诺加强党派在政治生活中作用的决心，尽管他自己拒绝参加某一政党。巩固俄罗斯党派制度的立法是他在执政期间政治议程的首要任务，他通过了一项关于政党的新法案，并要求至少一半的区域立法人员从党派名单中选出，然后又改变了选举立法，尤其是国家议会选举转变为完全的比例制度，他进一步强化了这个政策。下一步将是法国第五共和国（尽管戴高乐反对）早期采取的措施——建立党派政府。普京在 2003 年 5 月的国情演讲中指出：“考虑到即将举行的国家杜马选举结果，我认为构建一个以议会多数为基础的专业和高效的政府是可能的。”克里姆林宫已经为此制定了一项法律，但该计划在最后一刻被废止。普京周围的一个强大集团将“西罗维基”和一些自由派聚集在一起，对一项宪法修正案表达了担忧，这条法律允许党派或政党联盟组成政府并提名总理，这将会把国家交由寡头进行管理。很显然，游说想方设法改变了普京对这个问题的想法，他没有再提出这个主张。

毫不奇怪，俄罗斯联邦继续支持由议会多数派组成的政府。从2002年起人们开始讨论如何回到普里马科夫任总理的时代，组建一个以执政党为基础的政府，正如我们看到的，这个想法出现在了普京2003年5月的演讲中。正是这个时候，克里姆林宫才开始关注霍多尔科夫斯基推测的总理—部长的野心，他们这些担心很有可能阻止普京采取这一行动。允许在杜马中拥有多数的党派提名总理候选人的想法在2005年再次提出。这是2004年12月在乌克兰已经采取的做法：由议会多数而不是总统来任命总理和大多数内阁部长，总统无权解除检察长的职位，这成了议会的特权。然而，俄罗斯政府明确表示由总统任命总理［第83条（a）和111条（1）］，尽管新的联邦宪法法律规定，这一任命是根据杜马多数意见做出的。这一条应该改变。总理不能参加议会的规定也必须改变。

统一俄罗斯党看起来好像能够成为“涵盖所有党”的总统党核心，唯普京马首是瞻。这是叶利钦一直避免成为“所有俄罗斯人的总统”的原因，他担心自己会受到政治上的约束。普京与“权力党”之间的矛盾关系不比叶利钦少，只是以一种新的方式存在罢了。虽然统一俄罗斯党在2003年12月议会选举的首次重大考验中失败了，但仍然与执政政权紧密相连，并把自身转变成一个强大的独立政党，尽管它仍然是亲政府的政党。普京对建立党派政府表示犹豫，没有迈出决定性的一步，这也反映出他对战略战术的重视。俄罗斯激进中间派的政治诉求仍然是行政制度而不是"政权党"，这样是不允许成为执政党的。普京与统一俄罗斯党仍然存在矛盾。在 2006 年 1 月 31 日的新闻发布会上，普京强烈驳斥了议会构建多数派政府的想法：

至于党派政府，未来一切皆有可能，但我反对在今天的俄罗斯政治环境中引入这种做法。我深信，在后苏联的地域，我们有一个发展中的经济体，一个正在巩固的国家地位及最终确定的联邦制原则，但我们仍然需要强大的总统权力……到目前为止，我们还没有发展稳定的全国性的党派。在这样的条件下，我们怎么谈论党派政府呢？这是不负责任的。

现在很清楚，只要普京担任总统，就不会有这种变化。当然，没有什么能阻止统一俄罗斯党在 2008 年提名自己的总统候选人。

2007 年杜马选举前的准备阶段，连政府都在敦促统一俄罗斯党找到独立的意识形态和组织基础。如果没有普京担任总统，"我们是普京党"的口号将毫无意义。2006 年 2 月，普京允许自己对政党做出一些颇为贬低的评论，总的来说，他对俄罗斯多党制度的看法并不乐观：

俄罗斯的国家地位仍处于发展阶段。它不能被以为是绝对稳定的。我们没有欧洲意义上的多党制度。我们只有一个稳定的政党——

俄罗斯联邦共产党。另一个已经出现的稳定政治力量是统一俄罗斯党。它被看成是执政党，但尚未形成自身的意识形态。一些戏剧化的意识形态过程仍在演化进行中。

普京坚持认为，如果统一俄罗斯党想要声明偏右翼的政治地位，那它必须找到自己的立足点，确定自身偏好，接受政治领导，包括准备做出艰难的抉择。对于当代俄罗斯来说，对右翼意识形态必须有一个明确的定义。他在2006年1月31日的新闻发布会中再次以德国作为例子，德国就是在2005年9月的非正式选举之后，就组建政府进行了漫长的谈判。普京说，“德国面临着政治僵局的风险”。“这是高层次的政治文化，前总理（格哈德·施罗德）及其继任者（安吉拉·默克尔）通过妥协打破僵局”。可见，即使在依靠主要政治力量来实现良好的政治合作机制的国家也会面临危机，那么俄罗斯呢？普京认为，“可悲的是，我们仍然没有那样的机制”。他警告说，2007年—2008年的选举周期将是“一个很好的考验。我准备说三次”。虽然统一俄罗斯党努力争取成为正式的总统党派，但普京明确表示了拒绝，并将自己的决定公开。但是，普京2008年之后将不再是总统，因此统一俄罗斯党必须在没有扶植者的情况下为生计做好准备。

普京接班人

任何政权最衰弱的时刻就是领导人更迭的时期。这一普遍规则对于临近 2008 年的俄罗斯特别适用。俄罗斯政体的最高目标是总统职位，但是根据宪法第 81 条第 3 款，普京被禁止寻求第三个任期，这个条款禁止同一人连任两届以上。俄罗斯自 2000 年以来在国内建立的制度以普京为中心，但他的领导能力在叶利钦时代早已形成。随着接班时刻的临近，因为普京多年以来一直保有非常高的民众支持率，越来越多的俄罗斯人想让普京连任第三届总统。领导层的变化会带来高度的不确定性，1985 年戈尔巴乔夫的任命就生动地说明了这个事实。正如特列季亚科夫所主张的，至少从彼得大帝时代起，继承法就需要改变。正是由于这个原因，他认为在目前情况下，俄罗斯的民族和国家利益以及国家民主的发展，都需要弗拉基米尔 · 普京在唯一（我强调“唯一”一词）的最高领导职位上延续下去。普京的精英集团担心，如果缺少了在过去八年里赋予政权合法性和连贯性的那个人，他们的体制就没有内在的力量来延续从前。人们自然会担心继承者会否定普京时代，就像普京对叶利钦时代的否定一样。

尽管有许多人要求修改宪法，鉴于普京在精英中的声望及支持率，他可以做到这一点，但他坚决反对为了方便而修改规范法律框架的计划。白俄罗斯和乌兹别克斯坦通过修宪，分别允许卢卡申科和卡里莫夫巩固他们的统治，普京担心自己和他们一样。因此，2008 年之后，俄罗斯将会有新总统。这种改变代表了领导者的变化或者是政权的变化吗？赌注不能再高了。正如谢尔盖·马尔科夫所指出的："在俄罗斯，我们缺乏平稳地将领导权从一位领导人转移到另一位领导人的政治传统。"和叶利钦早期一样，一个最重要的考虑因素是确保普京的继任者不会对他或他的同僚发起任何敌对行动。除此之外，普京试图确保政策的连续性，并避免总统任由某个或另一个极端主义分子掌握。因此，"2008 年接班人行动"从 2006 年起成为该政权的主要关注对象之一。

继任者问题将会在 2008 选举前的 2007 年得到有效解决。许多无法估量的因素需要进行考量：普京能否保持其知名度、石油价格、经济状况、国际形势，等等。尽管普京毫无疑问会确保继任者的平稳过渡，但不能保证他的提名人能否成功执政。除非总统选举被公然操纵，否则总会有意想不到的结果，不过有很多"行政资源"可以专门解决这些问题。第一阶段将是 2007 年 12 月的议会选举，这将成为后来竞争的"重点"。总理职位曾是普京担任总统的跳板，毫无疑问，情况将再次如此。

在 2005 年 11 月 14 日的重新洗牌中，普京的两位最亲密战友得到了提拔。国防部部长谢尔盖·伊万诺夫保留了他的部长职务，还成了副总理。总统办公厅主任德米特里·梅德韦杰夫成为第一副总理，同时还保留了俄罗斯天然气工业股份公司董事长职位。与此同时，秋明州能源生产区域的州长谢尔盖·索比亚宁成为普京的新任办公厅主任。索比亚宁于 2001 年 1 月当选为秋明州州长，他是统一俄罗斯党成员。人事变动有助于巩固领导梯队，用来弥补普京任期即将结束时的人事缺口。这还表明总统任期产生了新的活力，它曾在尤科斯事件、抗议社会福利货币化以及乌克兰“橙色革命”之后失去了方向。

梅德韦杰夫被授予权力和资源来履行 2005 年 9 月 5 日公布的普京议程，以实现健康、教育、农业和住房的改善。在他支配下的基础设施投资基金，2006 年为 24.4 亿美元，2007 年为 25.5 亿美元，2008 年为 25.6 亿美元。普京 2005 年 9 月公布的各种“国家项目”试图对人们的生活产生切实的影响，可以被看作是他继承战略的一部分，也代表了普京想要创造一份改善福利的永久遗产。梅德韦杰夫接任原先由总理弗拉德科夫领导的全国项目委员会主席，并坚持说，其目的是为了避免政治阴谋和“让人民过上更好的生活”。全国项目委员会的成立是普京准宪政主义的另一个例子，他建立了一个重复政府工作的并行机构。委员会在政府坚定支持的庇护下采取行动，部分是为了回应对责任分工不明确的普遍担忧。普京想要设计一种机制快速改善人们的生活水平，增加福利服务，以避免通货膨胀或伴随社会福利货币化的社会抗议活动。

“全国项目”的这个职位（指梅德韦杰夫担任上面所提到全国项目委员会主席），尽管担心梅德韦杰夫是否能胜任的问题，仍然是非常高调的岗位，能够确保媒体对影响人们日常生活有关的事务进行广泛的报道。同时，他也必然会推动更多的社会投资，这有可能让他与稳定宏观经济和降低通货膨胀战略的拥护者——财政部部长阿列克谢 · 库德林和经济部部长格尔曼 · 格列夫发生冲突。作为克里姆林宫内部人士，梅德韦杰夫熟悉所有派别关系，但是却在各种冲突中保持中立，没有明确属于自己的政治观念。该任命属于经济层面上的，因为，梅德韦杰夫仍然是俄罗斯天然气工业股份公司董事会主席。继泰舍特—斯科沃罗季诺—佩列沃兹纳亚湾航线路后，他还非常青睐计划中的太平洋石油管道项目，决定优先考虑太平洋而不是中国管道线路，同时进一步推进远东区域的其他经济项目，这是他权力提升的一个重要因素。梅德韦杰夫长期以来一直警告说，西伯利亚和远东区域的发展滞后可能会引发他人破坏俄罗斯的领土完整。正如人们预料的那样，“国家项目”缺乏实质性进展导致政府寻找替罪羊，为此官员和区域领导人也承担了一些责任。

伊万诺夫的任命被看作是试图加强保守的国防部改革和推动军事改革的行动之一。换言之，他是一位拥有更大权力的国防部部长，而不是一位恰好担任国防部部长的副总理。普京在电视上宣布了该任命，他在一周前的一次会议上表示：“与会者对国防部在实现其未来发展计划时所遇到的问题表示担忧……这些问题与各部委之间缺乏协调有关。”这表明，伊万诺夫将有机会获得军事工业体系以外的资源，以增强俄罗斯武装力量的潜力，同时打击军队进一步商业化的趋势。与此同时，如果这确实是克里姆林宫的选择，那么伊万诺夫可以为梅德韦杰夫的升迁提供关键支持；或者如果梅德韦杰夫踌躇不前，他可以自己当选候选人。

这些变化似乎削弱了弗拉德科夫作为总理的地位。在这次改组之前，自由派经济学家亚历山大·茹科夫是唯一的副总理。2006 年 3 月 20 日，伊万诺夫被任命为负责监督强大国家军事采购的新委员会的负责人，从而进一步巩固了他的地位，这一职位无需对总理负责。同时，伊万诺夫的国防工业委员会副主席弗拉基米尔·普季林获得了部长级职位。他曾担任经济发展和贸易部的国防和安全部门负责人。作为国防部部长，除了监督 170 亿美元外，在新角色中，伊万诺夫掌控着 250 亿美元的预算。这一变化进一步使弗拉德科夫黯然失色，似乎让伊万诺夫在接班人竞争中获得了超过梅德韦杰夫的优势。2007 年 2 月 15 日，伊万诺夫晋升为第一副总理。

这次重组使得内阁更接近于 20 世纪 90 年代的模式，有一位第一副总理和两位副总理，一个负责安全和军事工业问题，另一个负责经济和金融事务问题。对索比亚宁的任命是普京所有最重要的区域任命之一，这表明，俄罗斯联邦关系的平衡可能再次倾向于区域。同时，作为局外人，索比亚宁处于弱势地位，无法将自己的权力强加给总统办公厅，因此办公厅副主任伊戈尔·谢钦和弗拉季斯拉夫·苏尔科夫的影响力变得更强了。克里姆林宫内部的派系冲突随着接班时刻的接近而加剧。内阁中的平衡也发生了变化，已经不存在更强大的“政治”集团。更广泛地说，这次改组加强了普京周围的温和派力量，他们一直在与谢钦领导的激进组织“西罗维基”进行斗争，而他一直在寻求减少伊万诺夫的影响。显然，伊万诺夫上升的形象使他坚定地进入了继任者的竞争之中。伊万诺夫对普京本人非常忠诚，虽然他可能不积极谋求总统职位，但如果普京要求，他无疑会为继任而努力。而同时，梅德韦杰夫似乎是一位强大的妥协派候选人，他可以接受自由主义者、民主国家主义者和“西罗维基”。

接班人名单是开放的，在人们做出选择之前，各种不可预料的事情都会出现。入围名单包括梅德韦杰夫、伊万诺夫和索比亚宁，还包括谢钦、帕特鲁舍夫和格奥尔基·波尔塔夫琴科等安全派别的代表。议会两院的主席也不能排除在外，谢尔盖·米罗诺夫和鲍里斯·格雷兹洛夫。这份名单还包括南部联邦区总统特使科扎克、总理弗拉德科夫、俄罗斯铁路部门的弗拉基米尔·亚库宁以及地方代表们，最重要的是领导人亚历山大·特卡乔夫（克拉斯诺达尔边疆区）、亚历山大·赫洛波宁（克拉斯诺亚尔斯克边疆区）和阿曼·图列耶夫（克麦罗沃州）。普京宣布他将在任期结束前任命一位优先接班人，并辩称“我对如何在这个国家建设形势有一些想法……为了不破坏政府稳定，而不是为了吓唬人民和商业。每个人都很看重我们如今的状况——一个平静、安定和平稳的局面”。他坚持只会推荐一位接班人，而最后的选择则在于人民。

至于普京本人，他多次强调他将在宪法规定的两个任期后离任。尽管开始时有所怀疑，但评论家们提出了各种各样的方案，关于普京如何能够在没有正式违反宪法条款的情况下超越该制度继续掌权，但是随着2008年转折的临近，普京显然确实打算离开总统职位，不过，他仍然没说清他以后会担任什么角色。他发表了许多关于他总统生涯的高深莫测的评论。比如说，在2006年10月25日他上任以来的第五次电视问答会上，公众发出了大约200万个问题，他重申他不会再争取连任，但是他离职后将保留对俄罗斯的影响力：

即使我不再拥有总统权力之后，我认为，无须制定符合我个人利益的宪法，我也将能够坚持对所有政治家来说最重要和最有价值的东西，即你们的信任。在这种信任的基础上，我们将能够影响我们国家的生活，确保它遵循连贯一致的发展道路。

如果由于某种原因或其他情况普京违背了他2008年下台的承诺，那么他的未来统治将会存在危机，并且与他的前两个任期有很大不同。这意味着他的权力和国家性质的根本转变。这是普京试图避免的，但是，毫无疑问，他的政府派系希望从中获益良多。

结　论

普京的改革改变了俄罗斯的政治空间。政党制度进行了重组，以确保党派数量更少但更强大，结果为统一俄罗斯党成为占统治地位的“执政党”提供了空间。国家支持建立另一大党——公正俄罗斯党，也表明国家担心在党派系统中出现占据统治地位的党。选举制度的改变加强了政党立法进程，但转向纯粹的比例选举制度将确保杜马至少有三至四个党派的代表。统一俄罗斯党在2003年12月大选中表现突出，普京在2004年3月再次加冕，完全没有竞争对手。

普京时期的议会由统一俄罗斯党主导，大部分立法毫无疑问地被采纳，由于各党派在杜马委员会中越来越占据主导地位，下议院的内部活力逐步减弱。然而，多元主义的火花并没有完全在杜马中消失，但在没有强有力的自由派的情况下，讨论和政策的语调变得越来越民族主义。虽然全国范围内的竞争性多党制度开始出现，但政党仍然没有充分嵌入到国家的社会结构之中，它们没有有效地代表社会利益，尤其是它们没有合法权利或直接组成政府。受管制的民主理念抑制了充满真正竞争的政治市场的发展。不清楚普京是否已经准备好了——或者说，这个国家是不是已经准备好了。

第 5 章　政权、国家与社会

Regime, state and society

国家力量增强之时，就是人民权利减弱之日。

——瓦西里·克柳切夫斯基

曾有多个形容词用来定义、描述普京领导下产生的政治体制。这些形容词大多用来表示民主以这样或那样的方式退化："被操纵的民主""受控制的多元主义"和"选举的民主"就是一些最常用来描述普京新秩序的修饰词。虽然普京因多种原因使自己远离"主权民主"这一术语，因为主权和民主是在不同概念层面上实施的，但是，这个政权本身却倾向于这个"主权民主"概念。那么，我们该如何更好地理解这样一个杂合制度呢？再者这个制度并没有抛弃民主，民主仍是法定的意识形态，宪法的形式文字仍须遵守，仍然可以选择，仍可以相对自由地投票，甚至方式也相当公正；可是种种选择为一个体系之外的权威所限制，这个权威调节着选择，又不能充分对代表制度负责。我们把这个权威称作行政性政权，它以总统制的政治机构为中心，但又比总统个人广泛得多，处在宪制国家的公正运行与所体现的大众主权实践之间。为了把握这个政权的本质，有必要把程序和后果区分开来。对于过程，普京政权支持对政党制度、选举立法、议会程序等多方面的变革，所有这些都反映他民主管理的普鲁士作风；但是这种狂热的行为更大程度上是次民主的而不是反民主的，它没有抛弃民主，却颠覆了民主的运作。对于后果，尽管有无可置疑的证据表明选举过程中存在行政干预，但如果说结果完全是“操控的”也是一种夸张。在俄罗斯的政治中仍有很多是不可预料和令人意外的。断言俄罗斯是民主的失败还为时过早，民主演进潜在的可能并没有消亡。

国家和政权

弗朗索瓦·密特朗把戴高乐创立的总统职位称为“永久性政变”，在逝世前不久，他警告说，法国的政治机构“在我之前是危险的，在我之后也会变得危险”。法国的总统制被称为“共和君主政治”，多数人都感到俄罗斯的形势与法国同样危险。总统制笼罩着所有其他政治机构，创造出柯尔亚姆金和舍夫佐娃所说的“选举的君主政治”。叶利钦统治下的悖论是，在一个弱国里诞生了一个强大的总统制，由此产生了一系列的权力不平衡和扭曲。这不仅仅是俄罗斯独有的问题。史蒂芬·霍尔姆斯认为，“后共产主义的普遍问题是共产主义倒塌之后国家能力削弱导致的治理危机”。总统制的创立首先旨在弥补共产党权力的削弱，而现在它填充了由国家权威的退潮和公民行动的薄弱造成的真空。正如美国一样，总统既是国家元首又是政府首脑（尽管在俄罗斯有总理的加入），象征性和实践性这两个独立的特征在一个人身上的融合，削弱了宪法国家可能施加在行政政权上的种种限制。

政权政治

在叶利钦统治下诞生的政权体系的核心是寡头政治及其同盟，它代表与政府直接相关的金融和工业资本的融合。市场和国家之间的传统区分丧失了，游说集团享有与政府格外密切的联系。俄罗斯政治的特点所突显的不是政府和管理建立正式的制度性结构，而是种种非正式关系。首先，在国家力量薄弱的前提下诞生的可以称之为“准国家行动者”的机构变得异常重要。比如，私有银行和大能源公司（首先是俄罗斯统一电力公司），它们扮演着国家命脉替代物的角色，提供一般税收无法得到的金融资源，并成为联邦政策的间接施行者，这种特色以新的形式延续到普京统治时期。一种“国家”资产阶级产生了，它直通国家并以此为靠山，而不是更独立的企业资产阶级。

个人化的领导阻止了制度的发展。政治政权以叶利钦和他的“家族”为中心，其运转很大程度上独立于政治体制的形式规则之外，这些形式规则的主要结构特色在宪法里有大体的规定。在国家层面运作的民主政治的形式外观之下，这个政权认为自己很大程度上没有真正的民主责任，不受大众监督。正如哈恩强调的，在苏维埃和“民主”政治体制之间的制度和个人的高度连续性加剧了这些特色。一党制的国家于1991年结束了，可在叶利钦统治下，一个政权国家诞生了，它用新形式使旧体制永久化了。这个政权和宪制国家屈从于强大利益集团在社会中施加的政治压力，他们中的一些人（首先是那些所谓寡头集团）就是这个政权本身催生的。这些构成了一个不稳定的统治集团。我们在上文已经指出，这个“家族”代表这个政权的党派之一；“西罗维基”、民主的中央集权主义者和由普京带来的众多“皮特里”也扩大了这个不稳定集团的人数。1993年12月的《宪法》中被神圣化的宪法秩序是以总统制为核心的，总统变弱，国家也会变弱。国家效率总的来讲依赖总统制的力量，具体来讲依赖现任者的特点。制度因素和个人因素在脆弱的宪政秩序和没有充分发展的市民社会中相互交织，产生了我们所谓的政权政治。这里的政权是一个统治制度的网络，这个网络要比政府范围大，反映了一些正式或非正式的管理方式，往往伴随一定的意识形态。俄罗斯的政权以总统为中心，但又不限于总统职位本身。它可以被看作是一个动态的关系系统，包括总统、总统政治里的众多党派、政府（总理和众部长），以及与众多强大的寡头集团、地区老板和其他受欢迎的内部人士的非官方联系。尽管总统制在这个政权的顶端，但二者仍保持分离，因此我们可以想象到这样一个情形，即总统制可能与它名义上控制的行政系统发生龃龉。事实上，我们认为，普京试图在利用行政政权的同时保持他独立于政权的自治。为保证总统自治权的要素，普京乞灵于复兴的宪制国家、一个重新振兴的公民社会与民众的支持。

因为合法性最终来自选举箱里的选票，俄罗斯政权一方面受制于国家代表的法律秩序（形式上的宪制行政体制与法律规定），另一方面受制于代表制度（首先是政治党派）和责任制（首先是议会）。政权的运行似乎独立于政治和规范的原则之外，尽管它曾形式上宣誓坚持这些原则，但是与此同时又受这些原则的制约。这个政权关心它自身的持久如同关心这个国家的国家行政一样。出于比较的目的，我们注意到，在战后意大利和日本出现的相对独立于法治和普遍问责的宪法约束的类似制度，在冷战后的世界中似乎是一种日益增长的现象。

因此，后共产主义时代俄罗斯的政权政治与传统的权威主义截然不同，而这个政权不能把自身隔绝于现代自由民主政治的方方面面之外，比如媒体批评、议会讨论，尤其是选举周期制。这个政权同时面向两个方向：一是朝向民主、国际一体化和一个较少官僚化的真正市场经济；同时，它在政治和经济上继承了许多传统的官僚主义特征，并在事实上使这些特征长久化并且变本加厉了，包括蔑视公民的态度、反西方主义、无处不在的庇护关系、拜占庭式的宫廷政治、广泛的腐败，以及当国家再次掌控能源部门，其中包括大部分能源工业时，在经济领域蔓延的世袭制。只有在这个政权受到法律和宪法的控制并被限制在政治责任制的范围之内时，俄罗斯才算实现了民主的巩固。这将是一场革命，其意义丝毫不亚于1991年共产主义的倒塌，并且代表着俄罗斯民主的“再民主化”。它将使政治进程与政权管理者从属于法律的宪法体制，并使之能响应公民的需求。马克斯·韦伯称之为“伪宪制主义”，这个宪制主义在普京治下发展成准宪制主义，会让位给一个真正的宪制主义。在这个宪制主义里，政治制度服从于法律规定，而人权与公民权却有法律做保障。

“法律的独裁”：多元主义的还是紧缩的中央集权主义？

普京的宪制保守主义并没有阻止一定程度的制度性和程序上的革新。在2000年7月8日的演讲中，普京强调，俄罗斯不能再是一个“弱小国家”，强调“俄罗斯的唯一选择是一个强大国家”。他在演讲中说：“我们不得不承认，国家本身在很大程度上要对非正规的影子经济的力量不断增强、腐败的扩大以及大量的货币外流负责……一个效率低下的国家是我们长期处于严重危机的主要原因。”在回应人们对他试图重塑国家可能导致权威主义的指责时，他说：“强权与自由之间的斗争由来已久，目前这个争论引起了日常对独裁和权威主义的推测。但是，我们的立场非常鲜明。只有强大民主的国家才能保障人们公民、政治和经济自由。”普京以一个类似于雅各宾派或法国共和国建设者的面目出现：他试图确保宪法和法律得以普遍和平等地施行，与之相随的是政治空间的同质化及建立一套稳定的政治制度体系。

普京中央集权主义的核心是法律的普遍施行。尽管“法律的独裁”这个术语成了普京专属的名词，但这个术语最早由戈尔巴乔夫在 1991 年 2 月 13 日所使用。普京首次运用这个短语是在 2000 年 1 月 24 日的一次地区法院院长会议上，这个设想是他早期国家改革计划的核心。一周后普京争辩说“法律的独裁是我们唯一必须接受的独裁”，他认为，没有法律和秩序的自由“必将堕落为混乱和无序状态”。在 2000 年 7 月 8 日的演说中，他辩论说，“俄罗斯的一个新时代已经开始，权威正获得道德的力量来要求既有的国家规范必须被遵守”，而且“严格遵守法律必须成为所有俄罗斯人自愿选择的一种需要”。在稍后的一次采访中，他坚持认为他在努力结束俄罗斯的一种状态，在这种状态中，俄罗斯人似乎成了种种不同地区的臣民，而不是唯一国家的公民。这适用于民众生活也适用于经济。普京坚持认为，他有决心结束某些地区对经济自由的限制，在那里商业被家族成员瓜分，媒体和民间组织受到迫害。因此，普京中央集权主义的一个次要主题就是恢复中央和地方关系的连贯性。在 2008 年 7 月 8 日的演讲中，他强调中央和地方权力之间的“争权斗争”是破坏性的，他辩论说，“我们必须承认（俄罗斯）还不是一个发展成熟的联邦国家”。相反，俄罗斯“创造了一个去中央的国家”。

虽然普京领导下的总统制努力打造更大的操控空间，普京却不愿政权完全受控于宪政秩序指令或民众代表制度（选举）的变幻莫测之下。叶利钦早就担心民主如果不加控制地运用可能导致错误的结果，因为，一个共产党的政府将使市场民主的建设无功而返，威胁俄罗斯邻国以追求苏联重新统一的梦想，并对抗这个国家的西方伙伴。正是这个原因，这个政权的几个派系曾呼吁取消1996年的总统选举。这种困境是实在的，反映出该政权的这种观点，即俄罗斯人民还没成熟到足以相信民主。就像土耳其武装和一些拉美国家的军队一样，该政权认为自己是国家真正理想的守护者。这是该政权的一些知识分子，如格列布·帕夫洛夫斯基和谢尔盖·马尔科夫明确支持的意识形态。该观点有一定的逻辑，然而，我们知道，无论何时，当军事行为作为“国家的救星”反对民主时，其结果通常都与意图相反，该政权对军事的模仿妨碍了发展足够强大的政治秩序以抵御民主的敌人。

因此，当普京承担重建国家的任务时，他被迫在一些必须履行的责任之间徘徊。第一个也是最明确的一个是他打算清理该政权本身的行为，结束最严重的腐败和寡头们随意获得政治权利的自由。正如我们看到的，他努力实现的这一点实现得还是相当快的。第二项任务就是保障法律在全国畅行无碍。当他的联邦改革开始遏制地方大佬时，法律条文还远没有统一。然而，第三项迫不得已做的事情却与前两项背道而驰，也就是保障政权自身的主导地位不受挑战。第四个重要事项是普京试图在政权内部扩大总统制的自治权。

因此，国家的复兴陷于难以选择的两种形式，每种形式都产生了一种独特的中央集权主义。第一种形式接受普京维持现有宪法原则承诺的表面价值，并认可在整个俄罗斯普遍和统一地推行宪法和其他法律规范的努力，代表一种真正的企图——不仅要破坏叶利钦统治下出现的新型中世纪治理特色，而且也体现了对自由普遍主义的一种承诺。这将包括罗伯特·达尔所谓的社会多元政体，即多元政治的制度化基础。从这个角度，我们可以把这一过程描述为俄罗斯国家重组。普京的中央集权主义代表了民主的进步，因为法律适用于所有人，包括地区大佬、寡头，原则上，政权和总统也概莫能外。这是非常规范的（即法律和宪法的）国家权力重组。由此产生的制度类型是一种多元化的中央集权主义，一种民主的中央集权主义，在尊重公民社会和联邦规范的多元化的同时，捍卫法律和个人权利不受阻碍。多元化的中央集权主义确确实实地接受普京在他的《千禧年宣言》里的承诺，他在联邦会议上发表的各种年度演说以及其他许多声明都主张强大的国家应该根植于自由经济秩序和充满活力的公民社会。

然而，对叶利钦时代种种滥用职权的选择性做法，对可能破坏联邦制发展的分裂地区主义的攻击，对媒体自由和人权价值明显缺乏认识，表明普京的改革可能对联邦制原则和民主自由造成全面攻击。总统制对“权力结构”的依赖——某些寡头和权力部门是总统制不稳定联盟的一部分，表明另一种不太温和的中央集权主义形式可能会出现。我们把这称之为国家重新集中，以区别上述重构的中央集权主义。国家重新集中导致了紧缩的中央集权主义，其中维护宪法规范的浮夸之词及在全国范围普遍推行法律，威胁着发展真正意义上的联邦权力分立、媒体和信息自由，并建立了一种新型霸权主义的政党制度，在此制度里，赞助和优惠由国家官员中的新权贵阶层支付。有许多迹象表明，统一俄罗斯党努力成为一个新型赞助系统的核心，而 2000 年 7 月，在使用了 71 年后，墨西哥选择放弃这种类型。

从担任总统最开始，普京就利用宪政资源重新肯定了国家对分割的地区政权的特权。然而，让法律畅行无碍的努力在联邦层面上威胁到多数地区政府以之为特色的无法无天的状态。叶利钦个性化的政权构成对国家的威胁，但其对非对称联邦制的分散和鼓励使得媒体、地区性和其他自由得以生存。普京的新中央集权主义既带来积极的肯定，也带来了负面的指责：加强法治显然早就应该进行，但是加强政权和总统的权力并不等同于加强宪法法治。在普京强调强化国家的同时，他对国家强化的解释似乎常常是巩固政权及在政权内部强化总统制的同义词。这是一种基于控制和忠诚而非信任的强化。权力分立这一联邦支柱的削弱，不太可能从整体上加强对自由的捍卫。关键的考验是复兴后的总统制本身是否会服从“法律专政”新论，从而鼓励发展真正有序的法治国家，或者说它是否试图独立于这一过程之外，从而再次延续“从上而下革命”的传统，即只是为了结束革命，从而再现典型的维权政治模式。

普京 2004 年 9 月 13 日的“宪法政变”

2004 年别斯兰学校危机之后，普京在 9 月 13 日举行的 150 人政府扩大会议上发表演说。他宣布了一系列旨在加强国家安全的措施。普京谈到恐怖分子企图达到“该国分裂，使国家解体和俄罗斯崩溃”的预期目的。对普京来说，国家存在本身遭遇到了问题，他坚持认为，“我们必须提高国家机构在解决国家面临问题的效率。”然而，当天宣布的七项措施中，只有一项——在北高加索地区设立特别联邦委员会——直接与处理别斯兰问题相关。其他措施中至少有五项表明，加强“总统垂直权力机构”的力度急剧上升：任命地方首脑，议会选举中的百分之百比例代表制，设立一个公众院，建立一个赫鲁晓夫式的自愿巡逻队以维持公共秩序，并建立一个“危机管理系统”来开展反恐战争。最后一个措施是设立一个部门负责地区和民族政策，把轮子转了整整一圈回到了 20 世纪 90 年代初。上述措施多是与宪法平行的而不是反宪法的。2004 年 9 月的事件可与法国 1958 年发生的“宪法政变”相比较；而其他人则将 2004 年 9 月的事件与 19 世纪 80 年代亚历山大三世发动的反对其前任的“伟大改革”进行比较。现在到了马克思所说的量的变化引起了整个体制进行质的改变的时候了吗？

许多人认为，别斯兰发生的可怕事件对俄罗斯相当于 2001 年 9 月 11 日基地组织对世贸中心和五角大楼的袭击。关于“9 · 11 意味着什么”的辩论一直持续到现在。对小布什政府来说，它被视为发起一场“反恐战争”信号，在这场战争中人权和国际法则可以终止。因此，“9 · 11”概念包含两个方面：攻击本身的性质和意义，对攻击的回应。对一些评论者来说，“9 · 11”代表了激进的伊斯兰对西方最美好的一切——宽容、人权、民主和法治的攻击。其他人则认为，袭击不是针对西方价值观的攻击，而是对西方政策的攻击，尤其是西方的中东政策。这种双重的区别同样适用于俄罗斯：引发别斯兰袭击的直接和潜在因素，以及普京政府的回应。在这里，我们将重点讨论其中的第二个问题，第一个问题将在第 7 章和第 8 章中讨论。

别斯兰事件是一个催化剂，揭露了权力系统潜在的愿望，并强化了俄罗斯政治的准宪政特征。这些并不直接违反宪法，但是也并不遵行现行宪法。同时，与普京的意图相反，他们只是适当加强了行政权力系统或使政府工作更加有效。准宪政制旨在提高政府效率，但结果却破坏了合宪性和有序政府的种种原则。准宪政制是该政权的一种策略，而不是为了发展公正的和可预见的宪政国家的运作方式。通过制定旨在应对特定危机的一系列措施，他们有可能加剧危机发生的范围和程度。

别斯兰事件提供了一个机会，使许多长期只存在可能性的措施得以施行。如果认为这是对这场悲剧见利忘义的压榨，那未免太过分，但是它却反映了该政权对国家面临危险的认识，包括对国家完整性的担忧。9 月 4 日，普京在他的激情演说中谈到了苏联解体和俄罗斯自此以来未能完全成为一个国家的失败。普京警告说，在世界不断变化的情况下，俄罗斯没有被证明是有效的，并警告敌人试图从俄罗斯榨取“多汁的一口”。他认为，“俄罗斯现有的情况是经济处于转型之中，政治体制与社会发展不相应”。普京谈到了国际恐怖主义，但是很明显，从根本上说，别斯兰事件和其他地方的暴力事件是车臣冲突激化的延伸。他强调这是一个由含糊不清的无名力量策划的阴谋，就像“9·11”之后美国的情况一样。“反恐战争”的抽象性使得小布什政府可以随意确定其目标，并将这种“战争”作为理由来给任何它认为合理的措施辩护。“俄罗斯国家处于危险之中”的主题后来由苏尔科夫发展起来。普京在2005年4月25日的联邦大会讲话中讲到了这个话题，他把苏联解体说成是“20世纪最大的地缘政治灾难”。这种对俄罗斯政体脆弱性的认识加强了重新集中以及与之相关的紧缩中央集权主义，其重要性超过多元化重组。

“把寡头作为一个阶级进行清算”

在叶利钦领导下，俄罗斯引入了现代代议制民主国家制度，但同时这一制度被阉割了。这一矛盾非常有说服力地在总统制本身的发展中反映出来：作为一种制度，它成了俄罗斯政治生活的中心；但作为一个组织，它被叶利钦的个人主义风格削弱了。对普京领导的关键考验是政治过程是否能真正做到制度化。其中一个方面是国家与新商业精英的分化，这是普京首先需要解决的问题。正如托马斯·格雷厄姆指出的，“这种方法（对寡头的各种攻击）的弊病在于，目前尚不清楚克里姆林宫是否真的瞄准了目标，即首先导致寡头产生的结构性条件”。他认为，这些结构性条件是“权力与财产相互交织”，它阻碍了有效治理与高效市场的发展。只有明确地把商业与政府分离，才能打破导致寡头资本主义产生的制度。为此，需要有独立的司法机构、精简的官僚机构和更加诚实的政策。相反，当商业巨头的集体政治影响力被打破时，取代它的将是一种国家官僚资本主义。

与寡头斗争

在竞选期间和2000年7月8日的讲话中，普京谈到需要打破大企业与政府之间的亲密关系。在2000年初的总统竞选期间，普京曾借用1929年斯大林“把富农作为一个阶级进行清算”的计划，说他希望“把寡头作为一个阶级进行清算”，并强调需要创造一个公平的竞争环境。他的核心思想是特殊利益集团，尤其是寡头，应该与政府保持“等距”。不会再出现一群被挑选出来的寡头拥有特权进入权力走廊的情况。他们不再对国家行使阶级权力，或者当政权需要财政或其他支持时，甚至对国家进行绑架。普京在这个问题上的论述在2006年初的西班牙媒体采访中被完整地总结了出来：

早在20世纪90年代中期，寡头集团就取代了政府。他们当选议员并且为特定的金融—工业集团而不是社会的利益游说立法。他们还通过高层代表确保履行这些法律。我认为这不符合公众利益。

和普京的其他想法一样，这一宽泛的分析无疑是正确的，政策的导向可能也是正确的，但是它们的应用远没有达到期望。针对某些寡头的选择性攻击，无法消除该政权对产生于俄罗斯资本主义发展买办阶段的商业利益的依赖，而这种攻击方式却破坏了媒体和司法的独立性。

在当选的几个月内，普京发起了一场运动，反对叶利钦时代的“对所有人免费”的受益者。第一个感受到寒流袭击的是弗拉基米尔·古辛斯基的桥媒体帝国（Media-Most），它拥有许多期刊，但最重要的是独立电视台NTV，这家电视台一直严厉批评普京。桥媒体集团的办事处于2000年5月11日遭到突然搜查，6月13日，古辛斯基被捕（当时普京在西班牙），并被拘留四天（下文详述）。很快，俄罗斯一些最大的企业就受到国家机构的调查，调查涉及逃税和私有化交易。受到影响的公司包括俄罗斯天然气工业股份公司、诺里尔斯克镍业公司、卢克石油公司和最大的汽车制造商伏尔加（Avtovaz）。诺里尔斯克镍业公司由于臭名昭著的1995年—1996年“贷款换股份”交易而变成弗拉基米尔·波塔宁的资产，现在当局要求其偿还所谓少付的1.4亿美元赔偿金，当时该厂已被私有化，是他帮助组织的拍卖。把伏尔加列入名单，表明这场运动开始影响“家族”成员，也就是叶利钦个人周围的强大政治家和寡头集团的成员，因为他们中最强大的别列佐夫斯基，通过他的汽车经销公司罗格瓦茨（Logovaz）对这家亏损巨大的汽车公司进行榨取，获得了他的第一个一百万。别列佐夫斯基已经继续前进，他的兴趣已经多元化，包括俄罗斯国际航空公司、西伯利亚石油公司和媒体（包括主要电视台第一频道的49%的股份，这是全独联体和波罗的海地区能接收的唯一一家电视台）。正如别列佐夫斯基在2000年6月所说的那样，过去十年的生意经营方式意味着没人能够“在政府努力找出一些由头向他们收取费用的情况下生存”。

2000年7月，普京批评“在混乱的环境中感到舒适，在泥泞的浑水中捉鱼和希望保持原状的一些人”。叶利钦本人偶尔也会这样说，普里马科夫做总理时，曾对一些商界领袖进行调查，特别是别列佐夫斯基和亚历山大·斯摩棱斯基。1999年4月，别列佐夫斯基被指控“进行非法商业活动”，但11月份这一指控就被放弃了（当时普京已经是总理）。尤里·斯库拉托夫在担任检察长时对别列佐夫斯基进行了调查，俄罗斯国际航空公司的现金大量流入后者手中并被各类瑞士中介公司吸收，但斯库拉托夫在叶利钦任职的最后一年被解职。别列佐夫斯基因耗费他的公司资本而臭名昭著。例如，别列佐夫斯基于1995年以很高的折扣获得了西伯利亚石油公司，虽然它的产量为苏尔古特石油公司的40%，但后者（俄罗斯管理最好的石油公司之一）的市值要高出11倍。别列佐夫斯基是经典的“寡头”，融合了金融、媒体和政治权力，对政治而不是商业更感兴趣。

别列佐夫斯基的行为一如既往地大胆和狡猾。在 1999 年 12 月的议会选举中，别列佐夫斯基赢得了北部高加索卡拉恰伊 - 切尔克斯共和国的单席位选区杜马议席，有免于起诉的特权——除非杜马本身投票否决了他的豁免。他在 2000 年 7 月 17 日公然宣布，他计划辞去他的杜马议席以抗议普京政府的“专制”趋势，他说他不想“参与破坏俄罗斯和建立专制政权的活动”。他将豁免的保证描述为毫无价值。他的情况可能是这样的，因为大多数代表很高兴看到他面临资产剥离和政治冒险主义的后果。他的正式辞职信已于 7 月 19 日提交，其中强调了三个问题：试图控制地区领导人，刑事案件针对一些商人，莫斯科对卡拉恰伊 - 切尔克斯问题缺乏重视。他呼吁对所有过去的经济犯罪进行大赦，谴责反腐运动是“一场精心策划的运动，旨在摧毁一些主要的独立企业”，并说“凡是过去十年里没睡着的人，都曾自愿或不自愿地违反了法律”。

别列佐夫斯基开始进入反对派阵营，宣布创建一个主要由地方执政官组成的新党，这一举动仅仅在他为普京创建一个党派（统一俄罗斯党）几个月之后。别列佐夫斯基认为，俄罗斯需要“建设性的反对派”，否则“中央集权将不可避免”。别列佐夫斯基在杜马召集了一群志趣相投的代表组成一个新派别，该派别后来被称为“自由俄罗斯党”。这一党派将成为反普京联合阵营的核心。别列佐夫斯基利用民众对普京的恐惧仍然掌控着第一频道。他在 2000 年 6 月 27 日的一次采访中辩称：“所有的法令，普京提出的所有法律都是针对奴役人民的。人们被赋予了一丝自由的气息，现在他们又被迫屈服了。”同样，在宣布他打算辞去杜马职位时，他说他不想参与“毁灭俄罗斯和强制统治”。他谴责杜马，称其为“克里姆林宫的法律部门，乖乖地遵守所有命令和指示”。别列佐夫斯基宣布，他计划将他的所有利益合并成一家媒体控股公司，但是很快被迫谈判出售他在第一频道的股份。

2000 年 11 月，他“流亡”伦敦，同时继续赞助自由俄罗斯党，直到他于 2002 年 10 月 9 日被开除，因为他向共产党人和民族主义者示好。俄罗斯的引渡请求在 2003 年被拒绝，他获得了政治避难。他以英国为基地，为推翻普京发起了更为强硬的呼吁。2004 年末，他通过他的公民自由基金会向乌克兰反对派提供了至少 2100 万美元以支持“橙色革命”。2006 年 1 月，他煽动反宪法抗议：“普京总统违反宪法，今天对反对派采取任何暴力行动都是合理的，包括以武力夺取权力，这正是我努力的目的所在。”在过去的 18 个月中，他声明，“我们一直准备在俄罗斯强行夺取政权”。他青睐的政权更迭模式是精英内部政变，因为“大多数人和暴民对我从不感兴趣”。

对某些寡头的攻击被解释为对媒体自由的攻击。古辛斯基加入了别列佐夫斯基，谴责普京政府。他断言，反寡头运动标志着俄罗斯在 20 世纪 90 年代享有的民主自由的结束。他说：“在俄罗斯曾经有一个警察政权。它暂时消失了，现在正在重建。”普京本人对事件的态度非常不同。2000 年 7 月 14 日，他在接受《消息报》的采访时为税务警察和联邦检察长办公室对桥媒体集团、伏尔加、卢克石油公司和波塔宁的俄罗斯国际控股公司等的行为进行了辩护。他坚持认为，“国家有权期待企业家遵守游戏规则”。他坚持认为，“国家将对改善企业运营环境进行更加积极的行动。我首先指的是税收领域和恢复经济秩序”。普京坚持，所有寡头都应与政府保持平等关系。通过把别列佐夫斯基和古辛斯基变成该政权的恩普森和达德利，普京试图警告其余的人一个新领导时代已经到来。

将寡头集团作为一个阶级进行攻击，在2003年12月的议会选举和2004年3月的总统选举之前被重新发起。这次的目标是米哈伊尔·霍多尔科夫斯基，他是庞大的尤科斯石油公司老板。2003年7月初，检察长办公室搜查了该公司的莫斯科总部，并逮捕了该公司的安全总监阿列克谢·皮丘金。7月2日，梅纳捷普国际金融协会（尤科斯的主要股东）的主要负责人普拉东·列别杰夫因涉及收购俄罗斯最大的化肥公司价值2.8亿美元的股份而被捕。对他的指控是大规模的欺诈行为。尤科斯的主要股东列昂尼德·涅夫兹林和霍多尔科夫斯基在列别杰夫案中作为证人被质询。10月25日拂晓时分，霍多尔科夫斯基在新西伯利亚的一架飞机上遭到突击搜查而被捕，这导致数月的打击压力达到顶峰。尽管一个国际辩护律师小组呼吁允许他保释，但他仍被关押在莫斯科的巴特罗斯卡亚蒂什纳（Matrosskaya Tishina）拘留中心数月。与此同时，还发生了针对其他寡头的各种威胁。针对俄罗斯铝业公司（俄铝）负责人奥列格·德里帕斯卡的一个长期行动被重启，而克里姆林宫向西伯利亚石油公司的负责人罗曼·阿布拉莫维奇明确表示，他对伦敦切尔西足球俱乐部的大手笔收购不被认可。尤科斯和西伯利亚石油公司计划合并成立世界最大的石油公司之一一事被暂停。即使是俄罗斯国际控股公司（诺里尔斯克镍业拥有人）的负责人，超级忠诚克里姆林宫的弗拉基米尔·波塔宁，在其寻找将他的一些资产转移到海外的方式时，也不免承受压力。

对尤科斯的打击标志着克里姆林宫决定维护其对商界的权威。这个案件牵涉许多因素，从尤科斯试图推行独立的能源政策［赞成在中国北部建设一条私人管道到达大庆，而非由俄罗斯国家石油管道运输公司控制的通往远东和日本市场的通道］，到霍多尔科夫斯基支持众多政党的折中立场——从雅布罗科党一直延伸到共产党。也许最有争议的是霍多尔科夫斯基的独立政治野心，他似乎在为 2008 年可能获得的领导地位而努力。更广泛地说，2000 年企业与克里姆林宫之间达成的“社会契约”正在重新起草。大企业远离政治已经远远不够：在复兴的状态下，经济领域被当局控制，寡头们明白他们作为资本主义创造者的历史角色结束了。一种新的政治经济模式即将出现，其中“寡头”这个概念将不属于这个时代。

新游戏规则

该运动的有选择性行为引起了人们的怀疑，认为它不是针对真正的犯罪和腐败，而是针对普京的批评者和反对者。虽然打击无疑是有选择的，但远非专断。普京的目标是那些以最具挑衅性的方式标榜自己亲近权力的人，声称他们滥用了自己对媒体的支配地位，或者极力利用各种减税计划。普京正在制定政治游戏的规则，在攻击一些寡头时，他也在惩罚其他的人。有一种隐含的威胁：如果你想在 20 世纪 90 年代保持资产的“获利”，那就必须服从。到 2004 年，这已经不够了，利利娅 · 舍夫佐娃等评论员看到对寡头的再次攻击，认为这是为了报复官僚作风和所谓的“权力结构”来建立社团主义制度。就她而言，“寡头政治是一个神话。官僚体系仍然是俄罗斯治理体系中的主导力量，因为它已经非常古老”。

别列佐夫斯基长期以来一直警告左派的危险，尤其是共产党人，但他发现自己被右翼——与安全机构结盟的总统制包抄了。然而，反对寡头运动的人士怀疑，有一批富豪正在利用法律和总统制来反对另一个集团。尤其是罗曼 · 阿布拉莫维奇，他早在 2000 年初就参与创建了一家控股公司，该公司控制着俄罗斯大部分的铝生产，他也因觊觎诺里尔斯克镍业公司和古辛斯基的独立电视台而众所周知。其他寡头，尤其是秋明石油公司首席执行官米哈伊尔 · 弗里德曼、奥列格 · 德里帕斯卡以及更多的寡头现在关注的是如何发展自己的业务，同时远离政治。他们乐意接受游戏的新规则，包括与克里姆林宫一起制定一些重要举措，从而成为新时代的关键人物。虽然商业现在已脱离政治，但政治却以前所未有的果断进军商业。

2000 年 7 月 28 日，俄罗斯商界精英中的 21 位顶尖人物与总统会面，制定了政府与商界关系的基本规则。这不是商界精英和克里姆林宫之间的第一次会议。1997 年 9 月，在国有电信公司（Svyazinvest）

私有化丑闻之后，顶级寡头们被邀请与叶利钦会面，制定参与行为规则。那次会面并没有什么实质内容，克里姆林宫现在试图确保企业领导人不会得到这样的印象，即他们与当选的总统是平等的政治对话者。2000 年 7 月召开了一次会议，目的是制定新的游戏规则，其中国家的作用将得到加强和尊重。与会者是一个兼收并蓄的群体，但同样值得注意的是缺席者。议程是由右翼力量联盟杜马派领导人涅姆佐夫制定的。他坚持认为，“商业和权力不应互相攻击或勒索，它们应该成为俄罗斯经济复苏的合作伙伴”。商界领袖向政府提出了三点声明：首先，克里姆林宫要宣布暂停对过去十年来私有化合法性的调查，不再重新分配前国有资产；其次，商界必须承诺遵守规则，纳税并恪守法律；第三，政府自身必须摆脱腐败的官僚主义，而企业巨头则必须承诺不使用政府机构或贿赂国家官员打击竞争对手。然而，正如当时许多人指出的那样，权力和财产之间的联系几乎没有受到这样一个非宪政的“契约”的挑战，而这种契约总是排除了一些主要参与者。

对叶利钦式政治的修正伴随着人们担心民主会在同一时间被扫除。古辛斯基认为，俄罗斯正在建立一个“警察政权”，并说他担心自己有生命危险。他宣称普京在桥媒体开始批评车臣战争后就转而反对他。他补充说，他成为“迫害的受害者”的原因之一是俄罗斯人“试图摧毁”富人，他们（他认为）天生就爱嫉妒和憎恨，并且因为他是犹太人。特列季亚科夫对这种情况进行了更细微的分析。他指出，几种合乎逻辑的方法在这里存在冲突：虽然克里姆林宫仍然从传统民族国家的角度看待世界，但独立电视台的所有者将任何跨国公司，尤其是与媒体相关的跨国公司，视为一个单一的无边界的经济活动领域。同时，鉴于大多数俄罗斯政党的相当无定形的性质，古辛斯基的媒体帝国已成为反对普京的有效领导者，这使他的行动和动机受到尖锐的批评。当国家利益被视为与政府利益同义时，任何对政府的批评都可被视为反国家。正如特列季亚科夫所说的，从克里姆林宫的角度来看，桥媒体是“一个伪装成媒体控股的激进的反对派政党”。

只要普京的反寡头运动是由以旧政权体制为核心的总统制进行的，那么其政治选择性就可能存在合法性的问题。他没有使用法庭，而是依靠内务部、联邦安全局和检察长领导的强硬手段。只有当反腐运动由一个明显自由和独立的司法机构进行时，对这场运动是为推进政治目的而设计的担心才会消除。有迹象表明，审计署发挥了更大的作用。审计署是一个被授权监督联邦预算资金使用情况的独立机构，并由前总理、曾任联邦安全局局长的谢尔盖·斯捷帕申领导。2005 年通过的一项法律对 20 世纪 90 年代私有化期间发生的经济犯罪进行了部分特赦，但税务调查的威胁依然存在。法律允许现有企业进行合并，但在刑事起诉的威胁已经减退的同时，来自国家的威胁却愈演愈烈。

普京在尤科斯案前夕指出：

我不太喜欢用“寡头”一词来形容俄罗斯大企业代表。我们在使用这个词时，通常是说，寡头是某人，用偷来的钱，利用对权力机构和行政机构的特殊接触，他继续掠夺国家财富。我正在尽一切努力确保这种情况在俄罗斯不再重演。

他在2006年5月10日向联邦议会发表讲话谈到这个主题时，表示不后悔“踩了某人的脚趾”。他承认，富兰克林·罗斯福在1934年大萧条时期使用过这句话，但他发誓要继续走这条道路：“我们将继续践踏他们。但是，这些人相对较少，他们试图通过一些对更大利益有害的捷径来保留或获得地位或财富，或者两者兼得。”结果，普京的新规则为俄罗斯的寡头（或买办）资本主义转变为新的体系铺平了道路。由企业集团主导的俄罗斯经济仍然高度集中，但与政府的关系发生了变化。普京在2000年7月，以圆桌会议的形式定期与商界领袖会面，但寡头统治时代已经结束了。许多公司看到公司治理有所改善，财务流程更加透明，经济竞争力更强，便倾向于寻求利润而不是寻租。然而，2003年国家的鞭策以及对尤科斯的打击代表了一个新阶段的开始，在这个阶段，政府试图通过赞助“全国冠军”——主要在能源部门来塑造经济领域，并且确保大企业“对社会负责”。财产权的安全受到破坏，而且像在苏联时代，法律被当作了工具。尤科斯事件标志着一种新政治经济模式的开始，其中公众和私人之间界限的模糊程度不亚于20世纪90年代，但现在国家掌控让位给了企业掌控。

言论自由和媒体

普京的总统任期伴随着对媒体自由的持续担忧。普京总统竞选总部于 2000 年 3 月 4 日发布的一则警告，威胁到大众媒体“对挑衅行为的不对称反应”，这是比 1997 年英国大选中新工党快速反驳更为强大的版本。对自由电台记者安德烈 · 巴比茨基、环境记者和退役的海军上尉亚历山大 · 尼基京，以及受人欢迎的揭黑幕记者亚历山大 · 金斯坦等人的迫害，似乎都表明了繁荣和充盈的新闻自由的终结。这种自由出现在 20 世纪 80 年代后期，在叶利钦领导下稳步增长。然而，其中的大部分都倾向于寡头的意志。缺乏强大的独立金融基础和严重垄断的广告市场的弱点，意味着在 20 世纪 90 年代，苏联时期的国家监督逐渐转变为集团统治。一些独立的广播电台和印刷出版物确实存在，但它们的存在是不稳定的。

巴比茨基于 2000 年 1 月 16 日在车臣被捕，被隔离监禁了一个月，然后用作与车臣武装分子交换一些俄罗斯囚犯。在达吉斯坦被释放后，他被指控拥有虚假文件，被禁止出境。2000 年 3 月 10 日，在《生意人报》发表的一本书的摘录中（后来的图书版本的文字失去了报纸版本的一些严厉性），普京对巴比茨基非常严厉（“如果你希望这些法律对你而言得到遵守，那么请你遵守你国家的法律”）。前克格勃特工奥列格 · 卡卢金被普京描述为“叛徒”。然而，当被问及在克里姆林宫财产部门负责人全面调查他的腐败指控之前任命帕维尔 · 博罗金做俄罗斯—白俄罗斯联盟国务秘书是否恰当时，普京指出“有一条金科玉律，一条任何民主制度的创始原则，这就是所谓无罪推定”。正如叶夫根尼·基谢廖夫两天后在独立电视台的有影响力的《综述》（Itogi）时事节目中指出的那样，这有点双重标准的痕迹：巴比茨基和卡卢金是叛徒和仇人，而其他人则享有无罪推定。

信息当局对第二次车臣战争的报道强制采用了当代西方在战争状态下的信息报道方式。任何非官方的战争报道都可以被解释为“反国家行为”。金斯坦在《莫斯科共青团报》发表了一篇文章，暗示克里姆林宫涉嫌叛国。结果不久便降临到他的头上：他被拖下床，试图把他隔离在精神科病房，声称他在1997年的驾驶执照申请中隐瞒了精神健康史。2000年5月11日，唯一的全国性独立电视台——古辛斯基的独立电视台办公室遭到了蒙面税务警察的袭击，他随后于6月13日被监禁四天，这一行动暗示了政府对新闻自由的持续打击。民主派的《社会报》（Obshchaya Gazeta）发表了一篇社论，警告普京正在建立一个“独裁统治”：“总统手中掌握的更多权力似乎不是为了实施某些政策，因为没有公布与巩固权力有关的任何政策，而巩固权力本身已成为目标。”

古辛斯基不可能比其他寡头更腐败，但他是一个独立媒体公司的负责人，这个媒体批评普京和“家族”。俄罗斯独立电视台成立于1993年，在1994年的第一次车臣战争期间发表了关于联邦行动的批评性评论。1996年，当叶利钦寻求连任时，它就把它的命运和当局绑在了一起。当时的电视台负责人伊戈尔·马拉申科认为，与共产主义回归的威胁相比，叶利钦代表的是较轻的邪恶。在20世纪90年代后期，独立电视台犯下了当时最严重的会计案例——保留了一套真实的欺诈性账簿，最终从俄罗斯天然气工业股份公司借了12亿美元。在1999年至2000年选举期间，一股狂傲的气氛笼罩着该电视台。其对普京的人身攻击相当恶毒，尽管可能不会比由谢尔盖·多伦科在别列佐夫斯基主导下的第一频道对卢日科夫和普里马科夫的攻击更加龌龊。到20世纪90年代末，在大众媒体领域进行改革的时机已经成熟。

2000年7月8日，在对联邦议会的第一次演讲中，普京坚持认为，“没有真正的自由媒体，俄罗斯的民主就无法生存，我们也不会成功地建立一个公民社会”。他在那次讲话中警告说，许多电视台和报纸都提高了它们所有者的政治和商业利益，认为有些媒体从事“大规模虚假宣传”，是“一种与国家做斗争的手段”。普京的后苏维埃主义——接受媒体多元主义和承认媒体自由是民主社会的基石——与他的新苏维埃反对派发生了冲突，但这方面的例子不多，暗示媒体在某种程度上犯有“反国家”罪。这件事意味着什么，普京在不久后接受采访时明确表达，他质疑俄罗斯媒体是否因为寡头利益的统治地位而真正独立：“他们更多是为保持对国家的影响力而不是言论自由和新闻自由而斗争。”不过，他补充说，他认为媒体与当局之间的冲突是“人为的”。普京坚持认为，建立一个强大而有效的国家不应导致侵犯公民自由，俄罗斯不能成为警察国家。但即使在这里，也可以听到他的新苏维埃主义的回声，这反映在他的论点中，即从自上而下的后苏联时代起，俄罗斯的民主几乎导致了混乱。

在这个时候，一些评论家（例如基谢廖夫）认为，普京加强了他的个人力量而不是国家力量：“我们对国家的理解不是一个由前权力结构和安全部门成员领导的官僚机器，而是一个民主的俄罗斯及其人民。”2001年4月3日，独立电视台成立了新的管理机构，首先采取的行动之一就是取消《综述》节目。基谢廖夫继续参与接管第六电视台（TV6）的财团。然后该台在由普里马科夫为首的忠诚董事会的监督下作为电视中心（TVS）进行广播。旧日充满活力的独立电视台的终结是一个巨大的损失（尤其是斯维特兰娜·索罗金娜引入的优秀政治分析栏目），但应该指出，它沉溺于对领导者的粗暴攻击从来不会得到西方的支持。无论是隶属于该政权还是与之相对立，俄罗斯媒体的人身攻击反映了俄罗斯知识分子的粗鲁。现在，悄悄潜入的一种谄媚精神扼杀了早年的繁荣。

以莫斯科回声（Ekho Moskvy）广播电台为例，广播承受的压力也很明显，该电台曾因自身极端独立而知名。旧团队被解散，然后一批新的独立记者被允许接管该电台，但它最终成了俄罗斯天然气工业股份公司媒体帝国的一部分，虽然它仍然强烈批评克里姆林宫。2001年，俄罗斯天然气工业股份公司接管了古辛斯基的桥媒体以前拥有的报纸《今日》（Segodnya），并很快关闭了它。俄罗斯天然气公司下属的传媒公司俄气传媒（Gazprom-Media）成立于此次收购之后，2006年，其86%的股份仍归俄罗斯天然气工业股份公司所有。新型独立电视台也无法抵抗政治压力，而俄罗斯天然气工业股份公司在2003年1月克里姆林宫的急令中解聘了该电视台的新经理鲍里斯·乔丹，原因是该电视台在几个月前报道杜布罗夫卡剧院的围城的方式。虽然普京在“十月围城危机”之后否决了杜马通过的立法，该法严格限制对恐怖主义行为的报道，并禁止广播他们的言论，认为其“太苛刻”，但很明显他对媒体行为的适当限制有强烈的看法。普京的策略是设定可接受的新闻行为的参数，然后在这些批准的限度内允许一定的自由度。就像他在处理寡头问题时一样，其目的是建立游戏规则，并使用一些精选案例来杀一儆百。这鼓励了先发制人的顺从及由于害怕超过界限而进行自我审查。苏联时代的“审查控制”现在让位于“所有权控制”，但即使在这个框架内，仍然存在一定程度的多元化。

别斯兰事件使普京确保公共领域同情报道的努力引发的持续紧张局势浮出水面。《消息报》编辑拉夫·沙基罗夫被迫在大屠杀事件后立即辞职，显然是因为9月3日刊登了一张没有文字的整版照片。这份报纸由波塔宁所拥有的传媒集团（Prof-Media）出版，波塔宁关心的是自己不能让克里姆林宫不高兴而走上霍多尔科夫斯基的道路。2005年6月，俄罗斯天然气工业股份公司从波塔宁手中购买了《消息报》，随后新闻报道的质量明显下降。很少有人会反驳，俄罗斯天然气工业股份公司下属传媒公司的发展对媒体独立性和调查热情有益。与此同时，没有任何措施阻止讨论（尽管通常在发行量相对较小的报纸上）有争议的问题。国防部部长谢尔盖·伊万诺夫的儿子亚历山大·伊万诺夫在一个十字路口撞死了一名行人，或者在霍多尔科夫斯基案件中滥用司法程序的案件获得了相当的报道。然而，2004年从独立电视台精心打造的《刚刚发生》（Namedni）节目中排除了列昂尼德·帕尔菲奥诺夫，这标志着在充满活力的独立广播的棺材上又钉了一个钉子。别列佐夫斯基原来拥有的两份报纸也转了手。2005年8月，《独立报》被格尔曼·格列夫的助理康斯坦丁·列姆楚科夫收购。1999年至2006年2月别列佐夫斯基拥有的《生意人报》也开始失去其曾经有名的客观性。别列佐夫斯基把这份报纸卖给了位于格鲁吉亚的寡头巴德里·帕塔尔卡齐什维利，他在俄罗斯是一个不受欢迎的人。2006年8月，该报又为大亨阿利舍尔·乌斯马诺夫收购，乌斯马诺夫是许多钢铁厂的老板以及俄罗斯天然气工业股份公司的全资子公司俄气投资控股公司的主席。而此时主编也换了。

截至2006年，俄罗斯拥有1100个电视频道（5个主要网络和3个全国性频道）、670家广播电台和53,000种期刊，其中一半由外国的资金资助。互联网成为信息的主要来源，根据一项调查，每天有7%的俄罗斯人登录互联网。尽管如此，调查显示“中央电视”是85%的人口的主要信息来源。主要的电视频道——第一频道、俄罗斯电视台、电视中心频道和独立电视台——都受到克里姆林宫的控制，而俄罗斯联邦电视台（Ren-TV）在无休止地报道当局活动方面只是略显得不那么谄媚而已。从2004年起，所有小组讨论都被预先记录，有挑衅的评论被当即排除。在2006年的新闻自由指数中，“无国界记者组织”将俄罗斯排在168个国家中的第147位，介于新加坡和突尼斯之间。2006年10月7日（普京的生日）调查记者安娜·波利特科夫斯卡娅在莫斯科被杀害，使媒体自由问题凸显出来。这起谋杀只是包括 2004 年 7 月杀害《福布斯》记者保罗·克列布尼科夫在内的一系列案件中的一个。自 2000 年以来，已有 13 名俄罗斯记者被雇用的刺客谋杀。虽然没有证据表明俄罗斯当局参与了这些杀戮事件，但他们确实被指控对这些谋杀案调查不力，并容忍了导致这些谋杀案发生的条件。

克里姆林宫对外国媒体的无情的反俄罗斯运动感到震惊，随即发动了全方位的反击。其中一个行动是于 2005 年 12 月 10 日推出名为“今日俄罗斯”的国际英语电视频道，提供“俄罗斯对世界事件的看法”。该电台的总编辑玛加丽塔·西蒙尼扬主要雇用英语主持人，将其任务定义为“向国外公众迅速提供关于俄罗斯的信息”。在俄罗斯国内频道上，过去充满活力的政治讨论让位于平淡的讨论或让克里姆林宫自己的政治顾问成为政治谈话节目主持人。最令人愤慨的是独立电视台由格列布·帕夫洛夫斯基主持的“真正政治”栏目，反映出这样的信念：后苏联时代的政治只不过是由“政治技术”所控制的影子世界精英所操纵的马基雅维利式的权谋，在这其中，傀儡主人玩他们自己设计的奥威尔式国际象棋游戏。

对媒体自由的行政干预涉及范围仍然很大，大约 80%的印刷媒体和 90%的电视及广播媒体都是国有的。国家拥有俄罗斯今日电视台、全俄罗斯国家电视广播公司、第一频道（由国家控股，前身是 ORT）、俄罗斯国际新闻通讯社（简称“俄罗斯新闻社”或“俄新社”。——译者注），以及通过俄罗斯天然气工业股份公司控股的俄气传媒。政府对地区媒体的补贴不再通过地区政府机构，而是直接从联邦预算中获得。地区媒体仍然高度政治化，通常充当地方首脑的喉舌，但如今却不太愿意批评中央。只有在拥有独立资金来源(包括来自外国的）一些大城市里，才遵守准确性和无偏见报道的原则。普京坚决反对地区要人和寡头们滥用媒体自由，但这并不意味着他试图恢复媒体的真正独立性。普京一再坚持认为，建立一个强大而有效的国家不应该导致侵犯公民自由，但媒体多样性不仅受到政权支持的所有制变更的制约，还受到商业化压力的制约。正如在 21 世纪初的所有发达社会中，媒体受到评级和从属于企业广告客户的推动。政权压力和缺乏多样的资金来源是媒体自由的最大威胁。

司法改革与人权

尽管有无尽的计划，直到后共产主义时代，俄罗斯的司法机构依然带着苏联时代的印痕，这反映在对公民权利和自由的司法保护水平低下上。出身法学专业的普京对法律在塑造社会关系中的作用非常敏感。然而夏雷特认为，普京的“法治政治”被用作了“重新设计政治权力分配和流动的工具”。

法律体系改革

1993 年的《宪法》建立了一个统一的国家法律行政体系。司法体系包括检察、仲裁法庭（处理经济或其他依法成立的机构之间的争端）以及以最高法院为首的一般刑事法庭。宪法法院的 19 名法官做出判决，负责解释宪法如何体现于具体的案例之中。然而，国家司法体系不管多么微弱，也对地区独裁的出现发挥了阻碍作用。它是中世纪法律分割状态的障碍，普京努力加强它在这方面的作用。

司法改革的总体方案是由德米特里 · 科扎克筹划的，他是普京在圣彼得堡的同事。因“家族”的敌意，2000 年他没能成为检察长。2001 年 12 月通过的法律旨在提高对个体的人权和公民权利及公民的经济权利的保障。其意图是走出苏维埃的风格体系，加重法官和检察官的砝码，基于探究性的意识形态，转向一种更具对抗性的体系，在这个体系里被告人的权利与法庭的权利更加均衡。这些措施包括大幅提高司法资助，新的刑事诉讼法（UPK）将检察官的权力转移给法官，并通过赋予法官更多的责任来提升司法责任。总之，到 2003 年，11 部主要的法律改变了法律环境，同时努力提供足够的资助来保障改革的有效实施。

2002 年 7 月 1 日推出的《刑事诉讼法》代表着法律改革的一个里程碑。其背景满是腐败的法院系统（据称俄罗斯人每年要用 4 亿美元贿赂法庭）、伪造证据及滥用刑罚到有时变成酷刑的地步。新法规是法律体系改革的核心要素，代表着俄罗斯刑事法律体系的重大改革，意在保护个体免于国家的专断之害。辩护律师的权利提高了，关押期限缩短了，法庭审判的运用范围扩大了。在新法律之下，是法庭而不是检察官可以批准搜查、逮捕及超过48小时的拘押，这种措施令检察机构甚感不快而产生抵触情绪。于是，《人身保护法》得到了加强，不在场审判被废除了。新法规允许被拘押人受审之前与其律师有两个小时的会谈时间，如果没有法官的许可，拘押不得超过两天。控制运用证据的原则也改变了，挑战国家和警察证据变得容易了。法庭审判体系多年来一直限制在九个地区，现在也扩展到了该国的其他地区，最后的车臣是在2007年1月计划引进了这一体系（实际推迟了两年）。目的在于提高无罪释放率，传统上这个概率不超过0.5%，而无罪释放率在西欧约为15%，美国约为25%。

新法规努力减少审前拘押（2002年约为25万人），因为他们经常面临长年拘禁而不被审判。比较轻微的犯罪也会判较长的监禁。俄罗斯监禁了100多万人，其人均监狱人数远高于除美国以外的所有西方国家。与此同时，当普京担任总统时，政府将法官的人数从1.7万人增加到约2万人，并将其薪酬提高了四倍。目的是确保其独立性，并通过采用新的程序记录不负责任的法官来提高他们的责任心。在引入新《刑事诉讼法》的同一天，新《行政违规法》生效。对非违法犯罪行为，比如违反交通规则、贩私、卖淫、公开辱骂或未能持护照等实施或增加罚款。同样，关于《俄罗斯律师法》（advokatura）的新法律于2001年7月1日生效，而仲裁法院（treteiski）的权力得到了加强，为非官方解决商业冲突提供了场所。通过了新规则，以确保执行宪法法庭的决定。

虽然法官相对检察官的权力有所增加，但聘请和解雇法官的“资格委员会”的建立增加了法官对行政人员的依赖。为了给人民带来司法改革，俄罗斯律师协会计划于 2007 年建立一个全国性的法律支持中心网络，相当于英国的公民咨询局，德米特里·梅德韦杰夫是项目发起人之一。但与此同时，杜马试图限制律师从事企业活动或从事法律工作以外的任何有偿活动的机会。正如莫斯科律师协会负责人亨利·列兹尼克指出的那样，这将有效地使律师成为国家雇员，将他们变成“受到惊吓的、颤抖的兔子”。

尽管立法领域发生了重大变化，但执法领域的成绩却处于滞后状态。甚至一些规范性成果也受到了攻击。这体现在对死刑的持续争议上。俄罗斯于 1996 年 2 月加入欧洲委员会后，叶利钦实行的暂缓执行仍然存在，但由于杜马和民意的反对，这一点尚未在《刑事诉讼法》或法律中正式确定。普京表达了他的个人观点，即法律应该废除死刑，尽管 80%的公众支持保留死刑。然而，俄罗斯的谋杀率（每 10 万人中有 34 人）仍然是世界第二高，仅次于南非，是美国的三倍。正是出于这个原因，公众舆论试图对最严重罪行的肇事者进行死刑报复。尽管在 2006 年 5 月实施了无期徒刑，但被判参与别斯兰暴行的库拉耶夫被人们强烈要求判处死刑。

尽管确凿的证据不容易得到，但似乎复兴的联邦安全局能够限制有组织犯罪对企业的压力。例如，在叶卡捷琳堡和托木斯克等城市，20 世纪 90 年代最严重的勒索保护费的行为受到遏制，中小企业得以发展。很可能有组织犯罪已经接管了企业，现在变得合法了，但旧的无法无天已经不存在了。与此同时，普京抨击了犯罪分子（vory v zakone）体系，他们是依据与“正直”社会不同的严格规则生活的犯罪团伙。普京拒绝接受这些“红色区域”，现在罪犯中的一些人已经结婚，而这在团伙成员中是遭到禁止的，而且，这些人还进入了主流社会。他们对监狱营地的影响力也削弱了。

虽然针对俄罗斯司法系统的批评是正当的，但许多评论都被夸大了。俄罗斯法官的无能和腐败的共同形象远非如此。正如凯瑟琳·亨德利和彼得·默雷尔在他们对仲裁制度运作的研究中所表明的那样，这些法院在仲裁企业之间的纠纷方面非常有效，尽管判决的执行仍然是一个问题。此外，如果国家是商业纠纷的一方，有人会担心判决的公正性。对司法公正的要求急剧增加，寻求通过法院申冤的人数，从叶利钦时代的100万增至普京时的600万，其中70%的胜诉案件是针对政府机构的。法院系统越来越多地履行其作为合同执行者的角色和解决冲突的手段，从而导致用暴力方式实现这些目标的情况减少了。科扎克的改革意味着地区当局再也无法干预司法任命和法官的职业生涯，因此司法部门在这些地区获得了更大的独立性。然而，玛丽亚·波波娃指出，在政治竞争力下降的情况下，涉及对当局意义重大的问题时，法院的独立性远未得到保证。用她的话来说，俄罗斯确实是那种“徘徊在完全民主和巩固的专制主义之间的混合政权……”弗拉基米尔·帕斯图霍夫将这一制度定性为双重合法主义，“官方”和“非官方”法律彼此之间相互竞争。

在当局关切的案例中，司法系统成为政治干涉的牺牲品。尤科斯案证明了莫斯科司法管辖区的缺陷，判决了太多无罪释放的法官被解雇，苏联式的“电话法”又不受欢迎地回来了。把宪法法院转移到圣彼得堡的计划导致人们担心它将孤立于以莫斯科为中心的政治进程。普京在 2006 年 1 月 31 日的新闻发布会上指出，此举将减少莫斯科联邦当局的过度集中，国际惯例并非罕见，德国宪法法院不在柏林，而是在卡尔斯鲁厄。甚至有传言说，普京将回到他的家乡圣彼得堡担任法院负责人。

弗拉基米尔 · 乌斯季诺夫在 2006 年 6 月 1 日作为总检察长被意外解雇，而这一决定在第二天令人惊讶地得到了联邦委员会的压倒性赞同，该事件可以看作是普京继续努力实施其权力的一部分。1999 年乌斯季诺夫的任命最初是由叶利钦“家族”支持的，在 2000 年他当然不是普京的检察长的首要人选，但正如我们所看到的，普京无法任命他的圣彼得堡同事科扎克。乌斯季诺夫的任命于 2000 年 5 月 17 日获得联邦委员会批准，并于 2005 年 4 月再延长五年。乌斯季诺夫的罢免现在与重新强调反腐败斗争有关，并且是普京巩固权力的迟来的迹象。不仅如此，随着接班人的接近，似乎谢钦—乌斯季诺夫联盟正在获得追随者，可能包括总理弗拉德科夫，甚至莫斯科市长卢日科夫。这一群体的巩固将剥夺普京在后续中的操控自由，这是他不允许的。在此情况下，发生了非同寻常的交换——司法部部长尤里 · 柴卡成为检察长，而乌斯季诺夫担任了新近空出的司法部部长职位。检察机关仍然是一个高度政治性的机构，尽管该机构在形式上不具有政治职能。在柴卡的领导下，检察官办公室率先采取了一些高调的反腐措施。柴卡坚持认为，他的办公室在维护个人权利方面会更积极，并建立了一个部门来监督联邦法律的遵守情况，以保护公民权利和自由。

各种各样的阴谋圈套都指向“西罗维基”，或至少一个“流氓”团伙，他们用钋 –210 慢性毒杀亚历山大 · 利特维年科，这起谋杀明显是从 2006 年 11 月 1 日实施的，直到 11 月 23 日导致其死亡。利特维年科是联邦安全局的前官员，自 1994 年以来一直与别列佐夫斯基有联系，因此与叶利钦派旧党有联系。他于 2000 年 11 月逃往伦敦，加入别列佐夫斯基一派反对普京的政权。他们一起拍电影，然后写了一本名为《爆炸俄罗斯》的书，正如我们在第 1 章中提到的那样，它宣称 1999 年 9 月爆炸的背后有联邦安全局的支持。已经发生了一系列神秘谋杀，包括 2003 年 4 月枪杀国家杜马议员谢尔盖 · 尤申科夫以及 2003 年 7 月因神秘疾病中毒死亡的尤里 · 谢科奇欣。利特维年科因辐射中毒而亡，这是继 10 月 7 日记者安娜 · 波利特科夫斯卡亚遇害及 11 月 24 日经济学家叶戈尔 · 盖达尔访问爱尔兰患上神秘疾病之后发生的事，似乎表明这一连串的事件是相互关联的。这当然是丘拜斯的观点，他认为，“波利特科夫斯卡娅、利特维年科和盖达尔等的一系列死亡完全符合那些人的利益和愿景，他们正大谈在俄罗斯实现一个强有力的违宪的权力更迭是一种可能的选择”。该派别的目的显然是强力保证普京在 2008 年后继续掌权，创造条件让他不可能下台。这一事件对外交政策的影响极为有害。俄罗斯外交部部长谢尔盖·拉夫罗夫承认："这当然会损害我们的关系。"他指的是与英国的关系，但是实际的损害更为严重。此外，杜马于 2006 年 7 月通过了一项法律，允许俄罗斯当局消除全球范围内的敌人，这让人想起以色列政府在 1974 年无情地追捕和杀害慕尼黑奥运屠杀的肇事者。2004 年 2 月，俄罗斯安全部队已经在卡塔尔暗杀了车臣前副总统泽利姆汗·扬达尔比耶夫。

人权

只要车臣战争继续下去，俄罗斯就会遭到侵犯人权的指控。俄罗斯受到欧洲委员会议会大会的谴责，其投票权在 2000 年下半年被中止了六个月，而国内机构，如莫斯科赫尔辛基小组在其年度人权报告中谴责了俄罗斯的一系列使用酷刑和法外处决的行为。虽然"失踪"的数量下降了，但《备忘录》报告 2006 年至少有 100 例。

一些具有里程碑意义的人权案件引起了相当的关注。亚历山大·尼基京因根据公开文件向挪威环境组织贝罗纳提供有关生锈的核潜艇对巴伦支海造成环境危险的报告而面临泄露国家机密的指控。圣彼得堡法院于 1999 年 12 月宣判其无罪，但该案因最高法院拒绝撤销无罪判决而最终于 2000 年 9 月终止。军事记者格里戈里·帕西科同样遭受了漫长的审讯和延期审判，因为他披露了关于太平洋舰队对鄂霍次克海造成环境危险的信息，1997 年最早对他提出犯下叛国罪的指控。对帕西科的叛国罪定罪引起了特别的争议。2002 年 6 月25 日，最高法院的军事部门维持了定罪，尽管很快被赦免，但帕西科拒绝承认他犯下的任何罪行。米哈伊尔 · 特雷普什金案件特别令人不安。他曾经是一名律师和前联邦安全局上校，曾试图发现 2000 年 9 月发生的公寓爆炸事件的真相。然而，在 2004 年 5 月，他因泄露国家机密和在车上非法携带手枪而被判处四年徒刑。2005 年 9 月以假释方式获释，两周后国家成功上诉反对假释决定，他被重新关押。尽管使用的材料都属于公共领域，但学院派的伊戈尔 · 苏佳金也被控告泄露国家机密。这些案例和其他案例增加了人们对人权的关注。安全机构已经退回到往日习惯，还是它们正在成为游戏新规则的一部分？目前尚不清楚这些案件是否属于例外，就像在其他领域一样，树立几个典型案例是为了警示其余吗？

关于替代役中存在诸多法律问题的段落也可以按照宪法中宣布的人权予以考虑。该法于 2002 年 7 月通过，2004 年 1 月 1 日生效，是提交给杜马的最受严厉批评的议案，却忠实地反映了军方的关切。替代役的申请人必须向征兵委员会证明服军役违反了他们的信仰。替代役通常在申请人居住的地区之外进行。民用机构的替代役持续 42 个月（受过高等教育的为 21 个月），而军事机构则分别持续 36 个月和 18 个月。替代役法律条款的惩罚性导致杜马的许多自由代表修改该法律，允许人们在其家乡服替代役。

在弗拉基米尔 · 卡尔塔什金的领导下，总统人权专员的年度报告经常是难以对付的文件。2002 年 7 月，他被另一位受人尊敬的维权人士、杜马代表埃拉·帕姆菲洛娃所取代。她曾对 1994 年—1996 年车臣战争的行为进行过激烈的批评。对她的任命，她坚持认为她的主要目标是帮助人们“以文明的方式维护自己的权利，并保护他们免受官僚和其他人的任意妄为”。2006 年 10 月，一项关于人权专员的联邦宪法法律修正案加强了他们对侵犯人权行为启动议会调查的权力。俄罗斯还有一个人权事务巡视员，是杜马职能中的三个职位之一（另外两个是国家银行和审计庭的负责人）。奥列格·米罗诺夫在 1998 年 5 月当选，任期五年，他感叹说自己在普京当选后不久才被普京接见过一次。他的年度报告特别批评了司法滥用人权行为，尤其在车臣境内。他的继任者弗拉基米尔·卢金是前雅布罗科党议员，也是一位独立人物。

国家重组成为普京计划的中心主题。这是 15 年来俄罗斯的权力第一次得到巩固。但是，国家加强与自由主义之间、权力合理化与重建秩序之间存在着极大的分歧。我们认为，国家强化有两个方面：一是通过重新集中，使国家权力合理化，并作为一种自我力量出现，同时追求与市场、社会和个人不同的自身利益；二是自由主义的一面，即国家通过重组来重建秩序，并作为个人自由、财产权的捍卫者，以及作为市场关系的监管者，起到应有的作用。前者将是一个“秩序井然的警察国家”，而后者将是一个多元化的社会。没有比强有力的自由主义国家更能捍卫人权了，但同样，即使是一个软弱的威权主义者也会威胁到法治和公民权利。

结 论

在公民社会和国家之间出现了一个相对自主的权力体系，这是一种特殊类型的政权，这种政权相对于前者基本上是独立也不对其负责，对于后者则是寄生的关系。该政权位于国家的合宪性和对人民的问责制之间。普京最大的成就是规范了政权与国家的关系，但政权与社会之间仍然存在鸿沟。公民社会组织，尤其是工会和媒体，在保持独立性的同时，还没有充分参与形成社会秩序。普京的国家建设战略在自由主义和专制主义之间存在根本的紧张关系。我们将这种矛盾归结为国家重建，法律基础和宪法至上之间的矛盾，以及在多元化遭到破坏和社会活动服从于管理团体利益情况下的再次集结。普京的改革试图重建国家，但这些改革也面临着限制俄罗斯在20世纪90年代不均衡、不彻底的民主革命换来的来之不易自由的危险。普京可能只能调和秩序和自由，从而完成彼得·斯托雷平在21世纪初概括的纲领，但这次是以民主形式进行的。专制和共产主义政权未能做到的事情今天可能就在国家的把握之内：成为一个自由、民主和有序的国家。不幸的是，还有迹象表明新的“利维坦”（“利维坦”指一种威力无比的海兽，霍布斯以此比喻君主专制政体的国家。——译者注）正在诞生。

第6章 官僚主义、合并和反对派

Bureaucracy, incorporation and opposition

我相信，国家的主要目的之一是以法律、指令和法规的形式制定普遍的规则。其次，遵守这些规则，确保这些规定得到遵守。

——弗拉基米尔·普京

在后共产主义时期的最初数年，苏维埃政权的过度虚胖让位于俄罗斯的肌肉萎缩。政府将自己的意志强加给社会、攫取足够资源、维持合法权利象征的能力减弱。普京热切关心俄罗斯国家的复兴，直接源于他自己的背景——他见证了维持权力的意识形态结构的解散和政府制度性构架的解体。正如我们所看到的，普京撰写文章和发表演讲的首要主题是恢复国家作为独立政治力量的能力，不再受寡头、地区大亨或外国利益的支配。在前一章中，我们指出恢复国家权力倾向于中央集权的重新集中而不是多元重组。即使干预主义的目标是温和的，干预主义行政势必带来重新建立传统的单一中心体系和官僚权力的危险。

官僚主义和腐败

20 世纪 90 年代，俄罗斯成为一个二元国家，行政当局的主观任意性破坏了宪政国家制度。这一体系在某些政策领域可能是武断的，尤其是在其人事政策方面，但大多不在法律之上。它当然操纵了有利于自由的选举制度，但它并没有暂停选举过程，或者只是简化为“投票表演”。很明显，普京认为，只有用演进的策略解决俄罗斯的问题，才能超越和治愈过去的创伤，从统治转向治理。随着基本机构的到位，俄罗斯不再需要更多的革命。但是，它确实需要改革。不幸的是，普京时代的制度重组未能实现从统治到治理的转变。官僚主义和腐败是导致失败的主要原因，而去政治化只会强化行政当局及其员工队伍与民众控制和问责之间的疏离。

官僚主义困境

新秩序的混合性质最生动的表现，莫过于对民主和自由市场的正式承诺与立足于苏维埃行政巨人之上岌岌可危的新民主秩序之间的对比。在后共产主义时代，国家官僚体系大幅增长，成为俄罗斯最僵化和保守的力量之一。1990 年，整个苏联行政机构，包括中央、地区和地方政府及部委在内，总共有 66.27 万人，但到了 2000 年，仅俄罗斯的官僚机构就超过了 100 万人。如果将联邦和地区各级行政人员包括在内，总数将增加到 120 万。尽管试图进行改革，但到 2006 年已经上升到 150 万人。仅在 2005 年，就有 15 万名公务员获得任命。2004 年联邦机构的人员增幅比例较小，为 3.56 万人（2000 年为 2.5 万人），而地区的官僚体系膨胀至 128.3 万人。例如在哈巴罗夫斯克地区，地区和市政当局有 1300 名雇员，对比由莫斯科支付工资的 14000 名联邦公务员，就相形见绌。其中许多官员的招聘机制远没有竞争力，为“非正式关系和个人操作”所主宰。尤科斯事件之后，在创建大规模的国有企业集团时出现的公共和私人利益与政治集权化一起，加强了官僚主义的角色。这支庞大的军队很可能是支持普京的社会基础核心，但它也是一个重大政治挑战。特列季亚科夫说，“这个庞然大物（国家官僚机构）必须隶属于歌利亚（总统）”。普京很清楚这个问题，他越来越赞同尼古拉斯一世的观点：“你认为是我统治俄罗斯吗？是 3 万官员统治俄罗斯，是他们。”

面对官僚主义的困境，这种无力感成为普京长久以来的主题之一。在 2003 年 5 月 16 日的联邦议会讲话中，普京抨击了官僚主义，虽然它“知道如何积累行政影响力”，但它“对于制定和执行适合俄罗斯目前需要的决定没有做好准备”：

我们的官僚机构的权力仍然很大，但它拥有的权力数量与政府质量不相符。我必须强调，这个来源不过是州政府机构的多余职能。然而，尽管有大量工作人员，但俄罗斯各个层面和各级政府机构人员严重匮乏。缺乏现代管理者，缺乏有效率的人才。

在2005年的演讲中，他又一次回到了这个主题："我们的官员仍然基本上构成了一种封闭的，有时甚至是傲慢的阶层，视公共服务为做生意。"2006年2月7在接受西班牙媒体采访时，普京说："我们应该限制官僚的权力，使其遵守法律，并提供官僚程序的透明度和公开性。"这个提法对"他们家庭成员的权利"的关切有所缓和，因为"他们与我们是一样的人"。在同一次采访中，他强调需要建立一个更强大的政府，否认这意味着"加强压制性制度"，而是加强"政府采纳和实施社会所需法律的能力"。这种有效的政府模式是他话语框架的中心，伴随着反寡头的情绪。然而，"垂直权力"的强化必然会加强官僚主义力量，缺乏开放性也有同样的结果。到2006年5月10日召开联邦会议时，他非常明显地感到了沮丧："尽管我们已经做出所有的努力，我们仍然没有设法消除发展中面临的最大障碍之一，即腐败。"然而，官僚主义和腐败滋生是普京政府治理方式的固有特色，它破坏了三权分立，并建立了完全依赖性的体制结构，同时在经济和臃肿的安全机构中培育国家资本主义和垄断。

行政改革计划进展缓慢。它们旨在通过减少国家机构的数量和官僚体制的规模来实现国家服务的功能重组。2003年初，时任总统办公厅主任的德米特里·科扎克提出的计划中提到将部委数量从24个减少到15—17个，而经济发展部根据科扎克的计划将政府的5000个职能划分为三类：制定法规、适用法规和提供国家服务，其中许多将被全部废除。各部委将负责政策的战略发展；机构为公众和特定行业的经济活动提供服务；而公共事业机构将负责国家监督和监管的实施。总体目标是减少官僚数量，消除他们对经济发展的压力，尤其是对中小企业的压力。

科扎克的改革试图消除商业发展的官僚障碍，但结果取得的进展甚微，特别是 2004 年 9 月别斯兰事件后，他在北高加索地区重新部署更是如此。试图使管理和监督职能分离毫无结果。根据该领域著名专家亚历山大 · 奥博隆斯基的说法，这是自苏联解体以来的第五次行政改革，每一次都试图重塑俄罗斯官僚机构以满足市场民主的需要。他指出，高级官僚能够以一系列非法方式将他们的收入平均增加五倍，即使大幅增加公务员工资也几乎无助于改善官僚机构的运作。在他看来，克服根深蒂固的苏维埃官方心态的唯一有效方法，就是建立竞争基础上进行考试的招聘机构，这是谢尔盖 · 基里延科在担任伏尔加联邦区总统特使时尝试过的方法。

腐败问题

虽然普京可能已经强化了国家，这种强化体现在恢复其在宪政领域和地区特权的意义上，但国家与社会关系中仍然渗透着危险，而最明显的形式是“腐败”。这不是长篇大论地讨论该术语含义的地方，但我们的暂定的定义是，腐败发生在一个逻辑体系（比如说市场）破坏另一个逻辑体系（例如官员的公共服务）的时候。在苏联后期，国家制度的某些部分，特别是教育、卫生和高速公路巡逻（GAI），已经彻底腐败，出现了出卖公职岗位和大量受贿。几乎所有的东西都可以在市场上出售，包括国家本身，低至没有底线的国有资产出售价格，只是最令人瞩目的一个方面。叶利钦时期是腐败猖獗的时期之一，尽管有几次努力试图遏制这一狂热。尽管普京强调良好的政府，但值得注意的是，他并未展开任何持续的反腐败斗争。在2003年4月的选举周期前夕，发生了一场针对“肩章狼人”的机会主义运动，尤其针对军队的腐败行为，但是在选举之后，就很少听说此事了。反腐运动非常棘手，有些人甚至认为它们适得其反。普京明显持此观点。他试图改善国家官员、法官和其他特别容易受贿人员的工资和生活条件，希望以这种方式消除维持腐败的因素。

没有太多的证据表明该战略发挥了作用。根据总部位于柏林的透明国际组织2005年的全球清廉指数（CPI），俄罗斯是欧洲腐败最严重的国家之一，排名下降30名，排在阿尔巴尼亚、尼日尔和塞拉利昂之间，居第126位。这一发现得到了民主信息技术基金会（Indem）2005年发表的一项调查的确认，此前在2001年进行了的一次早期调查，令人惊讶的发现是商业领域腐败增长的程度——平均每次贿赂的规模增长了七倍，官员的总收入至少增长了四倍。Indem基金会的负责人格奥尔基·萨塔罗夫认为，“腐败是各级政府效率低下的体现”，而且在俄罗斯巨大的自然财富的价格高涨时，腐败规模加大已经不足为奇了。他指出，俄罗斯有近10万个百万美元富翁，几十个亿万美元富翁。

Indem 的调查显示，俄罗斯人每年为贿赂支付 30 亿美元，各种腐败的发生率，包括各种回扣和为得到官僚保护的交易在内，从 2001 年的 330 亿美元上升到 2005 年底的 3160 亿美元。有了这么多赚钱方式，政府机构如此受欢迎并不奇怪。然而，俄罗斯提供贿赂的意愿显著下降了，从 75%下降到 53%，除了涉及军事草案的事项外，那里腐败增加了 70%。征兵办公室、教育机构和土地征收机构的腐败现象有所增加，养老金、就业、住房维护和住房登记领域的腐败程度最低。在 2006 年关于腐败的报告中，Indem 认为，2005 年有 3900 万起腐败交易发生，每一个商业人士平均每年贿赂两次。公司平均营业额的 7%用于贿赂腐败官员，所谓的“腐败税”占国内生产总值的 1.1%。在 10 万受贿者中只有一人被监禁。2004 年 2 月，萨塔罗夫率先建立了一个公共反腐委员会（OSA），汇集了一些非政府组织。公共反腐委员会组织了一个遍布全国的办公室网络，收集地区和当地商业人士、政治家和官员涉嫌腐败行为的证据。直到 2004 年 4 月，也许是为了回应萨塔罗夫的倡议，杜马才建立了自己的反腐委员会，由副议长米哈伊尔 · 格里尚科夫领导。

随着 2007 年—2008 年的连任临近，政府也加紧反腐败运动。如果说车臣是 1999 年—2000 年选举周期的主要主题，反寡头是 2003 年—2004 年的主题，那么反腐败斗争则成为精英们为在 2007 年—2008 年继续执政而斗争的核心。在 2006 年 5 月 10 日的演讲中，普京称腐败是“我们发展面临的最大障碍之一”，随后出现了一系列引人注目的高层权力腐败案件，并牵涉到一个地区行政长官和两个地区首府的市长。然而，人们认为反腐运动只不过是选举前的表演而已，这削弱了它的合法性。作为这场运动的一部分，副总检察长亚历山大·布克斯曼宣布俄罗斯的军方官僚每年掠夺 1250 亿英镑，与国家每年的总收入相差不远。他透露，仅在 2006 年的头 8 个月，警方就发现了 2.8 万起腐败案件，其中三分之一与受贿有关。

其他一些后苏维埃国家的情况有所改善，爱沙尼亚和哈萨克斯坦的腐败现象有所减少。普京的政治经济模式促成了国家与企业之间的一种新的渗透，特别是在国家主导的经济部分。世界上没有哪个国家允许国家或政府成员成为公司董事会成员，而在俄罗斯则制定了相互联系的成员制度。普京坚持认为，这确保了国家利益得到监管并且是完全正常的，特别是因为他认为有关人员并没因这份额外工作得到报酬。政治和商业任命的交叉任用形成的利益冲突并没有提高管理透明度和业务效率。对于许多人来说，2008 年政权的变化，克里姆林宫与官僚阶层的利益明显分离，可以提供一个有利于真正反腐败斗争的气氛，伴随着更多元化的政治气氛，最终会将官僚们暴露于公众监督之下。

公民社会和准宪法代表制

这里不是详细讨论公民社会意义的地方，只需简单地指出，公民社会的核心意义源于罗马的社会概念，是建立在具有同等法律地位的个人之间合作关系的基础之上的。因此，“公民社会”是一种法律和政治秩序，在这个秩序之下个人与他人互动，有时以团体形式，但保留自己的身份和利益，而不是以亲属关系、等级制度、传统、赞助或权力为基础。像约翰 · 洛克这样的政治理论家更进一步地将被统治者的共识纳入其中；而在当代的理解中，强调的是国家控制之外的公民社会网络，受法律保障，有能力促进他们的计划和追求他们的利益。

公民论坛

虽然在共产主义晚期，国家与社会关系的竞争模式占主导地位，但后共产主义初期重申了必要的合作关系理念。然而，在一些地区，国家的失败和腐败激发了这样一个观点，认为公民社会应弥补不足和承担提供福利和其他国家机构的负担。尽管如此，国家仍履行其传统职能并提供大部分福利产品，尽管这需要日益与第三方组织合作。如果公民社会能够通过公共和社团生活的量化发展来衡量，那么俄罗斯就具有了拥有一个公民社会的所有特征。非政府组织的巨大发展反映了一股强烈的公民行动主义潮流，2001 年有约 40 万人登记，2006 年则增加到 50 多万。然而，以定性衡量，特别是：社会参与者的自主性、他们有效干预决策过程的能力；推动／调动公众舆论，旨在一定程度上能够改变公共当局的行为；影响力能够达到俄罗斯所有遥远地区的公共领域；真正地具备公民社会的能力以符合公共秩序的传统观念；确保法律的公正适用原则，同时改进法律自身缺陷等等，就此而言，我们发现，俄罗斯的公民社会还是远远不足的。

根据舍夫佐娃等评论员的看法，新生民主进一步受到国家权力的重新确立和该政权企图控制社会和政治进程的破坏。许多术语被创造出来描述国家管理公民社会的尝试：GONGOs——政府背景的非政府组织、MANGOs——被操纵的非政府组织和 GRINGOs——政府管理和发起的非政府组织。非政府组织领域担心，他们会成为这些驯服的野兽之一，这引发了是否参加 2001 年政府计划举办的公民论坛的激烈争论，在论坛上，俄罗斯的社会和人权组织可以与政府进行对话。参与其中是否会威胁非政府组织，或者参与事实上是否会加深政府对公民社会发展的支持，尤其是对地区的这些组织而言？在论坛于当年 11 月举行之前的几个月里，这场辩论愈演愈烈。帕夫洛夫斯基和马尔科夫参与组织公民论坛并没有什么帮助，因为他们被确定为“管控民主”的支持者。然而，马尔科夫坚持认为，总统对非政府组织发展的示范性支持将加强这些地区的公民和社会团体的管控。

10 月 11 日，论坛组委会强调，“俄罗斯的公民社会是存在的，并正在发展中”，它还指出据估计约有 100 万人在非政府组织工作，提供社会、法律、医疗、文化、教育和其他服务，直接影响了约 2000 万人。论坛旨在“认真讨论俄罗斯公民社会的发展道路及其与国家权力的关系”。正因为如此，政府的三大机构的代表将参加会议。

组委会试图消除对论坛将变成对政府“展示忠诚”的担忧。组委会最后宣称“公民社会既不是权力的载体，也不是其对手”。2001 年 11 月 21 日至 22 日的公民论坛试图解决政府与公民社会之间的关系难题。普京在 11 月 21 日的讲话中指出：

我们有很好的机会将政府的力量与民主社会的力量结合起来。我们不应该得意忘形，但我们已经取得了一些进展。做俄罗斯公民是光荣的时刻即将到来。公民社会应该有自己的基础，它应该以自由的精神为基础。只有这样它才会成为公民社会。不，虽然我们的公民社会尚未形成，但是，我不认为会有这样一个国家，公民社会已经按照它应有的方式形成了。这是民主国家必不可少的持续进程，在俄罗斯它才刚刚开始。

第三世界一些国家的经验表明，公民社会应该“放弃政府”，因为政府是掠夺性的和无能的。普京有力地驳斥了这样的论点，但同时坚持不能“自上而下”创建公民社会。相反，他呼吁政府和公民社会的伙伴关系应该抓住“历史机遇”，否则两者都会处于“文明的边缘（zadvorkakh）”。这是他在 2003 年 5 月 16 日向议会发表的年度演说中回顾的一个主题：

我们经常谈论俄罗斯的伟大，但伟大的俄罗斯不仅仅是一个伟大的国家。首先，它是一个现代化的、发达的社会，这个社会不会自发产生。一个完全成熟和发达的公民社会只有在政府机构职能急剧减少的情况下才会出现，在这种情况下，社会各个群体之间的不信任被超越，而且最重要的是，只有在评估俄罗斯面临的战略目标方面存在民族团结，这才是可能的。在没有政党积极参与的情况下创造这些条件是不可能的。

在别斯兰事件发生后，公民论坛的经验将被铭记。

公众院

根据普京2004年9月13日的讲话，公众院将作为广泛对话的平台，允许讨论公民建议、分析国家决定并起草法律草案。它将成为公民社会和国家之间的桥梁。公众院可以被看作是其他更正式的公民论坛的延续，反映了公众代表颇具社团主义的一种观点。演讲之后，公众院的作用和组成引起了一番辩论。它是否只提供专家意见或是否能够行使问责职能尚不清楚。它适用于治理体系的地方同样不清楚：它是完全独立的还是隶属于总统机构？谁来构成机构，他们将如何被选中？民意调查表明，青年、妇女和退伍军人组织、工会和雇主协会，以及代表民众社会和经济利益的人们获得了强烈的支持。

2005年3月16日，国家杜马以345票对50票的压倒性多数通过了关于设立公众院的法律；它于4月4日由普京签署成为法律，并于 7 月 1 日生效。该院采用的是“集体监察员”的形式，尽管其权力完全属于咨询性质。其职责包括审查立法草案和议会的工作，以及监督联邦政府和地区政府。它可以向议会和政府提供关于国内问题的不具约束性的建议，评论立法，要求调查可能的违法行为，并要求国家机构提供信息。该院有 126 名成员：总统选出三分之一的人员，倾向于他们属于既不是政客，又不是商人的权威人员；第二组由第一组人员从国家公民协会中提名；一旦入职，这两个小组轮流选出剩余的三分之一的人员，代表区域性非政府组织。该机构的资金和办公室由总统办公厅分配。

普京在 2005 年 9 月任命了第一批 42 名成员，其中包括主要宗教团体代表、体育界人士、学者、政策分析家、科学家和非政府组织的代表。在 11 月，第二组人员被第一组人员选出。第二组人员由四类成员组成，最多的是各类默默无闻的志愿辅助人员，其中包括图拉州立大学的学生尤利娅 · 戈洛迪切娃和“纳什”（Nashi，我们自己）组织的积极分子，他们早先曾被邀请与普京会面。这类人让人联想到了苏联最高苏维埃的“挤奶女工”，事实上配额制度加强了人们对已往的不为人所惋惜的苏维埃议会制度的记忆。第二类由风云人物、记者和运动员组成，其中包括流行歌手阿拉 · 普加乔娃、莫斯科电影制片厂（Mosfilm）总导演卡伦 · 沙赫纳扎罗夫、国际象棋大师阿纳托利 · 卡尔波夫和电视评论员尼古拉 · 斯瓦尼泽。第三类包括著名律师加桑 · 米尔佐夫和亨利 · 列兹尼克；第四类包括商界领袖，特别是俄罗斯国际控股公司的总裁弗拉基米尔 · 波塔宁和阿尔法银行董事会主席米哈伊尔·弗里德曼。第三组来自地区活动家，并由地区会议提名，每个地区会议派出20名代表参加联邦区级会议，但每个阶段代表总统的联邦检查员都会起作用。42个中有7个来自创造性联盟；工会和大学行政人员各有5个席位；退伍军人和妇女团体的代表每组只有3人，远低于地区会议的人数；而青年和人权组织的代表因缺席而出名。共有90名（71%）会员是莫斯科和圣彼得堡的居民。最大的一个群体是17位（13.5%）商界人士，他们代表的不是公民社会，而是经济社会。16位学者组成第二大组，第三组是12位艺术和文化代表。该机构包括俄罗斯四大“传统”宗教的代表。

在2006年1月22日的第一次全体会议上，普京警告公众院将面临一场斗争，因为国家官员会不愿接受新机构的监督。公众院将就国家拨款用于公共举措提供咨询意见，国家在2006年提供5亿卢布（1800万美元）用于支持非政府组织，公众院还监督“大额”的社会支出，并指定46亿美元用于支付2006年—2007年的卫生、教育、农业和住房等“全国性项目”。普京强调，公众院还应确保新闻媒体不偏不倚和独立。公众院一致选举库尔恰托夫核研究机构主任叶夫根尼·韦利霍夫为秘书长，俄罗斯工商会副会长谢尔盖·卡特林为副秘书长。公众院成立了17个委员会，17个主席中有15个是克里姆林宫的提名人。公众院成立了一个理事会，由秘书长、他的副手和17个委员会的主席组成。公众院建立了自己的网站和印刷出版物，并在第一次会议上通过了其章程。该公众院每年至少举行两次会议，并出版关于公民社会的年度报告。公众院的成员被分配到所有在封闭制度下工作的杜马委员会，首先参与了法律的初期制定。这一职能显然与杜马立法委员会的专家重叠了。公众院成立后立即处理的问题包括新的《非政府组织法》（参见下文）和对付种族仇恨的努力。在创立大会上，著名的儿科医生和受人尊敬的独立发言人列昂尼德·罗沙利认为，在没有考虑整个公众院意见的情况下，《非政府组织法》的匆忙通过是一个错误。他警告说，引发民族仇恨的政治家应该受到起诉，因为他们可能导致俄罗斯解体，这是“西方许多人所希望的并有可能资助的”。

批评者断言，普京已经建立了另一个总统垂直领导，至多只有一小部分成员显然是独立的。他们有充分理由担心，公众院将行使垄断权来游说公民倡议。对于经济学家维塔利·纳苏尔而言，公众院是建立人民反馈机制的又一尝试。他指出，俄罗斯缺乏共同的国家—政治语言：“改革者用一种语言说话，企业负责人和官吏（chinovniki）用另一种语言，而在电车或浴室（banya）里的人用第三种语言。今天，这种情况已变得十分糟糕。”新的公众院与国家合作是俄罗斯公民社会的一个特点，但在许多场合，如在通过《非政府组织法》的冲突中，在安德烈·瑟乔夫军事欺凌案和南莫斯科布托沃地区的发展中，它表明了自己不畏惧当局的态度。公众院与杜马的关系也不稳定。目前尚不清楚普京是否打算创建这样一个令人烦恼的机构，但它肯定被认为是行使总统权力的工具，旨在为反对霸道的官僚和闲适的议员引入一个新的公共问责渠道。普京准宪法主义的这一范例为总统职位对抗政权创造了一种工具，从而提高了普京的自主性。

法律规定，建立中央公众院后将在地方建立类似的机构。在有些地方，该机构已经存在多年，特别是在诺夫哥罗德，1994 年就成立了社会院，作为地区当局称之为“社会伙伴”的一部分。十年前在雅罗斯拉夫尔成立了一个省(guberniya，沙俄时期的省)公众议会，加里宁格勒的一个类似组织已经存在了五年。在克麦罗沃，一个由 78 个社会组织和 21 个非营利性地区组织组成的公众院于 1994 年成立，并讨论了有关环境和人口问题的地区法律。22 个地方性公众院于 2006 年 2 月在公众院的网站上列出，其中大部分是自发形成的，但现在它们被纳入新体系的范围之内，导致人们担心它们会失去独立性，甚至会被废除以支持新体系。新的地方性公众院绝大多数是由政府，而不是由公民社会组织自己创造的。此外，新地方性公众院的地位和权力仍然模糊不清，就是否可以选择政党或宗教组织的代表方面存在许多争议。新机构以各种方式形成。例如在新西伯利亚，该地方的公众院由 132 名成员组成，分为三部分，每部分 44 人。第一部分来自地区，第二部分由地方大会（不是地方首脑）选出的公民协会组成，第三部分是由前两者从专家和专业人士协会推荐的“最权威和最受尊重”的人士组成。克麦罗沃于 2005 年 2 月 22 日通过了一项关于公众院的新法律，规定其由 45 名成员组成：15 名由地方首脑选定，15 名由地方立法机构选定，其余 15 名由前两者选定。旧机构即将解散，尽管它没有不战而退。在车臣，2006 年 10 月成立了一个 25 人的公众院，在第一次会议上，共和国人权专员努哈吉耶夫·努德里指出，安全部队进行的审前酷刑已成为该地区的主要问题之一。

人们经常注意到俄罗斯政治体系中的重复政治现象。叶利钦总统执政时情况就是这样：国家杜马作为总统办公厅和政府组带于2000年成立，其大部分工作与联邦委员会是重复的。本应该是国家杜马的工作现在转移到了这个新机构——一种非政治议会之中。公众院的存在不能不削弱议会的作用，议会应该成为表达民众关切的主要论坛。除此之外，公民社会组织对此表示担忧，认为公众院将试图对他们发挥某种监护作用。莫斯科赫尔辛基小组负责人柳德米拉·阿列克谢耶娃认为，该政权已经建立了对行政机构的“垂直权力”，现在又试图在公民社会做同样的事情：“根据垂直权力组织公民社会的想法在我国已经发展起来了。但这是一个疯狂的想法。只要你把公民社会组织到这个垂直的权力，它就不再是公民社会。它将成为政府的一个可悲的附属物。它就被破坏了。”宪法没有规定代理人制度，尽管它没有违反宪法条文。准宪法被置于宪法之上，旨在提高效力，但实际上却破坏了自立维持的宪政秩序的发展和充满活力的公民文化和公民社会的出现。

非政府组织

在普京执政早期，社团生活蓬勃发展，尽管其资金来源和合法工作范围受到质疑。一旦举行了创立大会，一个非政府组织就可以认为已经建立，并且不需要注册。与此同时，虽然俄罗斯对非政府组织的资助在21世纪初一直在上升，尤其是通过尤科斯资助的俄罗斯开放基金会的工作，但对霍多尔科夫斯基的袭击使得俄罗斯捐助者更为谨慎。在俄罗斯，依靠外国对公民社会组织的支持已经成为一个显著特征，一份完整文献描述了其积极和不利后果。鉴于国外提供资金，而又只有92个非政府组织正式注册，对于一直要急于采取行动规范非政府组织的普京政府来说，这种情况显然是无法接受的。体制发展中的明显的准宪政性现在扩展到企图将非政府组织转变为准政府组织。

有关部门计划于2005年底通过一项新法律来监管非政府组织，解决这个矛盾的时机已经成熟。该法案的提案者来自全部四个杜马派系的跨党派小组，他们从普京的警告中得到了启发，特别是从他2004年5月在联邦大会上做的关于“由外人喂养的”非政府组织的演讲。在乌克兰“橙色革命”之后，人们对非政府组织得到海外支持，持续掀起“颜色革命”浪潮日益感到担忧，这已经表现在2000年塞尔维亚推翻斯洛博丹·米洛舍维奇，及2003年11月格鲁吉亚发生“玫瑰革命”使米哈伊尔·萨卡什维利掌权，随后2005年2月再次出现在吉尔吉斯斯坦的“郁金香革命”推翻总统阿斯卡尔·阿卡耶夫等一系列事件上。对西方赞助的公民行动主义将被用作实现“政权更迭”的攻城锤的担心，导致亚历山大·卢卡申科遏制白俄罗斯独立非政府组织活动的残余势力。美国支持公民社会组织通过人民力量实现政权更迭的战略，在伊朗也得到了应用。正如我们所看到的，别列佐夫斯基呼吁推翻普京，必要时可采取非法手段。正是在这种情况下，普京发出了警告，指出来自国外不受监控的政治活动资金是不允许进入俄罗斯的。

因此，普京支持 2005 年 11 月 23 日通过的草案并不令人感到意外。新法把重点首先放在确保非政府组织的非政治化上，并通过在复杂的注册程序中进行深入审查并加强财务监督来实现这一点。外国非政府组织的分支机构按照适用于俄罗斯机构的相同规则进行登记。该法引发了俄罗斯人权组织、外国政治家和包括欧洲议会在内的政治组织的批评风潮，他们敦促俄罗斯确保该法律符合欧洲理事会标准。在当时只有三分之二建制的公众院呼吁杜马推迟对该法律的讨论，直到完整的公众院有机会审查其条款为止，而且明显不赞成以这样的速度草草通过该法律。对该法律最尖锐的批评来自总统公民社会机制委员会主席埃拉·帕姆菲洛娃和俄罗斯人权事务巡视员弗拉基米尔·卢金。规范非政府组织活动的一般原则并未受到质疑。例如，在美国，自 1938 年以来，在《外国代理人注册法》中制定了严厉的法律来限制外国非政府组织的活动。关键在于法律应该透明，不受任意解释的影响，反过来也应该使俄罗斯非政府组织的活动更加透明和负责任。

这些抗议活动产生了影响，杜马于 2005 年 12 月 23 日通过的法律不再要求外国非政府组织的分支机构像地方机构一样重新注册，但如果威胁“俄罗斯的主权、独立和领土完整、民族团结与创造性、文化遗产和国家利益，官员仍然可以禁止它们”。该法于 2006 年 1

月17日发布，并于4月10日生效。俄罗斯的非政府组织必须在该法案成为法律后的六个月内向联邦注册服务机构进行注册，但如果它们希望继续非正式运作，就不需要注册为法人实体。需要法院做出决定才能阻止个人建立非政府组织；而早些时候，如果仅仅怀疑它们有极端主义或洗钱行为，当局就可以拒绝注册。即使资金用于慈善目的，组织也必须提供关于外国资金支出的详细报告。很明显，法律的措辞过于模糊，使得当局几乎可以自由裁定是否允许非政府组织注册或将其关闭。2006年3月，检察长办公室冻结了俄罗斯开放基金会的账户，理由是新的非政府组织法律禁止被起诉的人（此案是霍多尔科夫斯基）成为公共组织的创始人和赞助人。俄罗斯开放基金会是俄罗斯非政府组织最慷慨的资金来源之一。与此同时，官僚主义要求的复杂性，抑制了在一个众所周知的团体人员流动率高的领域中形成组织。获得国外支持来源变得更加复杂。然而，新的问责措施在鼓励非政府组织活动专业化和改善非政府组织治理方面有积极的作用。新措施鼓励为训练有素的会计师支付报酬，以管理非政府组织的资金，并促进非政府组织加强管理和财务纪律。

当然，改善非政府组织的管理取决于法律是否适用于一刀切的基础上，这是远远没有保证的。法律规定，外国非政府组织的分支机构必须在2006年10月18日之前提交文件。截至2006年底，已有189个外国非政府组织登记注册，还有12个未决定。这一结果不是外国媒体认为的大规模筛选的，但一些著名的西方非政府组织确实遇到了一些困难，这表明俄罗斯官僚机构的力量没有减弱。官僚主义攻击的对象包括朋友和敌人，因此现在俄罗斯东正教教堂被要求向国家机构提供其礼拜者的名字和布道内容。《非政府组织法》的这一规定恢复了苏联时代的所有宗教组织都受到国家严格控制的做法。

在政治领域，只有政府管理和发起的非政府组织和相关的机构组织才被允许运转。像克里姆林宫赞助的纳什青年运动这样的傀儡非政府组织几乎没有给政权的声誉带来任何损失。“纳什主义”（我们的人民）意识形态的发展反映出部族对政治的策略，而在这类政治中，“我们”和“他们”的概念被特别强调（参见下文）。非政府组织法揭示了国家的恐惧和不安全感，特别是它的“橙色偏执狂”，并且这更加证明了其脆弱而不是力量。它还表明，普京过于听从其在卢比扬卡的朋友的建议，因此失去了独立性。2006 年 1 月的指控证实了这一点，即对四名在莫斯科的英国外交官参与间谍活动的指控，包括使用电子“石头”传递信息，并以现金形式向非政府组织支付大笔款项。把间谍活动与外国对非政府组织的支持联系起来显然是一种诋毁非政府组织的行动，并向俄罗斯民众证明限制非政府组织活动的法律的必要性。2003 年 12 月的自由崩溃，意味着几乎没有其他表达意见的权利可以充当平衡。非政府组织法律即使符合国际标准，也进一步削弱了已经脆弱的公民积极性。

政权和反对派

在议会内外，对政权一致性反对的削弱是一个双重进程。一方面，政府努力塑造和管理政治舞台。对于弗拉基米尔·盖尔曼而言，反对的问题不仅仅是个性问题，而是普京时代结构变化的结果，而这种变化有系统地减少了反对势力的结构性机会。这些变化包括有机会接近大众传媒和接近治理政党和议会生活的规则，包括禁止组建选举联盟。正如三边委员会关于普京治下俄罗斯的一份报告的作者们所说，“一种模式因此在形成，其中独立合法的忠诚反对派的概念完全是陌生的。政治活动要么需由克里姆林宫批准，要么被（如果威胁到克里姆林宫的利益）视为必须镇压的敌对或非法势力”。另一方面，反对派没有制定出一个最佳的战略或提供一个连贯且有吸引力的替代政权。从“供给”的一面讲，试图打造一个一致的反对派，比如卡斯帕罗夫的“2008 委员会”，总有一些 20 世纪 90 年代早期极端主义者的“不可调和的反对主义”味道，尤其是 20 世纪最初十年米留科夫式的君主立宪自由主义的意味，几乎没有什么吸引力。两个主要自由党——雅布罗科党和右翼力量联盟——在 2003 年—2004 年选举中以共同纲领并肩作战，导致两个政党都被视为危险的政治角色而被取消。尽管它们在某些选举中一起工作，但仍然没有团结起来，致使像弗拉基米尔·雷日科夫这样的反对派领导人将它们视为危险的政治角色而放弃。雷日科夫自己试图建立一个温和而一致的反对派，结果却成了俄罗斯民主运动固有的分裂和政权行政圈套的牺牲品。

进化主义

行政制度的主要思想家之一帕夫洛夫斯基坚持认为，能更多地代表“多面帝国”的，不是政府而是各级社会及其机构，这些他认为都“极其薄弱”，因此，社会上没有认真的对话者，当局可以与他们进行互动。就他而言：

社会环境是分散的。没有“政治宣传”，民主就无法发挥作用，这种政治宣传确保了社会成员之间、地域和民族存在差异的不同文化之间、当局与普通民众之间的联系。社会生活被一小群人分化和垄断，它们从事自己的活动——自我代表，自我扩张，表演政治……我们的政党没有与群众合作的政治意愿。

共产党人衰落造成的真空被各种极端主义团体填补，光头党一类的组织常常与当地警察在各种各样的勾当中合作，帕夫洛夫斯基认为，这也是一种“公民社会”。尽管俄罗斯有大约50万个非营利组织，但大多难以合作，尤其是与人权活动人士合作很困难，因为他们似乎更乐意谴责当局破坏自由，而不是与当局合作：“你需要首先创造这些自由。”

各组织之间相互嫉妒在俄罗斯一直很突出。在社团领域，当局一直在寻找无政府主义者、间谍和反叛者，尽管普通公民早已安定下来不想动摇国家。人权积极分子中间存在一种持异见者的阴谋主义思想：譬如，我们确实知道——克里姆林宫内有一个集团正在制定消除权利和自由的计划。唯一的争论点是，这个组织是由普京领导的，或者他只是在容忍其行为。在这种氛围中可以创造什么样的社会伙伴关系呢？

帕夫洛夫斯基提出了一些重要问题：公民社会的矛盾性质；民主自由已达到成为普遍价值的程度，不容轻易撤回；公民社会本身薄弱，无法连贯积极地维护自身利益；从它们是唯一的公民社会的时代开始，旧有持异议人士的思维模式仍然认为当局是敌人（因此难以建立伙伴关系）；公民社会本身就有病症，只能通过国家行动来处理；以及政党不愿意通过建立扎根于公民社会的强有力的组织来推动社会进程。

在这种情况下，我们可以将普京政权与 19 世纪末意大利形成的政权相比较。那里也出现了一种独特的治理制度。在那个社会中，有组织的利益集团同时也是脆弱和分散的，在这种情况下，缺乏强硬的中产阶级，而且去政治化流行。1876 年，皮埃蒙特斯特拉代拉的阿戈斯蒂诺 · 德普雷蒂斯成为 1876 年取代“历史右派”政府的“历史左派”领导人，继而于 1876 年—1878 年、1878 年—1879 年和 1881 年—1887 年间曾间或担任总理。在 1882 年，左派和右派的差异，正如西顿-沃森所说，“1876 年已经很小，现在正迅速消失。右派和左派正在意识到他们的共同点。二者实际上构成了一个广泛的自由派核心”。德普雷蒂斯了解这种情况，于 1882 年秋天解散议会，并于 10 月 8 日在斯特拉代拉的选举演讲中提出了一个新的和解方案。他在批评那些继续因左派与右派分歧而喋喋不休的人时说:“我们是一个进步的政府，如果有人想改变自己……接受我非常温和的计划，我能拒绝他吗？”新的政治概念“进化主义”的产生就是描述接受来自各个方面的支持，尽管它很快变成左右两派互相辱骂的修饰词。这个词也被用来作为腐败和停滞的代名词，因为德普雷蒂斯的领导退化为一种实用主义，变成了无原则的权宜之计。

普京政府试图站在现代的历史分歧之上，而且确实有意试图接受在 20 世纪时使俄罗斯分裂的势力。在民主被迫为自己的生存创造条件的情况下，民主进程由一个民主外的力量来管理。行政当局是一个积极的政治参与者，争取在地区和其他选举中选出候选人。国家既是裁判也是球员，规定交战条件同时积极参与政治斗争。由于其领导层的多变性，反对党在普京时代的角色特别困难。正如涅姆佐夫所言：“普京具有惊人的交际能力……当他与我在一起时，他是一个右派，但在与久加诺夫在一起时，他是左派。”

系统性反派

久加诺夫的共产党人对普京的主要批评不是他的政府颠覆了民主，而是其没有提供理想的社会和经济产品。俄罗斯联邦共产党发现自己陷入了或者进一步走向社会民主（谢列兹尼奥夫，经济学家谢尔盖 · 格拉兹耶夫和俄罗斯联邦共产党最重要的赞助商之一根纳季·谢米金等倡导的道路），在这种情况下它可能会发现自己与政权融为一体，或者进入了极端的反对派之中。苏尔科夫和其他政治管理人员竭尽全力加剧了共产主义运动的分歧，但他们正在走向一扇敞开的大门。久加诺夫领导下的俄罗斯联邦共产党保持着其无效的“国家共产主义”道路，走向了“历史垃圾箱”，俄罗斯联邦共产党反对普京的相对被动性和缺乏智力的敏锐性，意味着久加诺夫可以被看作是普京化稳定的共同设计者；为此，统治精英试图在议会中保持强大但无效的左翼的存在。正如梅德韦杰夫指出的那样，“普京能够做到叶利钦无法做到的事情：消除‘不可接受的’反对派”。

真正反对派的旗帜留给了“民主派”。亚夫林斯基深信，叶利钦和普京领导下的俄罗斯民主在很大程度上是一种假象，毫无疑问，这个观点是受到这种制度没能使他成为领导者的影响而形成的。他坚持认为“俄罗斯的政治时代在倒退”；一个“引导型民主已经出现”，其中“老板仍然掌权，不论选民的意愿如何”。亚夫林斯基的雅布罗科党一直反对叶利钦政权，但起初他认为普京政府应该有机会证明自己。尽管他保留了自己的意见，但他的许多想法都被纳入了政府计划。例如，他同意如果地方首脑违反法律或俄罗斯宪法，就应该被解雇，但坚持认为这只应在法院判决的基础上进行。正如他所主张的那样，“只有当司法系统和大众媒体的独立性同时得到加强时，所采取的行动才有意义”。他在另外一个场合讲话时指出，“压制性的警察国家不能代替半是罪犯的寡头政治。叶利钦不想成为皮诺切特的替代品”。亚夫林斯基小心谨慎，不对普京进行人身攻击，但他在普京任职期间对这一制度的谴责愈演愈烈。他坚持认为，权力系统试图建立一个控制或管理的民主制度，在这一制度里，民主的幌子隐藏了克里姆林宫建立单一权力中心的野心。在这个制度中，国家杜马和其他民主机构主要起装饰作用。就他而言，“议会已经完全转变为行政部门的傀儡”。他坚持认为雅布罗科党与右翼力量联盟的联合是有问题的，因为雅布罗科党将个人权利和自由列为优先事项，并与政治当局有着不同的关系，这一点在不同的选民身上得以体现出来。

早期的右翼力量联盟试图与“马匹”一起驰骋并与“猎犬”一起追逐，它宣称自己是“执政的反对派”的一部分。在最初支持普京的时候，涅姆佐夫的批评越来越苛刻，因为他试图建立右翼力量联盟的独立政治资格。他认为，“借助勒索来自地方的预算资金，普京在俄罗斯建立了一个受控制的民主国家——通过国家控制的电视，包括车臣在内。他正在把联邦委员会变成一个‘上议院’……受控制的民主有自己的内在逻辑。螺钉只能收紧……从长远来看，俄罗斯的战略选择处于危险之中：民主与独裁之间的选择”。长期以来，右翼力量联盟一直认为，普京的计划基本上是他们的计划，他们特别热衷于获得土地法典的认可，允许出售土地（这在俄罗斯是一个分歧极大的问题）以及司法改革。然而，涅姆佐夫抨击右翼力量联盟未能阻止俄罗斯建立“受控制的民主”：

我的意思是赌注押在官僚资本主义上：总统完全依赖官僚主义

和权力分子，并且给官僚主义——他自己就是这样做的——以全权委托。我的意思是，在车臣，变异的力量正在被人们疯狂地固执地支持着。我的意思是，议会上层和下层的“清洗”（zachistka）。我的意思是预算和（国家）权力的集中，明显违背总体的权力平衡。

涅姆佐夫还批评国家电视台“实际上完全的垄断”，并认为普京继承了“寡头资本主义”，他所做的一切就是从竞技场中除去两个最可恶的人（别列佐夫斯基和古辛斯基），让其他的人掌权。普京仍然是“家族”的奴隶。在涅姆佐夫看来，是“西罗维基”导致俄罗斯建立了官僚资本主义制度，这种制度挤压了中小企业，阻碍了建立强大的中产阶级。到 2003 年 12 月的选举时，涅姆佐夫已经开始坚决反对普京，他认为普京第一个任期的最后两年被浪费了，并且变成了“停滞和复辟”。他将出现的一种新治理体系定性为“普京主义”：“一党制，审查制度，傀儡议会，驯顺的司法制度，强大的权力和财政集权，以及夸张的秘密服务功能和官僚主义。”

雷日科夫是少数在 2003 年 12 月的“自由崩溃”中没有受到损害的民主人士之一，他坚持认为雅布罗科党和右翼力量联盟必须解散，形成一个新的联合民主体制。由于代表的门槛定在 7%，自由派阵营里的联合不仅是政治上的权宜之计，而且如果他们想有机会在 2007 年进入议会的话，也是必要的。他试图在旧共和党的基础上建立一个统一的民主集团，这个共和党在“重组改革”结束时建立起来，但从此以后几乎消失了，由此看来他的努力不见有什么成效。

不可调和的反对派采取了 2004 年初成立的“2008 委员会”形式，后来演变为全俄公民大会。在 2004 年 12 月 12 日举行的第一次会议上，柳德米拉 · 阿列克谢耶娃（莫斯科赫尔辛基小组负责人）、加里 · 卡斯帕罗夫和 Indem 基金会的负责人格奥尔基 · 萨塔罗夫，当选为共同领导人。在 2005 年 12 月 12 日举行的第二次代表大会上，关于“公民社会和 2007 年—2008 年选举”的决议警告说，“俄罗斯民主制度的解构正在快速进行，与之相随的还有公民社会的沉闷和威权主义政权的建立。权力没有分立，反而正在融合：总统及其随从完全控制着议会和司法系统……多党制度没有得到发展，一党制 (edinopartiinost') 正在引入”。在其新年问候中，他们坚持认为，“当局只关心两件事：寡头政治（并非所有的官僚都成为寡头）和权力继承（让盗贼继续）”。这个组织参加了 2006 年 7 月“另一个俄罗斯”在圣彼得堡举行八国集团峰会时组织的抗议以及其他的激进活动。

俄罗斯反对派发展微弱，远不止因为政权的阻碍，更不用说镇压了。毫无疑问，“被管制的民主”对于独立的社会和政治组织的发展来说远非一个有利的环境。与此同时，鲍里斯 · 卡加尔利茨基认为，腐败是影响自治反对派发展的一个因素。在 2006 年初发表的一份报告中，卡加尔利茨基指控雅布罗科党牺牲其政策计划以获得寡头捐助者的支持，而右翼力量联盟则被指控为“极高级别”的腐败行为，其活动分子被指控通过犯罪手段赚钱。卡加尔利茨基认为，政治腐败注定了“反对派的所有行为从一开始就免不了以失败告终。反对党中的人正在追求自己的个人和战术目标。压垮我们组织的最后一根稻草是俄罗斯联邦共产党决定与极右组织反非法移民运动联合反对住房和公用事业改革。这一行为表明我们缺乏政治原则。这就是为什么我们说在反对派内部需要革命”。

非系统性反对派和大众动员

叶利钦在20世纪90年代初将政治撤离了街头，并在宪法范围内或多或少地赋予了它一种结构化的形式。政治现在是在已知的范围内进行的，而在1991年到1993年10月间，改革年代的群众化运动热潮以及“双重力量”的时期宣告结束。大众的公民参与进入了一个冬眠期。零星地有一些团体，大部分是右翼，在继续煽动暴力，就是为了反对普京赞助的《反极端主义行动法》。该法案于2002年6月由杜马通过，涵盖宗教、社会和其他组织及媒体。“极端主义活动”的定义证明是有争议的。法律第1条将其定义为：

规划、组织、准备或执行旨在强制改变宪政秩序或侵犯俄罗斯联邦领土完整的行动；破坏俄罗斯联邦的安全或觊觎俄罗斯联邦管理权力；建立非法武装组织；恐怖主义活动；设计暴力地煽动种族、民族或宗教不和谐或社会不和；羞辱国家尊严；组织群众动乱，流氓行为或以特定社会群体的思想、政治、种族、民族或宗教仇恨为动机的破坏行为；公民因其对宗教、社会地位、种族、国籍，或语言的态度而宣传其排他性、优越权或自卑感。

这一法案似乎采取了强有力的自由主义态度：只要不侵犯他人的权利，权利就可以行使。但是，与执行法律条款有关的程序引起了一些动荡。如上文所述，如果任何一个分支机构被认定涉嫌极端主义，整个组织都有可能被起诉或禁止。如果组织的任何部分有从事极端主义活动的情况，则会受到初步警告（第 7 条）。如果一个组织的主要成员发表极端主义声明而没有声明这些是他们的个人观点，那么该组织必须谴责这个人的陈述或行为（第 15 条）。由于这项法案的通过，1997 年的宗教法被修改，用对极端主义活动的上述定义取代了禁止宗教组织的理由，因此，从实际地开展行动，扩展到了计划或呼吁开展这项活动。如上所述，2006 年，关于极端主义的法律进行了修订，以便使其更严格地适用于选举。

尽管有法律规定，出于种族动机的攻击仍在继续，经常出现对警方不愿意调查种族主义罪行的指控，后者往往将其划分为较轻微的“流氓罪”。2004 年，共记录了 256 次种族主义或宗教袭击，其中 46 人死亡；而 2005 年的袭击数量上升至 413 次，死亡人数为 31 人；2006 年发生了 520 起袭击事件和 54 起死亡事件。令人不安的证据表明，一个极端的民族主义边缘体——其中至少有 5 万名暴力光头党和各种新纳粹分子——已经出现了。非洲和其他外国学生成为袭击的对象，反犹太主义渗透到公共话语中，特别是通过祖国党组织的杜马代表。2005 年 11 月 4 日，欧亚青年联盟和罗戈津的祖国党举办了一次前所未有的包含3000名民族主义者的游行（“俄罗斯游行”，参见第8章）。而在2006年2月23日，即以前的“红军日”，但现在用于纪念“祖国的捍卫者”，发生了各种各样的反对派集团活动，其中一些带有纳粹标志，呼吁推翻政府。俄罗斯的“街道派”开始讲话，并且语气令人不快，这显然让克里姆林宫的“控制狂”警觉起来了。

祖国党弥补了2000年9月由极具魅力的亚历山大·巴尔卡绍夫率领的极右派俄罗斯民族统一党（RNE）的分裂所留下的空白。巴尔卡绍夫曾在改革重建时期臭名昭著的反犹太人组织帕姆亚特中担任德米特里·瓦西列夫的副手，但在1990年分裂成立民族统一党，在整个20世纪90年代，这个组织吸收了更加广泛的极右派的能量。就祖国党的领导者罗戈津而言，“祖国党是国家自我保护的本能，是自我肯定和斗争的形式”。由于种族主义电视广告，该党被取消参加2005年12月莫斯科杜马选举的资格，尽管罗戈津声称高达30%的人会投票赞成他的党派。不容异己现象在增加，一项民意调查发现，58%的俄罗斯民众支持“俄罗斯人的俄罗斯”的口号，而1998年为46%。将近60%的人赞成限制来自南高加索和中亚的移民。普京坚决反对反犹太主义和仇外心理，称后者是“一个严重和痛苦的问题。国家政策的目的是始终坚决地结束这种暴行”。然而，一些批评者发现，克里姆林宫在一些极端民族主义言论背后有意安排它们作为衬托来凸显政府的相对温和，尤其是2007年—2008年选举接近时更是如此。这一假设被克里姆林宫的明确影响给破坏了，克里姆林宫确保了罗戈津于2006年3月25日作为祖国党领导被撤换掉，取而代之的是更稳健的亚历山大 · 巴巴科夫（后来成为“公正俄罗斯党”的一员）。普京自己也为俄罗斯种族主义暴力的崛起感到惋惜，并指出“极端主义组织正在变得越来越具侵略性，采取的形式越来越严厉”，并警告说内务部未能充分做出反应。

以爱德华 · 利莫诺夫为首的国家布尔什维克党支持一种左派激进的民族主义，是所有反对派集团中最坚决的反普京组织之一。这个民族主义的威胁被各种政权赞助组织的建立所抵制，特别是“纳什”组织。反对者称这种意识形态实体为“纳什主义”(Nashism)的意识，其发音与“法西斯主义”（Fascism）相似。大多数激进的民族主义者在民意调查中表现不佳，但他们的一些想法被主流政党，如祖国党、俄罗斯自由民主党和俄罗斯联邦共产党所吸收。对于苏尔科夫来说，俄罗斯面临着两大危险：“寡头复仇党”，即使尤科斯事件之后仍被吹捧为一种威胁；另一种他称之为“孤立主义者”，他拒绝将他们形容为“爱国者”，尽管他们自己这样描述：

他们几乎像纳粹一样，一些提出如下琐碎论断的人，如西方是可怕的，西方正在威胁我们，中国人正在前进，伊斯兰世界正在走向我们，俄罗斯是为了俄罗斯人……我认为如果国家孤立主义者在我国执政，我们将是苏维埃……官僚国家的糟糕翻版，但是没有苏联的伟大，绝对必然地将会变成一种荒谬的模仿，并导致国家面临人口上的灾难和政治的崩溃……挑起我国的种族冲突是非常危险的……我们从最近的过去知道这一点。我们曾经相信哈萨克人、乌克兰人和其他同志是俄罗斯的负担……我们都知道这导致了什么。我们失去了一半的国家、一半的人口、一半的经济，等等。如果现在我们再次相信某些人应该受到指责，那么我们可能会失去国家的另一半以及另一半的经济……俄罗斯必须是俄罗斯人、鞑靼人、莫尔多瓦人、奥塞梯人、犹太人、车臣人的，为我们所有的人民和为整个俄罗斯民族的。

虽然普京政府已经开始意识到内部种族主义的危险，但还不太确定如何应对仇外现象。众多民意调查显示，俄罗斯人已开始将波兰人、格鲁吉亚人和乌克兰人视为恶毒的反俄罗斯者，而来自西方持续不断的恐吓，特别是来自美国关于俄罗斯涉嫌在对其邻国和更远地区的关系中的不当行为，伴随着民主倒退的指责，引起民众日益增长的不满情绪，政府可能没有煽动这种现象，但却无力对付。2006 年，对摩尔多瓦和格鲁吉亚的葡萄酒和其他商品实行禁运，及 2006 年将格鲁吉亚非法移民驱逐出境，就带有国家支持的种族主义的味道。

21 世纪初的特点是大众动员的水平相对较低。然而，却普遍存在持续不断的不满情绪，这种不满情绪经常爆发为大众的不满行为。尤其是 2005 年初对社会福利货币化法律的回应。虽然没有“颜色革命”的条件，但是在政治生活中仍然有大众非正式参与的潜力。例如，2006 年 3 月 8 日，彼尔姆发生了示威，反对市长选举行为和一些候选人被剥夺了资格。就在这一示威发生几周前，有示威者抗议奥列格·谢尔宾斯基被判四年徒刑，这名驾车者造成了阿尔泰边疆区颇受欢迎的行政长官米哈伊尔·叶夫多基莫夫的死亡，当时叶夫多基莫夫的车以超过 161 千米的时速行驶，撞到了这个倒霉司机。此案被视为特权官僚对普通人权利的粗暴打击，也是对正常驾车者权利的捍卫。重审举行，谢尔宾斯基被宣告无罪。人们的力量可能会证明法院是错误的，并可能在维权战斗中击败当局。其他地方还发生了由种族冲突引起的骚乱。仅在 2005 年，北高加索多个地区出现了“民族骚乱”，特别是克拉斯诺达尔、罗斯托夫和阿斯特拉罕，当时哥萨克人和卡尔梅克人与亚美尼亚人、希腊人和车臣人发生了冲突。2006 年，孔多波加（参见第 8 章）发生了族裔冲突，造成两人死亡。还有许多针对移民工人的袭击，特别是乌兹别克人和塔吉克人。显然，仇外主题将在 2007 年—2008 年选举周期中占据显著位置。

普京当局主要关心的是俄罗斯的稳定。20 世纪 90 年代的过度行为受到了遏制，尽管当局在负面议程上可能取得了一些成功，如阻止了不希望的事情发生，包括将民族主义动员的最糟糕方面搁置起来等，但更积极的议程却丧失了。对积极参与社会公益活动的公民品行的阻碍也许是普京总统制度最大的失败：独立资助受到限制，政治活动被引导，中央媒体控制的公开辩论受控制，莫斯科重建中央集权再次被重申。虽然普京带来了国家的稳定和对未来的希望，但他未能在改革中获得普遍的拥护之感。普京现代化是一个自上而下的过程，很少有独立的民众参与。公共政治日益成为莫斯科的精英事务，而且越来越不公开。

结 论

民主是一种体制，更是一种对权力和权威的文化态度。俄罗斯现在显然拥有全部的民主形式，但它们所体现的精神还没有充满托克维尔坚持的对民主政体运作至关重要的“内心习惯”。问题在于有些人认为俄罗斯民主的制度设计存在缺陷，它不仅拥有一个傲慢自大的总统，或者在国家与人民之间出现了一个相对自治的政权，而且还拥有整个政治社会的特征。俄罗斯仍然缺乏可以监督权力并知会公民的反对派，选民仍然难以为政策后果分担责任，而选举过程只能不完美地投票给实际在任而不在职位者。正如欧亚党主席亚历山大·杜金所说的那样，“我们的政治制度是匆忙创造的，不断吸收完全不成熟的参与者……俄罗斯人民相信，感觉和判断的标准是政党和政治技术专家所提供的标准之外其他的标准”。正如杜金所坚持的那样，“普京基本上是独立的一党。与统一俄罗斯党相反，他代表了一个真正的政党，代表着社会和民族多数的历史利益”。用贝托尔特·布莱希特的话说，这个国家幸运的是有这样一个一人党派；不幸的是它需要这么一个。普京领导下的政治空间重组，朝着创建民众代表权和问责制的方向发展，但政府担心这会用来对付他们，这种担心阻碍了创建有活力的民主社会所需的社会创新、探索精神和自信。

第7章　普京的“新联邦主义”

Putin's 'new federalism'

中央权力的加强是普京联邦—地方关系改革的核心，甚至在担任总统之前，他就一直关心这一点。此外，他的政策所反映的观念在20世纪90年代一直非常流行。正如我们所看到的，国家特权的重申可以采用多元化或压缩形式，而普京的改革则倾向于重新集中，但是尚不清楚的是，即使多元化的因素也可能被包含在联邦主义框架内。更新后的国家行动主义威胁导致了联邦体制解体，即中央与地方权力分立的侵蚀。七个联邦区——每个都由一位总统代表领导——的创立，是为了建立总统的“垂直”权力，但却破坏了地方政府的联邦特征。然而，叶利钦时代的区域自治往往采取不民主的形式：出现了一种分割的地方主义而不是联邦制。地方的“贵族”颠覆了联邦当局的权力，并在许多情况下建立了威权体系。尽管地方领导人采用了某些新的分封特征，但作为一个集体制度，它们却是俄罗斯总统和中央政府权力最有效的宪法约束之一。普京部分地拆除分割的地方主义，这一行动本身并没有加强联邦制度，无论如何，他都不得不接受一些最有势力地区的利益和相对自主权。在他担任总统期间，联邦制自上而下都被削弱了。

分割的地方主义

在 20 世纪 90 年代，旧的超级集中的苏维埃体系让位于政治权威的分裂和主权定义的争夺。自上而下建立联邦制的尝试遭到了地方的反对，这些地方，不管是事实上还是法律上，已经确保自下而上的权力下放。在叶利钦统治下，中央特权与地方权力之间形成了复杂而不稳定的平衡。中央和地方要求之间的紧张关系不仅涉及施政和财务的实际问题，而且还涉及基本的相互竞争的主权要求。“不对称联邦制”的演变、实践影响了国家的定义。随着俄罗斯实际上依照着 89 个地区分割，出现了一种独特的地方分割主义，联邦当局实际上已成了第 90 个。它被迫在弱势地位与 1993 年宪法所称的“联邦主体”进行讨价还价。民族团体和地区纳入苏维埃秩序的方式现在给这个紧随其后的体系蒙上了长长的阴影。例如，民族联邦制的延续就是路径相关性的一个生动例子，即之前关于体制安排的决定阻碍了后来的选择。20 世纪 90 年代初，宪法起草者试图建立一种区域联邦主义的统一制度，但是却为以名义上的民族命名的地方政府根深蒂固的利益所击败。1993 年宪法承认，这些地区中有 21 个区，连同 10 个自治区，以及 1 个犹太人自治州，都属于更大区域的一部分。因此，这意味着其他单位，即 6 个边疆区、49 个州和 2 个具有联邦意义的城市（莫斯科和圣彼得堡），都能在某种程度上代表“俄罗斯”。尽管民族主义者试图在这方面发挥作用，但俄罗斯所有地区都是种族混合的，不容易区分俄罗斯族和非俄罗斯族。

历史遗产

叶利钦统治下不完全合并现在让位于分割的地方主义。处于中心的联邦当局与联邦主体达成了不对称的讨价还价关系。其中一个是车臣，完全独立，而鞑靼斯坦一度成为俄罗斯境内的一块自治飞地。俄罗斯似乎变成了微型国家联盟，其中，许多都是小型独裁政权，地方领导人可以滥用自由和人权。叶利钦式地方的讨价还价基本上是暗示这些地区和共和国，只要不以分裂来威胁，它们就有自由的处置权利。就像当年的奥斯曼帝国和哈布斯堡帝国，授予地方特权以换取忠诚。公民社团的发展受到了抑制，因为这些特权是给予企业集团和统治精英而不是个人的。延伸到操纵选举的自由处置，允许号称民族的组织和权威行政官员巩固他们的主导。在 1999 年 5 月撤销卡拉恰伊–切尔克斯首脑选举的结果之前，没有选举结果被撤销。

联邦关系的分割破坏了个人权利。

在某些情况下，这种分化趋向于全面的区域分裂。1990 年 8 月 5 日叶利钦访问喀山，发表臭名昭著的声明，主张联邦主体“能够吞下多少主权就争取多少”。共和国通过制定法律来扩大事实上的主权，其结果在法律上与莫斯科创立的完全不同。车臣自 1991 年 11 月宣布独立，而鞑靼斯坦、巴什科尔托斯坦、哈卡斯和雅库特越来越与俄罗斯联邦离心离德。军队的统一作用已经丧失，实际上军队越来越依赖地方当局。联邦当局无法保证这些地区的基本公民权利，甚至失去了对其国家机构地方分支机构的控制权。根据地区规模，其中 36—54 个地区雇用的总人数从 2000 年的 38 万上升到 2006 年的近 100 万。正如斯米里亚金所指出的那样，“这支庞大的联邦雇员大军长期以来似乎无人负责”。检察机构、内务部和其他部门的地方分支机构落入地方首脑和共和国的总统手中。只有克格勃的继任者联邦安全局能够抵抗地区的“捕获”。

俄罗斯分化的地方主义呼吁联邦主义的交流方式，而实际上损坏了国家的能力和联邦当局法律规范的特权。地方自治与联邦制不同，正如重申中央特权并不自动表示联邦的分解。像伯吉斯所强调的那样，联邦制就是在国家和地方层面相互承认合法责任领域。至少有三个因素促使俄罗斯联邦制以更具竞争力的零和方式发展，地区优势被视为地区的损失，反之亦然。首先，苏联的民族联邦主义遗产给俄罗斯赋予了两种截然不同的构成要素：基于一个名义的民族性与一个特定领土的共和国（或民族集团，如达吉斯坦、卡巴尔达－

巴尔卡尔等）及仅基于领土的共和国。这有力地推动了地方主义的分化依照着这个区分进一步加剧，因为一个追求平等，另一个主张不同特权。第二个促进分化的因素是自治的理性官僚管理、公民协会和地区内多元政治文化的力量微弱，这是来自沙皇和过去苏联的一个因素。俄罗斯模糊的国家发展遗产，其中政府（或政权）一方面倾向于代替法律理性的行政治理，另一方面遏制社会自身的自治性协会生活，导致当局代替国家和社会。社会和地区自治的宽容是有限的。

尝试建立一种结构和文化因素鼓励竞争而非合作的联邦制度，激起了分裂而不是联邦主义。承认联邦分权意味着对各方的限制姗姗来迟。在国家和公民社会力量薄弱、现代行政体制不够发达的情况下，地方领导人的自治被夸大了。他们认为自己是一群准主权行为体，这种趋势在民族—联邦共和国中因符合名义上的民族历史而得到加强。

分割的地方主义实践

后共产主义的俄罗斯地方主义表达了日益根深蒂固的官僚和社会利益。现有的政治资源是针对中央和其他联邦主体而布置的，以确保行动的自由，以便吸引投资（尤其是海外投资），加强相关共和国和地区的名义民族组织的主导角色，确保民众问责制之外的相对自治（通过削弱地方立法机构的权威，操纵选举竞争，及建立地方的“权力党派”）。虽然苏联的地方机构创建了强大的赞助和政治网络，但它们的持续性取决于具体的地区联盟是否能够利用新的政治和经济条件。由于政治制度和个性化领导模式的不发达，使得地方精英对当地选民不负责任并且相对免受中央监督。在普京入职之后，他们在很大程度上只能享受他们在无政府主义民主化和市场化初期阶段所获得的收益。

地方分割采取了多种形式。联邦制最显著的表现形式是46个地区（应指出，不是所有主体作为一个整体）领导人和联邦当局签署的42项权力分享条约（三边和四边条约是与多层次地区签署的）。该过程从1994年2月15日与鞑靼斯坦首次签约开始，到1998年6月16日与莫斯科市签约才结束。当叶利钦在联邦问题上的顾问谢尔盖·沙赫赖在20世纪90年代初期初步提出该意见时，这个想法只涉及三个最棘手的地区：鞑靼斯坦、车臣和加里宁格勒，但这个过程犹如一场名副其实的雪崩。这些条约导致不对称的联邦制正式形成，不同地区的权利是在特定基础上进行谈判的，并且经常以结合为基础。这些条约中的许多条款，尤其是各种附件和年度补充条款并未公开，其最终结果是加重了联邦关系的不对称性。双边条约允许中央和地方之间达成个性化的协议，就此而言，叶利钦有理由争辩说它们“加强了俄罗斯的国家地位”，但不得不以破坏宪政平等和政治透明度的基本原则为代价。1998年7月15日，普京从沙赫赖手中接管了对这些条约的责任，此后不再签订。相反，他专注于制定界定地方和中央权力的一项新法律（《地方法》），并在他领导联邦安全局之后通过了这项法律。

在 89 部地方宪法和宪章中，至少有 50 部与联邦宪法相抵触，而三分之一的地方立法这样或那样地与联邦立法相抵触。巴什科尔托斯坦和鞑靼斯坦的宪法以及图拉州的地区宪章是国家宪法中不允许的权利的典型案例，违背了联邦主体之间平等的原则。法律空间也是分散的。司法部在检查了 4.4 万个地区法案，包括法律、行政命令和类似的文件后发现，近一半不符合宪法或联邦立法。1999 年 6 月 24 日第一次尝试纠正这种情况，通过了期待已久的“关于在俄罗斯联邦政府与地方之间权力分立的原则”的法律（普京帮助起草的《地方法》）。它规定所有新联邦和地方法律必须依照本法执行，所有以前通过的立法和条约应在三年内做到与本法一致（截至 2002 年 7 月 29 日）。这项法律确定了权力分享条约的通过程序，强调上述所有一切都应公开进行，禁止秘密条款和附属条约。

联邦关系中的不对称性在预算事务中反映得最为强烈。跨地区转账的基本原则存在很大争议。在征收点和联邦预算中，税收收入的复杂分配成为俄罗斯未能建立真正联邦的决定性指标。“捐助区”或“资助区”的概念在很大程度上取决于定义。截至 1999 年 5 月，捐助区只有 13 个，但这并不意味着所有其他地区都是受赠人，其中大约三分之一没有从中央得到任何资助。此外，各项双边协定允许转移到中央的税收数额存在极大差异。例如，鞑靼斯坦只向中央缴纳其增值税的 50%，而其他地区则向中央转账实际征收税额的

75%。尽管中央在公开使用政治目的的转移支付制度的程度一直存在争议，但大多数财政依赖的基本事实依然存在。丹尼尔·特瑞斯曼认为，在叶利钦的规则中，转移支付被用作“贿赂”以鼓励更为棘手的地区忠诚度，而不是对那些表现出忠诚度的人给予“回报”。然而其他人则认为，转移支付在很大程度上并没有被政治利用，也不是惩罚和奖励机制，而是反映了相对客观的需求标准。依赖中央补贴的地区，无论其政治面貌如何，都被迫与克里姆林宫建立了良好关系，以确保资金的持续流动。莫斯科对地方的拨款和支付的持久控制，是稳固联邦的主要力量，同时也破坏了真正的地方自治。

地区间日益增长的经济差异增强了联邦的不对称性。有些地区通过出售能源、原材料或基本工业制成品进入了世界市场，这些资源能增加其在联邦谈判中的筹码。例如，如果汉特-曼西斯克自治区是一个独立国家，它将成为世界第二大石油生产国。在这种情况下，不可能将“地区”视为单一的统一行动者，因为这意味着统一和有目的的集体行动。一些地区行政当局能够立即利用向市场经济过渡的开放机会，而另一些则依赖过时的工业厂房。此外，非政府行为体是构筑俄罗斯政治和经济空间的一个越来越重要的因素。大型能源生产商和主要原材料出口商直接与主体层面的领导者协商，有时事实上就是实行他们自己的对外政策。尤科斯计划建立一条通往摩尔曼斯克的独立管道，威胁要破坏俄罗斯国家石油管道运输公司在这一领域的垄断地位。俄罗斯的部门分化，拥有强大的游说队伍，可以直接与各级政府进行接触，这让人联想到苏联的旧经济部门。

一些地区试图成为独立的国际参与者。1991 年—1995 年，俄罗斯各地区签署了 300 多个与外国的贸易、经济和人道主义合作协定。虽然这些协议有可能帮助解决一些经济问题，但是也损害了莫斯科对对外关系的垄断。虽然有些地区阻止解决问题，尤其是那些处在远东的地区，其他一些地区如卡累利阿、普斯科夫和加里宁格勒则采取了稳定区域对外关系的行动。俄罗斯一半以上的地区都处在边界，需要联邦政府在处理邻国问题上给予支持。在更广阔的舞台上，俄罗斯国内的宗教和种族平衡是外交政策中的一个重要因素。例如在 1999 年科索沃战争期间，鞑靼斯坦总统沙伊米耶夫扬言，如果俄罗斯民族主义者协助塞尔维亚人，就要派鞑靼志愿者去支持穆斯林阿族人。而在 2003 年第二次伊拉克战争开始时，鞑靼志愿者聚集在一起保卫伊拉克免受联盟军队的进攻。乌法当时的穆斯林精神中央委员会宣布对联盟军队进行圣战。大约 2000 万人拥有某种伊斯兰教背景，并且这是俄罗斯发展最快的宗教 。俄罗斯地区领导人的偏好因此成为俄罗斯对外关系复杂网络的一部分。为了协调地区和联邦的外交政策，杜马于 1999 年 1 月通过了一项法律，规定地区当局在与外国政府谈判时应与外交部保持联络。为此外交部设立了一个专门部门，用来负责处理地区事务，在外交方面特别活跃的地区和各共和国都设有分支机构。只有联邦政府才有权签署国际条约（dogovory）的原则被谨慎地遵守，并为无数次的宪法法院的判决所坚守。克里姆林宫也否决了区域直接参与外国金融市场的行为，因此地区参与外国经济的所有行动都需要中央批准。

在这些地区出现了极其不同种类的政体类型，从彼尔姆、诺夫哥罗德、阿尔汉格尔、萨马拉和圣彼得堡的相对民主，到纳兹德拉坚科统治下的滨海边疆区和总统基尔桑·伊柳姆日诺夫统治下的卡尔梅克共和国的独裁统治。彼得·基尔科夫确认该地区出现了一种地方合作主义（主要来自滨海边疆区的证据），其标志是“政治和经济的制度性混杂”。换言之，出现了与中央政权平行的地区政权。国家政治结构的类型也有所不同。乌德穆尔特是议会制共和国（直到2000年初进行公民投票），萨马拉是一个完全成熟的总统制共和国（作者将萨马拉州误写为共和国。——译者注），达吉斯坦则受到一种协调民主的统治，在这种制度里，国家议会试图平衡和代表共和国的种族多样性，而莫斯科市复制了中央政府的“超级总统制”。这种多样性部分反映了当地传统、精英关系的动态以及某个特定共和国的种族和社会构成，进而影响了政策实施结果。在民主联盟中拥有如此众多的地方政权类型和政府结构是非常罕见的，并且让人联想到美国在内战之前普遍存在的多样性使许多非民主体系蓬勃发展。这当然阻碍了俄罗斯作为民主国家的发展。分化的地区主义影响了国家建设，破坏了统一的国内市场的出现、法律空间和俄罗斯作为国际参与者的一致性。普京面临的就是反对这种政治、经济和司法发展中的这种分裂。

“新联邦主义”的特点

俄罗斯没有享受有序的联邦分权，取而代之的是成为分化的地区主义的自发过程的牺牲品。不对称联邦制的发展很可能为俄罗斯不同种族和政治组织的分别特制的解决方案提供一个灵活的谈判框架，但是它没有在普遍公民准则的框架内做到这一点。相反，分割的地方主义在经济和法律上分裂了俄罗斯。到叶利钦总统任期结束时，俄罗斯不仅是一个多民族国家，而且正在成为一个多国国家，许多加盟共和国对莫斯科提出主权要求。地区领导人决定是否遵守《宪法》，以及何时会遵守《宪法》。虽然《宪法》并没有追求整齐划一的联邦关系模式，但地区和中央政府共同管辖着一个大而有争议的领域（第72条），正是基于恢复《宪法》权威的理由，普京决定与分割的地方主义做斗争。

“新联邦制”的概念框架

这是普京上任后面临的局面。重组联邦关系以扭转主权从中央向俄罗斯地方政府的旁落，是他议程的重中之重。在2000年的总统选举中，他在俄罗斯绝大多数地区赢得了决定性胜利。2004年他在每个地区都名列前茅，这赋予了他联邦改革的合法性。他1997年—1998年在总统办公厅工作的经历明显影响了他的想法，但他也接受了一种深层次的观点，这种观点自20世纪90年代初以来就显现出了对“强大中央”的需求。根据一项研究，1993年选举中的49个地区赞成中央重新反对地区分裂。分割的地方主义已成为俄罗斯政治完整性面临的最大威胁之一，但中央政府以统一的行政管理和法律实施不受阻碍的名义重申中央政府的立场是不容易的，需要将权力真正下放给各地区。是否有办法使这两个进程——国家重建和联邦权力下放——不仅相容，而且实际上相互支持？普京能否在与地区的关系中找到新的平衡点，在保证属于自身领域的中央国家主权的同时，在适当的时候下放主权？

我们认为普京领导下的国家复兴徘徊在两种形式之间：紧缩的国家主义，使用维护宪法规范的辞令和在全国统一适用法律，但威胁真正的联邦分权制的发展；而多元主义的国家主义则捍卫法律和个人权利的畅通，同时尊重公民社会和联邦主义准则的多样性。从某种程度上说，二者的紧张关系源于1993年宪法的含糊不清，该宪法可以放宽或缩小联邦关系。宽容的解释支持多元的国家主义，而紧缩的解读则会导致紧缩的国家主义。它的紧缩不仅仅因为党派之间观念上的一致，尽管我们将会看到，这个因素确实起着一部分作用，但首先是因为通过紧缩，一个比中央集权相对宽泛的概念，相对多元化、媒体自由和在叶利钦领导下出现的区域多样性受到了威胁。宪法中未解决的紧张局势以及宪法法院支持解释其关于联邦制条款的意愿，意味着我们对重组和重新集中的区分受到了侵蚀。在联邦事务中，恰恰是以重新集中为幌子的重组。与苏联时期一样，这个制度有可能成为联邦制的形式，但内容单一。

在 2000 年 7 月 8 日的演讲中，普京强调说，中央和地区权力之间的“权力竞争”具有“破坏性”，他认为“我们不得不承认，（俄罗斯）还不是一个全面的联邦国家”。相反，俄罗斯“创造了一个无中心的国家”。从字面上来说，普京对分割的地方主义的回应是重组国家，即将《宪法》置于中央与地区关系的中心。其目的是实现宪政联邦制，而不是在叶利钦时代出现的临时性不对称联邦主义和分割的地方主义。普京改革联邦关系的核心是试图确保《宪法》法令在俄罗斯境内畅通无阻。普京在他的《第一人》一书中强调了独立司法机构的重要性以及联邦对地区更大的控制权，现在他开始实施这一计划。在多次演讲中，普京强调需要：

> 保证所有公民的平等权利和平等义务。我们希望确保在整个国境内不违反俄罗斯法律，以便使公民的权利，无论是在莫斯科还是在任何其他地区，都得到同等尊重……我们正在努力加强和巩固国家作为公民权利和自由的保证人。

正如他当时在另一次采访中所说的那样，“建立一个单一的法律空间”涉及“不仅是联邦法律在当地的平等适用，而且还包括当地遵守的规范与宪法严格一致”。在修辞层面，联邦法的重申并不会威胁到联邦制的发展，而是努力确保俄罗斯成为一个单一的法律空间，保证宪法中规定的合法性和个人权利的原则在全国得到施行。

反对分割的地方主义的法律攻势，是寻求地区宪章、共和国宪法和所有其他规范行为与联邦宪法和联邦法律一致。然而，为“法治专政”而斗争需要集权，这可能被解释为对联邦主体权力下放的攻击。

分割的地方主义导致了不平等和偏袒的公民身份。作为回应，普京提出普遍适用法律和宪法规范来促进统一公民身份的发展。正因为如此，普京的举措受到了地方民主运动的欢迎，希望总统能够迫使地区领导人遵守国际人权标准和民主责任标准。普京捍卫宪法原则的声明，鼓励俄罗斯一些地区的反对派人士抗议地方专制政权的发展。在给普京的一封联名信中，包括共产党人和一些民族主义者在内的鞑靼斯坦对立集团表达了对“鞑靼斯坦的宪法、法律和政治领导层违反俄罗斯宪法”的担忧。这封信争辩说，鞑靼斯坦和联邦政府之间的权力分享条约未能解决联邦和共和国法律之间的矛盾，使后者违反了前者。沙伊米耶夫个人权力的增长受到谴责，而民众的权利受到限制。该信还认为，由于当地立法人员由沙伊米耶夫直接任命的市长控制，共和国立法部门在地方一级没有权力。此外，当地法官依赖共和党和地方当局，无法独立评估公民对其权利遭到侵犯的投诉。该信警告说，鞑靼斯坦的居民不再觉得他们是俄罗斯的居民。最后，这些组织呼吁普京在共和国任命一位总统代表，这是叶利钦从未做过的事情。这封信证明，为了重建国家权力，在整个俄罗斯联邦捍卫普遍民主公民准则，需要“从下面”施加压力。加强司法独立性，特别是通过增强法官的独立性和引入陪审团审判，是在这条道路上迈出的重要一步。

普京在2000年5月17日的广播讲话中指出：“地方通过的规范条例中有五分之一与俄罗斯基本法相抵触，共和国宪法和地区宪章与俄罗斯宪法不同。”直到2000年10月，地方政府才根据联邦规范制定地区法律。普京坚持他的措施“完全符合现行宪法的框架”。他指出，有人敦促他采取更为激进的行动，包括直接任命地方首脑。当时他坚持认为，由于这已成为“我们民主宪政秩序的一部分”，因此他相信继续选举地区首脑是正确的；正如我们将要看到的那样，他后来改变了这一看法。普京坚持认为，加强国家不能简单地解释为国家能力的威权主义重组，尤其是它的强制资源，而是与个人安全的概念相联系。正如他在5月17日的广播讲话结束时指出的：

亲爱的同胞们，你和我一样都知道权力的软弱会影响数以百万计的普通百姓。国家混乱的代价是个人的不安全感，对财产、住房和我们以及我们孩子的未来的威胁。这就是为什么我们需要强有力和负责任的政府……这就是我当选俄罗斯总统的原因，这正是我们今天所做的，我打算今后坚定不移地坚持这一政策。

他说到做到，一入职就着手重新组织俄罗斯联邦体制的结构。

新联邦体制的特点

普京对地区分割的回应是呼吁"法治专政"的原则，特别是整个俄罗斯联邦的宪法和司法权威的畅通无阻。他坚持"我们必须把国家聚集起来，我们将会这样做"。为确保整个联邦的法律和法律标准的统一而捍卫中央集权险些导致联邦的解体。我们之前已经注意到，这符合雅各宾派的国家建设传统，显然法国的联邦国家统一集中制挑起了许多矛盾。即使联邦制的原则是关于共同主权，但是次国家主权要求是非法的。普京试图重建国家，尤其是国家主权的意义和形式，试图掩盖根本问题。俄罗斯是否能真正成为一个真正的联邦，法律将根据主权的规范性空间分割来确定；或者它会采取事实上的区域主义形式，在这种形式下，一个有效的单一制国家将权利赋予下放的单位，在这种情况下，主权的定义会非常不同。在重建联邦政府的过程中，这些地区的经验会被考虑到什么程度？下面我们列举普京领导下联邦关系中的一些关键变化。

1. 联邦区

新的"把国家聚集起来"的政策的核心是普京 2000 年 5 月 13 日颁布的法令，将俄罗斯的 89 个地区划分为七个更大的行政区。它们是被称为"权力垂直"的一部分。普京的英雄彼得大帝曾将俄罗斯帝国分为八个地区，并于 1708 年建立了新的政府机构——总督府。普京的创新并没有正式改变现有的地区——行政区划，但在联邦中央和地方之间建立的行政层面降低了后者的重要性。新的联邦地区由总统任命的总统特使领导，从而打破了地区民主的原则，直接隶属于总统。目的是为了恢复“行政垂直”，但实际上建立了一个“三角”，新的联邦地区加入了地方和莫斯科之间的关系。总统特使组织各地区联邦机构的工作，特别关注执法机构，监督联邦政策的实施情况，向联邦当局提供有关该地区正在发生事情的信息，并就联邦政府的任命提出建议。他们还与八个旧的跨地区协会合作制定社会和经济政策，尽管这两个实体的边界不一致的事实使得这种“协调”极为困难。特使拥有比旧代表更大的权力，“监督执行”而不是促进地区遵守联邦法律、法令和总统指示。随着2005年向任命地方首脑的转变，联邦特使的角色变得越来越不合时宜。

2. 联邦委员会

5月17日，普京宣布他将向国家杜马提交一揽子法律，旨在“加强和巩固俄罗斯的国家地位”，并且俄罗斯两院制议会上议院——联邦委员会改革处于核心地位。1993年首次召开的财政委员会是通过直接选举形成的，但1994年的一项法律使地区行政和立法部门的领导直接成为上议院的成员。现在普京建议回归早期体系的一个变体，让高层人物“专注于他们领土面临的具体问题”。联邦委员会由每个区域的两名常任代表组成，每个区域的行政部门提名一名，立法机构提名一名。新的“参议员”将成为地区当局的代表，而不是民众代表。2000年8月5日的法律准允地方首脑任命的一位代表可能会在两周内被地方立法机构的三分之二多数成员阻止。解雇也应由地方立法机构的三分之二多数通过。区域立法机构能够根据自己的程序提名和召回其代表。联邦委员会成员的“软性周转”也达成了协议，其中地方首脑届满时离任联邦委员会，或最迟于 2002 年 1 月 1 日离任。2000 年秋天，许多地方首脑面临选举，无法返回上议院。

关于新式联邦委员会宪法地位的重要问题依然存在。根据 1993 年宪法，上议院有权宣布进入紧急状态，授权在国外使用军队，任命和罢免检察长等许多重要职能。随着由提名人员组成的新大会成立，大会还保留这些任务是否合适？由杜马完成这些任务会不会更好？需要修改宪法，但普京拒绝支持正式的宪法改革。改革提出了重要的体制性问题，首先是制衡性的削弱，尽管它们可能是基本的。这一点在 2005 年转向任命地方首脑时得以加强（参见下文）。地方首脑代表在联邦委员会中的任期与提名地方首脑的任期相同，因此如果地方首脑的任期过早结束，代表的任期也将结束。取消地方首脑选举明显削弱了联邦一级的权力分立。这种情况是不可持续的，因此在普京的第二个任期内，人们就回到直接选举产生的上议院进行了大量的讨论。这是普京的继任者必须紧急处理的一个问题。

3. 国务院

根据总统令，2000 年 9 月 1 日设立了一个治下的国务院宪政协商机构，进一步削弱了联邦委员会。由于该机构是咨询机构，其创立并不需要修改宪法。国务院由地区领导人组成，使他们能够保持与国家领导层的直接联系，因此其成立似乎成为脱离联邦委员会成员的地区领导人的一种安慰。它的主席团由七名地区领导人组成，每个联邦区一名。每个领导人每次任职六个月，它每三个月举行一次全体会议，讨论通常由主席团成员领导的委员会准备的两个主要议题。国务院承担了议会特权，包括讨论区域和联邦改革的职能，但其意见缺乏法律效力。

4. 解雇和解散

2000 年的第二项法案试图提供一种机制，据此，如果通过与联邦立法相抵触的法律，他们将被撤销，区域立法机构将会被解散。虽然原则上法院已经享有罢免地方首脑的权力，但这需要两项法院判决说明地方首脑违反了联邦法律。2000 年 7 月 19 日杜马通过的法律允许总统罢免包括地方首脑和共和国总统在内的违反联邦法律的地方领导人。这要求管辖法院做出裁决，确认某官员违反了法律，检察长需要写一封信，表明出现了反对地区领导人的案例。为了解散地方立法机构，总统必须向国家杜马提交法案。纳兹德拉坚科是新总统权力的第一个受害者（于 2001 年 2 月 1 日生效），在经历近十年的不当行为之后，他于 2001 年 2 月 5 日辞去滨海边疆区行政长官职位。虽然新法律的全部权力并不适用于他，但威胁（以反复检查的形式）显然足以让他下台。2002 年 4 月 4 日，宪法法院确认总统有解除地方首脑的权力和国家杜马有解散区域立法机构的权力。一旦 2004 年任命地方首脑的制度出台后，解雇权就将变得没有实际意义。联邦干预可能会采取其他形式，包括解雇联邦委员会的代表。2006 年 5 月 14 日，联邦委员领袖谢尔盖 · 米罗诺夫解雇了上议院的四名成员（来自涅涅茨自治区、亚马尔–涅涅茨自治区、哈卡斯和滨海边疆区），表面上是作为反腐运动的一部分。虽然相关地区议会象征性地表示抵制，但很快接受了米罗诺夫的行动。

5. 共和国主权的终结

宪法法院在2000年6月7日通过的一项决定中，宣布大多数俄罗斯共和国的主权宣言是违宪的。该裁决虽然特别针对戈尔诺-阿尔泰案件，但显然具有更广泛的影响力。法院在其判决中对国家主权的观点采取了相当狭隘的看法，认为“俄罗斯联邦的宪法不允许任何超越俄罗斯联邦主权的国家主权”，并继续断言“俄罗斯的联邦主体没有主权，从一开始就属于俄罗斯联邦”。宪法法院反对任何主权下放给共和国裁决的理由是公平：他们坚持认为，这种不平衡的存在与联邦其他主体相比是不公平的（反映法国共和国传统的一个经典论断）。在另一项裁决中，宪法法院支持普京的原则，即只有联邦政府有权建立法院和确定刑事诉讼程序，从而拒绝承认各地区有权建立自己的法院或为其运作制定规则。这根在“主权游行”期间向各共和国严重弯曲的棍子，现在“重新直了起来”。

6. 法律合规

使立法符合联邦准则的斗争开始于2000年5月11日颁布的法令，该法令要求巴什科尔托斯坦、印古什和阿穆尔使其地区法律与俄罗斯的宪法和联邦立法一致。5月16日又颁布了一项有关斯摩棱斯克州的法令。巴什科尔托斯坦最不愿意将其宪法与俄罗斯的宪法保持一致，担心这样做会使俄罗斯再次成为一个单一国家。2003年的联邦法律要求俄罗斯地区确保所有与联邦立法相抵触的地方法律都必须在2005年取消。联邦法律的重申，力图使地区宪章、共和国宪法和所有其他规范行为符合宪法和联邦法律。然而，各地区对统一运动普遍存在抵制，包括常见的拖沓和较为公开的反对。普京在 2006 年 3 月 16 日的立法委员会会议（代表地区议会）上发言时指出，地区立法可以帮助提高国家法律的质量，但他强调说，“加强法律空间的统一是我们最重要的国家优先事项”。他指出，只有十个地区使它们的法律完全符合联邦规范，在许多地区尚未做到这一点，“这些侵权会导致限制公民的权利和自由，绝对不可接受”。

7. 司法独立

早在 2000 年初，最高法院主席团主席维亚切斯拉夫 · 列别杰夫就宣布，从此以后所有法院——从上到下直到区域法院和下级法院，都只能从联邦预算中获得资助。其目的是消除法院对地方政府的财务依赖，因为这显然会影响其独立性。与此同时，增加法官的薪酬以提高他们的“专业”水平和“诚实”度。此时联邦当局赢得了法庭胜利，允许一般管辖法院（最高法院在这个制度的顶点）来规范地区宪法和法律的合宪性或违法性。

8. 双边条约的结束（大部分）

双边条约进程的结束在叶利钦总统任期终结时被简要地陈述出来，1998 年 6 月以来没有签署任何新的条约。现有条约没有被地区自身续签或者驳回。德米特里 · 阿亚茨科夫于 2001 年夏季在萨拉托夫首先采取这项行动，2001 年 12 月 21 日至 2003 年 5 月 20 日，有 33 项条约被废除。普京在 2002 年 4 月 18 日的讲话中指出，在 42 个有这种协定的地区中，有 28 个已被撤销。2002 年 9 月 26 日与雅库特签署了修改1995年条约的条约。这样就只剩下9个条约和12个最坚定的地区，包括一些重要的共和国。2003年7月7日的一项法律规定，除非所有现有条约在两年内根据现行立法进行更新，否则将失效。因为这是做不到的，尽管雅库特曾经尝试过，所以它们都在2005年7月8日失效了。这本身并不能保证普京控制这些地区，而且废除条约进程并没有减少地方控制者在卡尔梅克共和国或巴什科尔托斯坦共和国所施加的控制。

虽然“条约联邦”的时间已经过去，但有两个例外。第一个是与鞑靼斯坦重新签署的条约，2007年2月9日在杜马的强烈反对下被批准。沙伊米耶夫早些时候说服普京放弃了对地方首脑任期限制在两届的计划，现在他强迫普京重新回到这个问题上。经过两年的工作，以联邦法律形式出现并因此需要议会批准的新文件没有提及主权或自决（与叶利钦时代的条约不同），但它通过在联邦护照中插入纸质插页，护照也带有共和国的徽章，并允许共和国宣布鞑靼语为官方语言等形式，赋予了鞑靼斯坦特殊的公民身份。共和国总统候选人必须会鞑靼语。还有对矿产资源实行免税，及协议规定共同管理与共和国特色相关的经济、环境和其他问题。这实际上证实了共和国对当地石油工业的控制。随着新的选举周期迫在眉睫，莫斯科需要沙伊米耶夫提供选票的能力。像在车臣一样，也有人关切破坏共和国内的伊斯兰主义和分裂主义运动——这些问题在1994年首先促成了双边条约进程。然而，联邦委员会于2007年2月21日以93票对13票、15票弃权，否决了与鞑靼斯坦计划中的条约，从而导致整个过程脱轨。

中央与车臣开展了旷日持久的讨论，试图通过双边条约正式确定其在俄罗斯联邦的特殊地位。之所以拖延如此之久，是因为莫斯科担心给车臣共和国领导层赋予过多的权力和特权，尤其是经济和税收领域。总理拉姆赞·卡德罗夫特别热衷于主张该共和国对石油工业的控制。克里姆林宫的“西罗维基”和他们的盟友不信任卡德罗夫，总统办公厅伊戈尔·谢钦、联邦委员会谢尔盖·米罗诺夫以及杜马安全委员会主席维克托·伊柳欣领导了反对与共和国签订权力分享条约的活动。卡德罗夫在 2007 年 3 月升任总统职位时，他的首批举措之一就是放弃了签订一项特别条约的想法。

9. 财政联邦制

重建全国性市场的尝试成为普京区域政策的中心之一。地方力量总体上的削弱有助于与非常区域化的“虚拟经济”（易货和非付费网络）做斗争。此外，联邦政府开始撤销其前任批准的许多税收优惠。2000 年 7 月 26 日，“新税法”的第二部分由联邦委员会以压倒多数批准（128：13），尽管它导致地方税收立即下降。大部分税收和关税收入都归中央所有，包括增值税收入、所得税、消费税和关税以及自然资源税，而留给地方的是运输关税，一部分利润税、财产和博彩税。新税法旨在更易于理解和实施。其主要特点是税收的征收和分配更加集中。叶利钦任期结束时的所得税收入在联邦政府和地方之间的分配比是 50：50，但现在联邦和地方之间的分配比是 70：30。改革带来的各地区之间的收入再分配是前所未有的。毫不奇怪，较贫穷的地区（绝大多数）支持该法案，而由莫斯科市长卢日科夫领导的较为富裕的少数派则反对这一法案。政府现在打算实施一项积极的区域政策：集中更多资源并重新分配这些资源，以此作为有意平衡区域间差异策略的一部分。2007 年的预算设想所有支出的三分之一将通过中央分配给各地区。这种再分配的公式还不够明确，根据已知的标准，一半用于支持各种计划，而另一半是自由裁量的，因此在某种程度上是任意的。鞑靼斯坦、巴什科尔托斯坦、北高加索、圣彼得堡和西伯利亚一些地区一起，在这个体系中表现出色。旨在避免挪用的整个预算间转账系统鼓励了博弈，从而让各地区发挥自我作用以获得额外资金。

俄罗斯很少有地方实现了经济自给自足，其中十几个最成功的地区占俄罗斯国内生产总值的 50%以上。电力和燃料价格上涨意味着，即使是制造工厂较多的地区，由于税收收入下降，也会导致收入下降。尽管转账增加，但区域之间的经济差距仍在增加。克拉斯诺亚尔斯克边疆区行政长官亚历山大·赫洛波宁在给国务院的一份报告中说，“就人均国内生产总值而言，2000 年最富裕地区的统计数字是最贫穷地区的 64 倍，而 2005 年地区之间的差距接近 300 倍”。1999 年，联邦向地区的转账占联邦总支出的 9%；在 2001 年占 18%；但到 2005 年已经达到全部支出的三分之一。北高加索地区的棘手问题随着该地区的叛乱蔓延开来，再加上严重的社会紧张局势和种族冲突，促使南部联邦区总统特使科扎克建议联邦权力下放的程度应与其从中央获得的补贴水平成反比：“中央提供的资金越多，地方权力就越少。”从 2007 年 1 月起，莫斯科的一位外来管理人员负责管理接受补贴的地区。这是“付费联邦制”，并且是大规模的中央干预，有效地破坏了联邦权力分立。2007 年实施了一项更加连贯的地方政策，旨在鼓励成功的区域，同时防止穷人完全沉没，而中间部分则得到有针对性的发展支持。俄罗斯联邦统治局（Rosstat）跟踪了地区的表现。

10. 制度性统一

我们在上文已经注意到 20 世纪 90 年代发展起来的体制形式的丰富多样性。俄罗斯拥有丰富多样的区域立法机构：一些是两院制的，另一些是一院制的；一些代表是专业人员和有报酬的，另一些是志愿者；选举制度也各不相同。现在已经扭转了这种情况，所有地方实行了单一模式。举例来说，这意味着在阿迪格、达吉斯坦和卡巴尔达－巴尔卡尔的两院议会被废除，而在达吉斯坦，联合式的成分因为莫斯科提名的任命地方首脑标准模式而被放弃。然而，单一的设计并不是到处都是，车臣被赋予了创建两院制的特权。

11. 地方首脑：从选举到任命

随着俄罗斯在 1991 年 12 月成为独立国家，叶利钦推迟了地方选举，并在接下来的四年中任命了地方首脑。然而，这一直被认为是一种临时安排，从 1996 年起，他们全部进行选举。根据《宪法》（第 5.3 条和第 77.2 条），虽然享有 1996 年至 2004 年大众选举产生的自治政治合法性，但地方首脑是一个垂直一体化执行机构的一部分。认识到这一点，一些地方首脑自身要求取消直接选举，并要求地方行政官员正式重新隶属联邦当局。叶利钦传统的管理地方风格，是赋予地区相对独立性和选择性特权以换取其在联邦层面对克里姆林宫的支持，现在让位于联邦行动主义时期。

与选举有关的变幻莫测和不确定性，鼓励了一些地方首脑考虑放弃他们在选举过程中可能获得的任何合法性，并回到旧的中央任用制度。允许地方首脑最多连任两届的法律于 1999 年 10 月 19 日签署，于 2001 年 10 月 19 日生效，给地方首脑两年的宽限期。2001 年 1 月 25 日，杜马通过了对该法的慷慨修正，认定第一任为 1999 年 10 月 19 日以后开始的任期，允许 69 名区域主管连任三届，另外 17 人连任四届。克里姆林宫大体上成功地在区域行政选举中获得了它所青睐的候选人，2002 年，在 15 个候选人当中有 11 人是这样选举出来的。在与战乱的车臣共和国接壤的印古什，克里姆林宫强迫总统鲁斯兰 · 奥舍夫辞职，他对克里姆林宫的政策极为不满，在因一个小的技术性问题导致主要（亲奥舍夫）候选人哈恩扎德 · 古采里耶夫的选举资格被取消之后，他在自己的位置上操纵了联邦安全局将军穆拉特 · 贾济科夫的“选举”。一些专制的总统连任三届。尽管赋予了总统办公厅额外的权力，但值得注意的是，这些并未用于纳兹德拉坚科案件，而是进行了一笔交易，让他辞职并在莫斯科获得一个美差，担任联邦渔业部门的负责人（直到他在那里也自取其辱。2003 年 2 月卸任，但他后来在 2003 年 5 月作为安全会议副手出席活动，部分原因是为了阻止他重返滨海边疆区）。

在 2004 年 9 月 13 日的演讲中，普京提出地方管理人员应由地区立法会议"在国家首脑的代表中"选举产生，这是用来任命总理的程序。2004 年 12 月 11 日的联邦法律规定，总统最迟在现任地方首脑任期结束前的 35 天内提名候选人担任地方首脑职位，并且在候选人被提名前，总统和立法机构有进行磋商的机会。地方立法机构有两次机会，要么拒绝，要么批准候选人，候选人必须年满 30 岁且任期五年。超过半数的相关会议必须支持候选人成为地方首脑的提名人。如果地方立法机构两次不批准总统候选人，进行第三次尝试时，总统有权任命一位代理地区首长达六个月，并通过法令解散立法机构，新的选举将在法令生效 120 天内进行。然而，解散只能在总统和立法者进行长达一个月的冷静期之后进行。被任命的地方首脑可以连续任期超过两届，因此对两任限制的无休止辩论一下子就变得不合时宜了。

地方首脑的任命无疑降低了地区的自主权，并提出了新制度是否与任何联邦制的严肃定义相一致的问题。2005 年 12 月 21 日，宪法法院裁定，新程序不违反"目前历史环境下的权力分割和联邦制原则"。这一决定已被解释为表明宪法法院对主管当局的软弱无力，因此它无法成为反威权主义的堡垒。此外，民意舆论赞成继续选举地方首脑。2005 年 12 月杜马通过的一项法案允许地区议会中的多数派提名候选人，并且在阿迪格实施时被苏尔科夫赞扬。普京在 2006 年 1 月 31 日的电视新闻发布会上指出，通过这项法律，允许地区一级的胜利方直接参与组建行政当局，这是 2005 年取得的主要成就之一，并坚称新制度"远非莫斯科任命行政首长"。他认为，新制度将允许任命“对地方问题敏感，但又与国家利益保持一致”的地方首脑。地方观点在多大程度上具有决定性尚不清楚，因为党的中央领导层在提名候选人方面拥有最终决定权。

被任命的地方首脑成了普通官僚，因为他们不是依赖选民的意愿，而是依赖联邦执政官的意愿而产生的。在某些情况下，那些被任命的人虽然无法赢得选举，但却都非常有能力和正直。2006 年 2 月在达吉斯坦任命的穆胡 · 阿里耶夫就是这种情况。然而，地方行政人员民主基础的削弱威胁到联邦分权和岗位的地位。俄罗斯最有影响力的政治家名单上的地方领导人人数越来越少。取消任期限制让一些长期任职的地方领导人进一步延长了他们的任职期限，2005 年 3 月重新任命沙伊米耶夫就是例子。一个令人震惊的案例是巴什科尔托斯坦共和国的穆尔塔扎 · 拉希莫夫，他的 16 年执政期在 2006 年 10 月又延长了五年。随着议会和总统选举的到来，普京显然想要一个值得信赖的人物负责这个重要的共和国。总的来说，在新制度运作的头两年内，没有任何地方大会拒绝提名。地方首脑的任命在某些方面对地方政治的动态没有什么影响。毕竟，在苏联时代，地方和共和国领导人已经被任命，这并没有阻止最终导致联邦共和国独立的“主权游行”。

12. 地方党和选举制度

叶利钦领导下地区层面的党派代表性的薄弱是令人瞩目的。1998 年，在 3481 名当选议员中，仅有 635 人（18%）由政党提名，且绝大多数来自俄罗斯联邦共产党。尽管普京试图将全国党派系统的范围扩展到地方政治，但他早期领导的趋势却是与此相反的。明确宣布加入党派的地方领导人变少了，而更多的宣布独立的人士被选入区域立法机构。大企业代表涌入地区立法机构加剧了资源重新分配的斗争。一个充满活力的总统的出现使所有政党都处于阴影之中，而在地方层面，无论多么活跃的党派都很难对地方领导人脉网络产生任何影响。地方会议传统上一直由地区管理者、强大的企业或其他地方精英主导，普京现在试图分裂这些地方集团，他认为这些集团经常合谋破坏宪法法令。

为了争夺地方性或全国性的选举，2001 年的政党法废除了地方性派系登记为政党的权利。在上文我们注意到地方法律主权的终结，无论其界定如何，而这一措施现在削弱了它们的政治主权。地方精英只能通过参与国家政党来进行政治活动，在“正义俄罗斯党”成立之前，则主要是通过“权力党”——统一俄罗斯党来实现的。这当然限制了他们的行动自由，无疑是其意图的一部分。普京试图实现政治空间的同质化，从积极的角度来看，它可以被看作是建立一个单一的政治共同体。然而，俄罗斯联邦制被剥夺了作为联邦制原则特征多元化的又一元素。

2002 年 7 月的选举法经过修订，规定地方管理者必须经过至少两轮才能选出，而从 2003 年 7 月起，地方立法机构的选举遵循国家时间表：其中一半成员从国家党派提议的党派名单中选出，另一半从单一席位选区选出。党派名单选举的引入让中央政治人物在地方选举中发挥了更大的影响力，地区选举以前一直是地方首脑主导。

立法通过时，在国家层面注册的50多个党派中没有几个拥有充满活力的区域网络，甚至活跃的地方网络通常也由地方首脑主导。随着各方合并和巩固其资源，现在这种情况已经发生了变化，尽管统一俄罗斯党在地方选举中仍占优势。普京对政党制度的改革意味着它们现在不再是精英内部对话的机制，并被迫在地方层面上成为更积极的政治参与者。7%的国家代表门槛引入了大量地方选举制度，进一步巩固了少数几个国家党派的主导地位。这些变化伴随着一些地方取消最低投票率的要求。独立的地区政治家早先能够在杜马选举中争取单一选区席位，但他们现在必须争取进入国家党名单，从而必须与各种看门人进行谈判。在其所在地区众所周知的独立人士加入国家立法机构的能力下降了。全国每年举行两次地区选举，进一步稀释了具体的地区问题，并将地方政治牢固地纳入了单一的国家政治共同体之中。

13. 区域合并

关于将俄罗斯的89个地区合并为数量较少的大区的讨论已经有很长时间了。印度只有25个联邦主体，德国16个，加拿大10个，尽管微小的瑞士有26个。其目标是创造更易于管理和经济上可行的区域，但效果将是从国家领土转变为主要领土联邦制。到目前为止，俄罗斯是人口比例失调最严重的国家，莫斯科人口最多，占联邦的5.8%，而埃文基自治区人口仅占0.01%，相比于印度的342.6，瑞士的84.2，奥地利的5.6，俄罗斯的这一比率为443。七个联邦区的建立似乎是在建立更大联邦区域过程中的一个准宪法的中间体。在普京第一任期结束时，关于创建 28 个仅基于领土的大型辖省（guberniyas）进行了许多讨论，民族—联邦制让位于民族—文化自治。如同 20 世纪 90 年代早期的各种宪法草案所讨论的那样，或者像 1917 年以前的统一俄罗斯的一部分那样，这 28 个超级区域是否会成为联邦体系的一部分（例如德国的兰德尔）尚不清楚。然而，俄罗斯联邦制“去种族化”的企图充满危险，如果处理不当可能会摧毁俄罗斯。

2001 年 12 月通过了一项允许区域合并的联邦宪法法律，规定了 2005 年 11 月修订的详细程序，以允许地方首脑与总统协商启动公民投票。在普京治下，区域统一有两种。第一种涉及两个普通区域的合并，例如，将普斯科夫和诺夫哥罗德，圣彼得堡及其周边的地区统一起来。这些讨论都没有什么结果。第二种是试图通过在合并地区将国家自治像套娃的外层一样融合在一起，结束俄罗斯地区主义的套娃元素。2005 年 12 月 1 日，由彼尔姆地区和科米–彼尔米亚克自治区合并而成的彼尔姆边疆区起头，改造了一些合并地区。2005 年全民公投通过的合并还包括：克拉斯诺亚尔斯克地区的埃文基和泰梅尔自治区于 2007 年 1 月 1 日合并，创建统一的克拉斯诺亚尔斯克边疆区，科里亚克自治区与堪察加州合并，并于 2007 年 1 月 1 日成为新地区。

2006 年 4 月 16 日在乌斯季奥尔登斯基布里亚特自治区和伊尔库茨克地区举行的全民投票批准了它们的合并，不过这对普京来说是一场相当艰苦的斗争。自治区的布里亚特人担心因为自己比较小而失去独立身份，但他们最终成为 2008 年 1 月 1 日正式形成的大伊尔库茨克地区的一部分。计划继续将赤塔地区与阿加布里亚特自治区合并，以创建外贝加尔边疆区。在阿尔汉格尔地区，合并企图遭到石油资源丰富的涅涅茨行政当局的反对，他们担心如果与贫穷地区合并，将会丧失经济特权。重建旧车臣－印古什共和国的计划遭到印古什人的反对，而阿迪格共和国则强烈抵制与克拉斯诺达尔边疆区的合并。地方精英担心失去他们的地位，因为只有24%人口的阿迪格人占据了大多数公职，这种情况开始招致了俄罗斯人的长期延迟反应。合并将把任免权从阿迪格转移到更大的区域。2006年10月计划进行的关于阿尔泰边疆区与阿尔泰共和国合并的公民投票伴随着阿尔泰人的大型抗议行动，因为阿尔泰人担心失去他们的身份，为此合并计划被搁置。这表明了普京所谓的“威权主义”的局限性，并且确实凸显了他对这些问题的渐进主义态度。虽然普京的风格是渐进的，并且符合准宪法，但在某种程度上，对俄罗斯领土结构的改变可能需要批准修宪。

14. 地方自治及职权划分

地方管理者长期以来一直在寻求对地方自治的更大控制权，包括消除市长的权力，并解散其领土上城镇和城市的立法机构。索尔仁尼琴在他提出的关于如何重建新俄罗斯的建议中指出，俄罗斯重生的唯一真正途径是通过发展地方自治和复兴沙皇时代的地方自治机构（Zemstva）。俄罗斯任何一个地区的地方政府的实际数量都有2—4个，各级在预算和合法权利上存在极大混乱。政府各层与区域内预算体系的层次之间没有明确的对应关系。我们注意到，到2006年，地方的收入只占收入的三分之一，但2003年俄罗斯的11500个城市只得到了该三分之一的 14%，尽管其预算承诺占地方支出的 30%。其中的一半甚至没有自己的预算。

作为对早期联邦关系改革的后续措施，普京于 2001 年 6 月 26 日设立了一个委员会，在其亲密同事科扎克的领导下，审查整个联邦关系，特别是条约的作用。该委员会力求为联邦、地区和地方政府之间的权力分配制定立法基础。宪法赋予联合管辖权的多项责任已被证明是针对混乱的一个处置方式，现在这个想法是制定一份职能清单并将这些职能设计指定到特定的级别。双边条约的作用将会减少（如果不全部废除），并从属于宪法、联邦法律、总统令和联邦政府指令。其目的是为所有地区制定一套统一的规则，并为它们提供平等的权利。这个 22 人委员会包括一些地方首脑（如沙伊米耶夫），并试图以普京的典型方式——协商一致来进行。该委员会试图界定在三个级别（国家、区域和市级）的治理中，哪些机构负责什么。同公共机构的责任一样，资源和税收分配是委员会工作的核心，它们试图澄清财务和公共责任。为了实现这一点，地方自治必须合理化。2002 年，全国共有 15.3 万个地方自治单位（包括地区和都市下辖的单位），其中 9 万个单位少于 100 人，2.4 万个单位少于 1000 人。2003 年 10 月 6 日通过了一项关于地方自治的新法律（法律 133），之后为期两年的立法程序结束，新法于 2006 年 1 月 1 日开始实施，其中一些规定的实施延迟至 2008 年。一种既能履行其职责，又具有足够资源的新标准体系将被引入。现在有了一个统一的制度，“立足点”（poselniya）处于最低层面，这是第一次对村庄赋予一定的自治权力。反过来，它们被分成2.4万个“城市组织”，使旧城市数量增加了一倍，而大城市保留现有管理自己的权力。每个地方政府单位将分为行政（uprava）分支和立法（munitsipalitet）分支，大部分资金分给前者（通常为90：10）。没有资金的授权将不再被允许，这引发了人们对改革将导致社会项目大幅削减的担心。截至2006年年中，大约一半俄罗斯地区已经实施了新制度的规定。在这种情况下，新制度的复杂性，包括新地方政府区域边界的划分，导致新法的全面实施被推迟到2008年。争论的一个关键点是企业的分配，这是地区和市政收入的主要来源。

普京的新联邦制因此需要一系列的制度创新，但最重要的是中央与地区关系的新哲学。旧的分割的地方主义虽然还没有得到克服，但已经遭到破坏，新的联邦制度是一个非常自上而下的政治改革过程。我们将在最后一节中仔细研究一些含糊不清之处。

国家重组和去联邦化

正如普京试图将寡头垄断剥离政治权力中心一样，他也试图消除地方巨头对政府政策的过度影响。普京在这方面结束了叶利钦的自由主义，并且否定了地方对“主权”的需求。然而，寡头与地方领导者之间的差异在于，后者是联邦制度下宪法分权制度的一部分。因此，地区与联邦权力的“距离感”必然会使其呈现出去联邦化的特性。联邦委员会从地方首脑和地区立法机构负责人俱乐部转变为代表之一，明显限制了地区领导人进入中央权力中心的机会。建立准宪法的国务委员会确实使地方领导人重新回到了政策过程中，但只能发出协商的声音，这只会加速他们作为企业集团的实际权力的丧失。允许总统解散当选的地区首长和立法议会的新权力，随后转向任命地方首脑，表明管理联邦—地方关系的新时代已经开始。叶利钦传统的管理地方的风格，以赋予相对独立和选择性特权换取对克里姆林宫的支持，现在让位于联邦激进主义时期以及试图重申中央权威和特权。

在 2006 年 1 月 31 日的新闻发布会上，当被问及联邦政府和地方政府的改革时，普京为权力和权威的重新平衡辩护：

很多时候，还有在今天的新闻发布会上，我们研究了俄罗斯各地区首脑当选。我想提醒你们注意，这不仅仅是莫斯科的权力集中——虽然，这在一定程度上是公平的，因为总统在赋予政府权力的同时，也赋予地方立法议会权力。然而，与此同时，在我们认为地方一级能更有效地处理问题，或者可能更有效地处理问题的领域，我们正在下放权力。这不仅仅是向莫斯科的靠拢，而且更多的是通过权力的重新分配来更有效和合理地解决俄罗斯联邦公民面临的问题。最重要的是为区域和地方当局提供财务资源。我希望从中央委派的任何权力都伴随着适当资金的分配将成为绝对的规则，这是迄今为止从未发生的情况。这正是我们将教育系统和卫生保健系统的主要环节推向死胡同的原因。我们将所有权力移交给市政当局，但在20世纪90年代初没有向他们提供资金。我们应该结束这种情况。

就普京而言，已经实现了必要的权力再平衡，但是他的改革是否与联邦政府分权相符呢？虽然太多的种族联邦制和区域分割破坏了国家的一致性，但太多的集中制可能会产生类似的结果。正如一位学者所说：

尽管宪法强调总统的权力集中和中央立法至上，但只有独立的宪法制定和双边条约才能为联邦“社会契约”创造先决条件。没有不对称形式，俄罗斯的政治制度将仅仅是用总统制取代前党中央集权制，而正式保留苏联联邦制的遗产。

总统“权力垂直”的想法篡夺了地区领导人的自治权力，并使他们仅仅成为普京所称的“联邦职能”，实际上是莫斯科决定的执行者，在一个由联邦精神激发的联邦中，地区有一个保留区域，在这个区域它们拥有宪法保障的自主决定权。20世纪90年代，将这一决策领域称为“主权”的尝试在普京领导下激起了强烈反弹，导致整个自治领域急剧缩小。权力丧失的一个衡量标准是，截至2005年底，由地区提出的提案，在三年里，国家杜马只对其中大约8%进行了辩论，2004年提出的451项提案中，只有两项获得通过。

普京针对这些地区的策略方式也值得注意。普京试图避免疏远地区领导人，拒绝参与民粹主义形式的动员和反精英言论。在2000年5月17日的电视广播讲话中，普京不得不强调，他最近宣布的一揽子法律草案并不是针对地区领导人的；相反，他坚持认为，“地区领导人是总统最重要的支持者，他们对总统的支持有助于强化国家力量”。“管理改革”（upravlenchenskie reformy）正如他稍后所说的那样，“并不是要限制地区的权力。我们的历史经验证明，超级集中化和莫斯科企图管理‘一切事物’是无效的……我确信这些地区的真正自立（samostoyatel' nost'）是过去十年来最重要的成就之一”。普京竭尽全力表明他愿意与地区精英进行对话，积极采取与地区领导人会晤的策略，尽管并不是叶利钦喜欢的那种回击。由此，他阻止了地区和共和国的一致反对。

尽管普京试图避免与地区领导人发生直接对抗，但总统联邦政府的设立将权力从地区精英那里转移了出来。随着越来越多的联邦机构将其主要地区办事处转移到七个新的联邦区首府，地方首脑失去了其主要的地方控制来源之一。正如一份报告所说，现在他们已经沦为“普通的中级官员”。中央权力的重新集中对联邦主体的权力提出了挑战。正如时任印古什总统鲁斯兰·奥舍夫在杜马对“总统有撤销被指控违反法律的地区管理者以及解散地区立法机构的权力”投票否决之后所说：“如果总统可以解除一个地区的民选领导人或解散地区立法机构，那么这将是一个什么样的联邦？”他坚持说这个计划违反了“民主和议会制度”。楚瓦什总统尼古拉·费奥多罗夫指出：“我们都致力于建设一个法治国家。但现在事实证明，社会或者至少是普遍的气氛是这样的，也就是说，皇帝的意志即总统的意志就是法律。”因此，费奥多罗夫承认大众支持普京改革的程度很高，这是地方精英们无法忽视的。

我们曾提到普京在他的书《第一人》中对俄罗斯被“创建为超级中央集权国家”的评论。这些与地方对应的政策是否就是这些传统的具体体现？这个问题可以在主权理论框架及其与俄罗斯通常做法的关系框架内加以考虑。对俄罗斯的共和国来说，主权等同于联邦不干涉其内政和一定程度的经济自治。叶利钦治下没有为联邦制建立一个持续的法律框架，而是出现了分割的地方主义，这反映了权力的空间分离，而不是政治权威的分裂。各共和国区域领导人的主权要求几乎没有得到非主体族群的支持，甚至主体族群也分化了。公民身份的破碎特别令人憎恶。科米的一项调查显示，60%的俄罗斯族人认为自己主要是俄罗斯的公民，而不是共和国公民。法律对分割的地方主义的攻击使得地区宪章、共和国宪法和所有其他规范行为更符合宪法和联邦法令。普京措施的最终效果是减少地区领导人对联邦政策的影响，但作为回报，他们对地区政治的控制得到了证实。随着俄罗斯进入 2003 年—2004 年和 2007 年—2008 年选举周期，向地方首脑提供的让步使得法律统一化的步伐变得迟钝。总体而言，中央与地方之间的冲突变得不那么政治化，并与普京领导下普遍走向非政治化的趋势保持一致。法院，首先是宪法法院，在管理联邦关系方面发挥了更积极的作用。

长期以来，地方当局一直因他们将领土转变为独立的领地而遭受谴责，他们的统治像旧日的波雅尔那样，显然与联邦法律和宪法隔绝，但是还不清楚他们的权力下降是否实际上增加了公民的民主权利。尤利娅·拉特尼娜认为，这些变化只不过是用“集权式的专制统治”来取代“地方首脑的专断统治”。联邦制的变革远比这更复杂，普京改革的累积效应创造了一种新的对区域政治更具活力的模式。正如切班科娃所说：

> 地方上国家党派体系的迅速发展，地方议会和议会选举的重要性日益增强，以及巩固地方精英的做法，显示出有可能削弱中央控制各行政区的能力。

据一位观察员说，2000年3月对普京的投票一直是“灌输国家的秩序和强有力的权威，可以捍卫每个人免受官僚主义的高度影响，确保各级法律的至高无上和专政”。然而，地方当局对中央的独裁权力起着重要的“制衡作用”，现在这种分权的联邦元素受到了破坏。普京试图控制地方不仅涉及重申联邦当局的主张，而且涉及捍卫公民权利。地方领导人要服从宪法，与人民分享权力。现在俄罗斯按照一部宪法和一套法律生活，不论人们居住地区为何。然而，确保法律同性的尝试本身可以被认为是一种简化：在美国，每个州都有不同的法律，乃至不同的死刑执行方法。普京面对的是一种不对称的国家发展模式，但联邦制就是有关法律保障的异质性——在宪法和对民主的规范性承诺范围内。目前还不清楚普京的改革是否能够使现代民主国家的同质化传统与联邦制相协调。

结 论

俄罗斯联邦制为的是什么？是为少数民族的国家发展提供框架，作为抵制列宁所谓的“伟大的俄罗斯沙文主义”的堡垒，为俄罗斯的巨大领土提供分权管理和量身定制的解决方案，还是作为第四个枢纽来防范在莫斯科恢复专制政府的可能性？我们仍然没有这些问题的答案。我们所知道的是，分割的地方主义威胁到少数群体和个人的权利。正是为了回应这一点，民族国家所代表的反普遍主义议程才得以确立。这种对主张的重申有两种形式：建立直接的总统监督机制（“权力垂直”）；还有一项更广泛的战略，即建立健全的政治机构，如地区立法机构和竞争性的国家政党，从而使地区政治精英对自己的选民以及国家政治团体更加负责。尽管他试图恢复“权力垂直”的努力仍然存在争议，但在政治理论层面，普京的“新联邦主义”根植于雅各宾共和国的国家建设传统，公民身份被认为是个人的、普遍的和同质的。和其他领域一样，普京试图建立政治游戏规则，然后让“演员”参与其中——尽管“裁判”有时并不反感捡起球并跑起来！法国（统一的）民族建设的同化主义方面威胁到民族联邦组织累积的权利，而对“不对称”的攻击则降低了联邦制核心的多样性。重申中央特权与联邦制对共享主权的承诺之间的紧张关系仍未解决。

第 8 章 再造民族

Reforging the nation

我们一直在努力做出选择，无论是依靠别人的建议、帮助和信任，还是在我们自己的传统（samobytnost'）和我们自己的力量基础上发展。世界上许多国家都面临着类似的选择。如果俄罗斯仍然疲软，我们将不得不做出这样的选择。这将是一个软弱国家的选择，一个软弱的选择。

——弗拉基米尔・普京

俄罗斯联邦于 1991 年成为独立国家。然而难以想象的事情发生了，曾经的世界强国苏维埃社会主义联盟在毫无预兆的情况下解体为 15 个独立的国家。在帝国和苏联的名义下，俄罗斯曾经是一个统治长达三个世纪的帝国，现在它失去了几个世纪以来积累起来的领土。爱沙尼亚、拉脱维亚和立陶宛等波罗的海共和国与摩尔多瓦的独立是一回事，因为它们在第二次世界大战期间才成立，但乌克兰和白俄罗斯的斯拉夫共和国的分离是另一回事。一个衰落的俄罗斯出现了，它既不清楚自己的身份，又为自己在世界上的地位感到担忧。叶利钦毫不含糊地接受了一个小国的现实，因此避免了为了维持一个“大俄罗斯”而发生像南斯拉夫那样的无休止的战争（比如斯洛博丹・米洛舍维奇打着“大塞尔维亚”口号引起的那些战争）局面，但在 20 世纪 90 年代末，俄罗斯在规模和性质上没有达成共识。国家认同是要有明确的防御性空间；它也要求这个空间里充满共同的目标感和命运感。这是普京就任总统时面临的挑战。

民族形象与国家象征

查尔斯·蒂利和其他人长期以来一直认为，国家发动战争，战争制造国家，但从 19 世纪开始，另一个同样重要的进程是各国人民将不同民族团结成国家的方式。俄罗斯帝国未能实现这一目标，是其 1917 年垮台的原因之一，而且苏维埃也以一种自相矛盾的方式最终在国家建设中失败。在专制和共产主义失败的情况下，一个民主的俄罗斯现在是否能在这个世界上最大的领土聚集地以其近两百个民族、四个主要传统宗教、极其多样化的气候条件来建立一个民族国家呢？正如厄内斯特·勒南所说，一个国家的组成是“拥有共同的丰富的记忆”，并伴随着“对当下生活的认同，共同生活的愿望”。对过去来说，不要成为冲突的根源，因为每个社区都有自己的记忆，没有什么共同之处。勒南认为，一个国家是由被遗忘的东西和被记住的东西共同锻造的，这一点与北高加索地区有着特别的关联。同时，勒南坚持，“一个国家的存在就是……每天的公民投票”。换言之，过去既可以是团结的基础，也可以是分裂的基础；最终，组成一个国家的人民必须共同生活。普京在他的《千禧年宣言》中指出：

我们国家迫切需要富有成果和创造性的工作，这在分裂和内部瓦解的社会中是不可能出现的，因为在这样的社会里，主要的社会区域和政治力量没有分享基本价值观和基本意识形态的取向。在即将过去的这个世纪里，俄罗斯已经两次处于这样的状态：在 1917 年 10 月之后和 20 世纪 90 年代。

在前面的章节中我们已经看到普京试图建立的一个政治国家，在这个国家里，每个人都是平等的公民，但问题是如何让这个国家成为一个文化大国，使个人作为不同的人，不同的民族作为不同的文化社区，但所有的一切都能结合在一个单一的政治共同体中。这与多种文化主义关系不大，而是多元文化，因为俄罗斯人民根本上有着共同的教育体系甚至价值观。多元文化是指参与单一文明的不同方式。普京会成为一个像凯末尔 · 阿塔图尔克一样伟大的国家缔造者吗？在 1922 年以后，凯末尔 · 阿塔图尔克从奥斯曼帝国的废墟中建立了现代的土耳其国家。或者他会像之前的许多人一样失败，无法找到一个适当的政治形式来表达俄罗斯的多样性和团结？

民族价值观

改革的创伤和叶利钦仓促的进入市场经济破坏了民众对国家机构的尊重。正如科洛索夫和他的同事们指出的那样，俄罗斯公民以极度悲观和消极的态度对待自己的国家，他们对未来缺乏信心。他们注意到了打击这个国家的认同危机。两极世界崩溃，随之而来的是俄罗斯的超级大国地位也崩溃了，在国内也失去了社会生活中的支配地位。这就好比俄罗斯和世界上其他发达国家生活在不同的历史时期：在欧美地区，经济全球化和区域一体化使主权的层次消失，而在欧亚大陆，国家之间的边界正在加强，威斯特伐利亚国家体系正在重建。对于科洛索夫来说，严重的认同危机可以定义为一段时期，在这个时期内，民族或其他特定的文化区域或社会群体会对多数公民的自我认同产生障碍，而这些公民存在于一个政治—领土共同体内。普京想要克服的正是这种令人沮丧的悲观情绪、屈辱感以及认同危机。

普京试图使俄罗斯成为“正常”国家所做出的努力，其核心是克服过去的分歧。早在 1996 年，叶利钦就曾敦促他的助手们找到一个“国家观念”以便让这个国家团结起来：“在 20 世纪的俄罗斯历史上有不同的时期——君主制、极权主义、改革，最后是民主的发展道路。每个阶段都有自己的意识形态。我们没有”。他允许新思想一年内出现，尽管在他的《千禧年宣言》一文中，普京坚持说，“我反对以任何形式恢复俄罗斯的官方意识形态”。在几次会议上，他又回到了一个问题上：什么是构成复兴的俄罗斯的核心原则。他坚持认为社会和谐的基础是爱国主义：“在意识形态的真空中发生了大规模的变化。一种意识形态一旦消失了，就没有什么新的东西可以来取代它。”他坚持认为，“最积极的爱国主义”这个词将是新意识形态的核心。1999 年杜马选举后不久，普京就进一步特别明确了这种意识形态的诸多要素：“如果没有可以让国家团结起来基本的价值观，那么在生活的主要领域，要想实现概念上的突破是非常困难的。当然，爱国主义、我们的历史和宗教能够也应该成为这样的基本价值观。”在他的《千禧年宣言》一文中，普京认为俄罗斯的“传统价值观”是“爱国主义”“国家地位”和“社会团结”。他把爱国主义定义为一种对国家、历史和成就的自豪感，以及努力使自己的国家变得更美好、更富有、更强大、更幸福。他坚持认为，“当这些情绪摆脱了民族主义的自负和帝国野心时，就没有什么可谴责偏执的了”。

普京的国家建设集中在四个关键要素上。首先，它的核心是一种综合的爱国主义，它排斥与民族主义概念相关的排外性，但却对俄罗斯的多样性、历史及其在世界上的地位感到自豪。其次，国家建设将得到强大的政治权威[国家地位、国家主导(gosudarstvennost')]的支持，后者可以维护国内秩序，维护国家的完整，维护国家在海外的利益。再次，务实的爱国主义是超越民族和中央集权的，正是在这个基础上，分割的地方主义受到攻击，创造了一个同质的宪法空间，在这个空间里，徒有虚名的精英们的民族权利被纳入了一个更广泛的政治团体。正如菲施所言，重新定位是普京“将民族与身份分离”议程的一部分。最后，新的民族国家在社会层面上将是公正的。在俄罗斯的困境中，后者或许是最难实现的。普京努力确保工资准时支付，由 20 世纪 90 年代早期的超级通货膨胀而变得一文不值的储蓄存款得到了补偿（至少是一部分），养老金被提高到至少是通货膨胀水平，公共事业和其他经济改革的成本并没有对穷人造成太大的压力。普京所做出的这些努力都表明了他认真对待“社会团结”这个概念。在这里，没有太多关于以权利为基础的自由主义，缺乏对多元主义的强调、个人人权以及公民权利已经为普京强调的法治所平衡。正如我们以前所指出的那样，他的思想是自由保守主义。

在普京领导期间，有一个问题仍未解决，在许多方面都无法解决——接受过去。在外交政策上强调自主权的同时，国内也有一种混沌的爱国主义精神，他们害怕揭开旧的伤疤，从戈尔巴乔夫的改革经验中学到：过度的公开化会导致国家解体。这是否是正确的教训，是一个争论的话题，但它肯定鼓励人们拒绝为过去承担道德和政治责任。正如我们在讨论外交政策时将要看到的那样，俄罗斯的自我形象是冷战结束时的胜利者之一。在最后几年的改革中，主要的叙述是，俄罗斯通过自己的努力摆脱了共产党政权的负担和帝国中心的掌控。俄罗斯没有被打败，因此，与二战后的德国或日本不同，俄罗斯实现了自我解放。也许正是这一点激怒了西方列强和苏联时期的邻国——俄罗斯拒绝扮演感激的乞求者的角色，但却寻求在世界上占据其应有的地位，成为另一个正常的大国和一个文化中心。

虽然这段叙述很有说服力，但也受到其他人的质疑。在所有欧洲后共产主义国家中，只有俄罗斯面临着接受帝国主义过去的问题。对于苏联加盟共和国（如爱沙尼亚和拉脱维亚，格鲁吉亚以不同的方式），俄罗斯没有为苏联犯下的罪行道歉，这意味着俄罗斯没有为自己的过去承担责任。乌克兰民族主义者甚至认为俄罗斯应该为

1932 年—1933 年的饥荒负责，尽管库班和伏尔加地区也同样遭受了折磨。在 2005 年 5 月第二次世界大战结束 60 周年之际，对许多俄罗斯人来说，要求为之道歉被视为协调一致的反俄运动的一部分。波兰人为一种保守的民粹主义情绪所占据，加入了他们的行列，呼吁俄罗斯为 1940 年至 1941 年对波兰军官和预备役军人的卡廷谋杀事件再次道歉，而不是要纪念为从纳粹德国手中解放波兰而牺牲的将近 100 万"苏联"士兵。戈尔巴乔夫政府在 1989 年承认了苏联的罪行，现在普京坚持认为苏联的所有罪行都不能算在俄罗斯的头上。普京原则上宣称，俄罗斯不应对过去负责，尽管他愿意让俄罗斯以历史功绩为荣。德国接受纳粹政权罪行的责任，与后共产主义俄罗斯坚决拒绝采取类似立场，包括为受害者支付赔偿金，形成了鲜明的对比。

叶利钦和普京有时都对苏联罪行的受害者以示纪念，特别是对布达佩斯和布拉格的访问，但在苏联解体后的欧亚大陆却不愿意这样做。应该指出的是，对"受害者身份"的崇拜是有争议的。在地缘政治上，人们就如何去纪念受害者存在着最为尖锐的论争，体现在 2006 年 1 月 25 日欧洲委员会议会大会（the Parliamentary Assembly of the Council of Europe）通过的一项谴责共产主义的决议中就是 80 票赞成，70 票反对，以及其余选择弃权。该决议谴责了苏联共产主义的极权主义意识形态、纳粹的大规模犯罪、压制人权、敦促后共产主义政府和政党推动对共产党政权历史记录的研究，并通过学校的教科书和纪念日确保人们牢记历史。左派和右派的极权主义之间并没有直接的关系，但将纳粹和共产主义（不是斯大林主义）

等同，从根本上说把苏联整整 74 年的存在诋毁为非法的了。即使在冷战最激烈的时候，这种动机也从未被考虑过，而这种对右翼民粹主义的屈服并没有促进对历史真相的恢复和接受。

普京自己的叙述手法是许多俄罗斯人的特征。他允许反斯大林主义继续下去，尤其是通过亚历山大·雅科夫列夫的总统委员会恢复斯大林错误受害者的名誉，但他并没有积极鼓励任何可能导致国家意识深刻去斯大林化的行动。俄罗斯的官方立场是，苏联在 1940 年占领波罗的海共和国是合法的，这种合法性激怒了当地居民。1988 年 10 月 30 日，人权组织“纪念馆”(Memorial) 创立，通过寻找万人坑，并以各种方式纪念死者来继续挖掘斯大林的错误，但这项工作仍受到持续威胁。俄罗斯联邦安全局并不鼓励调查其前身机构的罪行。普京选择性去斯大林化是在有限的学术途径——克里姆林宫的总统档案(以前是政治局的档案)中得到的证据。然而，南希·阿德勒说，“对当前政权来说，刻骨铭心的记忆既更加危险，又更加破坏社会稳定，因为当代的俄罗斯(不像戈尔巴乔夫的苏联)当然不会从根本上依赖于苏联的基础”。对全面去斯大林化的抵制与其说是系统的，不如说是文化和世纪的。

正如我们所看到的，普京在很大程度上是出于爱国而不是共产主义的理想加入了克格勃，现在这个爱国路线是为了确保他认为的苏联经验的积极方面，以及安全机构在保卫祖国方面所做的积极工作得到尊重。俄罗斯确实需要一段时间的“严格反思”，正如拉脱维亚总统维基耶·弗赖贝加所说的那样。但就普京而言，这不是一个人的事，而是要由俄罗斯决定这件事情的进度和时机。这是一个公平的立场，但是结合了“西罗维基”的复兴和公共领域的缓慢节奏，新勃列日涅夫主义对问题的否认阻碍了公共生活的动态发展。普京治下的心理气氛再一次激起了人们的恐惧、谨慎和担忧，以致于几乎没有保护个人免受国家任意行为的措施。普京拒绝以一种反常的方式让人们对包括他年轻时代在内的苏联晚期的记忆丧失名誉，这使得那些年的精神得以复兴。

象征与形象意义

一个民族在象征和形象层面上的存在与物质事实同等重要。1917 年的民主政府由于忽视了国家发展的象征性一面而受到致命削弱，它被称为“临时”削弱了民众对其的忠诚。普京不会重复这个错误，并且他试图通过将国家嵌入大众的合法性来实现这一目标，并把人民转变为一个政治和文化的民族。

一个民族只有在拥有一套符合自己历史的象征性和取向时才能生存。20 世纪 90 年代，俄罗斯在这方面仍然存在严重分歧，俄罗斯联邦共产党坚持认为苏联的共产主义反映了俄罗斯的民族伟大，而自由主义者则指出了人民生活为此付出了巨大代价，并最终导致了相对落后的经济。现在，普京试图接受俄罗斯的各种历史，以克服“红方”与“白方”、“绿方”与“黑方”之间的分歧。对国家象征和国歌的采纳就是最有力的证据。在20世纪90年代，俄罗斯通过一系列的临时安排来敷衍了事。1917年临时政府使用的前沙皇国家三色（白色、蓝色和红色）在戈尔巴乔夫执政后期成了民主运动的旗帜，象征着1991年8月政变的失败。然而，由于杜马的反对，在叶利钦领导下，没有任何法律正式通过。同样，国徽（双头鹰）也被使用，但没有通过任何法律。随着共产主义的衰落，一首新国歌根据米哈伊尔·伊万诺维奇·格林卡的作品设计制作出来。但是这个无言的旋律从未受到人们的欢迎。在1917年2月沙皇倒台后的几个月里，政府一直未能正式采纳国家的象征，而这是其“临时”性质的决定性因素之一。20世纪90年代的民族主义反对派认为叶利钦政府是另一套临时政府，其注定要被爱国主义和民族主义浪潮冲垮。

2000年12月25日通过的“新”国歌是由亚历山大·亚历山德罗夫在1943年创作的一首古老的国歌，歌词作者是谢尔盖·米哈尔科夫（电影导演尼基塔·米哈尔科夫的父亲），同一天，这只双头的沙皇之鹰被剥去了象征俄国人对前俄罗斯公国胜利的盾牌，但同时又在大皇冠旁加了两个小王冠，象征俄罗斯联邦及其共和国主权，由此成了国徽。12月8日，三色旗被确认为俄罗斯国旗。由此看来，俄国20世纪出现的三个时期都已被认可：沙皇俄国时期、1917年俄罗斯短暂的民主实验时期和苏维埃时期。然而，对许多人来说，恢复苏联国歌反映了普京的新苏维埃主义最坏的一面。最严厉的批评者之一是叶利钦，他暗示这一变化象征着更广泛的反对后共产主义改革。这一指控被误判了，只有当普京试图恢复锤子和镰刀时，才会被严肃对待。

其他领域也发生象征性论争。其中最有争议的问题之一是如何处置被做过防腐处理但仍在慢慢腐烂的列宁遗体。列宁在1924年1月去世后，由斯大林下令葬在了红场建立的陵墓中。普京反复强调维护社会稳定和协商一致的必要性，他很清楚这个问题会对国家产生多大的影响。在2001年7月18日的新闻发布会上，他说自己反对将列宁遗体从陵墓中移除，因为许多俄罗斯人仍然把列宁的名字与他们的生活联系在一起。布尔什维克领导人和苏维埃政府创始人的重新安葬将向人们发出一个信号，即“他们崇拜虚假的价值观”，并将威胁到现有的政治和社会平衡。毋庸置疑，普京是在列宁的影响下成长起来的人之一，而且对第一位苏维埃领导人的攻击会给他自己的人生经历蒙上阴影。此外，在无数城镇的中央广场上，人们还可以看到列宁的雕像。莫斯科对列宁的攻击会激起其他地方的激烈争论。在75岁生日的时候，叶利钦对列宁和斯大林在人们心中仍然保持着声望感到惊讶：

列宁和斯大林都不会出现在我的20世纪杰出俄罗斯人的名单中，尽管我们的一些政治家仍然钦佩他们。这对我来说是个谜。人们很方便就能阅读这些文件，了解到有多少人因为这些政客的野蛮和残忍而死亡。但是斯大林仍然有很高的支持率，列宁也依然躺在红场的陵墓里。

普京的政策承认了老一辈人的敏感性，但是，勿惹是生非，伤口是无法愈合的，也没有新的认知、承认和赎罪的故事出现。

伟大的卫国战争胜利日（5 月 9 日）的爱国庆典就像以往一样精心准备，世界各国领导人纷纷受邀到莫斯科庆祝 2005 年战争结束六十周年。正如我们所看到的，这次事件被一些国家当作是一次教训俄罗斯失败的机会，而不是庆祝共同的胜利。自 1996 年以来，十月革命（11 月 7 日）的纪念日是作为一个和睦与和解的日子庆祝的，但叶利钦却迟迟不愿赋予这一事件以具体的意义（和平的重要性在于它们的缺失，而且从来都不清楚是谁或什么事要和解）。在 2005 年，这个节日被转移到 11 月 4 日，以纪念波兰民兵团在 1612 年的“动乱时期”占领克里姆林宫的失败，此后又被称为“民族团结日”。这个新的节日旨在培养爱国精神，从而帮助治愈俄罗斯 20 世纪的可怕创伤，但却给予了这一天一种强烈的民族主义色彩，让当局陷入麻烦之中。2005 年，包括反非法移民运动在内的各种强硬的民族主义者联合起来，举行了一场名为“俄罗斯游行”的公开集会，要求驱逐外国公民。2006 年，组织者策划了一场规模更大的俄罗斯游行，其中包括前祖国党领导人罗戈津，他宣布了诸如“孔多波加——英雄之城”等口号。2006 年 9 月 1 日至 2 日，在卡累利阿的工业城市孔多波加，一场由斯拉夫人和高加索人之间的酒后斗殴事件导致两名俄罗斯人死亡。报复袭击变成了一群愤怒的俄罗斯青年与高加索地区所有人民之间的种族主义冲突。令人震惊的是，克里姆林宫禁止游行，引起了民族主义者和自由主义者的谴责。“民族团结日”

没有提供民族共识的焦点，而是加剧了民族分裂。

普京恢复苏联国歌和对列宁的宽容，被“民主党人”视为他的新苏维埃主义的象征。普京决定恢复红旗作为俄罗斯军队的象征，并在 2002 年将红星作为俄罗斯武装力量的象征，加剧了这些情绪。许多人认为这是俄罗斯旧秩序继续“天鹅绒般的恢复”的一个标志。在同一年的国庆节，6 月 12 日这一天不再是庆祝独立日，因为这被认为是过于强调苏联的解体，这一天反而成了俄罗斯日，正如普京 2006 年 6 月 12 日强调的那样，那是俄罗斯人在 20 世纪 90 年代初“对俄罗斯国家地位、国家和历史的选择致敬的一天”。“正是由于这个选择，我们才能在一个民主国家和自由社会中生活和工作，这个社会的主要价值是人和他的自由精神”。普京甚至对庆祝 1991 年 8 月的政变失败感到不舒服，并且对俄罗斯在当年 12 月作为一个独立国家的出现深感矛盾。俄罗斯国家发展中形成的这些时刻中有着强烈的消极因素——苏联 8 月政变的失败，以及苏联在 12 月份的解体，因此，庆祝活动为遗憾的色彩所笼罩。例如，在 8 月政变十周年之际，普京曾前往索洛维茨基的白海修道院，这里被布尔什维克用作监狱集中营，因此，他避免了在这件事的重要性上采取任何立场。这一模式在后来的几年中不断重复，而政变和苏联解体的 15 周年几乎无人注意就过去了。

1993 年 12 月 12 日通过《宪法》的庆祝活动本来可以作为一个新的民主俄罗斯建立的象征，但是普京执政后，自 2005 年之后，这一天被从全国性假日的名单上删除掉了。俄罗斯宪法是一个近乎经典的自由主义文件，然而仅仅三年后的 1996 年，叶利钦就已经在寻找一个新的“民族”概念，他认为宪法在一定程度上无法囊括人民的愿望，并在宪法采用不到十年后宣布 12 月 12 日不再是一个全国性的节日。这破坏了宪法的合法性，削弱了它作为社会道德和法律指南的作用，并确实侵蚀了整个自由主义的思想。

然而，普京一如既往，也受到后苏联时代情绪的影响。比如，他在 2002 年底对在伏尔加河上恢复“斯大林格勒”名称这一冗长乏味讨论进行了干预，这里曾是世界上最伟大的战役遗址之一，这场战争发生于 1942 年 11 月到 1943 年 2 月，期间有大约 200 万人死亡，标志着第二次世界大战发生转折——德国提前终止胜利的势头，随后时局逆转。斯大林去世后，赫鲁晓夫将城市改名为伏尔加格勒市，1991 年后，许多民主党人希望看到伏尔加格勒恢复成革命前的名字察里津（Tsaritsyn，来自一个鞑靼单词，与沙皇无关），正如列宁格勒改回圣彼得堡、加里宁格勒已经回到特维尔，莫洛托夫改成彼尔姆以及古比雪夫改回萨马拉，虽然列宁的出生地（正式）仍然是乌里扬诺夫斯克而非辛比尔斯克。支持这场争论的人注意到，在巴黎有一个斯大林格勒广场和一个地铁站，但在俄罗斯却没有。然而，普京坚持认为俄罗斯不是法国，“现在我们国家城市名称再改回去，我深信不疑，令人产生了某种怀疑，以为我们正回到斯大林主义时代”。他坚持认为，最后的决定应由地方立法机构决定，地方一级的决定应由国家议会批准。普京在这个问题上的谨慎是完全有道理的。在 2005 年卫国战役结束 60 周年纪念日，在克里姆林宫墙边的永恒火焰旁边的牌匾从伏尔加格勒变成了斯大林格勒，它很快成了一座圣地，不仅纪念在那里死去的人，而且也纪念了拥有那个名字的人。

民族认同的社会层面

建立新俄罗斯意识的尝试发生在象征层面，但它也根植于更深层次的社会思潮和信仰。

爱国主义与民族形象

普京显然充满了俄罗斯的爱国主义精神，但他与俄罗斯民族主义的神秘主义各种趋势毫无共同之处。20 世纪 90 年代产生了数百种民族主义运动和趋势。例如，最具思想性的是阿列克谢 · 波德贝雷兹金领导的“精神遗产”(Dukhovnoe nasledie) 运动。他曾是共产主义领导人久加诺夫的同盟者，并曾担任国家共产主义特定形式的神学家之一，久加诺夫领导下的俄罗斯联邦共产党信奉国家共产主义，但在 1999 年杜马选举之前，波德贝雷兹金已经与共产党分离了。这一分裂本身表明，俄罗斯联邦共产党用以弥合民族主义和共产主义运动的力量正在减弱。波德贝雷兹金参加了 2000 年 3 月的总统选举，支持“俄罗斯方式”的概念。他的计划力求在新时期实现“俄罗斯思想”的现代化，但与“民族方式”一样，他的努力被形而上的抽象主义与无情的民族现实主义的奇怪结合所渗透。波德贝雷兹金在 11 个候选人中排名第十（见表 1.2）。

1999 年，在莫斯科和其他地方发生公寓爆炸案之后，叶利钦小心翼翼地不去认定任何民族组织对此负责：“这个敌人没有良心，没有悲伤，没有荣誉。它没有面孔、国籍或信仰。我强调——没有国籍，没有信仰。”西蒙森认为，普京没有那么细致入微，并试图将车臣视为一个国家，将所有车臣人妖魔化为“恐怖分子”和“土匪”。他认为，在其总统任期的较早阶段，普京对种族问题的敏感程度低于他的前任，这意味着他的国家主义并非没有种族因素，他称之为“种族主义的爱国主义”。他允许反对高加索人的种族主义在第二次车臣战争期间获得增长，因为他对俄罗斯和苏联的认同主要基于俄罗斯民族。2000 年 5 月 9 日，普京在胜利日的演讲中宣称：“人民的骄傲和俄罗斯的爱国主义是不朽的。因此，没有任何力量能战胜俄罗斯人的武器或击败俄罗斯军队。”然而，在无数场合，普京竭力确保政策不是“种族化”的，他支持 2001 年的法律和后来对政治极端主义的修正案。普京试图发明一个习语，让俄罗斯的爱国主义能够包含宽容和多元文化，这个规划自身会引发争议。

普京是自由主义者（gosudarstvenniki）的一员，这一趋势早在 20 世纪 90 年代就出现了，其最有力的倡导者是小自由党派“前进，俄罗斯！”的领导人鲍里斯·费奥多罗夫。费奥多罗夫坚定地捍卫了俄罗斯的认同：“我个人不愿意放弃‘伟大的俄罗斯’‘伟大的力量’‘引入秩序’和‘爱国主义’这些概念中的任何一个。”自由主义的中央集权主义者和新欧亚主义者联合起来维护俄罗斯的利益，尤其是苏联的利益。叶利钦的政治顾问谢尔盖·斯坦克维奇是第一批试图将自由主义的俄罗斯与强大的外国认同的主张结合起来的人之一，他对乌克兰驻扎在塞瓦斯托波尔的黑海舰队采取了强硬的立场，并且的确暗示，在克里米亚公投之后，大多数当地人都是俄罗斯人，可能会成为一个独立的国家，之后会与俄罗斯重新联合起来。弗拉基米尔·卢金是自由派雅布罗科党的创始人之一，在 20 世纪 90 年代中期担任驻美国大使，随后返回莫斯科，担任杜马外交事务委员会主席，后来成为人权事务巡视员。他是另一个自由派人士，其与乌克兰的关系变得至关重要。他为反对签署一项巩固现有边界的俄罗斯—乌克兰条约而进行了长期艰苦的斗争。莫斯科市长卢日科夫也对塞瓦斯托波尔的地位发表了强硬的看法，坚称这是一座俄罗斯城市。俄罗斯联邦共产党和一大批民族主义团体表达了类似的观点，尽管措辞更为严厉。

虽然普京继承了这一强大的自由主义传统，但与前者有着许多关键的不同之处。第一，普京不喜欢任何形式的欧亚主义，除了最温和的形式。作为一个圣彼得堡人，普京一直是个西化分子，他否定了任何关于俄罗斯作为东西方之间平衡的观点，或者俄罗斯是一个与西方世界不同的独立文明的观点。就普京而言，俄罗斯是西方的一部分，仅此而已。当然，他承认俄罗斯在亚洲有着重要的利益，但这些都是战略和经济的，而不是文明的。第二，普京毫不含糊地接受了现有的后苏联领土解决方案，并因此否定了极端民族主义者对俄罗斯成为修正主义势力，以试图挑战邻国领土完整的愿望。这一点在普京对乌克兰的关系中表现得最为明显——在乌克兰，俄罗斯的政策寻求积极接触，但充其量只能是喜忧参半。普京多次拒绝了对阿布哈兹和南奥塞梯联合的呼吁，不过他警告说，如果科索沃的独立得到承认，局势就会发生改变。第三，普京在爱国主义方面毫不含糊，他接受市场，拒绝保护主义的要求，也拒绝任何形式的专制发展模式。第四，普京很清楚，在俄罗斯这样的多民族国家，维护种族间和平是高于一切的需要，"仇外心理和种族间仇恨引发的犯罪"是"绝对不可接受的，当局应该坚决地做出反应"。任何其他事情都可能威胁到国家的完整性。普京是一个公民国家的缔造者，在这一过程中，包括俄罗斯、鞑靼和其他民族在内的各个民族都能够追求自己的文化认同，只要与宪法和它所代表的政治国家的规定没有冲突。简而言之，普京拥护一种新型的包容性爱国主义，在这种爱国主义中，多元文化为一种隐含的假设所平衡，即俄罗斯族是参与国家建设的民族。

在爱国者眼中，叶利钦接受一个规模较小的俄罗斯，被他对苏联解体的责任所玷污。普京在这方面是清白的，并以感性现实主义的精神来处理这个问题。普京坚称，不后悔苏联解体的人没有良心；想要用以前的形式来复活它的人没有头脑。然而，在俄罗斯，如果只是旧联盟的斯拉夫部分，许多人仍然以统一为基础。这在共产党的领导人久加诺夫身上尤其如此。2000 年，格列布 · 帕夫洛夫斯基认为，“久加诺夫是反对派的领袖，他根本不想承认俄罗斯，也不愿意住在那里”。他的竞选活动主要集中在一个不存在的苏联，而大多数选民已经转移到了俄罗斯。在普京统治下，“我们生活在哪个国家？”的问题解决了：答案是俄罗斯——不多也不少。普京把苏联加盟共和国看作是俄罗斯可以吸引人们满足其经济需要和弥补人口问题的一个蓄水库——它的出生率低，死亡率高，尤其是对男性来说，但不是一个地缘政治重新融合的领域。正如普京所指出的，“这些人具有我们的心态，对他们来说，俄语实际上是一种本土语言，他们有几乎相同的文化，而且常常具有相同的宗教背景”。然而，他并没有表示任何想要在该地区复兴俄罗斯帝国主义的想法，尽管他在捍卫自己眼中的俄罗斯利益时表现得很强硬。

有组织的宗教和国家

2002 年的人口普查确定了居住在俄罗斯领土上的 182 个不同居民（民族）。然而，人口普查并没有问一个关于宗教信仰的具体问题，因此我们只能猜测和使用历史数据来确定那些声称和信奉任何特定信仰的数字。1997 年 9 月，有关组织教会生活的立法确定了俄罗斯的四个“历史性”宗教：东正教、伊斯兰教、佛教和犹太教。此外，还存在其他几十个宗教，其中一些和各种激进的新教组织一样进行积极的传教工作，这在很大程度上引起了官方正统派的警觉。其他的，尤其是罗马天主教会，长期以来一直存在于俄罗斯，有50多万信徒，但罗马和它的信徒被俄罗斯东正教的领导人怀疑为偏执狂。教皇于2002年2月在俄罗斯创建了四个新主教教区，这激怒了大主教阿列克谢二世（Aleksii II），他阻止了约翰·保罗二世的访问。这种敌意有着深厚的历史根源，可追溯到公元395年罗马帝国分裂为两部分，一部分位于罗马帝国的西部，另一部分则根植于君士坦丁堡的东方帝国（今伊斯坦布尔）。在1054年，天主教和东正教两种宗教信仰发生分裂，从那时以后，对虔诚、理性态度和信仰的不同传统已经扎根。东正教对天主教正统的怀疑也许在费奥多尔·陀思妥耶夫斯基的观点中得到了最好的体现，他和与他有关联的斯拉夫派一样，认为天主教对世俗理性的接受为西方的宗教改革和灵性的衰落开辟了道路。

普京在处理中央集权统治时很自在，而伊斯兰教中缺乏中央集权统治，这使得国家和普京个人的关系也变得复杂起来：“与一个穆斯林精神领袖的友好关系，不仅会自动产生一群伊斯兰朋友，还会产生一股强大的反对力量。”正统观念在俄罗斯民族认同的发展和俄罗斯人的观念中扮演着非常特殊的角色。在苏联时期的最后几年，以及后共产主义时代早期，阿列克谢二世和其他神职人员被选入苏联和俄罗斯的议会，但是到了1993年，他们已经退出了积极的竞选活动，并且神职人员被禁止竞选公职。教会拒绝认可特定的候选人或特定的政党纲领。这种从党派活动中退出的做法是使教会保持高信任度的一个因素。在现代主义者和强硬的反西方主义者之间，俄罗斯东正教仍处于两难的境地。今天，俄罗斯东正教的统治地位让人想起了英国国教所享有的地位，尽管 1993 年宪法规定教会和国家的正式分离使得俄罗斯东正教无法成为国教。宪法第 14.1 条规定，俄罗斯联邦是一个非宗教国家。任何宗教都不能作为国教或强制性宗教来确立，而第 14.2 条则坚持“宗教团体与国家分离，在法律面前一律平等”。虽然俄罗斯东正教已经从直接参与政治生活中退出，但它寻求将自己呈现为国家精神价值的无党派守护者。

虽然不是国教，但东正教对普京来说无疑是国家的宗教。普京的父亲是一个积极的共产主义者，但他容忍了自己妻子的宗教信仰。普京从他的母亲那里汲取了正统的信仰，他仍然是一个坚定的信徒，尽管他努力避免疏远这个国家的许多其他信仰。在他的公开活动中，普京强调了俄罗斯的宗教多元化，但在他的私人生活中，他为东正教服务，他的妻子柳德米拉说，“他是一个非常好的人，按照基督教的原则生活”。他有一个“精神上的神父”（dukhovnyi otets），显然是斯列坚斯基修道院的副主管（在卢比扬卡的转角）、修道院长吉洪。2001 年 8 月，在一次参观拉多加湖的瓦拉姆修道院时，普京说，没有东正教，就不会有俄罗斯。这当然是吉洪的信仰。他不是自由主义者，他坚持认为，有这样一个错误选择，就是相信俄罗斯面临的可替代选择只有“伊斯兰恐怖主义的恐慌和那些依旧寻找实现完全的美国霸权的可怕力量”。吉洪是《俄罗斯之家》(Russkii dom）编辑委员会成员，该委员会与一个由银行家谢尔盖·普加乔夫资助的电视节目有关。普京与这位创办人的关系特别亲密，在许多问题上都寻求他的建议。对许多俄罗斯人来说，教会是价值观和传统的源泉，在那里，可以建立起一个后共产主义的民族认同。这反映在普京祝贺阿列克谢二世即位十周年（2000 年）所说的话里：“教会正在恢复其传统使命，这一使命是围绕正义、爱国主义、善行、建设性劳动和家庭价值观等一般优先事项，是促进社会稳定和道德统一的关键力量”。此外，东正教也象征着东斯拉夫人的团结，因此反映了俄罗斯强大的认同，即欧亚大陆的人民，这是被 1991 年以来兴起的边界分割开来的。教会在某种程度上帮助填补了共产党和马克思列宁主义意识形态的消亡所留下的真空，并因此成为许多国家团结一致的价值观的来源。然而，东正教会扮演的准官方角色及其与普京治下的国家的密切关系，暗示了它可以作为国家意识形态控制的新工具。

车臣：俄罗斯权力的墓碑还是熔炉？

1991 年是属于苏联的一年，罗伯特·杰克逊称之为“格劳秀斯时刻”，这是对主权的重新调整。巴尔特库斯将美国宪法中这些具有局限性的时期称为“机会时刻”，因为中央政府（或外国干预）的削弱提高了争取独立的前景。然而，在苏联和南斯拉夫的历史中，格劳秀斯时刻局限于现有的联合共和国，尽管经过多次战争，但新边界仍被维持。1993 年的俄罗斯宪法不承认任何单位的分裂权利。车臣分裂的企图是试图在没有正当理由的基础上扩大格劳秀斯共识，这与科索沃的情况不同，后者的假定分裂显然是建立在纠正人权问题上所采取的一种补救方法。国际法和国际惯例并没有认识到，无论在何种条件下，无论通过何种程序，无论在何种条件下，单方面脱离联邦的权利都是民主的（比如全民公投）。国际法还强调，无论如何，只要是一场战争（jus ad bellum），它就应该是正义的（jus in bello）。普京在车臣的战争很可能只是一场正义的战争，但它经常遭到不公正的打击。

普京的战争

车臣的案例表明分裂主义和分裂的代价是多么高。尽管车臣分裂主义分子通过对俄罗斯殖民主义长达 300 年斗争的曲解来看待当代冲突，但还是有相当多的文献表明，种族冲突很少通过划分国家来解决。当然，该问题是定义之一。俄罗斯（像法国针对阿尔及利亚）处于帝国的地位，但它迟早要接受失去殖民财产的结果，一旦为了保住这些财产所付出的高昂代价难以被接受，难道就会被理解吗？

或者，俄罗斯面临的情况是，它的国家存在和民主成就正受到武装叛乱的威胁，就像美国内战中的联邦军一样，它只能打胜仗？亨利·E.黑尔认为，车臣是一个地方性问题，重点是恐怖主义的威胁，而不是赤裸裸的俄罗斯侵略的症状。两次战争都与俄罗斯主流政治生活绝缘，对其影响甚微。

用阿纳托尔·利芬的话来说，并不是车臣成了俄罗斯权力的墓碑，在 1999 年的某一时期（正如我们在第 1 章中看到的），车臣是恢复这一权力的严酷考验。正如特列宁和马拉申科所言，“由于政府的软弱和腐败，俄罗斯没有回应车臣的挑战，因此向邻国传达了一个明确的信息，那就是俄罗斯内部从高加索到克里姆林宫的权力处于真空状态”。在《千禧年宣言》中，普京坚称车臣是“决定俄罗斯未来的地方”。在 2000 年 1 月 23 日的一份电视声明中，他指出：“在我看来，公众对我们在高加索地区行动的积极支持不仅出于对伤害国家认同的感觉，也是因为一种模糊的感觉……国家已经变得虚弱了。它应该是强大的”。对普京来说，车臣战争是为了防止俄罗斯的瓦解以及相关的恐怖行为。第二次车臣战争为普京提供了总统选举的跳板，但更重要的是，俄罗斯也愿意看到现在有人愿意为保卫他们承担责任。

1999 年 8 月，车臣两次入侵达吉斯坦，随后发生的一系列公寓爆炸事件、持续的人质劫持事件和车臣社会秩序的崩溃，为俄罗斯在 1999 年 9 月再次进行军事干预提供了理由。对车臣不安全地带扩张到伏尔加河，并蔓延到其他共和国，从而最终导致俄罗斯的南斯拉夫化的担忧，引发了第二次战争。用普京的话说，“土匪领地”

是在车臣建立的，它不仅威胁到邻国，还威胁到吉尔吉斯斯坦和乌兹别克斯坦的跨里海共和国。就普京而言：

> 高加索和车臣局势的实质是苏联解体的继续。很明显，我们必须在某个时候结束它……我对 8 月（1999 年）土匪们袭击达吉斯坦情况的评估是，如果我们不立即制止，俄罗斯作为一个目前形态的国家将不复存在。然后我们讨论的是阻止国家的解体。我认为它会让我的政治生涯付出代价。这是我准备支付的最低价格。

采访人员接着问了一个有趣的问题：“列宁几十年前让芬兰独立的事实给了你过敏反应吗？车臣的分裂在原则上是可能的吗？”对这个问题，普京回答：

> 这是可能的，但问题不是分裂……车臣不会停止独立。它将被用来作为对俄罗斯的进一步攻击的集散地……为什么？为了保护车臣的独立？当然不是。其目的是夺取更多的领土。他们会征服达吉斯坦，然后是整个高加索－达吉斯坦、印古什，然后沿着伏尔加－巴什科尔托斯坦、鞑靼斯坦，沿着这个方向进入到俄罗斯的深处……当我开始将可能发生的悲剧与我们现在所处的情况进行比较时，我毫不怀疑，我们应该采取行动，甚至更坚定地采取行动。

普京因此对车臣问题的态度十分严厉。1996 年 8 月 31 日的《哈萨维尤尔特协议》，正如我们在第 1 章看到的那样，承认 1994 年—1996 年第一次车臣战争结束之后车臣事实上的独立，并包含了一个“延迟状态”条款，该条款将共和国地位的最终解决推迟了五年。车臣叛军领袖阿斯兰 · 马斯哈多夫于 1997 年 1 月 27 日当选为总统，任期五年，即使在 2002 年初正式任期届满后，他仍是车臣全国运动的领袖。在 1997 年 5 月 12 日，俄罗斯和车臣之间的和平协议协商双方将永远放弃战争，但并没有对共和国政府的稳定起到丝毫作用。马斯哈多夫的权威受到了激进的战地指挥官的挑战，特别是那些有激进伊斯兰身份的人（比如在阿富汗作战的沙米利 · 巴萨耶夫和哈塔卜）。普京对这一时期尤其不满：

在罪犯政权统治期间（1996 年—1999 年），当地人民，他们自己的同胞，都在广场上被公开枪杀，更不用提对联邦公务人员、军人等的暴行了。这是一个罪恶的政权，是土匪和国际恐怖分子以枪口威胁人们的情况选举出来的，我们很清楚接下来发生了什么。第二天，他们失去了对共和国的控制权。完全不同的人出现在他们背后，寻找并试图利用车臣人的手来实现目标，这与车臣人民的利益无关——我们在这里已经讨论过的臭名昭著的哈里发国的建立。这些都是马斯哈多夫政权设定的目标。否则，就不会对达吉斯坦发起攻击。

当时，《哈萨维尤尔特协议》的签订被誉为让人们对战争松了一口气，它与背叛国家利益和建立一个冲突的永久安全区有关。

普京的思想仍然纠结在两个问题上：安全和主权。甚至在 2001 年 9 月 11 日恐怖袭击之前，安全（战胜恐怖主义）往往在主权问题上占主导地位（捍卫俄罗斯联邦的领土完整），但后者的问题永远不会远离表象。普京在 2000 年 1 月莫斯科举行的独联体峰会上表达了莫斯科的观点，当时他捍卫国家的领土完整，而不是在解决高加索地区的问题时坚持国家自主的原则。这种立场既适合来自阿布哈兹和南奥塞梯对其领土完整带来挑战的格鲁吉亚，也适合面临对纳戈尔诺–卡拉巴赫失去永久控制的阿塞拜疆。然而，莫斯科在该地区最亲密的战略同盟是亚美尼亚，这个国家在寻求实现与亚美尼亚统一的纳戈尔诺–卡拉巴赫的同时，不得不对这种僵硬的姿态感到失望。俄罗斯在 1996 年—1999 年提出的关于格鲁吉亚–阿布哈兹、阿塞拜疆–卡拉巴赫和摩尔多瓦–德涅斯特的“共同国家”的概念现在已被搁置。同年晚些时候，普京对高级军事官员说，车臣的正式地位在今天并不重要。重要的是，这片领土不应该被任何人用作攻击俄罗斯联邦的跳板，但很显然，普京本人并不认为车臣独立是一个现实的选择。

“9 · 11”之后，普京很快指出了奥萨马 · 本 · 拉登和车臣叛军之间的联系，他认为激进的穆斯林原教旨主义是西方的核心威胁。普京宣称，俄罗斯和美国现在有一个“共同的敌人”，并同意协助美国进行“反恐战争”。他有所保留地补充说，“双方的合作程度将直接取决于我们与这些国家关系的总体水平和质量，以及在对抗国际恐怖主义领域的相互理解，说明合作关系的基础是减少对俄罗斯在车臣进行的军事行动的批评。”9 月 11 日之后，俄罗斯成为国际“自愿联盟”的一部分，对俄罗斯在车臣的行动方式的批评也逐渐减弱。普京已经任命他的亲密盟友谢尔盖·伊万诺夫为俄罗斯的第一位文职国防部部长，现在他在高加索地区的议程上给了军方很大的回旋余地，让他们可以为自己所认为的由哈萨维尤尔特所代表的耻辱性失败复仇。

普京区分了第一次战争和第二次战争，前者与俄罗斯帝国主义严格控制其与领土的野心和企图有关，后者被他描述为反恐行动。然而，另一些人，如前总统顾问埃米尔·派因，将俄罗斯的整个政策描述为“殖民战争”。车臣的长期战争削弱了俄罗斯政治和社会生活的质量，特别是由于车臣叛乱分子、车臣人民和俄罗斯军人都有失去人性的趋势。2000 年 2 月，格罗兹尼被重新夺取时，俄罗斯官方宣布，自 1999 年 8 月 2 日在北高加索地区开始军事行动以来，已造成 1458 名军人死亡，4495 人受伤。截至 2003 年 6 月，该数字已上升至 4572 人，15，549 人在战争的头两年里受伤，大约有 65,000 名俄罗斯士兵变成了瘸子，数字大约和苏联在阿富汗的十年战争中一样。据官方消息，当时约有 13，500 名叛乱分子被杀。在 1991 年至 2006 年 1 月间，纯粹的军事损失有 3501 人死亡，32 人失踪。平民的损失仍然是一个存在争议的问题，但至少有 3 万到 4 万人的损失，加上马斯哈多夫的法令，所有致力于恢复民用基础设施和公民管理的人都将被杀害。他后来修改了这一立场，称叛乱分子将不再对平民实施恐怖主义行为。尽管取得了一些军事上的成功，但在第二次车臣战争中，克里姆林宫缺乏明确的战略，导致许多人采用“胜利性的失败”来描述僵局。另一份报告讽刺地指出，“俄罗斯赢了。战争仍在继续”。

自 2000 年 6 月 12 日以来，由艾哈迈德·卡德罗夫领导的亲俄派车臣当局，在 2003 年 3 月送抵克里姆林宫的一份绝密报告里承认，至少有 1314 名平民于 2002 年被当局杀害。玛莉卡·尤玛哲瓦是一名勇敢的人权活动家，也是阿尔汗－卡拉（Alkhan Kala）村的前村主任，她被害是因为其大声疾呼抗议对基本人性尊严的悍然践踏。她于 2002 年 11 月 29 日被联邦部队绑架后不久就被发现死亡。两场车臣战争中唯一受审的一名俄罗斯高级官员是尤里·布达诺夫上校，他被指控在 2000 年时奸杀了一名车臣少女艾鲁萨·昆吉耶娃。尽管证据确凿，却依据其限定精神责任能力即“精神病免责”于 2002 年 12 月 31 日被宣判无罪释放。但在随后的复审中，他于 2003 年 7 月 27 日被判入狱 10 年。该案件与美国的威廉·卡利中尉颇为相似，他的一支队伍于 1968 年 3 月 16 日在越南南方的美莱村强奸杀害了 400 名手无寸铁的越南平民。经过长时间的隐瞒，该案最终被立案调查。但是，被判终身监禁加重体力劳教的威廉·卡利很快就减刑至 20 年，然后又被减至 10 年，之后被理查德·尼克松总统赦免。所有参与大屠杀的其他方面人员均被宣判无罪，而且发往白宫关于此案的 30 万封信函中，绝大多数均支持威廉·卡利。在俄罗斯和美国，公众舆论都将此归咎为战争热导致的暴行。

俄罗斯政府和战地指挥官都曾试图将战争人道化。例如，2002

年 3 月 27 日，驻车臣的俄罗斯部队指挥官弗拉基米尔 · 莫尔坚斯科伊上校发出了第 80 号命令，参与行动的士兵，特别是“种族清洗”的士兵，不应戴面具，并能够对他们的行动负责。所有的证据都表明这个命令被忽略了。即使是来自车臣的国家杜马代表、退休的内务部将军阿斯莱姆贝克 · 阿斯拉克哈诺夫和卡德罗夫也难以进入封锁的村庄（例如梅斯克尔–尤尔特）。一次，阿斯拉克哈诺夫面临着平民遭遇毒打的“集体抱怨”，当时只有迅速行动才能从军队提供的救护车上解救年轻人，而为了消除目击者，必须杀掉这些平民。在一次采访中，阿斯拉克哈诺夫被问道：

如何解释联邦军队对车臣平民的极端残忍行为？他回答，不是所有在斯塔耶、阿塔吉、克嘉洛、察察恩–尤尔特、阿辛斯卡亚、阿尔贡和奇里尤尔特负责种族清洗行动的官员都应该对消失的年轻人和被肢解的尸体负责……他们在撒谎！他们向总统撒谎，向杜马撒谎，向联邦委员会、向政府和他们的部长撒谎，他们在向俄罗斯联邦公民撒谎，他们声称一切将要稳定。所谓清洗行动的结果是，学校里的车臣学生现在走进森林，要为在特别行动中遭受苦难的亲属报仇。

尽管试图恢复由车臣人领导的民选政府，但严厉的清洗行动（zachistki）疏远了亲俄的车臣人。

化圆为方

俄罗斯有充分的理由来说明这场战争的必要性，实际上是在处理一场不符合任何现存的分裂理论的武装起义，而起义在很大程度上侵犯了它的邻国。起初仍然支持这一战役（到 2000 年 3 月初达到了惊人的 70%）的俄罗斯公众舆论，对车臣反叛分子在多年的有效独立中已经劫持了超过 1500 名人质，并试图以世界舆论法庭的名义，将 1.46 亿俄罗斯人口作为集体性人质感到愤怒。普京将这一威胁比作俄罗斯国家存在受到威胁的时期。然而，由被视为反对民族扩张主义、恐怖主义和侵略性原教旨主义的一场正义战争而产生的民族团结是可疑和危险的。到 2002 年，公众舆论转向支持通过谈判解决问题，到 2005 年底，支持普京在车臣政策的支持率下降到只有 4%。58% 的人认为，尽管官方声明相反，但战争仍在继续。只有 21% 的人支持继续进行军事行动，而 69% 的人赞成和平谈判。危险来自战争给激进的俄罗斯民族主义和极端的种族主义带来的刺激。

尽管在早些年人们普遍承认，车臣问题需要采取果断行动，但叛乱分子顽固的抵抗、军事暴力和腐败的持续，证明车臣平民的人权受到严重侵犯，这些都助长了人们对车臣行动日益强烈的反感情绪。尽管共和国驻有大约 8 万名士兵，然而甚至基本的安全都无法保证。炸弹爆炸、官员在达吉斯坦被杀、俄罗斯军用直升机被击落、警察局遭到轰炸；2002 年 12 月 27 日，在格罗兹尼的政府总部遭到炸弹袭击，造成 72 名官员死亡；2002 年 10 月，因为杜布罗夫卡剧院被围困，战争被引至莫斯科，2004 年 9 月，孩子们在别斯兰被绑架。在车臣，反恐行动可能已经结束，但恐怖主义仍在继续。莫斯科地方政府“车臣化”的政策增加了另一层敌意和怨恨，地方和联邦政治参与者之间的紧张关系将冲突转化为最痛苦的形式——内战。

尽管军方试图控制该地区的安全议程，不仅寻求作战行动，也寻求战略上的谨慎，普京确保总统的政策不会被任何一个特定团体“利用”。2002 年 5 月，内务部重新引入了人事任命的轮换制度，以确保地方警察局长不受地方长官的影响。1998 年底废除的地面部队总司令职位现已恢复，军事区指挥官也要向总司令报告，而他则可以直接向国防部部长汇报，而不是总参谋长。北高加索军区的领导人根纳季·特罗舍夫将军是该政策的首批受害者之一，该政策意在重申文官对军队的控制，以及国防部对较为保守的普通工作人员的权力。特罗舍夫出生在格罗兹尼，代表着一批罕见的相对有效的专业人员，而不是腐败的士兵。他也以他自己的方式献身于车臣。2002 年 12 月，他拒绝了被任命为军事区指挥官的命令，他的理由是车臣人民需要他——然而第二天（12 月 18 日），他被解雇了。这一事件证实，俄罗斯的车臣政策无论是在莫斯科还是在共和国本身的许多机构和个人之间都是支离破碎的，仅军事事务就由大约五个机构处理。民事机构也同样支离破碎。然而，特罗舍夫被解职是一个明确的信号，表明在俄罗斯，独立将军的时代已经结束。

2003 年初，普京宣布“反恐行动”结束，2006 年 1 月 31 日他在记者招待会上再次声明：“我认为谈论车臣反恐行动的结束是有可能的。”普京本想宣布胜利并离开，但这并不容易，尤其是，正如他所承认的那样，战争已经扩散到北高加索的大部分地区。俄罗斯总统关于此问题的发言人谢尔盖·亚斯特任布斯基认为，在 2001 年 5 月，车臣的冲突可能会持续多年，并指出，世界上有大约 30 个地方发生低强度冲突，车臣事件也许可以列入其中。对于这场冲突的政治监管，几乎没有什么途径可供选择。尽管俄罗斯不会输掉这场战争，但不清楚“胜利”会是什么样子。这场冲突继续毒害着俄罗斯的政治，并威胁着俄罗斯作为一个民主国家的进一步发展。正如弗曼所说，莫斯科对车臣和车臣人的态度让他无法“想象车臣与俄罗斯社会的和平融合”。他的结论是，没有车臣的独立，俄罗斯的民主是不可能的。

在看不到任何可接受的政治解决方案的情况下，这场冲突在整个普京的总统任期内不断上演，削弱了他的国际地位，分裂了社会，挫伤了国内政策，并激化了高加索地区的其他冲突。有人试图通过谈判达成和解，但就莫斯科方面而言，目前还不清楚该与谁谈判。2002 年 7 月，随着“阿拉伯人”对车臣分裂斗争的影响减弱，马斯哈多夫和巴萨耶夫重新建立了联盟，同时卡兹别克·马卡舍夫(Kazbek Makhashev）也被任命为马斯哈多夫的代表，与莫斯科进行谈判。面对一个被认为是背叛和“背后捅刀子”的军事领导，普京自己的回旋余地受到了严重限制。尽管这场战争在最受欢迎的优先事项清单上有所下滑，但民意调查显示，与反政府武装谈判的支持率不断上升，在 2003 年 1 月上升至 60%，而只有 30% 的人支持继续进行军事行动。

在 2002 年 12 月 19 日举行的与俄罗斯人民问答会议上，普京坚持认为“糟糕的和平总比好的战争强”，但在这个方向上似乎没有什么进展。普京拒绝支持国家进入紧急状态，这一状态甚至会使俄罗斯的政治常态看上去不那么正常。普里马科夫提出了一种循序渐进的和平方式：停火之后，与各方进行圆桌会谈，寻找一些可接受的解决办法。俄罗斯最高苏维埃的发言人鲁斯兰·哈斯布拉托夫是车臣人，他试图成为一名“诚实的中间人”，在伊斯坦布尔会见了马斯哈多夫的代表艾哈迈德·扎卡耶夫。他们的和平计划提出，车臣将获得一种“特殊地位”，使其享有高度的国内和外国自治权，它不会成为俄罗斯的一个臣服者，但将在俄罗斯的立法中就一些问题进行表决。马斯哈多夫赞成这个计划，但是它需要像欧安组织这样的国际组织的支持来确保它的实施。与此同时，由卡德罗夫领导的亲莫斯科政府推进了其为共和国制定新宪法的计划。在 2002 年 10 月的杜布罗夫卡事件中，寻求谈判解决的努力受到了威胁（也许是故意的）。克里姆林宫加强了对谈判的立场，特别是在马斯哈多夫公开谴责这一行动以来。人们仍然怀疑，他宽恕这次袭击是为了加强他对军阀的权威，这一战略在 1996 年—1999 年的大范围内被证明是无效的（因为它最终挑起了第二次车臣战争），现在也不再成功。

车臣化

相反，莫斯科推进了宪法的选择，希望以此为基础，建立新的合法当局。2002 年 12 月 11 日，车臣人民代表大会通过了该草案，第二天，普京批准了全民投票和共和国新机构的选举法，包括后来的总统选举。据称，2002 年 10 月的人口普查在共和国中发现了超过 100 万的人口，而真实的数字不太可能超过 50 万。这些迥然不同的数字几乎没有激发人们的信心，即公投结果将准确反映民众的情绪。在 2002 年 10 月的会议上，普京为车臣化这一选项进行了辩护：

为了摆脱我们今天的局势，毫无疑问，我们必须逐步把权力移交给车臣人民。如果没有法律基础，没有宪法，就不可能做到这一点。没有这一点，就不可能选举出合法的权力机构、总统和议会。如果我们不这样做，将无法摆脱我们今天的局面。这一进程是困难的，但如果没有这些政治进程，就不可能把车臣的局势置于合法的基础之上，从而使经济和社会状况恢复正常。

2003 年 1 月，由亲莫斯科当局提出的新宪法草案被公布，并于 3 月 23 日在共和国举行了全民公投。俄罗斯当局采取一切措施来刺激参与投票。普京于 3 月 16 日在电视上呼吁车臣民众参与，并承诺在文件被通过的情况下将通过一项特别的双边条约，给予车臣“广泛的自治权”。宪法中有许多让步，普京在与其他地区的关系中否定了这些让步，并承诺“广泛的自治”，再次赞同双边条约的原则。3月23日，三个问题被呈现给了选民：批准新宪法，接受一项关于总统选举的法律草案，还有一项关于议会选举的法律草案。据称，在饱受战争破坏的共和国成年人口中，有89.48%的人参加了选举，95.97%的人赞成宪法，95.4%支持总统选举法，96.05%支持议会选举的法律草案。普京在5月向全国发表讲话时赞扬了这一结果：

今天，我尤其要感谢车臣人民，因为他们的勇气，因为他们不允许自己被吓倒，也不允许自己现在受到威胁，因为他们的智慧永远存在于那些本能地知道什么是对什么是错的普通人中。车臣人民对自己的责任和人类的利益有着衷心的认识。最后，在那里举行的公民投票表明，车臣人民理所当然地认为自己是统一的俄罗斯多民族不可分割的一部分。

这条路现在是为2003年10月5日选举新总统而开放的。艾哈迈德·卡德罗夫的当选是一个预料之中的结论，因为主要的替代方案没有以这样或那样的方式进入投票。卡德罗夫在2004年5月9日的一次炸弹爆炸中被暗杀，并没有破坏普京的“车臣化”计划，2004年8月29日的新选举中，前车臣内务部部长阿卢·阿尔哈诺夫当选。两天后，武装分子占领了别斯兰第一中学。2005年11月27日举行的共和国议会选举是普京恢复车臣正常秩序计划的最后阶段。在亲俄罗斯当局的管理下，这一结果出乎所有人的意料：统一俄罗斯党获得了近 70% 的选票，而共产党获得了令人印象深刻的 12% 的选票，右翼力量联盟获得了大约 10% 的选票。驻扎在共和国的约 1.6 万名俄罗斯士兵的投票权进一步扭曲了选举结果。正如普京在 2006 年 1 月 31 日的记者招待会上所说，选举标志着“在车臣共和国建立国家权力机构的进程已经完成”。

克里姆林宫协助并支持了拉姆赞 · 卡德罗夫在共和国的有效权力，尽管他的统治是建立在系统化的暴力和系统化的腐败之上的。自从他父亲于 2004 年 5 月去世后，卡德罗夫二世通过使用一支半独立的 5000 人的民兵部队巩固了他在共和国的权力，这支军队恐吓他的对手，并使他的盟友服从。他控制了共和国的资金流动，并建立了一个广泛的赞助网络，通过征收税费以敛纳钱财。车臣化政策似乎是合法当局使用非法武力的合法手段。屠杀和失踪的人数有所减少，但恐惧和恐吓的气氛仍然存在。车臣宪法规定总统的最低年龄为 30 岁，但在 2006 年 10 月 5 日 30 岁生日时，时任总理的卡德罗夫成为共和国最高职位的有力竞争者。他与阿尔哈诺夫在很多方面出现了明显的紧张关系，特别是在石油工业和其他经济资产的管理方面，卡德罗夫也与共和国的其他亲俄指挥官发生冲突，特别是战地指挥官苏利姆 · 亚马达耶夫。俄罗斯的安全部门，特别是军事情报部门，对卡德罗夫作为车臣领导人的适宜性有很大的怀疑，并且对完全授权给车臣人持敌对态度。正是出于这一原因，莫斯科同意在共和国内只对事务进行部分车臣化处理，并任命俄罗斯人担任内务部和其他政府机构的关键职位。由拉希德 · 努尔加利耶夫领导的内务部被授予了为北高加索地区的安全负主要责任，从而减少了机构间的混乱。到 2008 年，被征入伍者会完全取代义务兵。在这一事件中，2007 年 3 月 2 日，卡德罗夫被正式任命为共和国总统，而阿尔哈诺夫被派到别处工作。

圣战还是民族主义？

叛乱还远远没有结束。根据巴萨耶夫的说法，2002 年，一个由战地指挥官组成的大委员会在车臣召开会议，并批准将战争扩展到北高加索其他地区。没有证据表明马斯哈多夫否认了这一策略，尽管 2005 年 1 月 14 日，他试图单方面停火以给和平谈判一个机会，但这可能太迟了。在这一时期的一次采访中，马斯哈多夫称，“我深信，普京远离今天车臣真正发生的现实”。他辩称，安全部队正在给普京提供虚假信息，并暗示，如果他和普京能够面对面地会谈，一切都能得到解决：“如果我们能够让我们的对手、俄罗斯领导人睁开他们的眼睛，和平就可以建立起来。”但这已经不可能了，因为马斯哈多夫于 2005 年 3 月 8 日被俄罗斯军队暗杀。

叛军的领导权移交给了阿卜杜勒–哈利姆·萨杜拉耶夫。尽管在过去的几个月里，马斯哈多夫曾试图找到谈判的途径，但是，自称车臣共和国总统的萨杜拉耶夫，除了承认车臣独立，对和平谈判毫无兴趣。他将战争扩大到整个北高加索地区，2005 年 5 月 2 日，他将西部的“前线”划分为七个部门（印古什、北奥塞梯、卡巴尔达–巴尔卡尔、斯塔夫罗波尔边疆区、卡拉恰伊–切尔克斯、阿迪格和克拉斯诺达尔），并任命了这些部门的指挥官。他还任命了东部前线，以及其四个防御地区（古杰尔梅斯、阿尔贡、克嘉洛和格罗兹尼）的新指挥官。别斯兰的屠夫巴萨耶夫现在被任命为第一副总理。他们的目标是在车臣建立一个伊斯兰国家，通过“民族解放斗争”实现整个北高加索地区的“非殖民化”。

车臣叛乱分子的民族主义国家建立理论已经被圣战组织取代了。2005 年 5 月，“北高加索阵线”成立，以协调叛乱行动。2005 年 11 月，萨杜拉耶夫宣布，“高加索从俄罗斯占领者的践踏下解放出来”之前，不会与俄罗斯进行和平谈判。因此，马斯哈多夫的死亡激起了激进分子的进一步激进化，并导致了叛乱的扩大。建立一个独立车臣国家的最初目标，现在已经被纳入针对腐败的西方更广泛的文明战争中，在他们看来，俄罗斯政府只不过是最粗鲁的表现而已。这是北高加索圣战组织的首席思想家莫夫拉迪·乌杜戈夫的观点，他在卡夫卡兹中心的网站上发表了他的观点。2005 年 10 月 13 日，超过 200 名武装分子袭击了卡巴尔达–巴尔卡尔的首府纳尔奇克，这是“圣战”不断扩大的明显迹象，就像在达吉斯坦发生的一场缓慢的内战一样。

联邦军队继续从车臣撤军，从 2005 年初的 8 万人减少到一年后的 3.7 万人，并计划在 2007 到 2008 年全面撤军。在 2006 年，有新的北方部队和南方部队加入了东方和西方的军队阵营，组建了更多的车臣士兵团。内务部部队现在大部分是车臣人，他们承担了更多的军事责任，尽管当局担心武装分子渗透到警察部队。当局在打击激进分子方面取得了一些成功。2006 年 6 月 17 日，在圣彼得堡举行的八国集团首脑会议前夕，头号恐怖分子沙米利 · 巴萨耶夫终于被杀掉。叛乱分子的领导权移交给了经验丰富的战地指挥官多库 · 乌马罗夫，他被证明是一个有力的游击队领导人，开辟了两个新战线，“乌拉尔”和“伏尔加地区”，这证实了普京对叛乱蔓延的担忧。乌马罗夫将重心从圣战转向民族解放和世俗的自由言论。

尽管大家对叛乱力量的估计各不相同，但大多数人认为，该地区的叛乱分子没有超过 800 名，而车臣境内的武装分子可能不超过 300 名，他们深入自己的山区营地了。尽管当局试图暗示战争已经结束，但车臣和该地区的局势仍远未恢复正常。2005 年夏天，总统特使德米特里 · 科扎克在南部联邦地区做了一份报告，调查了整个地区的局势，并且分析了达吉斯坦地区日益恶化的安全局势。其泄露给新闻界的材料谈到了腐败、宗族政治和犯罪结构、猖獗的影子经济以及民众与统治精英阶层的普遍疏远，这些威胁到了社会稳定和经济发展。其结果是，社会的激进化和伊斯兰化程度越来越高，在达吉斯坦此类问题最尖锐，这个共和国的 250 万人口中，有多达 7% 的人被认定为参加武装斗争做好了准备。莫斯科的政策在恶化局势方面发挥的作用没有得到检查。联邦政府试图通过任命与之合作的领导人来维持稳定，因此，在别斯兰和北高加索地区 (the North Caucasus) 形成自己的区域后，由指定的区域首脑组成的系统也应运而生。2006 年 2 月任命穆胡·阿里耶夫接替长期任职的穆罕默达利·穆罕默多夫就是一个很好的例子，表明莫斯科试图在实现复兴的同时保持连续性，这是一个难以调和的富于矛盾性目标。与此同时，虽然车臣的军事力量正在减少，但北高加索地区的军事力量却大大增加了，同时还经常进行军事演习。

是否有一种方法来解决这个问题：在保持俄罗斯国家完整的同时满足车臣的要求？尽管有大量关于这个问题的文献，但地方自治的管理问题仍然没有得到解决。你是否“息事宁人”，如果是这样，你是否在“滑坡”走向独立；还是可以及时做出让步，尽管这些让步可能会导致联邦制的不平衡，从而避免更激进的分裂主义要求？俄罗斯联邦在 20 世纪 90 年代的经验是，灵活性和不对称可以帮助保护这个体系，但它可能会让立法者们感到不安。然而，车臣的问题最终只能车臣人自己解决。马斯哈多夫的死封闭了一种选择，即把游击队领导人转变为政治家；但是，车臣人民追求以历史正义、民族肯定、政治多元化和良好治理为基础的庄严而和平的生活，在与俄罗斯建立某种更广泛联系的框架内，是这个国家能够找到摆脱无休止战争的唯一途径。

结 论

普京试图恢复人民对政府象征意义的信任，使他们相信政府是在国家和公众利益的基础上采取行动的，而这个新的较小的俄罗斯政府是其之前的各种政权的合法继承者，因此应该尊敬，也值得尊敬。就普京而言，俄罗斯并不是苏联的残余，而是一个有着悠久传统的国家。但这个新实体仍然是一个真正的政治国家，它不仅共享宪法所规定的共同规则，而且还享有一定的情感凝聚力。对普京来说，国家建设的政治和情感层面是一致的，他对国家的这两个明确愿景是他持久声望的主要来源之一。普京能够让俄罗斯人感觉更好。这个过程是高度矛盾的，随着车臣战争的继续和北高加索地区的叛乱，危机的因素仍然存在。

第9章　俄式资本主义

Russian capitalism

问题在于，从民主稳定的角度和纠正自身缺陷的政治制度能力来看，俄罗斯是一个很难界定的国家。走中国或韩国的现代化道路不太现实，而又很难抵御政客意欲走上这条道路的诱惑。

——康斯坦丁·索宁

普京修正了叶利钦统治时期所形成的国家与经济之间密切却不健康的关系。在叶利钦执政时期，各种商业和贸易组织所拥有的特权，使它们变成了拥有自己的媒体帝国、议院政客、电视频道和安保服务的特殊形式的“国中之国”。赫尔曼将叶利钦时期的发展描述为“不完全改革均衡”，地区领导人和寡头们利用经济陷入计划经济和市场经济之间的两难境地而从中渔利。虽然此种平衡达到了何种程度尚不明确，但此时一位激进总统的出现却扰乱了这一“均衡”。在打击某些寡头的斗争中，商业利益与国家“等距离”的原则得到了推进，但结果却导致俄罗斯的政治经济性质发生了变化。普京所接手的经济刚刚从快速市场化和私有化的创伤中恢复过来，而且当他在此基础上继续建设经济时，极为良性的经济环境已经可以允许采用新的经济模式了。

进入市场

1985年，苏联是世界第三大经济体，但人均国内生产总值却仅排在第43位。最低谷出现在改革开始七年后的1998年，当时俄罗斯国内生产总值下降了42%，导致约五分之二的人口陷入了贫困。到普京出任总统时，俄罗斯的经济实力已经滑落到了十名开外，人均更是排名第135位，与哥斯达黎加等国齐平。不仅大部分人口因转向市场经济而返贫，而且贫富不均也大大增加了。到2003年3月，俄罗斯可以自诩有17位亿万富翁，其中大多数人是从能源领域获利，而与此同时，平均月收入为3868卢布（约合110美元），约有3000万人（占人口的22%）的月收入比最低工资标准2000卢布还低。俄罗斯国内生产总值恢复到1989年的水平足足花了八年的时间。

从华盛顿到莫斯科的共识

叶利钦主义的政治经济体既有有效的经济自由化、市场体系融入全球经济这样积极的一面，又有管理官僚化、武断的国家干预和内幕交易这样消极的一面。中央和地区领导层利用资产剥离、寻租和其他半市场经济的病态状况，寻找机会来维持自己对权力的控制。所谓的寡头已经完全垄断了经济，他们的影响渗透到了权力走廊中。此种关系极不稳定，而且对国家市场的发展、经济竞争力和有效的政治制度产生了破坏性的影响。在某种程度上，这种区域化和寡头垄断的制度将不得不让位于一个更连贯的但不一定更自由的制度。

1991 年—1997 年，经济每年都在萎缩，通货膨胀率达到三位数，几乎一直维持在 1992 年的高通胀水平。1997 年经济恢复增长，但 1998 年的经济危机表明经济复苏是多么脆弱。政府无法征收足够的税款来支付开销，财政预算赤字上升到了国内生产总值的 8%左右。虽然政府（尽管任意和无能地）征收了约占国内生产总值三分之一的税收，几乎与美国的征收水平持平，但因为政府依然支付巨额补贴给亏损企业，所以无法充分降低开支。政府在最后阶段由自由主义者谢尔盖 · 基里延科领导，以不断提高的利率发行巨额国库券，直到 1998 年 8 月 17 日部分国库券违约，导致整座金字塔崩溃。许多银行倒闭，严重削弱了寡头的经济实力，许多外国金融企业都失去了投机性投资。随后卢布贬值了三分之二，使得经济能够进入复苏期。国内生产商当时可以与进口商竞争，并证明国际货币基金组织先前预测卢布贬值将导致国内生产能力疲软进而加剧通货膨胀是错误的。实际上，危机发生后的一年里，进口量减半，出现了产能过剩，现在已经开始（特别是在消费品和食品领域）允许进口替代品。显然，正如约瑟夫 · 斯蒂格利茨（世界银行 1997 年—2000 年首席经济学家）和其他人所认为的那样，国际货币基金组织通过贷款，人为地维持卢布 1998 年的价值水平的战略不仅是错误的，而且使俄罗斯负担了不必要的债务。

1999 年—2000 年的选举是一个转折点，十年来首次出现支持资本主义发展的认识，尽管有些人试图在其中增加俄罗斯特色，但已经达成近乎普遍的共识。后华盛顿共识已经出现，我们可以称之为“莫斯科共识”。华盛顿共识是约翰·威廉姆森为了描述20世纪80年代中期许多拉美国家采用的新自由主义政策而创造的术语，其重点在于财政和货币纪律、货币可兑换性、价格和贸易自由化以及国企私有化。这些政策也被曾经实行社会主义倾向发展战略的俄罗斯、印度等国家在不同程度上采用了。经济受到国际影响，国内垄断被打破并施行私有化。在后共产主义国家，此举伴随着经济活力的下降。莫斯科共识在某种程度上让人回想起1944年约翰·梅纳德·凯恩斯设计国际货币基金组织的最初目标：“以促进和保持高水平的就业率和实际收入，发展所有成员的生产资源作为主要目标的经济政策。”新自由主义的华盛顿共识反而聚焦在削减预算、私有化、紧缩通货、结构调整等问题上。

莫斯科的新共识试图将旧的方法和新自由主义的方法结合起来，继续与国际经济和金融组织进行接触，定期偿还债务，通过必要的财政措施、结束重新国有化企业的威胁以及逐渐修正保护主义来维持宏观经济稳定。“休克疗法”与“软着陆”渐进主义方式之间的旧辩论让位于承认经济发展的必要条件是一个足够强大的国家，以确保法治、产权、私有化等经济交易的透明度，促进改善公司治理以及收取足够的税收以维持正常职能。斯坦利·费希尔认为，想要“实施市场经济的游戏规则”，还需要做包括加强税收系统、财政透明度、政府会计、法律制度和公司治理在内的许多事情。在政府失效的情况下，经济成功是最不可能实现的，但同样应该认识到专横霸道的政府同样危险。认识到市场失效与政府失效一样糟糕后，早期的市场原教旨主义者的妙策遭到了拒绝。并非所有事情都可以留给亚当·斯密日益失灵的“看不见的手”去解决，因为政府在经济中发挥着重要作用。

因此，即使在普京执政之前，新自由主义的自由市场者和瓦解政府者已经失信于民，市场导向型改革的激进反对派已经被边缘化了。20 世纪 90 年代给了俄罗斯政治精英们残酷的学习经历。绝大多数人都明白，任何试图在新兴共识的约束之外实现快速修复的尝试都会产生不可预测的，甚至灾难性的后果。国家在经济领域的重组意味着建立足够强大的机构，以抵制寡头力量操控政府。正如赫德隆所言，关键“不在于绩效指标本身，而在于决定绩效的制度安排”。莫斯科共识侧重于更积极的社会政策，政府在建立更加友好的投资环境方面发挥着更强有力的作用，以实现经济的资本重组，进而加强国家在经济管理中的作用。这也正是普京所采取的方案。

从衰退到繁荣：普京治下的经济表现

普京在俄罗斯的经济稍有好转之际开始执掌大权。虽然贫穷现象普遍，工资拖欠普遍，债务危机持续，但经济已经恢复增长势头。市场体系的雏形已经确立，尽管过程痛苦而腐化，但无论如何已经存在。普京并没有亲自参与国家层面的资本主义转型，尤其是私有化的肮脏过程，尽管也有对他在圣彼得堡主政时鼓励外国投资时腐败的指控如影随形，但仍可以相对两袖清风地就任总统。对于普京来说，过渡已经结束，尽管他并未否认仍有诸多需要改革之处。

普京执政早期出现了很多极为有利的经济环境，而且俄罗斯是21世纪初期商品价格繁荣的主要受益者。最重要的是，石油价格仍然居高不下，进而带来了巨大收益，并给俄罗斯带来了大量的贸易顺差。石油价格从1998年的低点12美元（部分原因是俄罗斯当年的危机）上升到2006年的平均61美元（见表9.1）。石油价格每上涨1美元，俄罗斯财政就会额外获得10亿美元的收入。到2006年，俄罗斯的石油和天然气工业占俄罗斯出口的35%，但却占了出口收入的55%，占固定投资总额的40%，而且税收从2003年只占国家财政收入的25%上升到52%。2006年6月，俄罗斯的原油产量首次超过了沙特阿拉伯。到2006年，俄罗斯能源产量占国内生产总值的16%—20%。尽管能源出口在普京的小型“经济奇迹”中起到了关键作用，但这不应该被夸大。正如一位评论员所说：“如果说过去七年俄罗斯经济的增长只与油价的繁荣有关……那是错误的。”兰德公司的一项研究表明，1993年—2005年，能源收益的增加占经济增长的三分之一到五分之二。实际收入的大幅增加推动了消费热潮，从而促进了经济增长。

表 9.1 1996 年—2006 年的经济指标

年份	国内生产总值的变化（%）	通货膨胀（%）	投资收入（%）	乌拉尔混合原油的平均价格（美元 / 桶）
1996	－3.6	22	－22.5	20.4
1997	1.4	11	2.0	18.5
1998	－5.3	84	2.6	12.0
1999	6.4	36.5	1.0	17.3
2000	10.0	20.2	17.2	26.9
2001	5.1	18.6	7.5	23.1
2002	4.7	14.0	2.5	23.5
2003	7.3	12.0	12.0	27.3
2004	7.1	11.7	10.8	34.1
2005	6.4	10.9	10.5	50.0
2006	6.9	9.0	13.0	61.0

资料来源：1999 年和 2004 年国内生产总值增长：三方对话投资公司（Troika Dialog），《俄罗斯经济月刊》，2007 年 1 月（俄罗斯联邦统计局数据，有部分修订）。2006 年国内生产总值增长情况：6.9 是初步数字，经济发展部于 2006 年 12 月 29 日在自由欧洲电台《新闻纵横》发布。通货膨胀（对于消费价格，12 月至 12 月）：《经济合作与发展组织发布的经济调查：俄罗斯联邦》（巴黎，经合组织，2000 年），第 34 页。投资增长 1996—1998 年：联合国欧洲经济委员会，《欧洲经济概览》，2003 年第 2 期，附录表 B3。

“自然资源诅咒”的悖论可能言过其实了。尽管能源收入无疑增加了寻租和腐败，并且也确实削弱了政治问责制度，但俄罗斯经济规模庞大意味着并非所有这些都应该归咎于能源出口。普京的审慎财政政策试图阻止“荷兰病”（指一国，特别是中小国家经济的某一初级产品部门异常繁荣而导致其他部门衰落的现象。——译者注）的发生，因为能源出口带来巨额收入，从而提高了货币价值，出口市场价格随之提高并会吸引进口。2004年1月1日成立了一个“稳定基金”，当每桶石油超过基准价格27美元（最初20美元）时，从中收取出口关税和开采税，税收总额截至2006年底达到900多亿美元，占国内生产总值的8.5%。这笔基金最初存在中央银行的一个以卢布计价的账户中，但在2006年完全转换为外币并投资于AAA级政府证券。“冻结”这笔钱并设立反周期基金的尝试是所有优秀宏观经济学教科书中所开列的处方，但吸引基金用于经常性支出的诱惑是巨大的。世界银行2006年4月的一份报告建议俄罗斯在境外的股票和债券上投入能源意外收益，即使石油价格下跌，俄罗斯也可以获得未来数十年的收入来源，而这正是俄罗斯所做的。正如报告指出的那样：“未来关于俄罗斯历史的教科书，极有可能用很大篇幅评估现任政府的经济政策是如何有效管理国家不断增长的石油财富的。”俄罗斯已经制定了将资源划分为储备基金，用流动资产缓冲预算，并将未来几代基金投资于蓝筹公司的计划。

普京继续采用叶利钦的宏观经济稳定政策，尤其是国家货币政策。预算按时获得通过，不仅平衡，而且盈余也有增加。某些成功之处显而易见，首先体现在通货膨胀的下降上（见表 9.1）。在 20 世纪 90 年代早期，俄罗斯资本主义早期阶段的千倍价格上涨现在已经让位于相对稳定的价格，尽管高通胀率依然侵蚀了廉价卢布的优势。1998 年货币贬值带来的好处减少了，特别是高能源价格导致卢布价值过高。与此同时，投资指标有所增长，而在 21 世纪初，固定资本投资超过了国内生产总值的增长，但相对于国内生产总值来说，19%仍然很低，因此不足以弥补 20 世纪 90 年代产生的不足。实行个人所得 13%的统一税率大大提高了税收征收率，但企业利润税从 35%降至 24%，取消投资配额意味着有效税率从 17%增至 24%。经济改革仍不完善，经济的投资能力和吸收投资的能力均有限。到 2006 年末，累计国外投资总额超过了 1300 亿美元，其中当年就吸引了国外投资 350 亿美元（100 亿美元是国外直接投资）和 100 亿美元的国内投资。2005 年的资本净流入量很小，到 2006 年却上升到 300 多亿美元。虽然 2005 年市值几乎翻了一番，到 2007 年初，股市资本总值达到国内生产总值的 80%，但劳动生产率的增长依然难有起色。加速将卢布转换为完全可兑换模式是一剂良药，2006 年 7 月 1 日，期待已久的完全可兑换模式启动，使国外投资者可以用更优惠的价格购买俄罗斯债券，俄罗斯人也可以更便利地到国外投资。

1991 年末，俄罗斯的外债为 653 亿美元，但到 1997 年已增加到 1100 亿美元。债务偿还在 2003 年达到顶峰，当时国家需要支付 170 亿美元债务，但提前还款减少了债务总额，预期的债务偿还冲击没有发生。1998 年的债务占国内生产总值的比例高达 130%，2000 年普京上台时，大约为60%，而到2003年下降至35%，2006年达到极低水平的18%——欧盟的平均债务占国内生产总值的60%。意外的能源收入被用来偿还债务，而另一个优势是没有通货膨胀。2006年，巴黎俱乐部对债权国的大部分债务都得到了偿还，截至2006年10月1日，外债总额已降至500亿美元，除此之外每年需支付数十亿美元的利息。在普京的领导下，1998年俄罗斯没有违约，而且信用评级稳步上升。虽然普京坚持认为，国家无力全额赔偿储户在1989年—1992年通货膨胀期间的储蓄损失，但政府的确采用了滚动还款政策，最终目标是全额偿还。承认这一问题并试图解决问题，使普京赢得了极大的尊重。

黄金和外汇储备从2000年的120亿美元上升到2006年底的2680亿美元，超越中国的台湾（2570亿美元），继中国大陆（8750亿美元）和日本（8520亿美元）之后跃居全球第三。经济通货膨胀速度下降，投资增加，抵押贷款市场迅速发展，并出现贸易和预算盈余。实际上，预算盈余正在成为一个新的问题，从2004年占国内生产总值的4.3%上升到2005年的7.4%，2006年更是接近9%。自1999年以来，俄罗斯国内生产总值以美元计算增长了300%，从1960亿美元增加到2005年的7655亿美元，以高汇率在2007年初达到10000亿美元的大关。然而，正如经济发展和贸易部部长格尔曼·格列夫所指出的那样，现有的包括石油和天然气领域的快速发展、过剩产能和相对较低的卢布汇率在内的增长来源已经耗尽，而保持高增长率的唯一手段是提高劳动生产率以及经济多样化。

虽然普京鼓励发展中小企业，并简化了注册程序以鼓励更多的初创企业，但官僚体系的沉重包袱和缺乏发达的金融服务意味着该领域的增长速度缓慢。2001 年，中小企业占俄罗斯所有企业的 90%，到 2003 年，这一数字已增至 94%。同期，他们在总就业中所占的份额从 45%上升到 47%，市场份额从 40%上升到 47%。但俄罗斯的中小企业占国内生产总值的比例低于其他较发达的转型经济体。俄罗斯的中小企业不到 100 万家，而波兰的中小企业数量有其四倍之多，人口却只占其四分之一。然而，弗拉基米尔·孔托罗维奇认为，该国大部分地区的人口密度低，限制了小型企业的发展，并且像莫斯科和圣彼得堡这样的大型城市周围的小企业密度都遵循西方模式。尽管如此，烦琐的企业启动登记手续，大量执照和许可证的费用收取，随意的火灾检查和健康检查，以及对黑手党的永久恐惧都扼杀了这一领域的发展。然而，在许多地区，中小企业是税收的主要来源，因为大型企业大多在首都或离岸注册。还有一个很大的个体企业在灰色市场上运作，尤其是在北高加索地区，对区域经济做出了很大贡献。

2002 年 6 月，美国正式宣布俄罗斯是市场经济国家，11 月欧盟也效仿美国，而在 10 月份，俄罗斯从由世界经合组织于 1989 年打击洗钱活动而建立的金融行动特别工作组的黑名单中移除。能源、运输、银行和公用事业领域的改革进展缓慢。试图将俄罗斯天然气工业股份公司分拆成单独的生产和分销公司的举动受阻，而由私有化的缔造者阿纳托利·丘拜斯主导的巨型电力公司——俄罗斯统一电力系统股份公司的改革也只是缓慢实施。普京政府实现的经济和政治稳定、通货膨胀率的下降、黄金和外汇储备的增长吸引了国际商界。尽管2006年政府的战略性企业清单存在不确定性，但是私有化进程现在更加有序。联邦改革消除了在这些地区投资的一些障碍，地区领导者不再那么倾向于把自己作为商业伙伴强加于人。

尽管俄罗斯与欧洲有部分政治隔阂，但就经济学而言，资本主义的俄罗斯是一个欧洲国家，如果条件适宜，这一无形因素有利于欧洲繁荣的领域向俄罗斯扩张。此外，投资不仅仅在能源领域，还包括食品、木材和其他加工业、通讯、化工、国防和航空业以及自然资源。根据中央银行的数据，在1992年—1998年，每年至少有450亿—500亿美元逃离该国，但2002年这一数字已降至100亿美元，但此后上升至稳定的5%左右；随着2006年年中实行资本可兑换性，这已经被更多地视为多种资本交易，而非狭义上的“资本外逃”了。根据一些估计，1999年—2001年非法出境的资金中有30%返回，为鼓励这一进程，政府考虑将税率从通常的13%降至5%的“特赦率”。先前逃离的一部分资金再次回流，这可以从来自塞浦路斯的高投资数据中反映出来。然而，国家投资策略不明确、对产权安全的担忧、新兴官僚体系的普遍腐败以及不近人情的官员，尤其是海关服务所致的繁文缛节，普京领导下的俄罗斯投资环境还远未发挥其全部潜力。

1998年经济触底时，俄罗斯在贫困线以下的人数高达6400万，但到2002年初，这一数字已降至3500万左右。仅在2006年一年，贫困人口就减少了一半。然而，对于大多数人来说，生活有了显著改善。经济以平均 6.8%的速度强劲增长了八年，使得工资获得实质性增加。仅在 2006 年，实际收入就增长了 11.5%，而养老金增长了 5.3%。2006 年底的月平均工资为 1.1 万卢布，即 415 美元（每年不到 5000 美元），尽管仍然相对较低，但已经比普京上台时高出了四倍。2006 年底，以购买力平价计算的人均国内生产总值已上升至 9902 美元。一些行业的工资拖欠现象继续存在，因为公司通过转移工资基金的资源来争取更大的竞争力，但整体来讲，拖欠情况继续下降。失业率相对较低，2006 年俄罗斯劳动力总数为 7440 万人（占总人口 1.424 亿人的 51%），失业人数为 560 万人，即 7.5%。尽管平均生活水平已经上升，但关于社会分层的官方统计数据多年都没有公布。就收入不平等而言，俄罗斯在 127 个国家中排名第 97 位，位于哥斯达黎加和科特迪瓦之间。普京长期的经济顾问安德烈 · 伊拉里奥诺夫坚持认为，俄罗斯的收入差距并不是那么极端，十分位值比例为 14：1（最高收入前 10%与最低收入 10%之比），而在许多拉丁美洲国家，特别是巴西，十分位值比例为 50：1。2005 年，最高收入的 10%占所有家庭收入的 29.7%，而最低收入的 10%仅占 2%。截至 2006 年 3 月，俄罗斯自诩国内有 32 位亿万富翁，还有另外两位——列昂纳德 · 布拉瓦特尼克和罗曼 · 阿布拉莫维奇——居住在英国，后者是俄罗斯首富，排在全世界的第 11 位。2006 年，俄罗斯股市上涨了 65%。

由于住房和公用事业成本相对较低，因此可支配收入较高，这些改善的物质条件推动了消费热潮。消费信贷在2000年几乎从零开始发展到2007年初的400亿美元，约占国内生产总值的5%，虽然相对西欧大约高出其十倍的数值来讲仍然较低，但却代表了俄罗斯的巨大变化。中产阶级占总人口的20%，尽管70%仍然是中下阶层或工人阶级，而10%的人则享有精英的生活方式。大量新型购物中心在大城市的郊区拔地而起，俄罗斯跃升为世界第12大消费市场。虽然人均国内生产总值显著提高，但平均预期寿命仍停滞在65岁，当然2003年男性的平均预期寿命是令人震惊的58.8岁（女性为72岁）。2006年底，联合国开发计划署年度人类发展指数将俄罗斯排在177个国家和地区的第65位，因其获得健康和教育的得分很低，尽管俄罗斯人已有接近100%的读写能力。根据世界银行的世界发展指数，到2005年，俄罗斯人均国内生产总值在177个国家和地区中跃升至特立尼达和多巴哥与巴西之间，位列第54位。平均收入排在保加利亚和黎巴嫩之间，位列第56位。

卡西亚诺夫和弗拉德科夫政府由经济自由主义者主导，尽管总统的行政团队大部分都是国家主义者，但普京的政府普遍遵循正统的自由经济政策。然而，20世纪90年代的经验以及苏联时期早期的社会化，给普京和他的某些行政部门留下了深刻印象。对他们来说，把所有东西都推向市场的思想体系是不恰当的，老式的国家干预主义的呼吁尽管形式温和，但最终证明是不可抗拒的。像伊拉里奥诺夫这样的新自由主义者呼吁大幅度削减政府开支，从普京接手时占国内生产总值的35%（到2006年1月时已上升到36.8%）降至12%左右，但遭到了拒绝。与此同时，像谢尔盖·格拉兹耶夫这样的新社会主义者认为，与叶利钦的“混乱种族灭绝”相比，普京的政策只不过是对俄罗斯人民进行的“计划种族灭绝”而已，他呼吁对“寡头”、官僚主义和社会支出的大幅增加进行革命性的攻击。相反，普京坚持正统经济学，“国家项目”等支出增加了，公共部门在国内生产总值支出中的份额仅为5%。这是他后苏联的一面，但他新苏联的一面本能地反映在其报告中，就像过去的共产党总书记一样，他在2002年的联邦议会讲话中提出提高经济增长率，次年又表示要在十年内使国内生产总值翻一番。如果要实现国内生产总值在十年内翻一番的计划，至少需要7.2%的年均经济增长率。他的政府领导层呼吁进行更加强有力的国家干预，以支配经济的“制高点”，并且成功地建立了一种可以同20世纪20年代社会主义政府在众多小资本主义和农民企业中主宰着大工业的新经济政策媲美的新新经济政策。这个类比远不确切，但它确实表明了普京领导下经济体系的某些风格。俄式资本主义已经到来，但却是一种与众不同的类型。

资本主义模式——国家统合主义？

普京上台后致力于俄罗斯经济的自由发展。他颁布了一系列促进商业活动的措施，其中包括将公司利润税率从35%降至24%，将出口收入的强制性返还率从 75%降至 50%，并将商业活动所需政府许可证的数量从 500 多个削减到了 100 个。然而，由于集权的苏联经济转型和 20 世纪 90 年代疯狂的私有化而产生的制度与古典资本主义市场体系严重相左，经济主要由以有影响力的“寡头”为首的强大参与者主导。1996 年，寡头在叶利钦连任方面发挥了关键作用，1997 年，别列佐夫斯基鼓吹“七大寡头”（七家银行）的权力以及他们对俄罗斯经济一半的所有权。2002 年的一项研究表明，八家最大的企业集团控制了该国 64 家顶级企业中 85%的股份。在叶利钦的统治下，寡头成了权力体系的一部分，虽然普京试图与他们保持“等距离”，但却也不能忽视他们。因而提出了经典问题：谁在统治俄罗斯？

政府和市场

俄罗斯继承了叶利钦的二元经济：一面是私有化的市场导向型经济，一面是由国家主导的经济；而在普京执政后，便将二者融合了。像俄罗斯天然气工业股份公司和俄罗斯统一电力系统股份公司这样的国家拥有大量股份的垄断者，往往被迫采取非市场导向的方式行事。特别是，它们无法按照市场价格对其产品收取费用，并有时被迫成为整个经济领域的间接补贴来源。因为国内价格由政府确定，能源公司试图增加出口，进而可以通过市场定价，但也只能在其向国内市场提供了政府设定的配额之后才能出口。对于大多数大型能源供应商来说，国内销售简直就是“慈善捐赠”，因为出口价格要比供应国内高得多。与此同时，1600 家国防工业企业代表了巨大的机会，因为它们仍然是研究密集型产业，并且专注于出口（因为国内采购的资金很少）；2005 年它们出口了价值 52 亿美元的武器。国防工业也是一种威胁，因为许多企业都需要大规模的现代化，而且是一些城镇里唯一的产业。在普京的推动下，著名的国有石油公司俄罗斯石油公司成为震慑整个领域的工具。

在 20 世纪 90 年代，“金融—工业集团”一词被用来描述两件事情：通常基于传统企业的官方注册的联合体；未注册的银行和企业集团。前者极受副总理奥列格·索斯科维茨的推崇，将其作为国家支持的经济发展模式，但在掠夺性和病态寻租的时代，注定无法为经济发展或合理的国有经济关系提供相干模式，而且这个想法已经失宠了。取代国家主导的一体化，强大的经济参与者在俄罗斯急于进入市场的激情中脱颖而出。1995 年的暗标拍卖和随后的投资拍卖标志着这些组织的兴起。没有一个统一的术语可以用来描述它们。例如，雅科夫·帕普使用术语“工业企业集团”，而邓金和索科洛夫使用的是“综合商业集团”（也被缩写为 IBGs）。我们将使用谢尔盖·科尔马科夫和其他人所使用的“金融—工业集团”这一术语，用以强调它们所代表的资本集中，同时强调许多这些新兴公司的松散特性。在普京时代末期，这些金融—工业集团通常以牺牲少数股东的利益为代价，合并了所有权，并成为现代公司。

邓金和索科洛夫指出，出于历史原因，俄罗斯只有两种力量可以作为现代化的推动力量：政府和大企业。在沙皇时期和苏联时期，政府都在工业化方面发挥了重要作用，然后，20世纪90年代，接力棒被传递给了大企业。只有金融—工业集团拥有培训合格的员工、管理的技能、领先的技术和财务资源。在缺乏有效银行体系和资本市场的情况下，金融—工业集团利用内部资金作为来源或从债券市场借款。2002年排名前八位的独立金融—工业集团雇用了俄罗斯6430万劳动力的1.76%，但却提供了该国出口的四分之一和国家税收的三分之一。这些公司都有一个核心的经营范围（通常是采掘或加工），周围附带包括银行、保险公司、媒体控股、分销网络和运输在内的一系列企业群体，并提供包括医院、安保、娱乐服务甚至农业企业等一系列支持服务。卢克石油公司甚至拥有柴可夫斯基交响乐团。因此，金融—工业集团模仿了典型的苏联垂直整合控股，因为外部供应无法得到保证。只有莫斯科的俄罗斯系统金融股份公司（部分由卢日科夫控制）不是以原材料为基础，而是以“后现代”科学和高科技产业为基础。这些集团的领导人通常都是“寡头”（参见表9.2），虽然在尤科斯案之后他们保持低调的政治形象，也许应该简单地称为“经济大亨”。这些组织是作为适应市场过渡的不确定性和危害的过程而建立的，但现在具有了稳定的性质。在资本主义早期的粗放发展阶段，自给自足是企业的特征，就像20世纪早期的美国公司（例如福特汽车公司有自己的铁路系统和农场、木工车间和报纸），20世纪50年代的西欧公司，20世纪50年代和60年代的日本经连会，以及直到现在的韩国财团。俄罗斯经济继续以高度集中为特征，该国 23 家最大的公司估计占了俄罗斯国内生产总值的接近三分之一。

表 9.2 俄罗斯的“寡头”

“寡头”姓名	业务名称	主营业务
亚历山大·阿布拉莫夫	耶弗拉兹集团	煤炭，钢铁
罗曼·阿布拉莫维奇	西伯利亚石油公司前负责人，楚科奇行政长官	能源，政治
瓦吉特·阿列克佩罗夫	卢克石油公司负责人，帝国银行	能源，银行
瓦西里·阿尼西莫夫	金属投资公司	财政，采掘业
彼得·阿文	阿尔法集团负责人	银行
叶莲娜·巴图林娜	因捷科开发公司	建筑，主要在莫斯科
鲍里斯·别列佐夫斯基	伏尔加，西伯利亚石油公司	汽车经销商，能源（流亡伦敦）
弗拉基米尔·波格丹诺夫	苏尔古特石油和天然气公司	能源
阿纳托利·丘拜斯	统一电力公司	电力垄断
奥列格·德里帕斯卡	俄罗斯铝业公司（俄铝），高尔基汽车厂	有色金属，汽车制造业
列昂尼德·费敦	卢克石油公司	能源
亚历山大·弗罗洛夫	耶弗拉兹集团	煤炭，钢铁
米哈伊尔·弗里德曼	阿尔法集团负责人，秋明英国石油控股公司	能源和金属
弗拉基米尔·古辛斯基	莫斯特实业发展有限公司	媒体，银行（流亡以色列）
鲍里斯·伊万尼舍维里	米哈伊洛夫斯基矿业公司	采掘业
苏莱曼·克里莫夫	莫斯科石油公司	能源

续 表

格尔曼·汗	阿尔法集团，秋明英国石油控股公司	银行业，能源
米哈伊尔·霍多尔科夫斯基	尤科斯－梅纳捷普负责人	石油，银行业，轻工业（2003—2004年剥夺财产，目前已经入狱）
阿列克谢·库兹米乔夫	阿尔法集团	银行
亚历山大·列别杰夫	国家储备公司	银行，航空
弗拉基米尔·利辛	新利佩茨克钢铁公司	黑色金属
伊斯坎德尔·马哈茂多夫	乌拉尔矿业金属集团	采掘业
亚历山大·马穆特	莫斯科商业世界银行，前负责人	银行
安德烈·梅尔尼琴科	莫斯科商业世界银行	金属
列昂尼德·米赫尔松	诺瓦泰克公司	天然气
阿列克谢·莫尔达索夫	谢韦尔钢铁公司	黑色金属
列昂尼德·涅夫兹林	尤科斯	能源（流亡在以色列）
谢尔盖·波波夫	莫斯科商业世界银行	金属
弗拉基米尔·波塔宁	俄罗斯国际控股公司，诺里尔斯克镍业，西丹科	金属，能源
米哈伊尔·普罗霍罗夫	诺里尔斯克镍业	金属
维克托·拉什尼科夫	马格尼托哥尔斯克钢铁公司	黑色金属
德米特里·雷博诺夫列夫	乌拉尔钾肥公司	肥料
叶夫根尼·什维德勒	西伯利亚石油公司	能源
鲁斯塔姆·塔里科	俄罗斯标准银行，标准伏特加酒业	金融，酒业
尼古拉·茨韦特科夫	乌拉尔西伯公司	石油，保险
阿利舍尔·乌斯马诺夫	金属投资公司	铁钢

续 表

谢苗·魏因施托克	俄罗斯国家石油管道运输公司负责人	国家管道垄断
维克托·维克塞尔伯格	秋明英国石油控股公司，西伯利亚乌拉尔铝业公司	能源，铝
弗拉基米尔·叶夫图申科夫	系统金融股份公司负责人	电信，金融和服务
弗拉基米尔·尤瑞克	库兹涅茨克煤炭公司，车里雅宾斯克钢铁集团	煤炭，钢铁
伊戈尔·久津	库兹巴斯露天煤炭股份公司，车里雅宾斯克钢铁集团	煤炭，钢铁

不发达的银行体系和金融调解服务（保险公司、养老金管理、投资和风险投资机构）使得新公司难以进入市场，已建公司的业务也难以扩张。俄罗斯的银行因资本不足而臭名昭著，只有俄罗斯联邦储蓄银行一家在《金融时报》2001 年的排名中进入了东欧前 13 强，而波兰竟有 7 家银行入选。俄罗斯银行根本没有足够的资源为企业发展提供资金，没有为新企业家提供资金或为商业和产品开发提供复杂金融服务方面的专业技能。中央银行第一副行长安德烈·科兹洛夫在 2006 年 9 月 13 日被暗杀之前，一直致力于关闭有问题的银行，已经关闭了 1200 家银行中的 90 家，仅在 2006 年夏季就关闭了 33 家。以客户为导向的相对正常的银行服务才刚刚开始出现。在这些情况下，只有金融—工业集团可以积累资源用于开发和投资，不仅发展自己的企业，还可以通过收购，或者与西方公司合作。20 世纪 90 年代，俄罗斯经济投资不足，给俄罗斯经济发展的潜力蒙上了一层阴影，历史性赤字的出现需要大量外国直接投资。尽管进入 21 世纪后情况有所好转，但与所要求的以及像中国这样的竞争对手相比仍然微不

足道。

外国投资者因少数股东在俄罗斯损失资产的悲伤而对其望而却步。由于米哈伊尔·弗里德曼接管了西丹科石油公司的一家主要生产子公司，并对西丹科进行了重组，进一步降低了少数股权的股票价值，所以英国石油公司于1997年11月收购波塔宁的西丹科公司10%股份时达成的一项价值4.8亿美元的协议变得极不受欢迎。经过漫长的斗争后，英国石油公司的资产于2001年被返还，但保持对俄罗斯的长期投入并重返战场。布朗勋爵的英国石油公司阿莫科分公司与弗里德曼的秋明石油公司于2003年2月达成了一项价值67.5亿美元的交易，创建了俄罗斯第三大石油公司秋明英国石油控股公司。如果将两家公司的全球资产结合到一起，会是每天产量为257万桶的世界上最大的石油公司，并拥有世界第二大储量。英国石油公司最终找到了一个新的资源用以取代阿拉斯加和北海的老化油田，而秋明石油公司的公司管理也有了极大改善，进而获得了西方国家的认可。2003年发生的一系列并购事件让尤科斯和西伯利亚石油公司试图创建一个总市值达350亿美元的公司，这家公司来自八年前由霍多尔科夫斯基和别列佐夫斯基私有化的仅仅2.59亿美元的公司。这家并购后的新公司将拥有世界上最大的石油储备，在生产方面排名第四。尽管政府最初批准了这项合并，计划在国外出售大量股份，但又担心新公司将影响政府政策导致尤科斯式的破产（参见第5章），这是由俄罗斯石油公司推动的一个过程。政府利用俄罗斯天然气工业股份公司在壳牌领导的萨哈林–2石油和天然气项目修改1994年的产量分成协议。2006年12月达成协议，壳牌公司的股份从55.5%下降到27.5%，壳牌日本合伙人三井和三菱的股份分别下降到12.5%和10%，而俄罗斯天然气工业股份公司的股价每股上涨了51%以上。在能源领域，国家的干预变得更加凸显，虽然这次不是重新国有化，而是“剥夺”。然而，总的来说，到2006年，私营企业占所有企业的80%，而国有企业下降到4%。在过去的十年中，私营企业的就业增长了41%，而国有企业的就业减少了15%。

后共产主义世界面临的挑战与发展中国家面临的挑战截然不同。其目标不是建设工业社会的基础设施，而是转向竞争性的市场形式，实现资源的最有效利用。苏联时代赋予俄罗斯大型工厂，这种“路径依赖”因素在一定程度上预示了俄罗斯企业的集中结构。只有经济中最具活力和最具竞争力的金融—工业集团才能抵御国际竞争。正如普京在竞选演说中所讲的那样，国家试图与它们合作来实现经济现代化。金融—工业集团将充当将俄罗斯经济现代化的火车头。它们必须适应世界经济的变化，并可能需要集中精力于核心商业利益进而从非商业活动中剥离出来。金融—工业集团还必须更多地遵守西方最佳企业的会计标准和其他企业行为标准。这需要国家积极合作，确保产权与合同、稳定和公平的税收制度、良好的投资环境、银行体系的发展、减少掠夺性破产法以及激励技术创新。其他情况也是可能的，特别是破坏性的掠夺对抗以及此种业务的瓦解。普京当然试图通过维护产权来实现第一种情况（有一些明显的例外），并试图为国内外创造一个安全的投资环境。正如一位商人所说，“俄罗斯工业现在可以重组：盗窃的时代已经结束，傲慢的时代已经结束，动荡的时代已经结束”。

金融—工业集团巩固了他们在国内的主导地位，然后扩大了视野。木材加工高度集中，十个工厂占产量的85%。金融—工业集团对木材业进行掠夺性侵袭的时机已经成熟，因而当如德里帕斯卡的西伯利亚铝业公司这样的寡头将一些主要的木材厂据为己有之时，政府坐视不管。正如尤利娅·拉特尼娜所指出的那样，只有在“纵向一体化领域”的框架内，商业人士才能得到保护，免受其他寡头的攻击。这个集团越来越注重全球市场。例如，卢克石油公司计划在2017年前在国外投资270亿美元。罗曼·阿布拉莫维奇持股41%的俄罗斯最大的钢铁公司耶弗拉兹集团，收购了俄勒冈钢铁厂。诺里尔斯克镍业同意收购另一家美国公司的镍资产。俄罗斯在2006年购买了空中客车工业公司的母公司欧洲宇航防务集团的股份，希望借此在董事会能够获得一席之地，但却未能如愿。与此同时，一些公司通过在国外货币市场推出首次公开募股募集大量资金。2006年，阿列克谢·莫尔达索夫的俄罗斯谢韦尔钢铁公司在伦敦用其公司10%的股份筹集了近10亿欧元。俄罗斯谢韦尔钢铁公司已经走向全球，在欧洲和北美拥有约9万名员工。当年早些时候，莫尔达索夫收购欧洲最大钢铁集团阿塞洛的投标未能取得成功，但预计会竞购其他炼钢企业。2006年10月，奥列格·德里帕斯卡的俄罗斯铝业公司同较小的西伯利亚乌拉尔铝业公司和位于瑞士的嘉能可合并，创建了巨大的联合公司——俄罗斯铝业联合公司，生产全球16%的铝。

俄罗斯天然气工业股份公司和石油巨头在俄罗斯公司全球化中的作用是有据可查的。在独联体地区，维佩尔通讯和移动电信系统公司等电信巨头主导了市场。有人认为，俄罗斯采用了一种“软实力”来重新维护其在后苏联时代欧亚大陆的利益，这是 2003 年议会选举期间阿纳托利·丘拜斯提出的“自由帝国主义”的概念。然而，却又缺乏实证证明。自尤科斯案开始，普京的战略无疑是建立可以在国际市场上竞争的“国家龙头企业”，但是这在西方遭遇了重大的政治阻力，加强了俄罗斯现有的关于西方使用“双重标准”的担忧。美国国务院 2006 年 8 月决定对俄罗斯国防出口公司（成立于 2000 年，并于 2007 年获得国家军火出口垄断地位）和苏霍伊两家公司，因涉嫌违反《2000 年伊朗核不扩散法案》而受到制裁就是一个很好的例子，苏霍伊参与波音公司的超级喷气 –100 项目（对苏霍伊的制裁在 2006 年 11 月被解除）。俄罗斯企业在申请伊朗项目之前便受到制裁的讽刺意味很明显。

具有统合主义色彩的资本主义

在帮助叶利钦连任总统后，寡头资本主义在 1996 年到达了鼎盛，直至 1998 年 8 月部分违约为止。此时的金融—工业集团可以直接获得政治权力，一些更臭名昭著的寡头或者直接进入政府（例如 1996 年—1997 年的波塔宁）或享受权力走廊（如别列佐夫斯基）。然而，

1998年9月任命普里马科夫出任总理，叶利钦时代结束时在精英阶层选举前的分裂使他们处于守势。一些企业支持看起来将要夺取政权的反对派，首先由卢日科夫和他的“祖国运动”，于1999年8月与更加地区性的“全俄罗斯运动”联合。叶利钦的制度正在崩溃，与之相联系的是连接政治和商业世界的“家族”政权体系。尽管一些公司（例如卢克石油公司）采取了谨慎的观望态度，但与“家族”关系最密切的那些公司，比如别列佐夫斯基帝国的西伯利亚石油公司和西伯利亚铝业公司以及丘拜斯的电力巨头俄罗斯统一电力系统股份公司，最担心的是政权的终结，因此在制定“继承”战略时最为活跃。1999年8月至12月的议会选举活动(这也是寡头集团的斗争)的激烈程度便反映出了其所涉及的高额利害关系。金融—工业集团绝不是政治行为者背后的傀儡大师，但它们对政治团体和个人的财政支持是推动当时政治进程的基本要素。就像克里姆林宫充当了一个庞大的伪党，而寡头统治公司则充当政治集团下的党派替代人。

大企业在一定程度上篡夺了国家的职能，实际上往往给予政客的要比给予客户的还多那么一点，这一特点仍然存在于某些特定地区，尤其是那些基于采掘业的地区。然后，这个阶段让位于寡头资本主义的阶段，基于一些强大的人物，他们倾向于将自己的企业看作是现金流的来源，而且与政府的关系既没有制度化也没有结构化。1997年春季，像涅姆佐夫和基里延科这样的自由主义者进入政府，标志着政府试图限制寡头并改革无政府资本主义的权力体系，因1998年的金融危机而加快了进程。根据邓金和索科洛夫的说法，这一尝试的目的就是要揭示“寡头政治不是一种真正的政治力量，而是一种大众意识的幻影”。情况可能是这样的，但是金融—工业集团和政府官僚机构的结合肯定是确认无疑的，而且在普京执政时期以新的方式进行了强化。在普京新的游戏规则框架内，这个寡头政治联盟的一个早期例子是奥列格 · 德里帕斯卡的俄罗斯铝业公司参与高尔基汽车厂的购买和后续重组。在一个全球化的世界里，政府的力量被认为正在削弱，而跨国公司的力量正在增长，但在普京的俄罗斯，金融—工业集团这一独特的制度出现了，为其国家的产业政策提供资源，并且一般情况下作为国家的替代性中坚力量。当然，大企业和政府的利益并不总是一致的，政府和俄罗斯资本主义的发展呈现出众多的政治矛盾。一些产业政策的理念，某些分支机构被优先考虑发展，被批评属于较早的工业时代，虽然它可能对战后的日本和韩国有效，但对一个几乎不可能确定未来经济形态和人类发展重点的后工业时代来说是不适当的。

这些群体的统治地位是否等同于统合主义一直是一个颇有争议的话题。统合主义是指国家授予某些群体垄断代表权以换取其忠诚和偶尔享有选择领导人权利的情况，然后在需求明确的情况下行使排他权。普京试图实行对寡头的“等距离”政策，其中一些寡头（特别是别列佐夫斯基、古辛斯基和霍多尔科夫斯基）通过流亡或监禁从俄罗斯的政治舞台上被大规模驱逐。但是，其他人似乎已经成为克里姆林宫政策的一种新型“传送带”。只要他们投资于“真正的”经济，例如汽车制造业（如上面高尔基汽车厂的例子），或者（如俄罗斯石油公司）支持克里姆林宫喜欢的政治运动和行动，就可以依旧享受他们在令人陶醉的20世纪90年代所拥有的。在制定政治策略方面，特别是在产业政策领域，大企业的代表也很重要。俄罗斯工业家和企业家联盟主席阿尔卡季·沃尔斯基是俄罗斯政坛最伟大的幸存者之一，他自1982年11月至1984年2月在安德罗波夫的短暂领导下获得重要地位之后，已经多次重塑自我了，并从1991年起领导俄罗斯工业家和企业家联盟，直到2004年亚历山大·绍欣接手为止。俄罗斯工业家和企业家联盟自身已经发生了很大的变化。作为"红色董事"的代言人，沉迷于国家补贴并依赖保护主义，俄罗斯工业家和企业家联盟已成为最合乎逻辑的、组织最完善的利益集团之一。在普京就职以后，新的大亨、寡头和其他企业家渴望来到其统合主义保护伞的保护之下，俄罗斯工业家和企业家联盟的队伍得到了壮大。普京的统合主义本能也没有忽视等式的另一边，他经常与俄罗斯联邦工会组织，即俄罗斯独立工会联合会的领导人米哈伊尔·什马科夫会面。

在普京的推动下，一种新的商业与政府关系模式开始出现，其特点是更加形式化。商业协会的作用大大增加，特别是俄罗斯工业家和企业家联盟对大企业的作用。普京在将政府行为更大地制度化的过程中定期与他们会面。中型企业由全俄公共机构商业俄罗斯（Delovaya Rossiya）代表，小型企业由俄罗斯中小企业联合会代表。在2001年，普里马科夫被任命为俄罗斯联邦工商会（Torgovo-promyshlennoi palaty RF）的负责人后，商会的影响力随之大大增加。旧的非正式关系现在让位于新建立的关系体系，这种关系体系允许建立某种非政治化的政府与经济的关系，并将冲突限制在商业世界内部。然而，这并不意味着金融—工业集团已经退出政治舞台，也并未表明旧的寡头统治／官僚模式已经消失。

俄罗斯经济基本上仍然受到官僚主义的影响。这不仅仅是一万多家国有企业（俄罗斯国有单一制企业、国家统计局，包括国防部门）不完全依靠自由市场法则运营，而是令人窒息的经济官僚体系，满怀苏联精神，本能地试图在监管之下扼杀任何非国家经济形式。在普京的领导下，各种各样的强大集团加入了现有经济官僚体系，它们试图在政府无休止搅动的国民生产总值中获得它们的份额。虽然超过四分之三的俄罗斯经济已经私有化，但直接或间接形式（包括完全非法的）的官僚压力意味着国家仍然有效地管理着至少四分之三的经济生活。正是由于这一原因，伊拉里奥诺夫坚持只有在国家支出大幅减少的情况下才能取得经济增长。严重的经济形态不仅是腐败和停滞的理想温床，而且经济派别和利益的斗争也颠覆了民主。到 2005 年，伊拉里奥诺夫争辩说，“今年，俄罗斯已经成为一个不同的国家。它不再是一个民主国家。它不再是一个自由国家”。

国有企业通过控股扩大了对私营企业的控制权。不是彻底的国有化，取而代之的是去除私有化。2004 年 12 月，尤甘斯克油气公司收购了尤科斯的主要资产，使俄罗斯石油公司成为全球主要企业之一。2005 年 9 月，俄罗斯天然气工业股份公司从切尔西足球俱乐部的所有者罗曼·阿布拉莫维奇手中，以131亿美元收购了其中一家最大的私营石油公司西伯利亚石油公司73%的股份。其目的是将俄罗斯天然气工业股份公司和俄罗斯石油公司转变为能够与英国石油公司、埃克森美孚和雪佛龙等国际巨头展开竞争的国家能源巨头。政府对“战略”资产加强控制的想法扩散到其他领域，特别是工程业、制造业和银行业。政府有效接管了俄罗斯国最大的重型工程公司——俄罗斯重型机械集团公司和直升机公司卡莫夫。12月，通过任命官员主导其董事会，并通过俄罗斯国防出口公司以3.5亿美元收购控股公司62%的股权，政府获得了国内最大汽车制造商伏尔加汽车的控制权。2006年，俄罗斯国防出口公司收购了世界主要钛生产商之一阿维斯玛镁钛联合企业三分之二的股份。该公司由谢尔盖·切梅佐夫领导，他与普京同为克格勃的特工，曾于20世纪80年代一起在东德共事，有时候传言他可能被任命为继任者，特别是在他于2006年12月加入统一俄罗斯党执政理事会之后。

2005年，政府在并购市场上成为最活跃的一员，运用国有公司或服务于国家利益的公司来开展并购。与2004年相比，并购总额增加了一倍，达到560亿美元，2004年政府的份额为26%，2005年为31%，即174亿美元。主要交易包括俄罗斯天然气工业股份公司收购西伯利亚石油公司，以及由俄罗斯外贸银行、俄罗斯石油公司、俄罗斯统一电力系统股份公司和俄罗斯电信公司子公司进行的其他交易。政府购入各个盈利企业。俄罗斯天然气工业股份公司等国有公司开放了它们的股票交易，俄罗斯市场开放竞争，例如西门子被允许购买俄罗斯动力机械股份公司，与此同时，俄罗斯统一电力系统股份公司增加了股份持有。康菲石油以 27 亿美元收购了卢克石油公司的股份。通过俄罗斯石油公司收购尤甘斯克油气公司以及俄罗斯天然气工业股份公司收购西伯利亚石油公司，政府重新控制了四分之一的石油市场。与此同时，私有化进程继续进行，俄罗斯电信公司出售了估值为 33 亿美元的国家股份，俄罗斯石油公司也首次公开募股。银行业也将有更大的整合，国家银行吸收竞争者。所有这些活动的政治意义并不明显，但由于石油美元储备庞大，国家巩固了对经济盈利领域的控制，而经济后果不太可能是积极的，因为俄罗斯的国有企业效率明显存在问题。总统办公厅的自由派前主任德米特里·梅德韦杰夫坚持认为，国家所有权与管理“远没有发挥出应有的潜力”。

伊拉里奥诺夫对此有着截然不同的观点，他把这些发展称为“准国有化”，并认为他们在俄罗斯实行了“企业”模式，并将当局与人民隔离开来，同时为企业建立了不平等的竞争环境。他认为，有些企业获得了补贴和支持，而另一些企业则被要求大量补缴税款。据伊拉里奥诺夫称，国家干预主义损害了经济，已导致石油部门投资下降以及石油生产率下降。他指出，自俄罗斯石油公司接管尤科斯的主要油田以来，生产与收入降低，而成本却升高了。2005 年 12 月 27 日，他因自己影响政策的能力大大降低而辞职。他坚持认为辞职的决定是他自己做出的，他并没有被要求离职。他指出，当 2000 年 4 月被任命为经济顾问时，他就任的目的是“扩大俄罗斯公民的经济自由”，但相反“新模式中没有经济自由的地方；其主要原则是选择与歧视”。

政府、经济和社会

普京坚持关于商业利益的“等距离”政策，但他对大规模修正20世纪90年代无政府主义私有化运动不感兴趣。他的确寻求将被俄罗斯天然气工业公司内部人员盗窃的价值约150亿—200亿美元的资产重新归还给该公司。然而，2002年初争夺国有斯拉夫石油公司控制权的斗争表明，政治并未完全离开商业领域，但在某些方面，这也许是旧式寡头斗争中的最后一个，所有权问题可以通过在权力走廊中的幕后斗争进行了。安德烈·皮昂科夫斯基指出，那些主张基于如财阀这样的大公司施行某种“控制型民主”以求经济发展的人，是再次强加给俄罗斯一种根本不适合于工业社会的过时模式。无可争议的是，大企业仍然是俄罗斯政坛的核心角色，赞助各方并直接影响政治结果。普京试图建立一个更强大的国家政党制度可以被解释为战略的一部分，不仅要打开地区精英结构，而且要建立对大企业的反制力，再次制度化并拥有独立的政治资源。

计划与现实

普京在经济领域的政策加起来不仅仅是向“更加亲政府，更加社会导向的突变资本主义模式”转变吧？普京的经济计划只是逐渐出现，表明将乍一看起来互相矛盾的更大的自由化和加强的国家监督结合起来这样的承诺兑现所需面对的巨大困难。政府是否仍然是经济中的主导者，还是仅限于为良性的经济和监管架构保驾护航呢？2000 年 3 月 7 日在对伊万诺沃州的视察中，普京呼吁增加经济自由，认为“经济实体的自由程度越高，国家的发展就越强”。普京多次谴责官僚主义盛行，并坚持认为“行政机构应该是透明、清晰和明了的……我们应该尽一切努力摆脱经济当中过多的官僚主义”。

格尔曼·格列夫于 2000 年 6 月 28 日提出的经济计划充满了对世界经济的自由精神与开放。其目的是为经济稳定增长创造条件，使俄罗斯重新进入世界主要工业化国家的行列。如何实现这一目标仍不清楚，但该计划坚决要求俄罗斯加入世界贸易组织。通过高额进口关税保护国内生产者的企图，被认为是鼓励走私、保护低效的国内生产者和抑制俄罗斯工业的技术现代化，这些都极为有害。税制改革，改变了中央与地方之间税收分配的基础。正如我们在第 7 章中看到的那样，此时，预算收入中的很大一笔增值税和其他收入流向中央，这一举措得到大多数地方首脑的支持，他们寻求更多的慷慨补贴，当然被承担赋税更多的地区反对。与此同时，他还提出了减少预算支出的办法，主要是以牺牲地区预算和社会支出为代价。

在社会领域中，资源更多地针对需求，除了生活在收入低于最低生活收入标准的家庭之外，其他家庭福利均被削减。在其他方面，私人保健和教育将被引入。尽管自独立以来，俄罗斯已经见证了许多经济计划，但所有这些计划都是三心二意地实施，并且常常在同一时间追求互不相容的目标。格列夫编写的经济计划是连贯的，并建议综合解决俄罗斯的经济问题。然而，卡西亚诺夫政府提出了自己的计划，尽管格列夫计划的内容得到了实施，但却丧失了整体一致性。虽然普京政府中自由派的市场经济学家占据强有力的位置，但他们并没有就最优的经济战略达成一致。

俄罗斯是加入世贸组织的最后一个主要工业国家。它于 1993 年申请，但在普京执政后才开始认真谈判。辩论分裂了俄罗斯商界，但普京毫不含糊地认为，只有获得世界贸易组织的成员资格才能实现俄罗斯的工业现代化。首先，农业、轻工业和制造业等领域将会遭受损失。加入世贸组织将使政府难以考虑到这些方面的具体需求，可能导致工厂关闭和失业率上升。成员资格也将迫使住宅和工业用户的能源价格上涨。反映俄罗斯丰富资源的廉价能源是补偿低工资收入和低生活水平的一种方式，因此成员资格可能会加剧社会紧张局势。在工业领域，廉价能源起到了补贴的作用，并使俄罗斯的商品保持竞争优势。如果这些产品能够找到国际市场，加入世贸组织将迫使制造质量提高，而随着国外产品更多地进入国内，那么国内市场的竞争也会加剧。成员资格会对某些行业造成特别严重的影响，例如伊尔库茨克州（布拉茨克）的大规模水力发电项目中享受廉价电力的铝生产商。但是，即使在同一领域，内部也存在分歧，就像汽车行业一样。汽车制造占全国工业总产值的9%，雇用了10%的劳动人口。一些公司担心外国竞争的涌入，而另一些公司则认为俄罗斯恶劣的道路和严峻的气候条件将使强劲的国内产品保持其市场份额。这些汽车的价格低廉，尤其是在陶里亚蒂的巨头伏尔加汽车工厂生产的拉达汽车，可以确保拥有可观的市场。石油和天然气公司赞成加入世贸组织，因为这将为它们开辟西方市场，在国内生产总值中占第五位的木材业也是一样。

预计加入世贸组织将迫使俄罗斯的企业变得更加透明，并阻止某些公司与政府因“排他”关系而享受税收优惠和其他特权。这些特权在世贸组织规则下是非法的，如果出现，俄罗斯可能会面临巨额罚款。普京反对一些寡头的建议，推动加入世贸组织，这说明在其担任总统期间政府享有的自主权日益增加，但同时他雄心勃勃地意欲2003年加入世贸组织的预定日期并不可行。欧盟对俄罗斯入世规定了包括批准《京都议定书》在内的严苛条件。到2006年初，俄罗斯仍然必须完成与澳大利亚、哥伦比亚（这两个国家的关键点是糖）和美国的谈判，后者要求俄罗斯取消进口飞机的关税，允许外资银行和保险公司直接进入俄罗斯，并加强知识产权，特别是防止盗版。世贸组织本身受到农业贸易和药品争端的打击，以服务业自由化为重点的多哈回合谈判陷入了泥潭。在谈判的最后阶段，似乎美国的政治化程度过高，将世贸组织成员资格与从俄罗斯政策到伊朗，再到莫斯科酸奶的价格等一系列令人匪夷所思的关切事项挂钩，用以疏远俄罗斯官员。即使普京也很恼火，他在与企业家会面时指出，美国的要求是人为刁难。正如他以其生动的典型风格所陈述的，西方市场“完全有限。他们喋喋不休地谈论自由贸易，但事实上一切都是闭锁的，你根本无法跻身其中”。普京希望在2006年7月举行的八国集团峰会上宣布对加入世贸组织感到失望。这种标准的变化引发了越来越强烈的反对意见，并且反对者认为成员资格可能被无限期推迟。在这种情况下，俄罗斯与美国谈判的最后障碍被克服了，2006年11月19日双方签署了一份800页的协议，这与八国集团首脑峰会时已经准备签署的协议差别不大。在华盛顿，像早些时候在莫斯科和布鲁塞尔一样，政治明显占据了经济的主导地位。

20世纪90年代，法律和经济的真正关系与我们在第5章中提到的制度的正式发展和双重法律主义同时成长。正如斯凯纳所说的那样，“俄罗斯存在法律，但它们不规范真正的法律主体的关系，出现这种情况的主要原因之一是俄罗斯法律主体之间的真正关系是建立在一个与正式法律规范所针对的维度平行的层面上的”。这些并不是在与国家行政并行或与之相对立的基础上，形成的那种西方式的“灰色地带”，但却在政府内部建立并由其资源维持。这些非正式领域的存在越来越被认可，这也许是克服它们的第一步。在这种情况下，任何行政改革都需要进行彻底的文化革命，这需要改变国家的角色、运作及其与社会的关系。在当代对市场经济的需求推动下，社会对宪政主义和保障财产权的要求与国家试图以产权并不明确，只是在言辞上归属人民的传统的苏维埃式关系来保护和复制其扩大的权力的做法是矛盾的。这些矛盾有助于解释俄罗斯市场经济发展中的许多紧张局势，并需要社会法律而不是制度解释。

经济和环境

普京的后苏联主义里没有比试图创造良好的商业环境更强烈的了。然而，普京的亲市场本能似乎重现了西方资本主义在其对环境最恶劣的情况下的一些过激行为。鼓励资源的快速发展似乎以牺牲生态平衡为代价。普京的后苏联主义充满了新苏联的做法，即把自然视为人类开发的领域，不论其后果如何。普京的第一次执政行动之一就证明了这一点：取消了国家环境保护委员会，并于 2000 年 5 月 17 日将其解散。1991 年在戈尔巴乔夫领导下成立了一个部级的环境保护机构，但在 1996 年叶利钦再次当选后被降为国家委员会。在推动行政合理化的过程中，环境保护工作被转移到了自然资源部，许多人认为这一举措无异于让狐狸负责鸡舍。这个老委员会因其侵入性地（有些人认为是剥削性的，而且确实是腐败的）干涉企业而受到批评，但是它的废除导致政府的环境监管能力大幅降低。与此同时，国家林业委员会也被取消。与俄罗斯最大的石油生产商卢克石油公司有密切联系的亚历山大·加夫林被任命为能源部部长，使得企业已经在这个领域占领了政府的印象更加深刻。

俄罗斯对环保机构的需求明显是无可争议的。据被撤销时的委员会主席维克托·丹尼洛夫·达尼扬说，约有6100万俄罗斯人生活在危险环境中。空气污染比正常标准高五倍的城市有120个。每个月大约有100万吨石油从管道泄漏，渗入俄罗斯的土壤和水中。由于在第二次车臣战争中有26口油井燃烧了数月，导致车臣至少有30%的地区仍属于生态灾难区。最重要的是，俄罗斯对于核工业的监管薄弱到匪夷所思的地步，尽管国内的29个核电站都没有完整的安全证书，但俄罗斯计划再建造另外23个核电站以及40个先进的快中子增殖反应堆。虽然1986年4月26日的切尔诺贝利核灾难众所周知，但1946年、1957年和1967年三次灾害造成的污染是由车里雅宾斯克（苏联核武器生产体系中心）以北80千米处的马亚克核电厂产生的核废料造成的，或许比切尔诺贝利所造成的情况更严重。以靠近挪威边界的科拉半岛为基地的北方舰队将潜艇反应堆、废燃料和其他核废料直接倾倒入海中。

与此相关的是，第5章中提到的前海军上尉亚历山大·尼基京为挪威环境组织贝罗纳编写了一份报告。因此，他于1996年被俄罗斯联邦安全局逮捕，普京在1998年—1999年间担任俄罗斯联邦安全局的负责人，他以环保组织为外国间谍提供掩护为由为逮捕行动进行辩护。尼基京于2000年4月被最高法院宣判无罪，但这一结果很难被认为是言论自由的胜利。事实上，俄罗斯联邦安全局拒绝接受此判决，并通过检察官办公室向最高法院上诉委员会提出上诉。尼基京案似乎是普京对待环境主义者、维权人士和其他人的典型方式。此外，2001年，尽管公众舆论坚决反对，但政府仍然强行通过立法允许进口核废料进行后期处理。作为欧盟批准俄罗斯加入世贸组织的协议的一部分，杜马于 2004 年 10 月批准了《京都议定书》，允许其于 2005 年 2 月生效。

东西伯利亚—太平洋输油管道从伊尔库茨克州的泰舍特铺设到滨海边疆区的纳霍德卡附近的佩列沃兹纳亚海湾，引起了极大的争议。俄罗斯石油管道运输公司建议的初始路线距离贝加尔湖北岸不到 500 米。在地层不稳定的地区，石油泄漏会威胁湖泊独特的生物圈，因此引发了广泛关注。2006 年 4 月 26 日在托木斯克举行的一次会议上，普京在听取了专家的介绍后坚持认为，该输油管线至少应在距离湖泊分水岭以北 40 公里的地方建设，以便万一发生泄漏时石油可以流向与湖泊相反的方向。虽然这会增加至少 10 亿美元的建设成本，但这个决定让环保人士为之一振。管道施工始于 2006 年 4 月，并且在山脉的远侧向北延伸。俄罗斯联邦自然资源管理局虽然隶属于自然资源部，但在其副局长奥列格 · 米特沃尔的领导下，在 2006 年的许多案例中表现出色，特别是由财团开发的萨哈林–2 能源项目造成的所谓环境破坏，壳牌与俄罗斯政府就其生产共享协议的条款发生冲突。批评者认为，俄罗斯天然气工业股份公司是在用污染环境作为代价从外国公司手中夺取该项目的控制权，并获得控股权。20 世纪 90 年代，米特沃尔经商致富后进入政府部门任职，他甚至愿意与俄罗斯天然气工业股份公司进行较量，指责它有严重的环境违法行为。

在所有领域，普京总统都采取了强有力的支持市场的政策。在农业方面，2001 年通过新的《土地法》允许私人买卖城市和村庄的商业及住宅用地。国土面积中只有约 2%属于该法条款的规定范围，但它为开发抵押贷款行业提供投资资金开辟了前景。后来，《土地法》修改为允许出售农地。俄罗斯拥有世界上大约 22%的森林，自然资源部在世界银行的鼓励下，试图改善俄罗斯采伐业的投资环境。俄罗斯的自然资源正在被无情地剥削，根本不计可持续性或环境后果。

如果说俄罗斯的现代化进程导致环境遭受损失，那么劳动力也是如此。新的《劳动法》于 2001 年 12 月 30 日通过，限制了代表企业中大多数工人进行集体谈判的工会。雇主更有可能同意固定价格的劳动合同，并且工人的雇用和解聘工作变得更加容易。最低工资设定在维持生活水平。对新《劳动法》的最大批评是针对其关于工会在劳资关系中所起作用的规定。和其他国家一样，劳动力市场灵活性的驱动侵蚀了劳动者的权利。统合主义者的号角再次在此吹响，更为顺从的工会比那些采取激进的方式来维护成员利益的工会更受青睐。看来，掠夺性资本主义的一些最糟糕的方面此时取代了共产主义的压迫。2006 年通过的修正案剔除了 2001 年《劳动法》中的一些不一致之处。普京式的稳定性确保了雇主更为一致地遵守劳动立法，并且使劳动者的权利得到保障。总的来说，工人运动是普京主义直觉一定要管理的领域，从而阻碍并最终停止该领域的运动。根据国际规范，俄罗斯工会不需要进行注册，也没有最低成员资格要求，但要获得合法许可，最低成员人数为三人。到 2005 年 1 月 1 日，俄罗斯有不少于 57,515 个工会！

结 论

普京的领导阶层取得了重大的文化转变。对俄罗斯的文明命运说进行的无休止的谈论，此时让位于务实的共识，即在现代世界中，“经济已成为命运”，这一点德意志魏玛共和国早已认识到了。普京拥有良好的经济环境：石油价格高，1998 年 8 月卢布贬值三分之二，通过进口替代刺激国内生产。普京通过确保政治和商业关系的政治稳定性和透明度，新的税收、劳动和土地法规，新的刑法以及试图为小企业取消环境保护等措施为此奠定了基础。新的“莫斯科共识”遏制了寡头资本主义的过度行为，但没有回到苏联式的专制政体。普京模式鼓励有控制地扩展市场关系，同时伴随着能源和其他战略领域的去私有化。然而，尽管经济的持续平均增长值超过了 6%，但未能解决经济的官僚化和一些严重的国家干预主义，意味着不会有经济奇迹出现。其实，政府的干预措施是有选择的，在能源部门和一些战略性行业中最为突出，例如，俄罗斯联合航空制造集团公司的创建。其他部门，特别是在金属领域，还需继续在私营领域打拼，例如，克里姆林宫并不反对西伯利亚乌拉尔铝业公司和俄罗斯铝业公司合并成立全球铝业巨头。俄罗斯成为 2003 年高盛所称的“金砖四国”之一，尽管有人质疑俄罗斯作为这一集团成员的正当性，但它仍同巴西、印度、中国共同组成了这个新兴经济体集团。

普京担任总统期间出现了一种新的社会经济模式。普京试图克服俄罗斯在进入市场经济时面临的根本矛盾：包括 20 世纪 90 年代创建的兼具排他性和掠夺性的控股公司在内的从苏联继承的巨大的垄断经济利益结构，以及国家资助的垄断企业的新型经济关系。金融—工业集团内部支持垄断，并试图通过利用这些巨大的担忧将集团转化为资本主义跨国公司。普京的政策是支持大企业，因而中小企业的发展相对被忽视。与此同时，普京与商界建立了更加结构化的关系，这可以被看作是企图建立一个“管理型市场经济”。普京全力支持俄罗斯经济融入国际经济体系，从而作为拉动国家摆脱经济相对落后局面的唯一举措，但国内经济改革战略却举棋不定。政府迟早会在经济中扮演不太重要的角色，俄罗斯企业将能够维护其政治力量。普京在所有领域都为他的继任者奠定了坚实的基础。

第10章 普京外交政策的新现实主义

Putin's new realism in foreign policy

对俄罗斯来说，唯一现实的选择就是要成为一个强大的国家，不但要强而有力，还要对之充满信心；这种强大不是罔顾国际社会，也不是与其他强国对抗，而是要同它们在一起。

——弗拉基米尔·普京

尽管在后冷战时代人们在“一个强国究竟应该是什么样子”这一点上存在分歧，但是关于俄罗斯作为一个“强国”的看法，俄罗斯政治精英们有着惊人的一致。当今美国的军费支出超出了世界所有国家军费支出的一半，这样的军事实力就连鼎盛时期的罗马帝国都无法比拟。在这样的背景下，俄罗斯宣布自己是世界强国有着其内在修正主义思想的动力。一些人士认为，俄罗斯作为一个在影响力、军事实力和文明程度上的独立存在是对现有国际社会的挑战。俄罗斯的自我认同，与其认为自己在欧亚地区和整个世界范围内能起到独特作用的自主国家的看法紧密联系在了一起。俄罗斯拥有丰富的油气资源和其他自然资源，取得了巨大的科技和文化成就，在历史上击败欧洲大陆各国独裁统治者的斗争中一直是各国的盟友，因此俄罗斯一直以来都认为自己和其他中等国家不同。尽管在 20 世纪 90

年代，俄罗斯陷入了内外交困的境地，但是其处于欧洲繁荣版图东端的地理位置，一直预示着它的国力将很快会得到提升。普京所面临的问题就是如何将这种潜能转化成现实。他对理想和现实之间的巨大鸿沟心知肚明，并试图将俄罗斯的理想和抱负在保持其特性的同时提升其可行性。在这里提出的“新现实主义”结构框架的指引下，普京试图制定一项政策，能够让俄罗斯在强调国家利益的同时融入整个国际社会。然而，关于俄罗斯在世界上所处位置的幻想，并不意味着其他国家愿意完全按照俄罗斯自己的想法接纳其融入国际社会。普京“新现实主义”的提出恰恰是在很多西方国家陷入谢尔盖·卡拉加诺夫所谓的“民主弥赛亚主义”的时间节点上。“新现实主义”在俄罗斯的诞生与西方世界专注于“主权问题”产生了冲突。

迈向新现实主义

米哈伊尔·戈尔巴乔夫 1985 年发动经济改革之后的 20 多年时间里，俄罗斯一直致力于重大的现代化进程。其中重要的一部分就是试图与发达的西方国家寻求一种新型关系，但是俄罗斯尚没有在寻找融合与自主之间实现令人满意的平衡。2000 年普京上台后，俄罗斯在国际舞台上的这种双面而又矛盾的地位具有如下特征：

一方面，俄罗斯具有世界大国的很多特点——世界核武器强国俱乐部成员，联合国安理会常任理事国，世界领导人峰会的参与者（尽管很多时候并不具有平等的地位）。另一方面，俄罗斯目前的经济实力显然无法与其尚存的名义上的军事实力和政治影响力相匹配。在很多方面，俄罗斯已经衰退到非发达国家的水平。

或许这是对俄罗斯经济地位过于负面的解读。尽管普京上台时俄罗斯的经济状况比荷兰强不了多少（国民生产总值大约 6000 亿美元），但是当普京结束自己第二个总统任期时，俄罗斯 GDP 却超过了 1 万亿美元。然而，这样的经济规模与美国的 13 万亿美元和欧盟的 12 万亿美元的水平相比就相形见绌了。中国在 2006 年超过英国成为世界第四大经济体，GDP 达到了大约 2 万亿美元的水平。2007 年美国的国防军费预算为 5500 亿美元，比俄罗斯 2000 年的 GDP 总额少不了多少，超过了美国所有竞争对手的国防预算总额，而中国当时的国防预算大约为 750 亿美元，与之相比俄罗斯只有 200 亿美元。在经济相对滞后的情况下，俄罗斯仍试图开展太空发展计划，进一步推进其战略火箭发展项目，维持 110 万现役军队的开支，逐渐增加社会保障支出，还有比苏联时期更加庞大的政府机构开支，与此同时维持其世界事务中的领导地位。俄罗斯的政治抱负与经济实力之间的这种反差，给其 20 世纪 90 年代的外交政策染上了浮夸和软弱的色彩。但是俄罗斯的政治家如叶夫根尼·普里马科夫则主张，俄罗斯应该继续在国际秩序体系中发挥主要作用，因为俄罗斯愿意承担国际社会主导者的责任。显然其他国家对俄罗斯的看法和俄罗斯政治精英及很多国民对自己国家的看法之间存在着巨大的鸿沟。这样的局面很容易让委屈的俄罗斯成为国际社会的破坏者。

意识趋势

为了推行其“正常化”邦交计划，普京从开始上任起的主要目的就是推动自己的外交新现实主义合法化。俄罗斯既不是替代者也不是潜在的破坏者，只是一个更加“正常的”大国，当然普京对“正常化”有其自己的定义。在此基础上，麦克福尔和戈德盖尔认为，后共产主义时代的俄罗斯外交政策并不符合现实主义思维模式的预期。他们认为，俄罗斯已经变成了一个“参与者”，并不符合古典现实主义理论所希望的“平衡者”的地位。而安布罗西奥认为，一个国家应该在国际秩序中要么制衡，要么跟随：如何选择取决于所处的国际环境和国家的政治文化。安布罗西奥为俄罗斯制定了三种策略：大西洋主义，支持与美国和西方世界结盟；帝国主义，重申俄罗斯与西方世界对抗的大国地位；新斯拉夫主义，与帝国主义有着共同的认识，但是强调俄罗斯斯拉夫身份的发展。齐默尔曼则根据19世纪的历史辩论的重演认为，根本分界线在于西方化主义者和斯拉夫主义者，而斯拉夫主义者倾向于遏制美国的霸权，寻求一条独立发展的道路。

还需注意的是第四种观点，欧亚主义论认为，俄罗斯应该保持自己作为独特的多民族沿袭近千年的文明核心。欧亚主义思想包括多个方面，其中实用欧亚主义反映了俄罗斯既是欧洲大国，同时也是亚洲大国的事实；新欧亚主义则更具备帝国主义思想，认为东方在地缘政治因素中不可小觑；一种跨文明的欧亚主义，关注俄罗斯的多民族认同；神秘欧亚主义则将俄罗斯看作是抵制西方化的精神替代。普京属于实用欧亚主义论者，但是，无论他对西方霸权主义如何保持警惕，却因为其坚定的欧洲立场而几乎失去了欧亚主义思想的主要特征——反西方主义。欧亚主义论的所有四种思想反映了俄罗斯在普京统治下的外交政策，不过有所改良的新斯拉夫主义在俄罗斯外交政策中占据主导地位，不再密切关注俄罗斯斯拉夫认同的发展，而是更加专注于俄罗斯在与西方的合作关系中保持独立发展的同时又强调其大国身份和地位。

这可能会带来一些困惑，但是在普京统治下，这种多面性迫使俄罗斯追求一种复杂而又模棱两可的外交政策。俄罗斯的外交政策一直以来都是根植于现实主义传统之中，但是他意识到俄罗斯只有处理好自己的国内事务并能够界定自己在世界上的身份和地位的时候，才能够和西方真正有效融合，因此，此时的俄罗斯外交政策显现出其温和的一面。民主当然是那种身份的一个要素，但是必须隶属于其他重大目标，比如国家统一和民族生存。俄罗斯的现实主义因此具备了理想主义的一些色彩，即俄罗斯属于欧洲文明的一部分，在国际社会理应作为一个平等的成员参与国际事务；而在实用主义的角度，俄罗斯并不缺乏工具性的短期政治手腕。俄罗斯外交政策的这三种模式——现实主义、理想主义和实用主义，彼此之间并不排斥。在此基础上，普京统治下的俄罗斯外交政策可以概括为“新现实主义”。这种现实主义与制衡相比更强调融合，而与此同时又受到新斯拉夫主义对自治和独特性的关注以及实用欧亚主义对东西方平衡的影响。齐甘科夫曾经指出，“俄罗斯的态度从根本上将属于妥协主义”。而与之前的外交政策不同，俄罗斯并不想利用单极世界所带来的威胁而使自己成为一个反同盟的力量。俄罗斯外交政策的核心思想就是建立一个后帝国时期的国家。同所有后帝国时期的国家一样，俄罗斯与曾经的合作伙伴和跟随者的关系并不融洽。新现实主义的外交政策模式在叶利钦执政期间就已经确立，但是我们可以看到，叶利钦的现实主义由于其实用主义保留了外交政策上的很多古典主义色彩而有所变形。只有在普京当选俄罗斯总统之后，与西方世界的关系才进入了一个更加稳定和合作的轨道，当然这样的合作关系还是继续受到政权问题——俄罗斯政治体制问题的侵扰。

观念革新

在普里马科夫的掌舵下，“实用主义”观念占据主导地位。普里马科夫外交政策上所谓的“实用主义”并没有取得多少正面效果，俄罗斯曾经的盟友逐渐与其疏远，而早就对俄罗斯的打算心存疑虑的国家对其敌意更是得到确认。俄罗斯 20 世纪末的外交政策建立在其虚假历史和对传统结盟思想的顶礼膜拜的基础之上。在此期间，俄罗斯的外交政策与其说是“模棱两可”，更不如说是一种致命的两面性，并且似乎划分为了两个层面：俄罗斯想要得到什么（外交政策 A 计划）和俄罗斯不得不做什么（外交政策 B 计划）。两个层面的矛盾导致了俄罗斯外交政策上的不连贯和困惑。当普京上台时，他面临着与当初戈尔巴乔夫 1985 年成为苏共总书记相同的困境：盟友不满，军事上敌人的强烈反对。普里马科夫的实用主义根植于对现实主义的传统理解基础之上，其反西方的苏维埃主义的重拳出击及其为维持制衡而需要的“多极世界”都使其效果大打折扣。普里马科夫的多极主义试图凭借多边思想的工具来维持和构建起对世界的竞争观点，而这属于传统上的现实主义手段。这样的思想与试图建立超越大国对手的多边国际组织机构的价值观相背而驰。

这样的观点和矛盾在普京当选俄罗斯总统第一年所采取的三大文件纲领中就体现出来了。这些文件纲领的起草，就是为了厘清普京外交政策的新现实主义使俄罗斯面临的危险和机遇，同时也确认了处理这些危险和机遇的方法手段。这些文件的重要意义不应被夸大，在很多方面它们也反映了普京上台初期所考虑的首要任务，而不是仅仅为了提升普京的领导力。这些政策也展示了俄罗斯与西方世界关系的紧张程度。第一份通过的文件纲领是新的《国家安全法案》，来取代 1997 年的政策，这项法案于 2000 年 1 月 14 日签字生效。该法案反映了俄罗斯对外部环境的深切忧虑。1998 年 8 月的经济崩溃显示了俄罗斯面对国际金融市场的投机显得如此脆弱不堪，1999 年 3 月到 6 月间北约部队在没有联合国明确授权的情况下就悍然轰炸了塞尔维亚，1999 年 3 月北约扩军将波兰、匈牙利和捷克共和国纳入进来，战略军备控制的紧张局势和车臣战火重燃，所有的一切都促使俄罗斯对国际环境不得不进行重新思考。该法案将俄罗斯安全所面临的外部威胁因素清单拉长了，尤其是指出了欧安组织、联合国还有独联体等国际机构遭到了削弱。该法案描述了多极世界中建立在国际法基础上的国家关系的紧张，接受了俄罗斯所承担的重要职责，美国及其盟友在国际法之外构建单极世界的企图。与西方世界的“合作伙伴关系”的说法不见了踪影，取而代之的是对各种限制基础上的“合作”不断得到了强调。为了补充上述文件，一项新的军事法案（取代 1993 年 11 月 2 日通过的旧法案）于 2000 年 4 月 21 日获得了俄罗斯总统普京的批准。早在 1993 年法案中就被弱化的“不首先使用核武器”的假定，对其细节进行了补充。出于对俄罗斯面对的威胁进行重估考虑，该法案允许俄罗斯在境外直接动用自己的部队来保护国家安全。

2000 年 6 月 28 日通过的新外交政策取代了叶利钦 1993 年 4 月 23 日制定的外交政策，因为一些人认为它带有过多的理想主义。新的外交政策强调俄罗斯的政策应该理性和现实，并符合俄罗斯的经济和政治利益。国内和外交政策的联系得到了加强。该政策强调“与欧洲国家的关系是俄罗斯外交政策一直以来的首要任务”，不过俄罗斯与欧洲在政治和经济方面的融合不再提及。这些政策中有很多相互矛盾的观念，俄罗斯时而被定义为一个大国，时而又强调其实用主义特质。然而整个基调还是比较现实的，强调俄罗斯需要寻求“战略目标和实现这些目标的各种可能性之间的一种平衡”。该政策呼吁俄罗斯引领多极世界的发展，并明确反对美国打着“人道主义干预”和“限制主权”的旗号进行全球统治的威胁。与独联体关系方面的重点从多边主义转向双边主义。普京在其执政期间一直坚持这样的改变，而普京在外交政策方面的现实主义需要保护苏联时期俄罗斯的各民族。与欧洲、美国和亚洲的良好关系得以强调，不过公开反对美国的基调显而易见。随着北约对科索沃问题的干预，这样的基调令俄罗斯痛苦不堪；该政策指出，俄罗斯致力于同北约组织进行建设性的合作，这“符合俄罗斯维护欧洲大陆安全与稳定的利益，并对富有建设意义的互动合作保持开放”。2002 年 4 月 25 日，在纪念俄罗斯外交部成立 200 周年纪念大会的演说中，俄罗斯外交部部长伊戈尔 · 伊万诺夫强调，“俄罗斯已经明确放弃了全球弥赛亚主义思想，因为这样的思想一直属于苏联时期，在苏联即将解体之时，这样的思想已经和俄罗斯的国家利益形成了不可调和的矛盾”。该政策为俄罗斯的政策奠定了基调，但是俄罗斯的现实很快就发现了其中的不适部分。

为了保持俄罗斯在世界事务中的夸大作用，很多理论都被提出来，其中突出的就是对 20 世纪 20 年代和 30 年代新欧亚主义思想所面临的各种压力。新欧亚主义思想认为，俄罗斯的国家地位具有独特的地缘政治优势，这一优势使得俄罗斯追求世界大国地位和寻求世界领导权。时代不断向前发展，德米特里·特列宁指出，中国在亚洲实力的不断增强和伊斯兰地区的动荡意味着俄罗斯地缘政治的唯一未来出路在于西方世界，包括与欧盟加快融合及加强同美国的关系。特列宁还强调俄罗斯与西方世界的融合必须考虑俄罗斯的民族特点，因此俄罗斯的西化进程必须采取爱国主义的形式。在20世纪90年代，俄罗斯带有西方风格特征的现代化进程对俄罗斯的自我身份辨识充满破坏作用，现在普京寻求修复与西方的融合进程，但是要采用完全独立自主的形式。20世纪90年代初期狂热的大西洋主义已经消失，与此同时，普京思想意识里的欧亚主义思想也几乎不见踪迹，他考虑更多的是俄罗斯在欧亚大陆的地位。普京还没有走到新的关键地缘政治的地步，并以此来质疑空间和地理的必要性，但是他的思想显然完全脱离了传统的对俄罗斯在国际事务中的地位进行的静态、整体和零和的考虑。总而言之，普京寄希望于将对俄罗斯的外交政策的辩论正常化，去除其根植于19世纪竞争优势的新欧亚主义思想的特征，同时承认21世纪的俄罗斯所处的现实境况。

由外围到核心

随着共产主义在俄罗斯的落幕，过去的东西方双极世界思想让位于更加同心的以后共产主义新帝国主义手段为基础的新型方式。

大量的核心国家享受着“民主和平”，而外围国家却一直还是处于政治冲突和经济困境之中。自第二次世界大战以来形成的国际关系规范框架适用于和平区域，但受制于当代现代性的核心机构；而在外围，西方世界强调按照传统的大国法则进行操作。实际上，这里的“西方世界”要分开来看，小布什领导下的美国采用的是更加强势的手段，而大部分欧洲国家则继续致力于同心的国际准则。欧洲被迫依靠外交和其他“软实力”工具，而美国却能够软硬兼施。实际上，正如罗伯特·卡根所指出的，欧洲的弱点迫使它不得不强调采取名义上的软实力来作为削弱美国全方位硬实力统治的合法性。虽然“西方世界”绝非完全同质，欧盟挣扎着确保这个概念并不是美国的代名词，但是在欧亚大陆还是存在着一个不属于西方的分界线。欧盟本身并不十分确定这样的分界线是什么，因此关于土耳其和乌克兰作为欧盟成员合法性的争论一直不断。就俄罗斯而言，其对自己濒临边缘化的担心激发了一系列的防卫举动。这样的举动在分裂问题（科索沃问题、外德涅斯特、阿布哈兹和南奥塞梯问题等，更不用提车臣问题）和与苏联加盟国的关系问题上尤其明显。俄罗斯和欧盟之间的领土纷争成为一种“类似于疆土”的争夺，尤其是在欧盟 2003 年发布《欧洲睦邻政策》之后更是如此。这样的冲突在 2004 年年底乌克兰爆发“橙色革命”的时候尤其突出。当时普京听信了谗言，公开支持亚努科维奇来取代乌克兰总统库奇马，而反对在大选第三轮投票赢得明显多数选票的尤先科。

俄罗斯希望在国际政治舞台上从外围走到核心位置。新现实主义者会认为，这只不过是俄罗斯认识到国际体系权力分配的职能而已，而像约翰·伊肯伯里这样的自由现实主义者则认为，自由价值观有着极大的吸引力，尤其是当美国采取同质的方式实施自己的霸权主义思想时更是如此。从国际政治经济角度来看，不断的政策趋同倾向反映了半独裁性质的现代化进程的失利，也反映了经济全球化所带来的机会结构的改变。实际上，俄罗斯从局外人上升到领导集团国家的核心力量对相关各方都将是灾难性的，尤其是考虑其在1998年8月份的部分违约更是如此，然而其最终取得成就的规模将被世界认识到。在叶利钦的统治下，俄罗斯似乎进入了半接受的区域，然而其战略方向已经得以确立，而普京的统治正是建立在此基础之上。西方国家想尽一切办法来谋划战略，意图让俄罗斯融入西方世界成为可能。俄罗斯与西方世界的关系总体稳定，不过偶尔也会同北约或欧盟这样的机构产生争端，但是俄罗斯要加入这样的西方组织短期内完全看不到希望。正如多夫·林奇所言，普京在21世纪初外交政策上的新现实主义指引下，仍然面临着和20世纪90年代相同的问题，在关乎欧洲境内和周边涉及主要安全发展问题上，试图在不以成员身份为代价的基础上尽量发出平等的声音，因为一旦付出这样的代价，将会给俄罗斯的国内发展空间上带来诸多限制。另外，无论是北约还是欧盟都不会匆忙向俄罗斯发出邀请加入它们的阵营。俄罗斯在很多方面还存在着结构上的障碍，其中包括俄罗斯本身的问题，尤其是经济的虚弱、犯罪、腐败和政治分化等问题更令人揪心。在俄罗斯与西方的关系问题上，从苏联时期遗留下来的国家政治传统仍然存在着诸多矛盾的地方：尽管团结合作被各方接受，但是真正要融入西方在根本上还是有所顾忌的。冷战时期遗留下来的猜疑尚未慢慢消散，俄罗斯方面不愿接受苏联加盟国主权的做法沉渣泛起，在摩尔多瓦德涅斯特河沿岸地区，还有格鲁吉亚阿布哈兹地区和车臣地区战争的高压维和行动，对塞尔维亚硬汉斯洛博丹·米洛舍维奇名义上的支持直至其 2000 年 10 月的下台，还有普里马科夫打出“中国牌”来对付西方国家。这些政策都反映了俄罗斯的传统权力观，其最终的杀招就是打压和战争。尽管俄罗斯似乎表面上希望与西方保持良好关系，但是它坚持主张俄罗斯作为世界政治的另一极，在国际事务中推进完全不同的意识形态。我们认为，这是对俄罗斯思维模式的一种错误解读，因为俄罗斯的总体目标不是将俄罗斯树立为非主流的替代者，而是要成为主权国家自治的引领者。替代品的残留思想与俄罗斯追求自主的渴望相悖，尤其是当美国在后苏联时代把自己当作世界“地缘政治多元主义”的引领者之时，俄罗斯对此颇有微词。正是因为这个原因，俄罗斯的外交政策具备双重属性，在国际舞台上既是一个圈内派，又是一个局外人。

在后冷战时代，传统的硬实力方式在一定程度上被和软实力相关的价值观所击败，其重点是转向“制定赢得他国青睐的政治日程的能力”。同欧盟一样，由于俄罗斯缺乏有效的硬实力手段，普京毫无疑问更欣赏软实力的价值。普京完全致力于新现实主义思想，反对传统国际政治中的零和观点。然而，普京寻求将俄罗斯的战略目标和实际正常化，但是他的“新现实主义”并没有激起过多反响，在他任职俄罗斯总统的最后时刻出现了很多关于新“冷战”苗头的声音。

新现实主义的特征

俄罗斯1993年宪法第86条将外交政策作为总统执政的优先考虑，因此从制度的角度看，总统的优先权具有决定意义，尤其在一些高度重要的政策方面更是如此。普京显然非常享受世界政治家的称号，而对于俄罗斯外交政策的重点方面，普京更是丝毫没有放松。一直以来，普京都是秉承实用主义，但是他完全抛弃了初期那种虚弱的实用主义。普京的实用主义缺少普里马科夫的双重性风格，反而试图利用充满机会和风险的现实世界。在普京的领导下，俄罗斯的外交政策完成了由20世纪90年代初期的理想主义到中期的实用主义，再到“新现实主义”的转变。其中大部分要素在普里马科夫掌权甚至更早的时候就已经显现，尤其是普里马科夫的前任安德烈·科济列夫，从俄罗斯在1990年作为独立国家诞生一直到1996年1月辞职期间，重塑了俄罗斯的外交政策。一直以来，科济列夫都因为他的理想主义（有人也称之为“浪漫主义”）和西化主义饱受批评。在“新现实主义”外交政策中，普京对俄罗斯国力的局限性有了更加清醒的认识，同时认识到俄罗斯国力的增强更需要与西方的合作而不是竞争才能实现。当然这并不意味着俄罗斯会放弃增加其全球影响力的渴望。尽管这让俄罗斯遭受了其他国家的强烈批评，但是总体上来讲，普京的外交政策谨慎，并避免同西方潜在的友好国家关系交恶。然而普京不可能总是保持这样政策上的平衡。新现实主义并没有放弃俄罗斯作为“世界大国”的思想理念，但是世界大国的定义和行为方式都已经改变。俄罗斯目前所寻求的全球影响力，是希望让俄罗斯成为负责任的国际社会的一分子，而不是挑战国际社会的局外人。

俄罗斯愿意成为维护国际社会现状的一部分力量，而不是将自己树立成为争夺全球霸权的国际公认的修正主义分子。根据俄罗斯外长伊戈尔 · 伊万诺夫的说法，“俄罗斯的外交政策将保持独立性、可预知性和透明性的特征”。普京对俄罗斯在维护其国际形象方面给予了足够关注，多次在不同场合激励俄罗斯外交人员要为此努力，尤其是分别在 2002 年 7 月 12 日和 2004 年 7 月 12 日对外交人员的讲话中，普京希望他们要努力提升俄罗斯的国际形象，尤其是要注意维护俄罗斯在独联体中的领导地位。普京的新现实主义具有以下几个关键特征：

首先是俄罗斯外交政策的经济化。普京在很多公开声明中都坚持主张，俄罗斯的外交政策必须要服从本国国内的经济利益。在 2001 年 1 月 26 日外交部主旨演讲中，普京强调俄罗斯的战略目标是“融入国际社会”，因此俄罗斯外交的首要任务是提高俄罗斯在国外的经济利益。2002 年 9 月，在对外交部工作人员的演说中，普京声称推进俄罗斯的商业利益等同于传统的政治利益。正如我们在第9章所见，普京并没有动摇其推动外交政策新现实主义的决心。俄罗斯加入了世界贸易组织，俄罗斯众多国内机构对此表示反对并对俄罗斯在八国集团中能获得多少利益表示怀疑。同样，尽管受到了国内的抵制，普京仍然执意通过了《京都议定书》，使得其稀释减少碳排放量的目标得以达成。

普京在多个场合强调了俄罗斯外交政策的另一个特征，那就是欧洲主义。早在俄罗斯独立的初期，叶利钦的外交顾问根纳季·布尔布利斯就提出，俄罗斯面对的所有问题如果“不向欧洲学习”都将无法解决。在普京执掌俄罗斯政坛的前几个月接受媒体采访的实录中，他认为“我们属于西方欧洲文化的一部分。实际上，我们的价值也完全来源于此。无论我们的人民生活在哪里——远东或者是南半球，我们还是欧洲人”。2000年5月，欧盟—俄罗斯首次峰会上，普京提出，“俄罗斯的地理位置、文化和对待经济融合的态度都决定了俄罗斯过去、现在和未来都将是一个欧洲国家”。普京在2001年1月26日的演说中再次重申了这样的观点，提出“欧洲化方向是我们最重要的传统”。2002年7月，在对俄罗斯驻外大使会议的演说中，普京表达了同样的看法，他指出，俄罗斯与欧盟的经济合作，尤其是能源领域的合作一直是俄罗斯的首要任务。当然普京并没有忽视俄罗斯其他方面的利益，包括加入世界贸易组织。普京认为，没有世界贸易组织的接纳，俄罗斯不可能实现自己的全部潜能。因此俄罗斯追求的是一个“更大欧洲”的策略，其中俄罗斯将自己看作是连接大西洋和太平洋（传统的泛欧洲主义思想）的重要一环。然而，这样的泛欧洲主义与“官方欧洲”（主要是欧盟）融合进程的契合并不是那么轻松。

一些评论员指出了普京外交政策的第三条特征，即安全化特征。传统的哥本哈根学派的国际关系方面的专家们则认为，后冷战时代的安全考虑远不如其面临的直接威胁重要，当然这里危险的定义要比普通的威胁或问题更加强烈。在第二次车臣战争和 2001 年 9 月美国遭受恐怖袭击的背景下，普京认为俄罗斯在车臣的政策和与“盟友”的合作关系都属于同一个问题，也就是如何应对全球安全威胁。普京对待车臣问题的手段（维护俄罗斯领土完整）上并没有忽略主权问题，但是安全问题还是成了绝对主导性的问题。西方国家迟迟不愿将车臣冲突问题纳入国际安全管理的议事日程也让俄罗斯的外交陷入了茫然。

从替代者到自治者的转变可以看作新现实主义的第四个特征，这让人容易联想到过去的戴高乐主义。普里马科夫倡导多极全球主义思想，认为俄罗斯是平衡西方多极的重要一极，实际上是主张俄罗斯在国际体系中作为富于竞争力的自治者。其中一个突出的例子就是俄罗斯试图在 1997 年欧洲政府首脑峰会上成立一个由俄罗斯、法国和德国组成的“三国集团”。三国集团思想一直存在于普京任职期间，尤其是在第二次伊拉克战争前夜，普京坚决反对在此问题上站队支持任何一方而反对另一方。尽管各方都否认其反对美国的意图，但是显然三国集团思想被看作是抵制美国霸权的手段。就像戴高乐统治法国时期做的那样，普京主张俄罗斯应该是一个独立自主的参与者，而不是西方的替代物，更不用说与西方竞争。就像伊戈尔·伊万诺夫强调的那样，俄罗斯将坚守“国际关系中的民主和多极化思想”，但是也强调“俄罗斯绝不会寻求对立”。

普京外交政策的第五个特征就是双边主义。尽管俄罗斯在21世纪以来寻求与如欧盟和北约组织等多边机构的合作关系质量有所提升，但是其政策仍然是建立在《联合国宪章》基础上的更广泛意义的国际多边主义。普京显然认识到通过个人魅力维持的国与国之间的良好关系更为舒适。俄罗斯认为尽管受到多边主义的调和，世界还是由主权国家组成的。多边机构的存在一定程度上也支持了俄罗斯的观点，但是随着俄罗斯同欧安组织还有独联体最终关系交恶，这样的思想逐渐被边缘化。欧安组织让普京感觉如芒刺在背，前者主张俄罗斯在1999年11月伊斯坦布尔峰会上从德涅斯特和格鲁吉亚撤军的承诺需要履行，并指责俄罗斯在车臣战争中的行为，还对2003年12月俄罗斯议会选举结果予以否认。反过来，普京和俄罗斯一方则坚持认为“欧安组织对后苏联时期的俄罗斯指手画脚的做法完全错误。该组织成立的目的绝非如此”。普京指出欧安组织有很多其他区域问题需要处理。而至于独联体，众多更小组织的掣肘削弱了其多边机构的组织工作。随着2003年11月格鲁吉亚的“玫瑰革命”和2004年末乌克兰的“橙色革命”，2005年，关于完全解散该组织的说法甚嚣尘上，并明显转向经济关系的发展。尤其是俄罗斯希望对乌克兰及其邻邦白俄罗斯的能源出口拥有绝对的定价权。

面对维持俄罗斯在欧亚大陆的地位问题，普京不遗余力地同欧洲各国领导人加强友好往来。正如伊万诺夫所言，“俄罗斯欧洲政策的根本要务就是扩大与欧洲各国的双边合作。过去十年时间里，俄罗斯与几乎所有欧洲国家的关系都提升到了一个崭新的水平。我们与德国、英国、法国、西班牙还有其他国家的合作努力使得俄罗斯成为欧洲各国的特权伙伴。我们认为这样的伙伴关系具有特殊的价值”。

“特权伙伴”的概念用起来非常广泛，在与某些国家的关系上，俄罗斯尤其具有一些特权，比如俄罗斯同德国的特殊关系。2003 年 10 月叶卡捷琳堡峰会上，普京表示他同施罗德总理自从 2000 年以来会晤已达 20 次，并认为，“这样的密切联系完全反映了两国互动交往的能量”。两国之间甚至提出了“战略伙伴关系”的理念，但是根据以往的经验（比如普里马科夫关于俄罗斯和中国的战略伙伴关系），我们知道现实并没有总是达到期望。双边关系为更强大的一方成为弱小方的支持者提供了机会。因此德国对俄罗斯在巴黎俱乐部的成员身份给予支持，法国和德国在普京的第二任期一开始，尤其是当别斯兰人质事件发生后都试图弱化世界对俄罗斯批评的声音。

正是这一点给新现实主义带来了第六个特征，也就是大国主义思想。这一特征使得俄罗斯主要国际大国的身份得以确立，接受俄罗斯加入西方世界并与西方政治、安全和经济机构发展达成坚实的合作关系；但是与此同时，俄罗斯自己又能保证国家安全。这一点正是拜上文提到的从替代物到自治者的转变所赐。这种新自信让普京在“9 · 11”后，面对美国将触角伸入中亚地区和南高加索地区时能够镇定自若，并且将俄罗斯与西方的关系乐观地看成正和游戏。随着俄罗斯经济的不断增长、能源发展、国内压力减小和西方对俄罗斯发展批评声音的减弱，俄罗斯的外交变得更加自信，普京第二任期内其新现实主义的受限因素也逐渐降低。

新现实主义的最后一个特征非常简单，普京希望能够使俄罗斯与西方国家和全世界的关系“正常化”。普京执政下的俄罗斯，尽管面对美国霸权代表下的世界新秩序的干扰，但仍然属于事实上的大国。普京一上台就试图制定政策来使俄罗斯摆脱国际上的孤立地位，并同西方尤其是欧洲建立良好合作关系。俄罗斯就是希望通过新现实主义思想实现这一目标，其中的关键就是抛弃传统的俄罗斯特殊道路的幻想。普京对俄罗斯的所谓特殊道路的思想坚决反对，他首先指出了俄罗斯不会寻求任何特殊发展道路。普京希望在20世纪80年代末期的完全听命于西方和20世纪90年代末期的大国地位之间找到完美途径（不再定义为第三条道路）。俄罗斯过去对世界的观点过于理想化，现在认识到几个重要的现实问题：其经济实力不足以维持超级大国的身份；欧盟扩大影响力给东方施加了更深的影响；北约继续存在，而俄罗斯越来越多的邻国希望加入北约，其中就包括乌克兰；而独联体不再是俄罗斯增加自己影响力的工具，必须要建立在真正的合作基础之上，否则这样的组织机构将不断弱化。

这些就是普京倡导的新现实主义的主要特征。然而，大多数西方国家的领导人，尤其是在普京的第二次任期内，对其外交政策并没有十足的信心。2004 年 9 月别斯兰人质事件的发生让俄罗斯饱受质疑和批评，普京宣布会采取众多措施包括任命地方首脑和改革议会选举，乌克兰“橙色革命”爆发后更是加剧了这一进程。作为回应，俄罗斯的政策开始失去了一些新现实主义的色彩，并在一定程度上转向了传统的竞争性现实主义道路。

新现实主义的实践

普京时代俄罗斯外交政策的特征是在国际体系中契合国际关系的现实，同时又重新定义俄罗斯的国家利益。一种受限的适应国际体系的做法已经出现，而俄罗斯的战略方向非常明晰——融合但不加入（尽管从长期角度来看加入国际体系并没有完全排除）；但是融合的速度和形式要由俄罗斯自己定夺。受限的适应是受限的国家强盛理念的对立面，是对没有交替性自治政策的补充。国内建设成为俄罗斯的首要任务，但是同时其在欧亚大陆和世界范围内的野心并没有放弃。

与美国的关系

在普京执政初期，似乎出现了以美国为中心的外交政策向更加以欧洲为本的转变。部分原因是对美国聚焦自己选举以及新当选的小布什总统所采取的更为批判性手段的回应，因为小布什的做法与其前任克林顿同叶利钦的对赌的做法截然相反。然而，2001 年 6 月 16 日在斯洛文尼亚卢布尔雅那的会晤中，小布什和普京建立了一种显著的私人友好关系。尽管小布什的团队先前对于克林顿依靠个人魅力执政的做法深恶痛绝，但是此时的小布什与自己的前任相比有过之而无不及："我从他的目光中看到了他的率性和值得信任的品格。我也看到了他的灵魂深处。"

2001 年"9 · 11"事件后，俄罗斯选择加入"反恐怖主义的同盟阵营"，当然这样的选择早有先兆。然而，在这项关乎命运的决定中，普京个人魅力起到了决定性作用，而他的决定与当时军方的建议还有公众观点不确信的态度是相背而驰的。基地组织袭击事件发生后，普京第一个给小布什打去了电话，不仅表达了自己的同情，还强调了俄罗斯在反对国际恐怖主义的战斗中将会和美国坚定地站在一起。9 月 24 日的电视讲话中，普京对俄美的新型同盟关系给出了具体的阐述，并划定了五大合作领域。俄罗斯在对恐怖分子基地的情报方面将积极为美国提供参考，其情报机构也会与西方的相关机构密切合作；俄罗斯将对执行反恐怖主义行动中携带人道主义援助物资的飞机开放自己领空；中亚地区的空军基地可供西方国家的飞机使用；

在必要时俄罗斯愿意参与搜寻和营救任务；俄罗斯愿意以提供军事和其他援助支持得到国际社会认可的阿富汗政府。这种亲密的合作政策是普京早期执政手段的理性结论。

尽管对俄罗斯国内普遍的反美情绪一直以来都有很多的评价，但是“9 · 11”后，由于对那些深受其害的人抱有真正而广泛的同情之心，众多的评论人士认为这样的反美情绪很可能一直被有所夸大。在国际关系紧张时，比如 1999 年科索沃危机期间，俄罗斯民众中将美国视作潜在敌人的人数达到了 48% 的顶峰，而到 2001 年时，这个数字已经降低到 13%。对于圣彼得堡的大部分人来说，俄罗斯的西方身份毫无疑问，而普京本人对此也是毫不怀疑的。“9 · 11”后，普京做出经过深思熟虑的决定（尽管这样的选择是出自普京的本能和叶利钦的前车之鉴），认为俄罗斯的安全和更广泛的利益在于同西方世界的结盟。顷刻间，俄罗斯对于自己文明的地位到底是属于西方世界的一部分，还是另类界定的怀疑和模棱两可终于找到了解决的框架。然而，普京在“9 · 11”后的勇气并不是标志着对俄罗斯长期以来的关切和利益的根本否定。普京选择与西方的关系正常化由来已久；随后在第二次伊拉克战争期间的立场中，可以看出与西方世界的良好关系显然并不意味着俄罗斯愿意成为美国的跟班随从。

“9 · 11”后，克里姆林宫同美国在众多关键问题上展开合作：阿富汗战争；在中亚地区部署美国军队，以及在后来的格鲁吉亚；军备控制；2001 年 12 月接受美国单方面废除 1972 年的《反弹道导弹条约》。尽管对于俄罗斯在 2001 年年底对盟军在阿富汗的干预行动的支持并没有获得任何正式的成果，但是俄罗斯还是没有对美国在中亚地区的军事部署感到大惊小怪，而是期望美俄之间的贸易限制能够得到解除，尤其是废除1974年将两国之间贸易关系同犹太移民政策绑在一起的《杰克逊·瓦尼克修正案》。这样的限制性协议对于俄罗斯进入美国市场一直是个威胁，尽管每年的总统行动都提出暂停这样的协议，但是2006年3月，美国国会废除了关于乌克兰的修正案，并交由俄罗斯处理。正如独联体国家研究院院长康斯坦丁·扎图林所说，“美国人对这种冷战时期的策略感到已经不合时宜”。对于俄罗斯来说，其他可能的利益的兑现也是进展缓慢。2002年2月，俄罗斯公众对普京盐湖城冬奥会的所谓“非客观判断”的说法感到恼火，不久美国对俄罗斯进口钢铁征收关税和俄罗斯对布什的鸡肉贸易实施对等关税的贸易战，都表明了两个国家之间的关系是多么脆弱（也许应该说是多么“正常”）。似乎俄罗斯的政策如同戈尔巴乔夫改革时期一样，再次进入了单边让步的阶段。北约东扩将巴尔干地区纳入自己的范围，美国军队在中亚集结部署，甚至在格鲁吉亚部署美军，这样的举动都被普京认为“不会产生悲剧”，而普京认为美国退出《反弹道导弹条约》对“俄罗斯的安全并不构成威胁”。2004年3月，北约将原属于苏联的七个国家吸收进来。尽管北约26个成员国中有40%的国家之前都属于社会主义国家。俄罗斯此时对此却没有任何发声，甚至对俄罗斯可能的成员国身份展开新的对话。

俄罗斯的退让使其成了“反恐怖主义联盟”的一部分，但是俄罗斯似乎并没有得到多少实际的好处。普京只是在原则上加入了“联盟”，因此有关实际利益的讨论或许暂时搁置。俄罗斯确实迅速得到了两个好处：西方世界对俄罗斯在车臣的行动进行批评的声音停止了（实际上这是将车臣问题部分重新界定为国际反恐怖主义阵线），再就是，俄罗斯支持下的北约部队推翻了阿富汗受人憎恨的塔利班政权（一直被看作俄罗斯盟友塔吉克斯坦的威胁）。2002 年 5 月 24 日小布什访问莫斯科期间签署了《美俄削减进攻性战略力量条约》（亦称《莫斯科条约》。——译者注），双方宣布到 2012 年 12 月 31 日之前将各自的战略进攻武器减少到 2200 个核弹头。尽管该协议同意拆除这些核弹头而不是销毁，并且没有真正的证明手续，2003 年 5 月 14 日，俄罗斯杜马还是批准通过了《莫斯科条约》。

过去苏联时期和普里马科夫执政时的协商与让步相连的策略让俄罗斯的外交政策出现了新的含义，一些人将其看成是新版的戈尔巴乔夫投降主义。在对“9 · 11 后的世界形势”的调查中，普里马科夫坚持认为，除了美国在中亚和高加索地区的地缘政治地位提高和美国单边主义增加了危险之外，世界形势几乎没有多少改变。这一观点得到了很多俄罗斯政治精英的认同，其中包括俄罗斯外长伊万诺夫，他主张联合国应该发挥合适的作用。在这样的背景下，俄罗斯在伊拉克危机期间的立场就不足为奇了。在多个场合，伊万诺夫的继任者拉夫罗夫外长都呼吁西方国家承认俄罗斯的合法利益和关切。2005 年 11 月接受采访时，拉夫罗夫表示：

> 我们理解我们西方伙伴的合法利益，我们也希望他们能够理解

我们在自己边境地区的合法利益，这些地区早在15年前就和俄罗斯一道成为一个国家，直到现在这些地区在经济、文化和社会关系甚至家庭关系上都有着密切的联系。不要忘记了大约2500万俄罗斯人民居住在俄罗斯边境周围的一些国家。

尽管普京的欧洲和西方定位思想来得自然而然，但是没有证据表明他希望寻求在美国和西方阵营的欧洲一起重塑苏联风格，就这一点上来讲，普京真的是后苏联主义政策的代表。部分原因是俄罗斯认识到尽管存在着冲突和摩擦，但是俄罗斯与西方世界的同盟是建立在坚固的互利基础之上的，任何分裂这种同盟的企图都会产生巨大的破坏作用。这一自我否定的策略，在小布什执政时期美国进入国际激进主义阶段尤其突出。而西方世界的分化，在俄罗斯反对任何利用这些分化的时期最为显而易见。对一些人而言，欧洲已经从完全依赖美国变为长期意义上的美国地缘政治全球战略的竞争对手。在伊拉克战争期间，俄罗斯希望成为欧洲和美国之间的协调者，这一身份之前一直由英国来扮演。同法国一样，俄罗斯主张任何打击伊拉克的战争都应在联合国的主导下进行，而俄罗斯（和法国）在伊拉克的合法利益在后萨达姆时代理应得到尊重。俄罗斯发现，自己不断在两种西方世界的身份中挣扎：英美阵营的干预主义者和德法“和平之轴”。按照民粹主义者的说法，这两种西方世界可以分别称为“狂野的西方”和“标准的西方”。

在普京的第二个任期内，美俄之间的关系愈发紧张。注意力仍然放在了传统的合作领域，重点是安全和大规模杀伤性武器不扩散方面，然而能源供应问题成为双方更为关切的问题。2003 年，俄美的双边贸易总额只有 71 亿美元，美国是俄罗斯的第七大贸易伙伴，而俄罗斯仅仅在美国的贸易合作伙伴中排名第 38 位。与此同时，2004 年美国拿出 8.8 亿美元在俄罗斯进行各种援助项目。2004 年 2 月 24 日的布拉迪斯拉发会晤中，普京和小布什都投入了相当的个人资本和政治资本来确保双方的关系能够保持亲密。普京对小布什能够在 2004 年连任给予了直接的支持（也有人称之为鲁莽），这足以表明两个国家的关系是多么依赖领导人的个人关系。詹姆斯 · 里克特认为，小布什和普京都采用了年轻时代所缺乏的纪律和秩序特点，强调个人选择而不是采用一致和多边的方式解决问题。普京显然更欣赏小布什以国家利益为基础的现实主义策略而不是民主党人的“价值观念”（威尔逊主义），因为传统的民主党人的价值观念对俄罗斯的国内政策更加挑剔和批判。2006 年 11 月的中期选举后，民主党拿到了国会两院的主导席位，俄罗斯的“大棒”更多地被拿来打击共和党人，尽管并没有达到人们的预期，因为此时关注的焦点被更多地放在了伊拉克战争的泥沼之中。

双方关系存在着很多紧张，尤其是俄罗斯为伊朗核能项目提供技术和物质援助，还有俄罗斯的武器装备销售计划，包括为叙利亚提供防空导弹等更是造成俄美关系紧张。俄罗斯签订合同在伊朗的布什尔建造核电站引起了很多讥讽，特别是在 2005 年马哈茂德 · 艾哈迈迪 – 内贾德当选伊朗总统之后更是如此。艾哈迈迪 – 内贾德是两伊战争的元老级人物，也是伊朗铀浓缩计划的坚定支持者。美国孤立伊朗而支持萨达姆·侯赛因，在20世纪80年代对伊朗的战争此时结下了苦果。美国在格鲁吉亚、乌克兰和吉尔吉斯斯坦支持各种颜色革命的做法似乎给俄罗斯造成了威胁，尤其是在美国官员公开宣布利用伊朗民间组织推翻当选的艾哈迈迪－内贾德合法政府的策略后更是如此。看起来美国希望在俄罗斯周围构建一道从北部波罗的海到中亚地区的遏制俄罗斯发展的防护网。最近的一份研究报告中提出，“理想和现实之间的鸿沟越来越大。这种鸿沟让俄美关系难以凭借各方领导人和政府官员的努力就能抹平，而且面对这众多质疑的声音显得愈发脆弱”。研究报告的作者认为，“利益”和“价值观”之间在外交政策上分歧的做法是错误的，坚持主张一个国家定义其利益的方式就反映了其价值观念：因此，“俄罗斯和美国的分歧反映了我们构建和定义我们利益方面的分歧”。在俄罗斯国内重新强调自给自足和国家主权，而美国则更是大张旗鼓地强调自己的全球霸权思想。

这一思想反映在了2006年年初俄罗斯外交关系委员会的独立工作报告之中，而报告将俄罗斯的外交政策和俄罗斯国家置于不断的批评之中，认为俄罗斯选择了一条“错误的方向”。对于许多俄罗斯人而言，“真正能够让美国感到不安的是俄罗斯在全球能源市场上的独特作用”。华盛顿影响俄罗斯政策的能力似乎有限，尽管2006年3月16日小布什新推出的《国家安全战略》声称“美国正在经历战争”，并主张“我们希望能够塑造世界而不是仅仅被世界塑造”。但是俄罗斯同世界其他国家一样对华盛顿似乎也没有多少办法。两国关于“战略结盟”的沟通进展缓慢，尤其是双方在愿景和价值观方面似乎难以找到契合点。2006 年 5 月 4 日，美国副总统切尼在维尔纽斯东欧领导人会议上的发言中指出，“反对改革的人正在寻求推翻过去十年我们所取得的成就”，并警告俄罗斯不要滥用能源工具。切尼表示，“当原油和天然气成为恐吓和敲诈勒索的工具，无论是供应还是能源运输方面的垄断企图都无法保证合法利益得以实现”。切尼承认，“没有人相信俄罗斯执意要成为我们的敌人”，但是他坚持认为“俄罗斯需要做出选择，并重返民主改革的进程”。切尼讲演的内容和其高压的语气在俄罗斯引起了极大的抗议，大会也暗示美国打算构建一个所谓的反俄罗斯的阵线联盟。

美国的新保守主义者强调推动民主价值观应该起到强大的作用，而莫斯科则强调每个国家有权决定自己认为合适的民主原则，并在“橙色革命”后提出了“主权民主”的思想。然而，俄美两国在国际融合方面有着共同的诉求。正如尼古拉·兹洛宾所提出的那样，“小布什需要克里姆林宫在反恐怖主义战争中作为自己的盟友，而这一点主张与普京的想法完美契合”。格鲁吉亚和乌克兰民主进程的转变让美国和俄罗斯的关系骤然紧张，并对普京“新现实主义”的定义提出了挑战，尤其是在对独联体国家施加影响力的竞争方面更是如此。两国的关系似乎更是建立在理论基础而不是在竞争苏联地区的战略合作的现实基础之上。正如兹洛宾所言，在小布什的第一个任期内，“华盛顿将双方的合作领域压缩到政治军事方面。美国竭力阻止双方的关系进一步深化或者更加具有战略意义。美国也绝不会放松对俄罗斯在国际主权各个方面的排挤和遏制”。德米特里·特列宁对此有着很好的总结：

西方与俄罗斯的关系再也不能按照传统的理解被描述为融合关系，即逐渐将俄罗斯引入西方国家的轨道之中。为此，无论是俄罗斯，还是美国、欧盟方面都无法给出足够的支持。北约和欧盟在中东欧国家的融合问题上大获成功，但是在俄罗斯问题上却表现得毫不积极。著名的“双层融合升降机”（特指欧洲对俄罗斯的“双东扩”战略。——译者注）不可能带上俄罗斯，因为西方机构并没有能力做到这一点。

普京的第二个任期被担心后冷战时期的意识形态的出现蒙上了阴影，俄罗斯民主进程的倒退（主权问题）被拿来孤立俄罗斯。而俄罗斯和美国之间潜在的分歧由于美国对俄罗斯的民主弥赛亚主义的无法容忍而凸显出来。俄罗斯人逐渐将美国的民主帝国主义思想看作是对自己的威胁。正如阿纳托尔·利芬指出的那样：

未来的历史学家看到美国在新千年之际所制定的外交政策，尤其是和俄罗斯有关的外交政策时会感到无比惊讶。当美国和俄罗斯都面对伊斯兰恐怖主义共同敌人的时刻，布什政府内的强硬派，尤其是以副总统切尼为代表的鹰派，都希望对莫斯科实施冷战的强硬路线。有些人提议美国政府对俄罗斯的政策有些蓄意挑衅。为什么指责俄罗斯允许凭借充足的原油供应进行的独裁统治，而华盛顿长期以来却可以如此？为什么要求俄罗斯采用“国际市场惯例”，而当俄罗斯将自己的能源出口价格根据市场提高后又横加指责？为什么对格鲁吉亚领导人由于其反对俄罗斯而给予大量的援助，即使他们成为腐败的当权者后仍然执意如此？这种道德上的单面性在美国对许多其他国家的态度上都可以看到。它反映了不仅仅是民族遵循主义的思想，更是反映了美国官方和半官方分析人士在意识上长期以来的失败：他们没有将自己放在其他国家普通人的角度来看待问题。

实际上，俄罗斯因其追求自治和寻求自己的方式来实现可行的现代化进程而正在遭受惩罚。

对欧盟的依靠和相互依赖

欧盟 2004 年 5 月 1 日扩大（爱沙尼亚、拉脱维亚、立陶宛、波兰、捷克、斯洛伐克、匈牙利和斯洛文尼亚，连同塞浦路斯和马耳他）之后，同年年底遭到法国和荷兰对《欧盟宪法条约》的否定，2007 年 1 月 1 日保加利亚和罗马尼亚加入，欧盟一直专注于吸收新的成员国，而不是处理外部关系问题。欧盟特别针对与俄罗斯的制约被认为非常挑剔和有效，因此总是激怒俄罗斯。俄罗斯自认为属于欧洲国家，因此对于欧盟这样总是声称其有权决定一个国家的欧洲属性与否的优先权大为不爽。俄罗斯对欧盟作为文明成就仲裁员的说法深恶痛绝，尤其对其建立双重标准：欧洲还是非欧洲，尤其当俄罗斯发现自己由于民主进程倒退的断言而被排除在欧盟之外更是不满。谢尔盖·亚斯特任布斯基认为，俄罗斯和欧盟关系的恶化是由于欧盟接纳了之前属于社会主义的国家，它们声称“将对俄罗斯天然的恐惧之情”带到了欧盟。然而，在普京的领导下，这些问题并不会占据主导，尽管对于“橙色革命”手段被应用到俄罗斯的担忧一直存在。欧盟没有能够有效地缓解俄罗斯对其在爱沙尼亚和拉脱维亚的俄罗斯少数民族的伤悲，确实，有一种被西方世界背叛的感觉，其继任者很可能本着敌对的情绪追求一些政策。

尽管俄罗斯和欧盟之间存在着诸多的紧张和问题，普京还是执着于维持与欧盟的密切关系。欧盟是俄罗斯的主要经济伙伴，双方的贸易总额在 2004 年达到了 965 亿欧元，这占俄罗斯对外贸易的 50%，不过俄罗斯只占欧盟 15 个国家对外贸易总额的 3.3%。俄罗斯拥有 27% 的世界天然气储备，绝大部分都在西伯利亚，并满足三分之一西欧国家的天然气需求，还是土耳其的主要天然气供应方。由于拥有完备的通往欧洲的天然气管道网络，俄罗斯满足了世界 50% 的天然气进口需要。俄罗斯还为欧盟 27 国提供其三分之一的原油需求。由于北海原油储备的下降，据估计，欧盟到 2030 年 70% 的原油需要依靠进口。这刺激了欧盟国家为避免过度依赖俄罗斯而积极寻找替代能源，也使得一些国家担心目前对俄罗斯的能源依赖会让欧盟对俄罗斯民主进程失败的批评打折扣。2006 年年初，由于与乌克兰关于天然气价格的争议而造成供气暂停，为这些国家能源多样化供应敲响了警钟。同时，俄罗斯超过 60% 的出口收入来自能源，其中一大部分出口欧盟国家，俄罗斯 40% 的财政预算来自自然资源对欧盟国家的销售。显然俄罗斯依赖欧盟，而欧盟也依赖俄罗斯的能源供应。2000 年 10 月能源对话机制的建立就是为了规范双方的依赖，解决类似能源安全、能源效率、基础建设（主要是天然气管道）、投资和贸易等问题。然而，能源对话并没有使双方成为能源伙伴关系，尤其是因为俄罗斯拒绝批准“1994 年欧洲能源宪章”的运输协议来规范其在欧洲的能源市场。

1994 年 6 月 24 日通过的“伙伴关系与合作协定”在 1997 年 12 月 1 日生效，并为包括两年一次的欧盟—俄罗斯峰会在内的双边关系提供了框架。该协定在四个领域制定了普遍的政策，其中包括：贸易和经济合作；科技；双方关切的包括民主和人权问题在内的政治对话；司法和内政事务，比如毒品走私、洗钱和有组织犯罪行为等。1999 年 6 月，欧盟面向俄罗斯的共同战略得以通过，有效期四年，试图为欧盟和俄罗斯的关系提供更大的一致性。该战略处理诸如加强民主、吸收俄罗斯加入欧洲共同的经济和社会空间、欧洲境内及周边的稳定和安全、面对环境和移民问题所带来的人类共同挑战采取协同合作等。“伙伴关系与合作协定”于 2007 年 11 月 30 日到期，但是如果双方没有通知对方终止协定，则该协定自动延长到下一个周期。2006年年底，芬兰担任主席国期间，俄罗斯和欧盟同意用新的“稳定与合作条约”来取代欧盟和俄罗斯之间的《战略伙伴关系协议》，该条约包含能源问题和一系列新的达成真正战略伙伴关系的工具。

欧盟峰会被普京用来作为重申俄罗斯属于欧洲的平台。然而，2004年欧盟东扩到俄罗斯边境，并随之带来了新的问题。主要问题包括立陶宛和白俄罗斯将加里宁格勒飞地从俄罗斯隔离而产生的入境、签证制度和其他事项。1999年10月，在赫尔辛基，普京建议加里宁格勒可以成为欧盟—俄罗斯关系的“示范区”，而在一定意义上确实如此。对于该地区身份的界定冲突在2002年5月29日的欧盟—俄罗斯峰会上达到了顶峰。当时欧盟断然拒绝了俄罗斯对解决欧盟新成员国实施申根协定所带来问题的提议。同年年末（11月11日），双方协议允许俄罗斯公民从2003年7月1日起使用便捷交通系统在加里宁格勒和俄罗斯其他地区之间往来。

2003年5月31日，圣彼得堡的欧盟—俄罗斯峰会（第11届峰会）通过了四个“共同领域”概念：经济，外部安全，司法和内政，科研文化。2003年11月，罗马峰会又通过了“欧洲共同经济空间”概念，主要是以欧洲经济区为模板，包括欧盟15国加上瑞士、冰岛和挪威，对1986年通过的“单一欧洲法案”所构建的四大自由观念（商品、资本、服务和劳动力的自由移动）向伙伴国进行延伸。四大领域的自由移动实际上得以继续，只是在2005年5月的莫斯科峰会上采用了“路线图”的形式，但是似乎无法从“对话”上升到“合作伙伴”的层次。

2003 年 3 月 11 日，欧洲委员会通过了"'大欧洲'交流法案"，为接下来的十年同俄罗斯、西部新独立的国家（白俄罗斯、乌克兰和摩尔多瓦），还包括以色列和巴勒斯坦在内的南地中海国家关系勾勒出新的框架。当这一法案后来成为《欧洲睦邻政策》时，俄罗斯希望自己和这项法案没有关系。这些国家都无望马上成为欧盟成员国，但是它们现在和欧盟都接壤。《欧洲睦邻政策》的目的是让欧盟周围都成为欧盟的友邻并且鼓励它们接受欧洲的准则。这一目标需要欧盟向邻邦开放自己的市场并加速商品、服务、人员和资本在该区域的自由流动。同时，该政策排除了这些国家在不远的将来成为欧盟成员国的可能。正如彭定康所言，"过去十年，欧盟最为成功的外交政策工具毫无疑问是动用成员国身份的允诺。而这样的做法难以持续。在未来的十年，我们需要寻找新的方式来将扩大的欧盟内部所诞生的稳定、安全和繁荣输送到这些地区和国家"。西部的欧亚大陆国家，尤其是乌克兰，它对于欧盟将自己和北非及中东地区归为一类感到失望，其成员国身份被布鲁塞尔会议排除在外。西部欧亚地区国家加入欧盟的可能性并没有完全排除，但是《欧洲睦邻政策》并没有对此有所提及。这些国家担心欧洲的"加深合作"而不是"融合"政策将会长期应用到它们身上。

巴尔干地区的冲突表明，只有北约有能力在多边框架中采取决定性的干预，而欧盟在这一点上显示了其内部机制的瘫痪和分化。正是因为这个原因，1999 年欧盟寻求为其外交活动注入新的动力，将之前的"共同外交和安全政策"发展成为"欧洲安全和防卫政策"。

在此基础上，一支6万人组成的强大的联合部队得以成立。俄罗斯因此在西方面临着两大相互交叉的安全机构，其中一个成立已久，另一个也是雄心勃勃，但是两个机构对俄罗斯的加入都没有多少热情。对于俄罗斯来说，欧盟似乎在其传统势力范围内更具存在感，对于俄罗斯国内的很多人而言，欧盟这次披上了新帝国主义的外衣。

俄罗斯传统的实用主义政治外交政策，令其很难理解欧盟可以代表所有成员国发出共同的声音，以及难以理解其规范性动力不仅仅是一种政策工具，而是真正践行共同的价值观念。俄罗斯对于此点的疑虑，被欧盟显然无法解决俄罗斯少数民族在爱沙尼亚和拉脱维亚的身份地位问题进一步加剧。申根签证条件的引入对两地之间的跨境运输施加了诸多限制，尤其是对于跨越波兰和加里宁格勒之间的边境运输更是如此。看起来，以欧盟为幌子的西方，意图将俄罗斯的传统观，强化为一种备选、有竞争力的地缘政治缘由，因此，后共产主义的俄罗斯想找到一种适应西方规范，成为西方一部分，又能证实它自己身份的方式，无论这些被追求的目标有多么矛盾，它所做的种种尝试都遭到了冷落。就像尤里·洛特曼所言，俄罗斯和西方之间的二元对立披着各种不同的外衣，比如东正教和天主教之间的纷争，一直作为俄罗斯发展的深层结构，为俄罗斯文化提供长期的延续性。正如莫罗佐夫指出的那样，“西方世界确实为俄罗斯政治社区起到了基本的外围作用，这种绝对的否定让俄罗斯的自我意识可以得以塑造”。普京并没有这样看待世界，但是其继任者或许会。

第 11 章 结论：矛盾的力量

Conclusion: the power of contradiction

俄罗斯应该是，也会是一个有着发达的民权和稳定民主的国家。俄罗斯将保障充分的人权、公民自由和政治自由。俄罗斯应该是，也会是一个具有强大市场经济的国家，一个财产权利得到切实保障的国家，一个人民享有经济自由、没有恐惧、不受限制，通过诚实工作赚钱的国家。俄罗斯将是一个强大的国家，拥有现代化、装备精良的武装部队，能随时保卫俄罗斯及其盟国，保卫国家和公民的利益。所有这些都将而且应该为人民创造有价值的生活条件，并使我们跻身发达国家之列。人民不仅可以为这样一个国家感到骄傲，也会财富倍增，铭记并尊重我们伟大的历史。这是我们的战略目标。

——弗拉基米尔·普京

在其关于政治领导的书中，马基雅维利提出了两个经典的概念：fortuna，即运气；virtu，即源自人内在气质的成功。普京异军突起，成为俄罗斯的总统，肯定有极大的运气成分，但没有个人能力，这份运气可能也帮不了他什么。战争和混乱确实常给局外人掌权的机会，但普京的权力交接发生在和平时期，虽然当时的局势远远谈不上完全稳定。俄罗斯急切地渴望结束乌托邦式的实验和由此带来的尖锐矛盾，普京的崛起反映了这一体制状况。他的个人背景也反映了建立一个巩固国家的强烈愿望。出生于 20 世纪 50 年代，他对旧体制既忠诚又抱有怀疑，深爱着国家，但共产主义宣扬的（尽管很少真正实践）多元文化主义在他心中也根深蒂固，而作为一个天生的欧洲人，对他来说俄罗斯的文化身份是毫无疑问的。最重要的是，对普京来说，权力本身不是目的，名利和虚荣的排场都不是，他希望服务于国家的需求。接下来我们会总结本书所探讨的几个主题，为全面评估普京的任期做好准备。

公共政治

我们认为，把普京新苏联的一面和后苏联的一面简单对立起来是不够的，尽管这也有一定的道理。很明显，这两面共存于令人不安的紧张状态之中，但普京政权的根本活力源于他摒弃过去毫无意义的斗争，并寻找一条独特路径的尝试，这也防止了两面中任何一面独大。名称并不重要，人们给这种尝试贴过各种标签，有些认为它是“管理型民主”或“主权民主”的基础，是普京式第三条道路。普京坚持认为俄罗斯的未来在欧洲，在西方和民主资本主义现代化，同时也坚持认为这并不意味着俄罗斯要压制自己的个性或者放弃对自己国家利益的诉求。尽管很多俄罗斯人对过去时有怀念，就像昔日的以色列人怀念被囚禁在埃及时的舒适和安稳，但普京最终让人民相信，民主资本主义现代化是可以实现的，是比共产主义的虚假发展进步的。一种新的社会乐观情绪在蔓延。到 2007 年，民意基金会（Public Opinion Foundation）的报告显示，67% 的被调查者认为新的一年他们会变得更好。向常态过渡的好处开始超过其代价。

政权重组或再度集中

普京相信强大而有效的中央政府。他也相信强有力的领导，特别是他自己的领导。他赞成民主，但在他心中国家的一致性更为重要。他是一个老派的雅各宾国家建设者。我们已经看到了，普京的国家重建计划有至少两个宽泛且迥然不同的解释：一种是以法律为基础的多元化模型重组；另一种是更独裁式的权力再集中，即对顽固的社会行动派进行压制，这样得到巩固的是政权而不是宪政国家。第一个版本的目的是宪法至上，保证多元化的发展。但普京继承的是一个异常危险野蛮的社会，寡头、地方黑社会以及各类犯罪分子等不安分因素都使得国家更倾向于集中权力，以抗衡这些唯我独尊的社会利益。正是这些模式和方法之间的“矛盾”主导着普京时代的政治。

普京的政策只能在当时的背景下理解，在叶利钦执政十年后，尽管某些自由已经确立，但社会政治关系已经恶化。公共关系专家和克里姆林宫的选举顾问格列布·帕夫洛夫斯基说，“叶利钦没有建立一个国家。他领导了一场十年革命……”是普京巩固了叶利钦不断革命中出现的脆弱民主自由。他的任务是建立一个有效的政权，摆脱腐败、保护主义和对叶利钦时代的依赖。然而，在他执政的头两年，普京专注于建立总统的“垂直权力”，接下来的两年他集中于谋求连任，他的第二个任期缺乏重点。普京力挽狂澜，使国家免于解体之灾，但他无法建立一个足够强大的国家来镇压腐败或为有序的民主政治提供基础。普京早年能赋予“国家”这一概念以统一性和目的性，但到了最后似乎又陷于分裂和派系斗争。叶利钦时代的“寡头政治”开始重现。从这种意义上来讲，普京的历史“使命”不过就是巩固戈尔巴乔夫——叶利钦时代的社会革命成果并使之合法化，也同时摆脱叶利钦时代的缺陷。完成了它，普京政权就失去了活力。

我们在普京的统治背后发现了一张更黑暗的新苏联面孔。资深人权活动家谢尔盖·科瓦廖夫说，“克格勃中校普京成为俄罗斯总统并非意外”。成长于苏联最糟糕的制度下，人们认为普京的所谓自由无法掩饰他的专制集权。新闻自由似乎是一个早期受害者，尽管形式上承诺联邦制，俄罗斯作为一个统一国家的发展却让人想起苏联最糟糕的日子。社会关系再次弥漫着恐惧的气氛，与外国人的接触遭到审查，一批人因“反政府”活动被监禁。秘密警察虽然可以截获邮件和电话，但却无法根除腐败。一些人认为，普京只不过是勃列日涅夫的一个更活跃的版本而已。他对“独裁法律”的口头承诺可能比他打算的要多，这表明他缺乏对以独立司法机构规范真正自由市场的必要性的理解。

当然，这只是事实的一部分。当时的各种社会进程是复杂的，我们认为普京并没有放弃通过民主手段实现政权的必要重组的努力。他忠于 1993 年宪法，并试图通过法律手段重建国家和社会秩序。他是一个宪法正统主义者，不可避免地带有保守主义的光环。然而这与普京的另一种形象相冲突，因为他也是一种在关键时刻巩固了国家政权的领袖形象。这类人物在俄罗斯的历史上多次出现，有的出现在国家面临外来侵略时，有的是内部分崩离析时。普京的危机主要来自国内。地方势力横行无忌，路人皆知，在联邦机构改革中，普京试图给这样一个社会带来正义和秩序。他推行了 200 多项立法，对政府和社会的多数方面都带来了影响。另外，“社会正义”意味着对寡头特权的冲击，同时保证人民的基本生活水平。俄罗斯历史的第二个主题加强了危机领袖的合法性，即自上而下的现代化。领导班子不信任人民，也不支持公民自主行动，而是自己承担发展的责任。在苏联时代后期和后共产主义的俄罗斯，这一去政治化产生了官僚和内部派系斗争。因此，俄罗斯改革领导人的另一方面也很明显：早期的激进主义为官僚机构和法庭上的钩心斗角所消耗。普京谋求两全其美的做法可能被视为过分谨慎，放纵了保留下来的寡头和官僚机构弱化改革。正如戈尔巴乔夫所发现的那样，官僚机构的报复是一件可怕的事情。没有实现西方民主国家普遍的“常态”，一种更深层次的俄罗斯“常态”开始显现。

游戏规则

叶利钦的目标和普京推行的政策有许多共同之处。经济现代化、民主国家的建立和国际一体化都是由俄罗斯首任总统发起的政策。然而，普京的领导风格与他的前任有很大不同。革命的特点是混乱、国家的削弱和不法行为，但随后则是革命后的稳定阶段。普京的领导代表了这样一个时期。普京拒绝了革命的方法，并试图建立一个以稳定的制度和可预见的规则为基础的法治国家。然而，“游戏规则”的概念不是来自一个有序的法治国家，而是来自特列古博娃所说的“强盗伦理”，用法律来惩罚那些拒绝遵守新规则的人。通过选举获得普遍的合法性后，普京争分夺秒地开始实施新的政治模式。

在地方事务中，目标就是克服地方主义，使联邦制度更加结构化、公正、连贯和高效。区域领导人、立法机构和地方政府都要遵守统一的规则。其中的核心是与地区首脑和寡头的新关系。一系列举措改变了中央和其他权力中心的关系：建立了七个联邦区；地方政府首脑从联邦委员会退出；金融和法律执行机构重新“联邦化”，不再从属于地方。旧的分离被削弱，区域法律和宪法开始与联邦宪法和法律规范相融合，地方国家机构回到中央手中，一些不好的分裂趋势被控制住。然而，区域改革未能克服体制上的混乱，在某些情况下，这些矛盾并未得到解决，反而加剧了。例如，联邦委员会的改革提出了更明确的观点，即应该通过直接选举形成。当总统任命一位地方首脑（即使是地方推荐的），然后这位地方首脑委派一名代表到监督行政机关的上议院时，分权的原则就被打破了。一种新型的“权力循环流”建立起来，使总统权力得以自我延续。总统特使和政府之间出现了新的紧张局势：特使应确保联邦能控制地区的部长级分支机构，但这些代表本身不在内阁中。与总统的关系并不总是一帆风顺的，而与地方首脑的关系在结构上也并不稳定。

在空间背景下的合法分权，即联邦制的基本原则，在割裂的地方主义与普京所重申的国家权力之间进退两难。普京的改革正在集权化，因为他们试图在整个国家实现法律平等的自由共和主义理想，但实际上，他们设法产生了新的分割形式，只是处于更高层次而已。制度分裂仍在继续，我们建立了一个权力“三角”，而不是权力“垂直”，强化了官僚主义冲突，并使公共行政复杂化。政权永久化的利益破坏了国家重建。所有联合会都旨在限制中央的政治权力，但并非所有联合会都具有同等效力。在俄罗斯，地区政权是对中央政府的监督；出现了一种水平分立的权力，在一定程度上弥补了 1993 年 12 月制定的宪政秩序中垂直分权的不足。俄罗斯的地区主义作为一种更为有效的监督手段，即使不是民主平衡，对行政权力的影响也要比相对薄弱的立法机构和司法机构更有效。因此，虽然普京很可能已经寻求国家的民主重建，但对中央政府有监督作用的区域“第四支点”力量削弱了，这破坏了民主分权。国家重建虽然是一个值得赞扬的目标，但它在区域范围内破坏了民主和联邦多元化的发展。

普京的经济政策试图实施审慎的财政政策，为人民早期的损失做出一些补偿：平衡预算、偿还外债、建立储备，并在总体上避免屈服于经济民粹主义。一种新的政治经济模式出现了。虽然从来没有任何否定市场资本主义基本原则的问题，但 20 世纪后期支配英美世界的自由主义模式得到了修改。正如日本从未采用大西洋西部自由放任的资本主义一样，俄罗斯也制定了自己的国有资本主义和自由市场的混合体系。这在能源市场最为明显，普京拒绝依赖自由市场，反而寻求与西方市场和国内监管体系建立双边关系。普京认为,《1994年能源宪章条约》中体现的管道线、储备和市场的自由准入原则令人恐惧，他拒绝接受其原则。当然，能源价格高涨的好兆头帮助普京政府保持稳定，但这种稳定性是一把双刃剑，它也鼓励了自满。在20世纪90年代早期，俄罗斯向市场转型的设计师之一叶戈尔·盖达尔警告说，国家政治正在重蹈苏联的错误，过度依赖高能源价格，缺乏长期的经济战略现代化。他指出了帝国政府体系的弱点，并暗示说，在后共产主义的俄罗斯，任何想要重新走上这条道路的企图，都将威胁到这个国家的存在。

一些最可恶的寡头被流放；经济自由化继续发展下去，并为发展制定新的激励措施；而在外交政策中，俄罗斯明确地转向西方，但是在他认为“正常”的条件下。寡头们被赶出了权力走廊，而“等距离”政策意味着，关系通过诸如俄罗斯进出口企业名录（RUIE）等机构进行了构架。只要寡头们不炫耀自己的权力和财富，他们就可以继续他们的事业——他们现在的事业是商业，而不是政治。即使是内部的寡头也知道需要采取新的行为模式。许多人适应了新的环境，并将自己从“寡头”转变为商人。但是，这并没有拯救像霍多尔科夫斯基这样具有政治野心的寡头。与此同时，政权越来越不受有组织的社会压力和多元民主制度的影响。

普京试图在我们称之为“新现实主义”的框架内重新界定俄罗斯与世界其他地区的关系。与西方的交往现在是实用的，而且具有目标导向，不再通过地缘政治竞争的愿景或“文明冲突”的喋喋不体来过滤。作为一个以目标为导向的实用主义者，普京的个性在外交政策等的实施中得以体现出来。俄罗斯的外交政策变得“正常”，放弃了先发制人的原始斗争（仇外心理）的逻辑，同时也放弃了与其伴随的相反的极端，即复制西方模式的奴隶制（异端狂热）。相反，正如车臣和其他一些问题所表明的那样，普京领导下的俄罗斯开始追求自己的利益。这同样也适用于民主化问题。普京对西方普遍主义模式的战略选择主要靠俄罗斯自己的努力来实现；西方在 20 世纪 90 年代的十年“援助”对于确保市场化的持续承诺至关重要，但形成了有害的扭曲性的经济政策。普京当选总统，结束了对“谁失去了俄罗斯？”问题的不着边际的猜测。俄罗斯的命运将在俄罗斯形成，而不是在其他地方。普京追求形态学的方法，试图制定一个正常的模型，将更广泛的内容结合到西化的过程中，同时考虑俄罗斯的特殊历史、传统和世界地位。只有把普遍性和特殊性结合起来，一个国家才能找到对自己而言是正常的东西。

普京试图使俄罗斯政治制度现代化的努力受到了国内势力的驱使，而非外部压力。独特制度体系的发展，其中民主合法化伴随着相对独立于民众控制的权力制度，以及寡头资本主义和官僚新世代主义的出现，是俄罗斯环境的产物，虽然是通过与全球经济和政治社会的互动形成的。普京的总统任期代表了制定一套规则的尝试，以维持和指导国家在国内外两个方面的复兴。这些规则可以概括如下：区域领导人作为一个群体，不应对国家权力提出要求；企业领导者不得不放弃国家管理，并与政权协调行动；外国势力再也不能指望约束和惩戒俄罗斯了。尽管他的领导存在专制元素，但更重要的是它具有权威性。我们在上文已经提出，普京代表了一种“群众反抗”，反对叶利钦时代的贪婪。这种反抗不仅得到普及，而且得到了广泛的精英支持。它允许从1991年8月共产主义解体创伤中诞生的俄罗斯国家机构，当年12月苏联的解体，以及在1993年10月流血事件中诞生的新宪法秩序等获得更深层次的合法性，而这在叶利钦时代显然是缺乏的。虽然大多数人在1993年12月12日投票赞成新宪法，但投票一直被指控欺诈，当然也被它所采用的两极分化环境玷污了。普京现在试图在一系列政治实践中为宪法秩序奠定基础，使其获得新的合法性。普京继承了一个不稳定的政治秩序，但他在逐渐使其具有更强的永恒感。后共产主义俄罗斯治理的“临时性”并没有完全消失，直到政权、国家和社会之间的结构性差距被超越之后才会消失，但国内外新秩序的基本规则现在更加坚定地建立起来了。

后共产主义的俄罗斯发展为三个相互叠加的秩序。第一个是传统的国家主义（拿破仑或安德罗波夫式的），它强调垂直权力。在这种模式中，每当一个潜在的自治权力官僚或民间权力出现时，克里姆林宫就会采取合作或压制的态度。第二个是基于赞助关系和世袭关系的制度，在这种制度里，横向网络创造了明显不受法律和政治权力公正影响的集群。其中最强大的集群是在经济社会中发展起来的、官僚主义和寡头网络的融合甚至开始形成政治空间，享受比政党更多的财政和媒体资源。这些非正式的关系在地方尤其强大。

第三个政治秩序是自由民主制，其基础是普遍公民权的规范性原则、权力选举宪法以及法律和政治问责制。在一定程度上，普京用第一种和第三种秩序来抵制第二种秩序。然而，如何评估这两者之间的平衡还存在分歧。许多批评声音表明，第一个秩序大大地掩盖了第三个秩序，以建立一个自我延续的执政集团，这种选举君主制并没有破坏赞助秩序，而是使其服从于官僚专制政权。我们与 19 世纪 80 年代的意大利转型进行了比较，在俄罗斯，经验支配着政府实践，并从各个方面请求给予支持。政府的基础已经扩大，包括那些准备将自己“转化”为政府支持者的反对派。在俄罗斯，批评者认为，由于缺乏独立的民主机构以及总统试图将所有政治进程置于其控制之下，这削弱了叶利钦时代出现的刚刚起步的民主能量。普京坚持认为，发展有活力的政治和民间团体的条件是重新确立有序的国家体系。

超越转型

放弃后共产主义转型的概念，有利于更系统地将国家转变为民主市场体系。转型的意识形态让位于巩固的一部分。虽然叶利钦发起的变革得到继续，并在许多方面加深了，但变革的管理方式发生了巨大变化。这些变化不再以革命的方式表达出来，尽管长期看来，其结果不亚于叶利钦的革命。普京对革命方法的拒绝伴随着正常政治的发展，在这种政治中，程序和制度开始优先于革命的权宜之计和个性化的领导。现在的意图是通过结束对未来信念的革命性跳跃来“活在当下”。而且，这个“现在”被界定在一种可能的政治中，一种务实的接受西方的“正常状态”和相信政权的非政治化优势中。

民主化和通用公民身份

普京继承了一个拥有全面民主体制的国家，但它并不是一个完全成熟或“巩固的”民主国家。其中一个原因，除了叶利钦个人的古怪行为，还因为国家本身缺乏坚实的制度基础。林茨和斯捷潘强调，“民主是现代国家治理的一种形式”，因此，“没有国家，是不可能有现代民主的”。普京是否能够将俄罗斯的不完美民主变成更好的体制？通过对边界问题做出明确的结论（除非与所有各方进行谈判并达成一致），他至少保证，拥有一个假定存在的民主能够发展的封闭空间是有保障的。边界问题得到有效解决，尽管在某些时候白俄罗斯或其他地区有可能加入。他还坚持认为，政治机构在20世纪90年代创建，还羽翼未丰，通过1993年宪法正式确立，应该使它有机会发挥作用，从而巩固政体，即国家的正式机构。普京在国家与社会、寡头与政府、地区与中心之间的关系中制定了一套新规则。最后，他的政策，尤其是区域和司法改革，旨在确保结束政权类间题：就他而言，俄罗斯将是一个民主国家，或者说它将什么都不是，但是民主质量问题并没有得到解决。因此，普京明确坚持过渡时期已经结束。当然，这是一个离题的比喻，它意味着某些问题，无论它们是否已经得到解决，都被从议程中删除了。普京的继任者将面对俄罗斯民主化的挑战。

为了捍卫宪法，普京重申中央权威，这代表了保卫民主的特定愿景。虽然毫无疑问，存在着工作中的重新集中元素（伴随着追求正常性的“正常化”因素），但普京改革的全部推动力就是试图重建国家，将宪法置于区域关系的中心位置。对于某些人来说，这只不过是俄罗斯传统集权趋势的一种新形式；但情况可能具有相同的合理性，因为它提供了一个机会，从不对称的联邦主义和不对称的权力关系总体上走向更加平衡的形式。不对称的联邦制不仅赋予区域领导不同权力，而且有效地为居住在俄罗斯不同地区的人民建立了不同的民主公民等级。不对称的权力关系意味着公民在法庭上对富人和强权几乎没有追索权，在与国家政府日常打交道的过程中，也没有权力反对那些任性的官僚。试图实现一种通用和均等的公民身份是普京试图重建国家的核心。现在公民身份在全国范围内是平等的。在共和国和地区之间，实际是在不同阶级之间，行使公民身份不再有所不同。

最初至少有这个想法，但很快普京不得不承认，全国范围内巨大的权力和财富不对称并不能轻易被减少，他甚至被迫进行讨价还价和妥协，这使得俄罗斯远远不能成为他最初宣布的通用模式。普京宣布了新的竞赛规则，结束与地区和寡头政党的双边条约，与权力保持同等距离，但政权既是选手也是裁判。政权在生存中的自身利益与其宣布的理想是矛盾的。

国家巩固既是民主化的推动者又是其掘墓人。普京的国家权力集中化旨在平衡整个俄罗斯公民的权利，使其不再受各种新地方主义、宗教或民族主义制度的阻碍。从这个意义上说，普京更像是一个平衡主义者而不是集权者，他以通用公民权的名义降低异质性。然而，这种平等的基础不是完全的公民权利和民主权利，而是处于从属地位的平等。政权对政治进程的微观管理为社会的政治自治或党派政治中有效的独立和多元化竞争留下的空间不大。多元主义不会被废除，但它仍然是潜在的，而不是在激烈的公共政治中实现。从这个意义上说，普京的政府仍然是过渡性的，通过消除一些过度的“团结”（尤其是“寡头”、地区大佬和特殊利益），为未来的民主进步奠定了基础。矛盾的是，一个宣称结束过渡的政权本身就有着深刻的过渡性。

从政权到治理，从稳定到秩序

正是在这一点上，普京规则中最激烈的矛盾之一悄悄产生了。与其实现宪政国家的巩固，倒不如巩固政权统治，而不是民主。我们将政权体系定义为在宪政国家与民众问责制之间建立的自治权力中心。在普京的统治下，政权体系的结构和运作无疑不同于叶利钦统治时期。政权的组成部分之间的权力平衡发生了重大变化，首先是总统、国家行政机构派别（例如安全部门）与社会投入（尤其是寡头直接进入和其他“家族”成员到权力走廊的终结）之间，建立了更加有序和制度化的治理体系。事实上，总统与国家的宪法资源结盟，以确保它从名义上领导的政权获得更大的自主权。然而，宪法国家被用来巩固总统职位，无法重新获得自治，政权的所有部门（包括总统）都同样服从于法治。

苏维埃镇压机构并没有得到全面性恢复，但这种情况还不足以确保法律的公正运作和对人权和公民权的坚实捍卫。普京领导的俄罗斯不是勃列日涅夫时期苏联的更现代版本，但它也不是一个充分运作的自由民主国家。效率和民主之间的紧张关系并没有得到克服。政权的自治拥护宪法原则，又从属于宪法原则，两者之间存在着鸿沟。政权试图强化国家，但政权本身仍然处于国家所代表的宪法之外，改善国家表现出只是加强了政权，而没有强化法治和宪政国家。普京认识到，像俄罗斯历史一再表明的那样，建立在威权基础之上的国家既不强大也不持久。他的目标是建立一个基于有着自我维持秩序的体系，但该政权无法放松对民主管理的控制，重新引入了“人工”的稳定体系。

政权对通用公民权的支持与对积极行使这一原则所受的限制相抵触。社会生活的学究式规范最终导致政治活动的窒息。与要实施的计划相比，“管理型民主”的概念减少了不可避免的危险。普京政权是后共产主义国家一个更为广泛的结构性政治过程的一部分，在这个过程中，政权不仅构成对自身的保护，而且构成了整个社会政治秩序的基础。政权并非作为一种划定的管理子系统，在系统本身的规范内重现自身，而是试图独立地保持自己。在这些条件下，它在多大程度上能够自我复制尚不清楚。政府并入政权，而政权本身有时与国家没有区别。如果对卡尔·施密特来说，魏玛共和国的悲剧是政治被社会吞噬，社会利益和运动能够对国家施加直接和非中介的权威，那么，在俄罗斯，政治有可能吞噬社会。施密特在1927年将政治定义为“在敌与友之间做出选择的能力，并采取相应的行动”，而普京的政权则代表了政治实质性的重新确立。

宪法赋予了总统巨大的权力，在叶利钦时期，它成为一个相对独立的政治资源，但随着时间的推移，总统权力因为叶利钦的身体虚弱和偏好个人关系而受到破坏。在普京的领导下，作为一个机构，总统开始复兴，并成为“国家集会”项目的核心：总统职位成为政策创新和国家发展的重要手段。总统职位仍然相对独立于管理国家的规范和宪法约束（政治制度）；而且对社会力量的监督和责任相对豁免，高于议会行使的所有权力。在普京的统治下，国家的重建尝试着真正加强法治和宪法，并且在一定程度上从政权关系转向治理。然而，只有当政权服从于法治，其自身受制于民主进程的不确定性时，我们才能说过渡时期已经结束了。只要行政政权在政治进程之外，并超越宪政国家的限制，制度就会更多地依赖人为稳定的维持，而不是反映可持续秩序。

矛盾的力量

在讨论矛盾时，经典马克思主义区分为可解的（非对抗性的）矛盾和反常的（对立的矛盾，不能解决的）矛盾。在普京的领导下，这两种矛盾都很多，但最终他还是有时间去解决一些最明显的矛盾，同时试图解决一些非对抗性的矛盾。矛盾的是，普京方法的矛盾性质是他大部分权力的来源。通过采用元素重建和再集中国家，重构新苏维埃和后苏联身份，延续整个俄罗斯发展的悠久历史，同时否定俄罗斯每个历史进程阶段的负面病态（首先是帝国主义、苏维埃主义和“民主主义”）。普京试图实现俄罗斯认同的多重线索和俄罗斯社会多阶层之间的历史和解。然而，他留给俄罗斯的，仍然是权力与被边缘化的政治精英的分裂，崛起的中产阶级和仍然陷入贫困的俄罗斯人民。俄罗斯虽然已经能在世界上坚持自己的权利，但并没有有效地融入国际体系。

正常或“正常化”？

普京的总统职位是多种组合形式的，能够从不同的角度上同时解释和操纵。正是由于这个原因，对他的领导的评估才会存在如此巨大的分歧。他试图接受苏联和俄罗斯的各代人，掩盖了他们所代表的实质性差异。例如，虽然普京谴责前共青团（Komsomol）和少先队员的“过分政治化和官僚化”的性质，但他坚持认为，“这一切都是有意义的。除了这些纯粹的政治思想外，人们还会得到许多有用的、一般的东西——新一代是在对祖国的爱国精神中成长起来的。这个系统有很多有益的地方”。在试图接受俄罗斯各种过去的同时，普京未能让俄罗斯更深入地反思自己过去的黑暗面，也未能更加开放地与过去有着共同元素的邻国进行对话。

普京的改革充满了无数的矛盾。也许最值得注意的是，他相信强化国家权力将使同一个强化的国家能够维护个人权利。普京的改革试图重建国家；但它们也代表了又一次激进的转变，这在俄罗斯非常普遍，从无政府状态到新利维坦的诞生。普京的改革恰恰鼓舞了他们旨在避免的结果——民主自由的侵蚀以及新的专属精英统治形式的建立。普京的总统职位越来越受到谴责，认为这是一个“失去机会和浪费机会的时代”。普京政府提供了一些实质性的公共产品，但它们充满了破坏公民精神和竞争经济的国家主义者的管理主义。

普京一再强调他对民主的承诺，但他同时强调，俄罗斯会以自己的方式做到这一点。在 2005 年 4 月 25 日对联邦议会的讲话中，他对那些认为俄罗斯在某种程度上不适合民主政府、法治和公民社会的基本价值观的人提出质疑：“我想让那些有这种想法的人回到政治现实……没有自由和民主就没有秩序，没有稳定，没有可持续的经济政策。”但是，在回应西方批评时，普京强调说，俄罗斯民主的“特色”是它将以自己的方式实现，而不是以法治和社会稳定为代价：“俄罗斯……将自行决定民主前进的步伐、时期和条件。”

普京证实了这些人的观点，比如克劳斯 · 奥菲，他在后共产主义转型开始时就认为，在地区建立资本主义和民主将是一个有针对性的管理过程。换句话说，俄罗斯的民主将会考虑到俄罗斯的特殊情况。

普京在很多场合概述了这些观点。首先，对普京来说，苏联遗产是混合的，他不会完全否定过去，也不允许全面的解体。这反映在二元政治实践中，其中新苏联特征为后苏联元素所平衡。其次，普京认为，1991 年苏联解体使俄罗斯成为一个非常脆弱的国家，该观点在他的演讲中，像一条红线一样扎眼。这是他在 2005 年向联邦议会发表讲话中的主题，作为“主权民主”主题的对立面。普京把 1991 年苏联解体描述为“20 世纪最大的地缘政治灾难”和“俄罗斯人民的悲剧”，并警告说，“崩溃流行病”正在威胁俄罗斯本身。不过，他强调说，苏联已成为过去，要凝聚俄罗斯联邦，靠的不是退出民主，而是依靠加强整个社会的民主体制和原则。再次，20 世纪 90 年代代表了对国家自治的威胁，而普京的总统职位实际上是致力于克服那些仍然存在的国家占领元素。在实践中，这意味着对新生资产阶级主张（沦为当代俄罗斯言论中的“寡头复仇”威胁）和地区领导人的遏制。所有这些结论都很清楚：俄罗斯的民主必须为自己的存在创造条件。这是欧内斯特 · 盖尔纳在讨论后共产主义世界中公民社会发展时所描述的一种巨大的引导作用。

普京领导下的国家重建工作是在一种“常识性”的国家爱国主义和治理非政治化的旗帜下以非意识形态和技术专家的精神进行的。普京试图实现现代自由主义民主“本土化”的同时，与推翻欧亚主义、替代西方资本主义民主的矛盾依然存在。普京的崛起可以被看作是自由爱国主义的本土主义链条的胜利。之所以是本土主义者，是因为它试图做陀思妥耶夫斯基在19世纪40年代通过发展“本土”（pochvennik）想法而尝试过的东西；在向后看的斯拉夫派和易受影响的西方人之间，存在一种调和两者矛盾的必要性的方式。最伟大的现代典型代表就是索尔仁尼琴，因此，普京在他的第一任期积极寻求与他联系也许并不奇怪。“自由爱国主义”这个名词乍看起来似乎是一种矛盾，但它在俄罗斯却有着悠久的传统。作为普京英雄之一的斯托雷平，可以被认为是其实践者中最伟大的人，他们试图使俄罗斯现代化，同时呼吁民族自豪感，试图用铁腕实现自由主义改革。这一想法在哲学领域受到研究，在某种程度上还得到了谢苗·弗兰克和彼得·斯徒卢威的支持。其目的是将对个人政治和伦理价值的自由主义观点与对社区和其最高表达——国家所代表的强烈集体价值意识相结合。许多人怀疑这种组合是否可行。19世纪晚期德国民族自由派的教训似乎表明了这种综合的危险性。在20世纪的头几年，他们最终强调的是“国家”，而不是他们思想“自由”的一面。

这种含糊性反映在普京的著名声明中，我们之前曾经引用过这样的观点：“它也不会很快发生，即使发生了，俄罗斯将成为美国或英国的第二个版本。在美国和英国，自由主义者价值观具有深厚的历史传统。”虽然有些批评者认为，这意味着俄罗斯不会成为自由国家，但普京显然说了相反的意思：俄罗斯将成为自由主义国家，但要以自己的方式实现。这里似乎存在一个矛盾：俄罗斯是否放弃了例外论者特殊道路的愿望？毫无疑问，旧的弥赛亚思想，无论是斯拉夫派的民粹主义者还是马克思主义的国家主义形式，连同俄罗斯民族主义和新帝国主义的欧亚主义，都被抛弃了，但普京本土化的基础既不坚实又充满矛盾。

所有“第三条道路”的方法都有一个典型的矛盾。追求中心激进政治的尝试产生了新形式的非意识形态的极端主义。虽然中间派政治假定了一个基于共识和合理政策制定的政治，但实际上，中心的矛盾极端主义可能会出现。追求的政策是中心主义的，因为它们不受强烈的阶级、民族、宗教或其他意识形态的假设来维持。然而，它们的实施和它们所追求的热情破坏了共识：形式与内容相矛盾，政治被“非政治化”了。在英国，新工党在第二任时期实施的“第三条道路”为一些对“现代化”的狂热承诺和目标导向的机械管理主义所破坏，这些设计旨在以狭隘和异化的方式重塑劳动过程。在俄罗斯，共产党和其他人争辩说，普京激进的现代化议程未能重建社会团结，使俄罗斯服从经济大国和外国势力的力量。根本的批评是俄罗斯不能从中心重建。普京从这个中心的极端主义撤回，寻求更多的共识中心主义。然而，将自由现代化改革的尝试和避免疏远重要政治行为者的尝试相结合，威胁是要么导致极端主义（如果现代化议程被大力推动），要么停滞不前。如果存在比中心极端主义更糟糕的事情，那就是中心的停滞。

领导和系统

普京是“家族”的孩子，同时又是独立的政治家。普京从前克格勃引进安全人员，而同时又依赖圣彼得堡自由派，这是一个矛盾。这也反映出在他自己职业道路上的紧张态势。一位自由派的安全部门官员可能会将莱谢克·柯拉柯夫斯基对于自由共产主义的评论解释为像温暖的冰，但在普京的俄罗斯，安全机构对政策形成的影响有明显的限制。这显然是一种非对抗性的矛盾。普京很可能成为一名契卡，但契卡主义组织并没有与他一起掌权。然而，从前的矛盾性质是普京发展人事政策和吸引互相排斥民众选民的重要力量源泉。同样，缺乏一个独立的基础意味着普京已经准备好与一些寡头合作，尽管这样重新塑造政治经济模式会将寡头转变为资产阶级。将俄罗斯出现的企业资本主义模式看作一种完全消极的现象会过于简单化，因为它有可能向更透明、更具国际竞争力的商业领域演化。现代企业资本主义的轮廓正在出现，一些寡头准备与实施改革的克里姆林宫结盟。

人事政策的矛盾更广泛地反映在政策上：国家重申的强硬语气为一贯承诺的自由经济政策所平衡，更广泛地说，这种政策是寻找俄罗斯主要自由主义、知识分子和中产阶级的支持。当寻求阶级或团体联盟时，普京的选择是有限的，因为没有一个实质上合法的基于产权的保守中产阶级。传统保守派早已被扫除，自共产主义垮台以来出现的“新俄罗斯人”还不是巴林顿·摩尔坚持民主生存所必需的“资产阶级”。在利益方面，普京尽力确保获得下列群体组织的广泛支持，如各安全机构及其工作人员、各级官员、养老金领取者和农民这样的社会关键群众和大型企业集团等。他避免直接向工人阶级提出请求，因为担心这会导致蛊惑民粹主义。权力大亨团体被坚决排除在影响某些公共政策领域之外，尤其是在经济和信息方面（除了与车臣战争直接相关时）。此外，虽然普京明显是国家主义者和爱国主义者，但他在很大程度上能够将强烈的俄罗斯民族主义和国家主义边缘化。它们对政策过程的影响可能比叶利钦政权的影响还要小，而过去 15 年来，国家主义或俄罗斯大国思想（the Derzhavniki）的意识形态可能并没有减弱。今天在俄罗斯唯一一致形成的意识形态是亲西方自由主义，然而其政治代表可能是分散的。这里再也没有对立的矛盾，但矛盾的存在是普京政权的权力来源。

普京以一种选择和偏袒的方式惩戒寡头，但是并不武断。他与其他人达成了协议：将你的不义之财投资于俄罗斯经济的制造业部分，否则后果自负。因此，普京希望看到离岸出逃的资产回流，并投资振兴经济。在掠夺化（攫取）时代的腐败中发达的公司变成了与国家合作的优秀资本家，制定透明的会计准则，对股东（包括少数股东）和法人负责。虽然普京的政策从短期来看合乎逻辑，但这种经济发展模式有效地代表了国家认可的资源清洗。此外，人们有很多猜测关于这个垄断系统和早期的财阀或企业联盟模型有多像。通过增加国家监管可以实现健康的市场经济吗？1997 年—1998 年的东亚金融危机部分是由“裙带资本主义”引起的，俄罗斯的名义资本主义有可能演变成同样不稳定的危险。

普京领导风格的特点是在面对问题时本能地倾向于集中化。虽然这可能在他领导的早期几年中获得了一些政治和经济上的红利，但在他执政的最后阶段，这种做法变得令人生厌和窒息。2005年—2006年，普京主义已经达到了其潜力的极限，尽管经济增长依然稳固，但肯定远未达到惊人的水平。这个国家太大、太多样化，无法从莫斯科进行微观管理，而一个日益依赖中央权威的系统无法有效应对它所面临的各种各样的挑战。普京领导层的地区政治已经变得难以预测，尽管改革旨在克服分化的区域主义。普京的继任者必须创造条件，让政治和经济生活中的自发行动得到更大的控制。

普京的领导及其他

普京总统职位的合法性是以民主和法律程序为基础的，但他的领导也包含了一种超凡魅力的元素，超越了在后共产主义的俄罗斯艰难诞生的法律理性政治秩序。正如韦伯指出的那样，“魅力只知道内在的决心和约束。拥有魅力的人承担了对他来说足够的任务，并且凭借他的使命要求别人顺从和追随。他的成功决定了他是否找到了他们。如果他的使命没有被追随他的人承认，他的魅力主张就会崩溃”。普京的魅力在这里被定义为领导素质，这种吸引力超越了宪法授予他的正式权力的限制，其目的正是为了巩固宪政权威。

像在政治中经常发生的一样，意图和结果之间最有效的途径并不总是最短的。魅力型领导是一种强大的政治资源，特别是在俄罗斯这样一个后共产主义的政治环境黯淡的国家，没有长期建立的政党，也没有很多民间力量、资源或意愿建立一个充满活力、多元化、社会化公平和民主的社会。在这种情况下，维护和改造系统之间不可避免地存在着一种紧张关系。

俄罗斯政治的集中性和制衡的弱点加强了普京个人选择的后果。他的权力必然受到权力和精英关系的继承结构的制约，但他的领导权远不止平衡克里姆林宫派系的利益。普京的个人崇拜虽然明显冒犯了许多人，并且在抑制权力制度化和公民民主的成熟方面是一种倒退，但这或许是保持其总统政治自主权所付出的代价。普京是一位务实的政治家，他不仅致力于集中自己的权力，而且还致力于俄罗斯的现代化，这种现代化被定义为采用成熟资本主义民主国家普遍存在的规范，但又具有俄罗斯的面貌。虽然新苏维埃和后苏维埃的元素在整个统治期间都有明显痕迹，但显然普京是俄罗斯政治中第一个真正的后苏联领导人。尽管叶利钦可能已经成为民主人士，但他的本能令其仍然沉浸在苏联的实践中。普京更多的是一位民主人士，但仍然陷于新苏维埃和后苏联的冲撞困境中，他的政策带有矛盾的性质，这增加了他统治的神秘性和矛盾特征。这种方法是务实的，但在这种情况下，实用主义并不意味着目的可以使方式正当化。相反，这在一定程度上让人联想到爱德华·伯恩斯坦，他坚持认为运动对他来说意味着一切，没有所谓社会主义的最终目的。而普京的原则则是拒绝革命性的方法，并寻求统一的目标和手段。然而，普遍的政权干预主义破坏了这一目标。

如果没有普京，会有普京主义吗？21 世纪出现了连贯而持久的新政治秩序了吗？这个新制度是基于总统人格的暂时巩固政权，还是国家、执政政权和社会之间关系的更长久的重新安排，以创建一个将超过普京总统的新政治秩序？普京系统能否在 2008 年的领导层变革中幸存下来？普京政府代表了勃列日涅夫型稳定体系的新表述，其稳定性来自社会秩序之外，其特点是政治体制的“人为干预”。我们将稳定系统与有序系统的概念进行了对比。在后者中，社会各阶层之间有一定的一致性和动态性，即使不是有机的，也是社会各阶层的整合；而通过机械手段实现的稳定性缺乏有效的制度。普京以稳定为名建立的体系最终可能会极度不稳定。普京的俄罗斯宪政秩序和代表制度都没有成为自我维持和自我复制的体系，而是行政体制管理着政治进程。普京领导下的行政体系无疑取得了成功，主导了经济持续增长和生活水平的提高，并伴随着一定的社会巩固和外交政策的一致性。然而，任何稳定系统的根本问题都是其根本的人为因素。宪政国家的自治受到行政机关声称的特权的破坏，而民间社会、政党和立法机构（共同组成代议制秩序）的自发发展受到同样特权的阻碍。普京制度并不是为宪法而反宪法。行政政权的过度权力弥补了宪政国家和代表制度的结构弱点。在普京的手中，政权能够制定出享有民众支持的合理有效的政策。建立在自由爱国主义的意识形态的基础上，对民主价值观做出承诺，有着国家行动主义的混合经济，以及在保持自治和国家主权的同时实现国际一体化，普京的领导确实是相互矛盾的。虽然普京政权的巩固带来了一系列威胁，但失败的代价本来就同样危险。普京的制度只能暂时解决后共产主义俄罗斯发展的矛盾。

附 录

千禧年之交的俄罗斯[1] /弗拉基米尔·普京

当今世界面临着两件全球性大事：一是新千年，二是基督教2000年庆典。在我看来，人们在这两件事上产生了极大的兴趣，表现出了某种更伟大、更深刻的情绪，这胜过了只是隆重纪念重大传统节日。

1. 本文于1999年12月29日首次发表在俄罗斯联邦政府网站（http://pravitelstvo.gov.ru/）上，翌日，又同时发表在《独立报》和《俄罗斯报》上。

新机会，新问题

新千年的到来同世界上过去二三十年来所发生的深刻变化比较一致，这或许是偶然，抑或是必然。我的意思是，**与形成后工业化社会相关的人类各种生活方式迅速发生的深刻变化**。其主要特征包括：

- 社会经济结构发生变化：一方面，物质生产比重降低；另一方面，再生产和第三产业的比重不断增加。
- 先进技术持续更新和快速推广，知识密集型产品产出日益增长。
- 信息技术和电信行业蓬勃发展。
- 优先注重管理，注重完善社会生活所有部门的组织和管理体制。
- 最后，人类的领导地位。个人在教育、职业培训、企业和社会活动等方面的高层次、高水平正在成为当今社会发展和前进的主要动力。

一个新型社会的发展对于审慎的政治家、国务活动家、科学家，以及那些纯属善于思考的人来说，是一个持续很久的过程。他们注意到这一进程中存在着两种令人担忧的元素。

一是变化不仅为改善人们的生活提供了新机遇，还带来了新的问题和危险。这些情况在生态领域表现得最明显，但是，在所有其他社会生活领域，其他敏锐问题不久也就变得显而易见了。即使是那些经济最发达的国家也无法幸免于有组织犯罪、不断增长的残忍和暴力、酗酒和毒瘾、家庭的凝聚力和教育角色弱化，诸如此类。

二是并非所有国家都能享受现代经济造就的福利。科学、技术和经济的快速发展仅仅发生在为数不多、居住着所谓的“黄金十亿”人口的国家。虽然在即将过去的20世纪里，很多国家在经济和社会发展方面都达到了相当高的成就，但是，它们还无法步入创造一个后工业化社会的进程。它们中的大部分仍然远未达到后工业化社会。有大量事实表明，这种差距在相当长的时间内还会持续下去。或许，在新千年来临之际，人类对将来不仅充满希望，还会感到不安。

俄罗斯的当前形势

毫不夸张地说，这种希望与恐惧的结合在俄罗斯表现得尤其强烈。在世界上，几乎没有哪个国家会像俄罗斯一样在20世纪经历那么多曲折。

首先，俄罗斯不属于那些经济和社会都发展到最高层次的国家之列。其次，俄罗斯面临着经济和社会双重困难。俄罗斯的GDP（国内生产总值）在20世纪90年代几乎下降了一半，GNP（国民生产总值）则是美国的十分之一、中国的五分之一。经历了1998年危机之后，俄罗斯的人均GDP骤降至3500美元，还不到七国集团平均水平的五分之一。

俄罗斯的经济结构发生了变化。现在，能源、电力、黑色金属和有色金属冶金等在经济中占支配地位。它们占据了GDP的15%，整个工业产值的50%，出口的70%还要多。

实体经济中，劳动生产率相当低。虽然在原材料和电力部门，劳动生产率已经达到了世界级水平，但是，在其他领域，却只达到美国平均水平的20%—24%。制成品的技术和技术标准在很大程度上取决于不足五年的设备比重，这一比重由1990年的29%下降至1998年的4.5%。国内70%以上的机器设备使用期都已经超过了十年，这一比重比经济发达的国家高出了两倍多。

导致这种状况的原因是国内投资的持续下降，特别是向产业部门投资的减少。外国投资者对俄罗斯工业发展的贡献有限。在俄罗斯，外国直接投资总量只有115亿美元。中国却吸收了430亿美元的外国投资。俄罗斯用于研发的费用在减少，与此同时，300家最大的跨国企业1997年在研发上的投资却高达2160亿美元，1998年则达到了2400亿美元。只有5%的俄罗斯企业搞新产品开发，这种类型的企业规模都相当小。

资本投资的缺乏，加上对创新的关注度不够，导致俄罗斯在国际市场上有价格和质量竞争力的产品大为减少。在科技含量高的民用产品市场方面，我们的企业遭到了外国竞争者的强烈排挤。俄罗斯此类产品在世界市场上所占的比重还不到1%，与此同时，美国则占有36%，日本占有30%。

改革以来，居民的实际收入不断减少。1998年8月经济危机之后更是出现了急剧下跌，今年根本无法恢复到危机前的生活水平。据联合国统计，俄罗斯人目前货币收入总额还不到美国人收入的10%。决定生活质量的健康和平均寿命等指数也随之下降了。

俄罗斯经济和社会当前面临的困境，是我们继承苏联经济必须付出的代价。但是，在当时，我们又能继承什么呢？我们不得不将市场机制引入一个基于完全不同标准之上的体系，而且，其结构还非常笨重和畸形。这注定会影响改革的进程。

我们不得不为苏联经济过度关注原材料和国防工业的发展而付出代价，所以影响了消费产品和服务的发展。我们正在为苏联忽视信息科学、电子和通讯这样的关键领域而付出代价。我们不得不为生产商和工业界之间竞争的缺失而付出代价，因为这妨碍了科学和技术进步，使苏联经济在世界市场上缺乏竞争力。这是我们为限制和禁止公司和工人的创造性和进取精神而付出的代价。今天我们正在收割过去几十年自己所种下的在物质和精神层面的苦果。

另一方面，我们本可以避免更新过程中的一些问题。它们就是我们实际犯下错误、误判和缺乏经验的结果。**我们本可以避免俄罗斯社会面临的主要问题**。通向市场和民主的道路对所有在20世纪90年代进入其中的国家来说都是困难的。它们都遇到了相同的问题，所不同的只是在程度上有所差异罢了。

俄罗斯正处在完成经济和政治改革的第一个过渡阶段。尽管有困难和失误，我们还是进入了人类发展的主干道。世界性经验令人信服地表明，只有这条道路才可以使经济增长和生活水平的提高成为可能。此外，别无选择可言。

今天，对俄罗斯来说，问题就是接下来该做什么。我们该怎样才能让新的市场机制全速运作起来？我们又该如何克服在社会中依然根深蒂固的意识形态和政治分歧？什么样的战略目标才能巩固俄罗斯社会？在21世纪，俄罗斯能在国际社会中占有什么样的一席之地？10年—15年内，我们想要达到什么样的经济、社会和文化水平？我们的优势和劣势是什么？我们现在拥有什么样的物质和精神资源?

这些都是生活本身提出的问题。除非我们能够找到让全体人民理解的、清晰的答案，否则，我们将无法快速地向我们伟大的祖国应该取得的目标前进。

俄罗斯的教训

我们的未来依靠我们对这些问题的回答和我们从过去和现在汲取的教训。这对于全社会来说，虽然是一项长期任务，但是其中的一些教训是再清楚不过的了：

1. 在即将过去的20世纪里，俄罗斯有四分之三的时间一直处在试图落实共产主义教条的支配之下。不承认甚至否认这些时间里毋庸置疑的成绩都将是个错误。但是，意识不到我们国家及其人民必须为社会实验所付的巨大代价将会是个更大的错误。更重要的是，无法理解其历史上的徒劳将会是一个更大的错误。**共产主义和苏维埃权力没有使俄罗斯国家繁荣、社会发展，以及人民自由。**用抓意识形态的方式搞经济建设导致我国远远地落后于发达国家。无论承认这一点有多么痛苦，但是在将近70来年的时间里，我们都在沿着一条黑暗的胡同，在远离文明主流的方向前进着。

2. **俄罗斯已经达到了其政治和社会经济动荡、剧变和激进改革的极限。**只有幻想家或那些不关心俄罗斯以及对其人民冷酷无情的政治力量才会呼吁新革命的发生。无论是打着共产主义的招牌也好，还是打着民族爱国主义或激进自由主义的招牌也罢，我们的国家和人民都经受不住再一次的翻天覆地的巨变了。当前，无论是国家的忍耐能力、生存能力，还是其建设能力都已处于枯竭的边缘。社会简直要从经济、政治、心理和精神上崩溃了。

有责任心的社会政治力量应该为俄罗斯提供一个可以使其复兴和繁荣的战略，该战略应该基于市场和民主改革期间所取得的可取经验，而且实施的时候只能采用进化、逐步和审慎的方法。此外，该战略实施的基础，一方面要必须确保政治稳定，另一方面又不能导致俄罗斯人民各阶层和群体生活水准的下降。这是源于我国目前所处困境的一个无可争辩的条件。

3. 20 世纪 90 年代的经验生动地表明，我国仅仅靠照搬国外课本上的抽象模式和计划，而想在不付出巨大代价的基础上取得真正的重生根本就是行不通的。当然机械地照抄其他国家的经验也同样无法获得成功。

每个国家，包括俄罗斯，都不得不寻找自己的重生之路。我们在这方面目前还不是很成功。我们只是在过去的一两年才开始探索我们自己的道路和变革模式。我们的将来依赖于把市场经济和民主的普遍原则与俄罗斯的现实结合起来。我们各层次的学者、分析人士、专家、公务员，以及政治和公共机构都应该携起手来，为此目标而尽心尽力。

一个面向光明未来的机会

以上就是这个行将逝去的世纪留给我们的主要教训。它们勾画出了一个长期发展战略的可能轮廓，该战略将在一个相对短的时间内，有助于我们克服当前这个持续很久的危机，为国家快速、稳定的经济和社会发展创造条件。我强调我们对速度的渴求，我们已经没有可供消磨的时间了。

请允许我引用一下专家们的预测。假如我们想使俄罗斯人均国内生产总值达到葡萄牙或西班牙现在的水平，而且还不是世界上工业发达国家的水平，一方面大约会需要我们用上 15 年的时间，另一方面还需要确保国内生产总值年增长速度率为 8 %。倘若在这 15 年里，我们都能保持国内生产总值年增长速度率为 10%，我们就有可能达到英国或法国的水平。

即使我们假设这些预测不十分精确，我们当前的经济落后也没有那么严重，我们有可能以更快的速度克服它，这仍然需要我们付出很多年的努力。这就是我们应该制定长期战略，并尽可能地开始完成它的原因。

为此，我们已经走出了第一步。12 月底，在政府的倡议和积极支持下创立的战略研究中心已经开始工作。该中心将会把我们国家最优秀的人才聚集在一起，为政府在理论和应用项目上提出建议。它有助于策划战略，寻求有效的实施方式。我相信，确保必要的增长动力不仅仅是个经济问题，还是个政治问题，在某种意义上——我恐怕会用这个词汇——一个意识形态问题。更确切地说，它是一个涵盖意识形态、精神和道德三个层面的问题。在我看来，后者在我们当前为确保俄罗斯社会团结而付出的努力方面，意义特别重大。

A. 俄罗斯思想

我们国家迫切需要的是既富有成效又充满创意的工作，而这在一个四分五裂、内部涣散的社会是不可能实现的，因为这样的社会内部主要的社会群体和政治力量无法分享基本的价值观和意识形态取向。

在行将逝去的这个世纪里，俄罗斯曾经两次遇到这种情况：1917 年十月革命之后和 20 世纪 90 年代。在第一种情形下，公民约定和社会团结并不是通过当时被称为“意识形态教育”工作，而是通过强制手段来实现的。那些不同意政府意识形态和政策的人都遭到了迫害和镇压。这就是我为什么会认为受到一些政治家、政论家、学者的拥护的“国家意识形态”这一术语是不那么恰当的。它会让人们同过去的苏联产生某种联系。那里有得到国家赞成和支持的国家意识形态，那里在事实上就不存在知识和精神自由、意识形态多元化和出版自由产生的空间。换句话说，就是不会有政治自由。

我反对官方国家意识形态在俄罗斯以任何形式恢复。在民主的俄罗斯，不应该有强迫式的公民约定。社会约定形式只能是自愿的。这就是为什么在诸如目标、价值观和发展方向等这些基本问题上获得内部共识是如此重要的原因了。因为这些基本问题对绝大部分俄罗斯人来说，既是他们渴求的，又是对他们而言很有吸引力的。公民约定和团结的缺失是导致我们的改革缓慢而痛苦的原因之一。太多的精力被用于政治上的争论，而不是用于处理有关俄罗斯重生的具体任务上。但是，在过去的一年半时间里，该领域出现了一些积极变化。大部分俄罗斯人都表现得比很多政治家还要睿智和有责任心。俄罗斯人将来需要稳定和信心，以及为他们自己和孩子做出规划的能力，不仅仅着眼于一个月，而是多年，甚至是几十年。他们想要和平、安全地工作，想要一个健全的法制秩序。他们想要利用多种所有制、自由经营和市场关系开启的机会和愿景。

在这一基础上，我国人民开始理解和接受高于社会、集团或者种族利益的超国家的普世价值观。我国人民已经接受了诸如言论自由、出国自由、其他基本政治权利和人的自由这样的价值观。人们珍惜他们可以拥有财产、从事自由经营、创造他们自己的财富等事实。

俄罗斯社会巩固的另一个基石是被人们称作俄罗斯人早就具备的、传统的价值观。现如今，这些价值观仍然清晰可见。

爱国主义

这个术语有时被用于嘲讽，甚至是诽谤。然而，对于大多数俄罗斯人来说，这个术语还保留了其原先积极的含义。爱国主义是一种为自己的祖国及其历史和所取得的成就而产生的自豪感。它可以促使人们努力奋斗，使自己的国家变得更美好、更富裕、更强大和更幸福。一旦这些情感摆脱了民族自负和帝国野心的习气，就不再有什么可以指责或者偏执的成分了。爱国主义是我国人民勇气、忠诚和力量的源泉。如果我们丧失了爱国主义，以及与之相联系的民族自豪感和尊严，我们作为一个民族也会失去自我和创造伟业功绩的能力。

俄罗斯的伟大（Derzhavnost）

俄罗斯过去是，将来也还会是一个强国。这是由它的地缘政治、经济和文化等不可分割的特征所决定的。纵观俄罗斯的历史进程，它们还决定了俄罗斯人的思维方式和政府的政策走向。即使是时至今日，依然如此。然而，这种俄罗斯人的思维方式应该包含新的思想。当今世界，一个国家的实力更多的是靠其在国际舞台上发展和使用先进技术的能力、保障人口高福利水准的能力、维护国家安全的能力以及捍卫国家利益的能力，而不是其军事实力。

国家主义

如果有过的话，俄罗斯不可能在短期内就成为，比方说，美国或者英国的翻版，因为在这两个国家，自由的价值观都具有很深的历史根基。我们国家及其体制和机构在国家和人民的生活中一直发挥着极为重要的作用。对俄罗斯人来说，一个强大的国家不是一个应该被抛弃的异数；相反，他们视其为秩序的源泉和保障，变化的倡导者和主要的驱动力量。

当代俄罗斯社会不会把一个强大和有效的国家等同于一个极权主义国家。我们开始珍惜民主的好处、法治国家，以及个人和政治自由。同时，人们关心国家权力的明显削弱。公众从传统和目前的状态出发，希望看到发挥国家指导和调节作用的恰当恢复。

社会团结

社会活动的集体化一直支配着个人主义。在俄罗斯社会，家长式情结根深蒂固。大部分俄罗斯人都更加习惯于依赖国家和社会来改善他们的条件，而不是他们自己的努力、进取和创业能力。要想让这种习惯绝迹，需要花费很长的时间。我们不会老是想着这是坏的还是好的。重要的是，这种情结不仅存在着，实际上还起着支配作用。这就是它们为什么不会遭到忽视的原因。它们必须在社会政策方面首先被考虑进去。

我认为，俄罗斯的新思想会是一个具有传统俄罗斯价值观的、普世的一般人类价值观（已经经受住时间检验，包括变化莫测的20世纪）的合成体或者有机组合。这一极其重要的进程不应被加快、终止和破坏。重要的是，要阻止公民约定的萌芽受到挤压，被踩在政治运动或选举的热潮之下。新近的国家杜马选举结果激励了人们在这方面的乐观主义。它们反映出我们的社会迈向了一个更大的稳定和公民共识的转折。绝大多数俄罗斯人都排斥激进主义、极端主义和革命的反对派。极有可能的是，这应该是改革开始以来，第一次为权力的行政机构和立法机构之间创造出了建设性合作的有利条件。

在新一届国家杜马中，代表不同党派和运动团体的严肃政治家们被要求从这一事实中得出结论、汲取经验。我确信，他们对民族命运的责任感将会占上风，俄罗斯的不同党派、组织、运动团体，以及它们的领导人将不会为了党派或者机会主义的考量，而牺牲俄罗斯的共同利益和愿景。

B. 强国

我们生活在这样一个时代，即使是最为正确的经济和社会政策也会在实施的过程中因为国家和管理机构的软弱而背离正道。**现如今，俄罗斯恢复和增长的关键就在于国家政治领域。俄罗斯需要一个强大的国家政权，而且必须拥有这样的政权。**我并非在此呼吁极权主义。历史证明，所有的独裁和极权形式的政府都是短暂的。只有民主制度才能长久。无论存在什么样的美中不足之处，人类都没有设计出任何比这还要好的制度。**在俄罗斯，强大的国家政权就意味着一个民主、法治和可行的联邦国家。**

我认为如下方面对建立这样的国家是必不可少的：

- 使国家权力机关和治理机关的机构现代化；提升公务员的职业水准、纪律性和责任感；强化反腐斗争；
- 重构国家人事政策，以选拔出最优秀的人；
- 创造条件，促进精神旺盛的公民社会的发展，以平衡和监督当局；
- 提升司法机构的作用和威望；
- 改进联邦关系，包括预算和金融等内容；
- 以积极的心态与犯罪活动和犯罪分子作斗争。

对宪法进行修订并非刻不容缓的首要任务。我们拥有一部很好的宪法。其中关于个人权利和自由的条款被认为是世界上同类宪法中设计得最好的。与其说要为国家起草一部新的基本法，倒不如说最重要的任务就是解释起草时基于国家、社会和个人生活的准则的现行宪法和法律。一个主要问题就是采纳的法律是否合乎宪法要求。俄罗斯当前拥有一千多部联邦法律和几千部共和国、地区和自治区域法律。并非所有这些法律都符合上述标准。假如司法部、检察院和司法系统在处理这类问题时仍然像今天的所作所为一样缓慢，大部分可质疑或只是违宪的法律就可能变成严重的法律和政治问题。那么，国家宪法的安全、联邦中央的能力、国家的管理能力和俄罗斯的完整就可能处于危险状态。

另一个严重问题是政府权威本身固有的。国际经验表明，对人权、自由、民主等的主要威胁都源自行政当局。当然，制定坏法律的立法机构也难辞其咎，但是，主要的威胁还是行政当局。它组织国家的生活、运用法律，也能客观甚至在本质上通过行政命令来曲解这些法律，尽管其出发点并非总是出于恶意。全球化的趋势就是朝着一个更加强大的行政当局发展。毫不奇怪的是，社会寻求其对行政当局的控制，以此来阻止政府的任性和滥用职权。这就是我本人为什么要优先关注在行政当局和公民社会之间建立伙伴关系，发展后者的制度和体系，发起一场主动和无情的反腐败斗争的原因。

C. 有效经济

我已经说过，这些年来的改革在经济和社会领域产生了许多问题。虽然形势的确复杂，但是，说得婉转些，沉溺于一个强国的俄罗斯还为时尚早。尽管问题重重，我们还是保留了我们的知识潜力和人力资源。大量的研究和发展成绩以及先进的技术并未被荒废掉。我们仍然拥有我们的自然资源。国家为自己储备了一个光明的未来。

与此同时，我们必须从 20 世纪 90 年代吸取教训，仔细研究市场转型的经验。

1. 主要教训之一是，这些年来，我们一直在黑暗中摸索着，没有一个对国家目标和进展的清晰理解，而这些目标和进展可能会确保俄罗斯在世界上以一个发达、繁荣和伟大国家的形象出现。缺乏涉及将来 15 年—20 年，甚至更长时间的发展战略，这已经对经济造成了破坏。

政府坚决打算在战略和策略统一这一原则的基础上制定方针政策。倘若不这么做，我们注定要做些修补漏洞的工作和扮演消防员一样的角色。严肃的政治事务和大单生意都不会这么做。国家需要长期的全国性发展战略。我说过，政府已经开始筹划这个战略。

2. 20 世纪 90 年代的另一个重要教训就是一个结论，即俄罗斯需要形成一个经济和社会领域的、由国家负责管控的有条理的体系。我的意思不是回到计划经济和行政命令式的管理。我说的是使俄罗斯成为一个国家经济和社会力量——平衡它们的利益，优化社会发展的目标和界限，为它们的成就创设条件和机制的有效协调者。

上述这些内容清楚地超越了标准模型，而这种模型则会限制国家在经济领域策划游戏规则和确保它们得到遵守的角色。随着时间推移，我们可能会进化到这种模型。但是，今天的形势是国家更加深入地介入社会和经济进程成为必要。在为国家管控设置界限和机制的同时，我们应该受到如下原则的指导：国家必须在需要它的地方和时候起作用；自由必须在需要它的地方和时候存在。

3. 第三个教训是采取一项最为适合我们国情的改革战略。它应该包括如下元素。该战略由下列行动方针所构成。

3.1 刺激经济快速增长

在这方面，最主要的是鼓励投资。我们现在还没有解决这一问题。在20世纪90年代，实体经济部门的投资下降了80%，包括固定资产方面减少了65%。俄罗斯经济的物质基础正在受到破坏。我们呼吁对将纯粹的市场机制和国家调控结合在一起的投资政策的追求。与此同时，我们将继续创造投资环境，吸引外国投资者。坦率地讲，没有外国投资，我们国家的恢复将会漫长而艰难。我们承受不起缓慢增长。因此，我们必须竭尽全力地去吸引外国资本来我国投资。

3.2 追求有活力的工业政策

国家的未来和21世纪俄罗斯经济的质量将首先取决于高科技密集型部门的进步。今天，90%的经济增长都依靠新知识和技术的引进。政府准备追求一种在研究和技术进步方面优先发展主导产业的经济政策。必要的措施包括：

- 资助预算外国内需求对先进技术和科学密集型生产的发展，支持出口导向型高科技生产；

- 扶持非原材料产业，满足国内需求；
- 强化燃料、能源和原材料复合体的出口可能性；
- 我们应该运用世界上长期应用的机制，组织必要的基金来实施这一政策。其中最为重要的是目标导向型贷款和税收手段以及由国家出面担保的优惠条款。

3.3 实施合理的结构政策

政府认为，如同在其他工业化国家一样，俄罗斯经济内部存在着金融—工业集团、大企业和中小型企业的发展空间。任何试图减缓一些企业发展，以及人为地鼓励其他一些企业发展的经济形式都只会阻碍经济的发展。政府将会创立一种体系，确保在所有形式的经济活动之间实现最佳平衡。

另一个重要问题是国家对自然垄断的调控。这是一个关键问题，因为垄断在很大程度上决定了生产和消费价格的结构。它们因此会影响经济和金融进程，以及人民的收入。

3.4 创立一个有效的金融体系

这是一项艰巨的任务，包括如下几个方面：

- 提高作为国家经济政策主要工具的预算效果；
- 实施税收改革；
- 终止无力支付，实物交易及其他伪货币形式的结算；
- 保持低通胀率和卢布稳定；
- 创建文明的金融和证券市场，使其成为融资的一种手段；
- 改组银行体系。

3.5 打击经济和金融信贷领域的影子经济和有组织犯罪

虽然所有国家都有影子经济，但是，在工业化国家中，它们所占国内生产总值的份额不会超过15%—20%，然而，对俄罗斯来说，这一份额却是40%。为了解决这一令人痛苦的问题，我们不但要提高执法部门的工作效率，而且还要加强对许可证、税收、硬通货及出口的监控。

3.6 始终不渝地实施俄罗斯经济与世界经济结构的一体化

如果不这样做，我们将无法达到工业化国家经济和社会进步的高水准。该项工作的主要方面有：

- 确保国家对俄罗斯各类企业在外贸活动中的积极支持。尤其是，现在是成立一家联邦机构的时候，以支持出口，保证俄罗斯生产者的出口合同；
- 坚决打击世界上歧视俄罗斯商品、服务及资本市场的行为，通过并实施国家反倾销法；
- 把俄罗斯融入国际对外经济活动调节体系，最重要的是世界贸易组织。

3.7 追求现代化的农业政策

假如没有俄罗斯农村和农业的复兴，就不可能有俄罗斯的复兴。我们需要一项农业政策，它能够把国家资助和国家调控措施同农村及土地所有制方面所实行的市场改革有机地联系在一起。

4. 我们必须意识到，在俄罗斯，所有可能造成人民生活条件恶化的变化和措施在本质上都是不可接受的。我们已抵达一个我们自已难以企及的点上。俄罗斯的贫穷已经达到了令人害怕的程度。1998年年初，世界人均年收入大概是5000美元，但是俄罗斯人却只有2200美元。1998年8月危机之后，又降至一个更低点。自从改革以来，工资在国内生产总值中所占的份额已从50%降至30%。

这是最为尖锐的一个社会问题。政府正在制定新的收入政策，旨在增加居民实际收入的基础，确保其可支配收入能得到稳步提高。尽管困难重重，政府还是决心采取新措施，支持国家的科学、教育、文化和卫生保健事业。一个国民无论生理还是心理都不健康、受教育程度低又遍地文盲的国家，无论如何都不可能攀登到世界文明的顶峰。

俄罗斯正处于其有史以来最困难的历史时期之一。二三百年来，它第一次面临沦落为二流，甚至可能是三流国家的真正危险。留给我们避免此事发生的时间已经不多了。我们必须倾尽我们国家所有的智力、体力和道德力量。我们需要协调一致的创造性工作。没有人会取代我们来做这件事。一切的一切都依靠我们，依靠我们自己，看我们是否有能力认清危险的程度，是否能团结起来，是否能承担起这长期而艰巨的工作。

弗拉基米尔·普京

1999年12月29日